内部资料　免费交流

见证辉煌

改革开放40年长治市交通运输行业成就

见证辉煌

山西省一次性内部资料性出版物准印证：（2019）CZ字第036号
编印单位：长治市道路运输管理处　承印单位：山西新华印业有限公司

中国少数民族设计全集

The Design Collection of Chinese Ethnic Minorities

柯尔克孜族

中国少数民族设计全集编纂委员会 编

山西人民出版社　人民美术出版社

图书在版编目（CIP）数据

中国少数民族设计全集.柯尔克孜族／中国少数民族设计全集编纂委员会编；陈述等著.—太原：山西人民出版社，2019.10
ISBN 978-7-203-11119-1

Ⅰ.①中⋯ Ⅱ.①中⋯ ②陈⋯ Ⅲ.①柯尔克孜族－民族文化－研究－中国 Ⅳ.① K28

中国版本图书馆CIP数据核字（2019）第244045号

中国少数民族设计全集.柯尔克孜族

编　　　者：	中国少数民族设计全集编纂委员会
著　　　者：	陈　述　等
责任编辑：	员荣亮
复　　审：	吕绘元
终　　审：	阎卫斌
装帧设计：	谢　成

出 版 者：	山西人民出版社　人民美术出版社
地　　址：	太原市建设南路21号
邮　　编：	030012
发行营销：	0351－4922220　4955996　4956039　4922127（传真）
天猫官网：	https://sxrmcbs.tmall.com　电话：0351－4922159
E—mail：	sxskcb@163.com　发行部 sxskcb@126.com　总编室
网　　址：	www.sxskcb.com

经 销 者：	山西出版传媒集团·山西人民出版社
承 印 者：	山西出版传媒集团·山西新华印业有限公司
开　　本：	889mm×1194mm　1/16
印　　张：	28
字　　数：	350千字
印　　数：	1—1 000册
版　　次：	2019年10月　第1版
印　　次：	2019年10月　第1次印刷
书　　号：	ISBN 978-7-203-11119-1
定　　价：	340.00元

如有印装质量问题请与本社联系调换

中国少数民族设计全集编纂委员会

总 主 编　（按年龄排序）
　　　　　　张夫也　王立端　戴晋明　廖　军　王　琥　李豫闽　过伟敏　顾　平
　　　　　　王　强　李　岗
执行主编　王　琥
编务统筹　张明山

中国少数民族设计全集编辑工作委员会

主　　任　刘伟冬
编　　委　（排名不分先后）
　　　　　　王　琥　王　峰　王　强　王立端　王浩滢　白　波　过伟敏　许　星
　　　　　　许边疆　李　岗　李　丽　李豫闽　成光虎　肖　飞　余　强　汪传跃
　　　　　　罗　力　杨明朗　陈　述　陈见东　邱　珂　胡万明　顾　平　郑　静
　　　　　　郭立忠　姬　莹　张夫也　张泽国　张明山　张秋平　张耀引　梁盛平
　　　　　　樊　进　谢　玮　熊　伟　熊　微　熊建新　蔡克中　葛　芳　鞠　斐
　　　　　　魏　洁　廖　军　戴晋明

中国少数民族设计全集出版工作委员会

主　　任　胡彦威　周　伟
执行主任　姚　军　欧京海
编务统筹　阎卫斌　周小龙
编　　辑　（排名不分先后）
　　　　　　王新斐　史美珍　冯　昭　冯灵芝　吉　昊　吕绘元　刘小玲　任秀芳
　　　　　　孙　琳　孙宇欣　李广洁　李建业　李　靖　员荣亮　张小芳　张志杰
　　　　　　张书剑　何赵云　陈俞江　吴春华　武　静　周小龙　柳承旭　郝文霞
　　　　　　赵　玉　赵晓丽　席　青　秦继华　高　雷　郭向南　阎卫斌　崔人杰
　　　　　　傅晓红　蔡咏卉　翟丽娟　樊　中　薛正存　魏　红　魏美荣
整体设计　谢　成

中国少数民族设计全集·柯尔克孜族

本册著者　　陈　述　　扎依尔·居玛西（柯尔克孜族）
参与撰写　　亢　康　　秦　俭　　黄惠君　　谈　晨
　　　　　　　刘　卉　　陈西木　　仲晓芹　　朱秋婷
　　　　　　　陈曦梓　　陈诗雅　　伊　莎　　王　英
　　　　　　　华秋紫　　习敏慎　　刘宝艳　　徐晓娴
　　　　　　　陈　泽

求同存异 和合共荣

刘伟冬

中华民族，是一个由56个民族组成的大家庭。在漫长的文明发展史中，汉族和各少数民族都为中华文明的繁荣发展贡献了自己的聪明才智。纵观中华文明史，其实就是一部各族群之间"求同存异，和合共荣"的文化演进史。

从根子上讲，4000年前的"中国"，仅指北方中原地区，居住在这里的相传是上古时期黄帝部落和炎帝部落的后裔，故而自称"炎黄子孙"。其时的"中国"，不过是黄河中下游（西起陇山，东至泰山）区域。在千年发展与民族融合之后，尤其是晋末"衣冠南渡"，南迁的中原汉族与南方百越民族彻底融合，来自北方的鲜卑等民族融入汉族，使汉族前所未有地壮大发展，逐渐形成后来疆域辽阔、人口众多、物产繁盛、文化昌明的中华民族的主体族群。特别值得强调的是，自从作为一个民族整体之后，中华民族就从未中断过自己的民族发展史——这在世界历史上是硕果仅存、独一无二的。

中华民族具备兼容并蓄、虚心好学的民族天性。仅以设计学范畴的事例讲：在数千年文明发展历史中，中华民族在不断向外输出优秀的文明成果（如烧造之陶瓷砖瓦、营造之榫卯斗拱、织造之丝绸刺绣、锻造之"失蜡"分模等），影响全人类的日

常生活与生产方式的同时，也不断地吸纳域外各民族的优秀文明成果，如汉魏之印度佛教和西域音乐、隋唐之西亚服饰和家具、宋元之东洋印染和漆艺、明清之西洋机器与建筑……在中华民族内部，这样的文化交流更是从未停止过，而且是风生水起、枝繁叶茂，愈发流畅、深入，中华民族各族群之间"求同存异，和合共荣"的文化大演进，共同创造了中华民族极为灿烂辉煌的造物文明历史。仍以设计学范畴为例：原本是匈奴人发明的单足绳圈，被晋代的汉族人设计成铁质双镫；最早是鲜卑人原创的毡毯卷边，被晋代的汉族人改造成"高桥马鞍"，这宗中国式马具设计案例，被誉为"13世纪中国传入欧洲的最重要文化成果"（李约瑟语）。再如，西域（今新疆地区）是全世界最早的皮靴生产地，哈尼族为主的红河地区出现了全世界最早的梯田。再如，全世界最早的"干栏式建筑"和全世界最早的稻米人工育种、栽培，均起源于长江中下游的百越地区；全世界最早的竹藤编结器物起源于闽越地区……由中华民族共同创造、发明，后来又影响了全人类文明进程的优秀造物设计案例很多，不胜枚举。几千年中华民族的文明史，就是各种文化多元融合、共同发展的最好例证。不了解中华民族内部各族群的文明交流史，就无法真正理解中国文化史，也不能理解为什么中华民族总是能在逆境中成长强大。甚至可以说，能否完整地理解中华民族的文化史，是检验每一个当代中国知识分子（特别是文史哲专业的学者）文化立场的"试金石"。

随着改革开放的逐渐深入，各民族地区的经济与社会状态已发生了天翻地覆的变化。令人遗憾和担心的是，由于各地区政策执行力度不平衡，保护措施不得力，少数民族的文化特性正在逐步衰退，有些地区的少数民族文化特征甚至已经消失殆尽，仅仅存在于徒具形式，充满口号、标语的民族文化村旅游景点中。有学者预言，再不加快整理抢救工作，中国的少数民族可能在物质形态和文化内涵的特征上，若干年后将不复存在。

　　从少数民族地区反映古代中国社会某些面貌的文化遗存看，这些少数民族之所以一直与汉族地区差距巨大，存在多方面的原因，其中历代汉族统治者对少数民族的歧视政策是主要原因。此外这些地区本身就处于偏僻荒地，不是沙漠就是山区，自然条件远不及汉族聚集地区，社会发展水平滞后。20世纪50年代，有相当比例的少数民族在当时仍处于原始农耕社会或奴隶制社会，不要说通电、通水、通汽车，不少人一辈子连铁器长什么样都没见过。部分少数民族聚集地的各种自然条件也较差，缺肥少水，基本生活来源，一靠老天爷恩赐的"望天收"农作物；二靠家庭手工作坊制作些竹藤编结物和土织、土陶等土特产来换取粮食；三靠养猪、兔、羊和鸡、鸭、鹅等家禽来换取日用品，如灯油、农具、衣物和油盐酱醋等；四靠为土司、头人和大户们出卖劳力（社会底层奴隶身份），年老即被抛弃。中华人民共和国成立后，党和政府在这些地区实行社会主义改造，打倒以土司、巫师和头人为首的剥削阶级，将土地和生产资料一律收归集体所有，解放了全体少数民族民众，使他们历史上第一次有了自由劳作和生活的权利。

　　中华人民共和国成立之初，党和政府就高度关注民族事务问题，为如何保护、关心各少数民族制定了一系列方针、政策，也为当代中国社会处理民族问题、保护民族文化树立了光辉典范。中央人民政府政务院于20世纪50年代初发布了《关于民族事务的几项决定》，为新中国民族政策奠定了最初的思想基础，其主要内容是：一、各大行政区军政委员会（人民政府）须指导各有关

省、市、行署人民政府认真推行民族区域自治及民族民主联合政府的政策和制度，并随时向政务院报告推行经验，请示者须事前向政务院请示。二、各大行政区军政委员会（人民政府）须指导各有关省、市、行署人民政府认真并有计划地实行政务院在1950年颁发的《培养少数民族干部试行方案》，并将该项工作进行情况定期加以检查，每半年向政务院报告一次。中央民族学院及西北、西南、中南各军政委员会和新疆省人民政府的民族学院，必须依计划实行，并向政务院报告。三、政务院于1951年下半年适当时间将同时召开有关少数民族的卫生、教育及贸易三个专业会议，责成政务院文教委员会、中财委指导中央卫生部、教育部、贸易部开始筹备，并责成中央民族事务委员会协助进行。有关部门如农业部、文化部也须派人参加。四、责成中央人民政府各委、部、会、院、署、行注意建立有关民族事务的业务。五、在政务院文教委员会内设民族语言文字研究指导委员会，指导和组织少数民族语言文字的研究工作，帮助尚无文字的民族创立文字，帮助文字不完备的民族逐渐充实其文字。六、扩大中央民族事务委员会委员名额，责成中央民族事务委员会提出补充名单的建议，并于1951年下半年召开中央民族事务委员会扩大会议，检查与总结关于推行民族区域自治及民族民主联合政府的经验。

20世纪50年代，中央人民政府和政务院，曾多次组织"中央慰问团""土改工作队"和"普查工作队"等，花费大量人力和物力，深入各少数民族地区，进行了大量较为翔实的社会历史调查。50年代这轮由政府统筹、由中央民委组织行政领导和人类学、社会学专家学者以及民族同志组成工作队与考察队的少数民族大考察活动，1953年正式启动，1956年结束（个别地区延期至1958年才结束）。直接成果之一，就是为1956年国务院公布的55

个少数民族的正式定名和划分，提供了可靠的依据。

从当时考察的资料看，各少数民族的社会发展水平参差不齐，不少民族呈现类似汉族曾经历过的各种历史发展状况，为我们今天考察、了解并研究过去的历史以及各学术分支问题，提供了绝好的活体范本。比如以"设计发生学"研究为例，以山寨（村落）为主的初级社会组织形态，原始手工业在农耕环境中的地位，原始造物的手工技艺与设备、工具等，都是我们极感兴趣的研究对象。

在西北、西南和东北各少数民族聚集地区，有些古时流传下来的本民族手工造物技术，迄今仍保存良好。其吸收了汉族和其他兄弟民族的技术长处之后演变出来的各时段手工造物技术，则印证了各民族互相融合、取长补短的史实。更有些原始手工艺，特别具有艺术和历史研究价值。以维吾尔族人为例，本世纪初，笔者在新疆喀什城艾格孜艾日克老街看到几样手工艺绝活：其一是整条街的维吾尔族乐器店，除了热瓦普、曼陀林和冬不拉等少数维吾尔族知名乐器外，全是些笔者叫不上名来却似曾相识的弹拨乐器和拉弦乐器，于是从心里认可了"西域古乐成就了中国传统民乐"这句话所言不谬。其二是亲眼所见一个拖着鼻涕的不到10岁的维吾尔族小男孩，拿着电砂轮在铜壶上信手飞快地刻着精美细腻的图案，一不要底稿，二没有图纸，真是佩服得五体投地，也相信了"汉族人长于热铸，西域人长于冷锻"这个说法。其三是在喀什近郊著名的大巴扎"金器一条街"上看见近百家金店生意红火，家家门前毡毯上都围坐着一群金店伙计和顾客，正在热烈讨论、共同设计着花样繁多的未来金饰嫁妆，感受到了"中国传统样式的金银首饰工艺，最富有创意的设计和最先进的工艺制作，原来在维吾尔族人手里"这句大实话。还有，笔者

在云南景洪县城集市上，曾亲眼见过景颇族老乡用古老的"焖烧法"烧出的红彤彤的土陶——跟笔者一知半解的仰韶彩陶的烧制工艺几乎一模一样。还有，笔者在大西北甘陕宁各省亲眼所见的回族、保安族、裕固族和东乡族老乡巧手做出的那些花样繁多、样式复杂的面塑造型，真是个个精妙绝伦。这方面的事例实在太多了。

50年代的少数民族地区社会大普查，以及半个多世纪以来社会各界对其丰富而珍贵的考察、研究，意义深远，价值极为重大。这些地区客观上保存的较为完整的、与数千年前中国原始社会最初形态近似的许多社会特征，为我们研究社会的最初形态形成和当时的经济、文化、政治的基本状况以及"设计发生学"的相关课题，提供了珍贵的类型学"活化石"范本，价值非凡。改革开放以来，这些少数民族地区也获得了前所未有的巨大发展，人民生活日新月异；但与此同时，少数民族地区的民族性在不可避免地愈发衰减、退化，甚至消失。如果我们再不采取保护措施，若干年后，各少数民族的许多宝贵民族文化遗产将无法挽救地彻底消亡，这部分同属于全人类精神财富和中华民族集体智慧的宝藏，我们将再也看不到了。

在"设计发生学"问题上，我们一向秉持文化多元论的观点，认为人类文明是全世界人民共同创造的，各国家、地区、民族均做出过大小不一、形态各异的贡献；同理，中华民族的灿烂文明是中国的各族人民共同创造的，每个民族都对中华传统文化做出过贡献，也都应当得到尊敬和肯定。中国的各少数民族在中华文明漫长的演化过程中，都曾经以自己独特而充满智慧的文明成果，补充、完善甚至改良着中华文明。比如，古代西域的龟兹古国各民族创造或引自西亚的弹拨乐器和拉弦乐器以及音律、曲

式，彻底改造了中国古代音乐，新创作出代表中国古乐精髓的江南丝竹；南疆的维吾尔族和北疆的哈萨克、塔塔尔、塔吉克等族首创了制革术，并引进古波斯革皮书籍装帧术和制靴术、制毡术、毛衣编结术；海南岛的黎族率先种植棉花并纺织棉布，传入内地后棉织业逐渐形成中国古代手工行业的"天下第一营生"……保护少数民族的民族文化特性，就是保护我们的历史遗产，就是传承我们的文明。我们应进一步发扬文化兼容的优良传统，把振兴中华的百年民族复兴梦，逐步落实为将大中华建设成为中国各民族共同拥有的美好家园。

由上千名来自全国各高等艺术院校的教授、研究生组成的55支团队参与编撰的《中国少数民族设计全集》（55卷），正是有识之士基于对各少数民族的民族文化特性正在快速衰减、消亡的严重现实问题的深切忧虑而进行的抢救、发掘、整理中国少数民族文化遗产的重要文化工程。经过两年精心筹划，六年努力写作，在国家出版基金管理部门的支持下，在山西人民出版社和人民美术出版社的策划和组织下，目前《中国少数民族设计全集》的书稿编撰工作已基本完成，即将付梓。在长达八年的漫长过程中，全国兄弟院校各团队涌现出的各种可歌可泣的事迹经常感动着笔者，并不时鞭策着全体作者克服千难万险，一路向前。有的分卷作者身患绝症仍不眠不休地忘我工作，有的分卷作者遭遇各种意外仍坚持工作。特别是，很多民族同志公而忘私、不计较个人得失，有人不惜将自己赚钱的企业关张歇业，全身心地投入各自所负责分卷的繁重编撰工作中；有人义无反顾地将自己珍藏多年的本民族实物、资料和研究成果无偿提供给相关分卷作者。大家万众一心，克服各种复杂得难以想象的困难，以确保这部凝聚了众人八年心血的巨著，能按计划如期完成。借此机会，笔者谨

求同存异 和合共荣

代表本丛书编委会全体成员,向领导、编辑和作者们表示衷心的感谢!

作为一项文化创举,笔者深信《中国少数民族设计全集》必将在未来岁月的长期检验中,愈发显现其非凡的、独特的文化价值。

2017年夏季于南京

前言

一、柯尔克孜族人口构成与族群基本构成

1. 族称与族源

柯尔克孜族是我国一个历史悠久而古老的民族。柯尔克孜族是本民族的自称，仅从词的含义上讲，"柯尔"意为四十，"克孜"意为姑娘，即"四十姑娘"之意。

柯尔克孜族起源于"四十个姑娘"，早在柯尔克孜族生活于叶尼塞河流域时就已出现这样的传说，它带有浓重的神话色彩，并被我国史籍《元史》记载。关于族名，在民间也存在多种解释与传说，如"柯尔乌古孜"意为山里的乌古孜人。19世纪末20世纪初，柯尔克孜族史学家奥斯玛纳利·斯德克在其著作中记载了"柯尔克孜"一词源于"乌古孜"的传说：古代有位国王叫乌古孜，其大老婆生六子，小老婆生四子。其中一个与兄弟不和，带领自己的手下举众迁徙到北方一个叫"柯尔"的地方，以狩猎营生，并与近邻的蒙古鞑靼部族往来，被人称为"刻尔克孜人"。随后部族发展兴旺，不断融入其他民族成分，遂演变成今天的"柯尔克孜"。"柯尔克孜"用作该民族的正式书写名称由1934年（民国23年）新疆省第二次省民众代表大会确立并通过，此后的汉文史籍中统一使用本名词。

在历史的不同时期，柯尔克孜族曾有过不同的称谓，从汉、魏至元、明诸代，先后被称为"鬲昆""坚昆""结骨""纥骨""契骨""纥扢斯""黠戛斯""吉里吉斯"等。清朝至民国初期被称为"布鲁特"。其族源依据目前掌握的汉文史料，最早可追溯到汉以前生活在漠北的鬲昆部。鬲昆部后来出现的坚昆，汉

文史籍中认为是具有两种明显区别的人种：一部分为"黑发""黑眼"；另一部分为"赤发""皙面""绿瞳"。①直到唐代的黠戛斯依然存有这种区别。依此可推断柯尔克孜人的先民是由白种人和黄种人组成。汉代坚昆人已融入汉人的血脉。汉朝的公主王昭君远嫁于匈奴呼韩邪单于并长期定居于匈奴，其封地在坚昆地区，她的后代也融入了坚昆。汉武帝在位时大将军李陵兵败投降匈奴，后被封为右贤王，并任坚昆都督。李陵的后代世居坚昆地区并融入坚昆人。汉以前，由于坚昆与匈奴的隶属关系，其与毗邻的丁零、乌孙、康居、呼揭关系密切，部族之间都存有不同程度的融合。

6世纪中叶，以游牧为主崛起于漠北的突厥人部落联盟建立了突厥汗国，柯尔克孜族隶属突厥汗国，黠戛斯首领曾娶东突厥汗国王室之女为妻，除此之外黠戛斯与铁勒、突骑施、葛逻禄、薛延陀、处月、样磨人都有密切的往来，长期的杂居与通婚使他们之间建立起明显的血缘关系。

生活在漠北的黠戛斯与回纥是近邻，回纥兴起之后曾长期统治黠戛斯部，自漠北回纥汗国被黠戛斯击败，回纥从鄂尔浑河一带西迁，部分黠戛斯人也随之迁入西域，而留在漠北的回纥大部分融入黠戛斯人。由于西迁直接影响并改变柯尔克孜人的分布，历史上的第一次迁徙使柯尔克孜人迁入中亚、天山、包括蔚头（今新疆阿合奇）、捐毒（今新疆乌恰）及康居（今巴尔喀什湖与咸海之间）。

辽、宋时期随迁入新疆地区的黠戛斯人的力量不断发展壮大，他们与处月、葛罗禄、样磨、回鹘等不同民族共同建立起喀喇汗王朝，并实际统治北方的乌什（今阿合奇）乌鲁克恰提以及喀什噶尔以北的广大区域。喀喇汗王朝首领的头衔都自称"桃花石可汗"。"桃花石"意为中国，在《突厥语大词典》中称：桃花石为上秦的名字，上秦即为中国〔宋〕。"喀喇"可直译为黑色。故此在汉文史书中将喀喇汗王朝名译为"黑汗"或"黑韩"王朝。黑意指方位的北方，桃花石喀喇汗王朝即译为中国北方的王朝。

公元1125年，女真在漠北建立金政权，取代了契丹人在北方的统治，这时的黠戛斯被称为"纥扢斯"并隶属于金政权。12世纪末由于蒙古部落的迅速崛起，取代金并建立了漠北蒙古政权，这一时期的柯尔克孜族在汉文史籍中被称为"乞儿吉思"或"吉利吉思"。公元1279年蒙古统一中国并建立了元朝，并在漠北设岭北行省，在叶塞尼河流域设益兰州等五部断事官，生活在新疆天山南北的柯尔克孜族受辖于"察合台汗国"。

明朝时期汉文史书中将乞儿吉思称为"乞尔吉斯"。生活在叶尼塞河流域的乞尔吉斯由于漠西蒙古瓦剌的侵略扩张及残酷统治，经常与瓦剌人发生战争，而柯尔克孜族的英雄史诗《玛纳斯》大致仍掌握在主宗室的后裔手中，察合台汗国后裔建立的蒙兀儿斯坦也不断卷入各派间的战争与冲突。约公元1503—1504年间，蒙兀儿斯坦的汗王阿合木江死去，他的儿子们为争夺汗位发生冲突与内讧，其中哈利勒失利被迫逃入天山（乌什、阿合奇一带）乞儿吉斯人所在的区域，并被推举为乞儿吉斯人的领袖，与随后逃的赛义德共同管理乞儿吉斯部落，使天山区的乞儿吉斯人登上明代政治历史的舞台。

早年世居叶尼塞河流域一带的柯尔克孜人与瓦剌人常年战争消耗，沙俄乘机侵入，柯尔克孜族各部落持续了两个多世纪的动荡与迁徙，柯尔克孜人迁入天山南北、喀什噶尔、中亚塔什干、费尔干纳盆地及帕米尔高原一带；并与久居于此的柯尔克孜族旧部在叶尔羌河流域汇合并建立叶尔羌汗国。

清代史书中将乞尔吉斯称为"布鲁特"。（准噶尔蒙古语意为"高山牧人"）乞尔吉斯依所处的地理位置主要分为四大部落，即生活在天山区域的乞尔吉斯被称为东布鲁特，而生活在帕米尔高原的乞尔吉斯人则被称为西布鲁特。清朝统一新疆后，布鲁特前后归附清朝政权，依据各自所在区域承担西北地区的边防。

历代汉文史籍中对柯尔克孜族称汉语音转、音译及异译

名称	朝代	典籍	作者	版本
鬲昆	汉	《史记·匈奴列传》	（西汉）司马迁	中华书局.2013
鬲昆 隔昆	两汉 曹魏	《汉书·匈奴传》	（东汉）班固 班彪 班昭等	中华书局.1962
护骨氏 契骨纥 骨坚昆	两晋 南北朝 隋	《周书》《魏书》《隋书》	（唐）令狐德棻 （北齐）魏收 （唐）魏征	中华书局.1971 中华书局.1974 中华书局.1973
坚昆 黠戛斯	唐	《新唐书·黠戛斯传》	（宋）欧阳修 宋祁	中华书局.1975
辖戛斯 纥里迄斯	辽宋	《辽史》	（元）脱脱等	中华书局.1974
吉利吉思 乞尔吉思 乞而吉思 乞里乞思 乞儿吉思	元明	《元朝秘史》《元史》	（元）佚名 （明）宋濂	中华书局2012
布鲁特	清	《西域图志》《八旗满洲氏族通谱》《钦定新疆识略》	（清）博恒等 （清）宏昼、鄂尔泰等	辽海出版社2002 海南出版社2000
柯尔克孜	民国 至今	1934年（民国23年）新疆省第二次省民众代表大会通过，将柯尔克孜作为正式的书写名称沿用至今		

柯尔克孜族是一个跨境民族,不同历史时期的不同称谓,折射出柯尔克孜民族成长发展过程的曲折、复杂与艰辛。经历了历史的沧桑巨变及风雨,其经济始终没有停止前进,他们化解了各种生存危机,使民族的发展与壮大获得必要的内部动力与外部环境,民族原始主体得到持续与保持。彰显了柯尔克孜人独特的智慧与能力。

不同的族称其意义是不同的,如"柯尔乌古孜"意为"山里的古孜人"。"柯尔奥古孜"意为"居住在高山大河旁边的人"。"奥古孜"在古柯尔克孜语中意为"大河","柯尔"意为"高山"。在柯尔克孜族演唱大师居素普·玛玛依的《玛纳斯》史诗唱本中有"柯尔克居孜"的传说,意为"四十个部落的聚合"。这些传说与解释,都围绕着民族的社会具体生活而进行,也说明了民族生存繁衍的基本环境等信息,反映了柯尔克孜族人在特定的社会与自然环境中的生活与精神状态。历史上柯尔克孜族与其他民族发生过许多不同程度的融合,血缘上建立了一定的联系,柯尔克孜族在历史上先后与相邻的古代民族匈奴、丁零、乌孙、唐居、乌呼揭、鲜卑、高车、柔然、突厥、回纥、葛逻禄、契丹、钦查、蒙古、汉族等交往,历史上黠戛斯首领曾娶东突厥汗国王室的女儿为妻,柯尔克孜族西迁后与回纥人共建喀喇汗王朝,并融入数量相当多的回纥人。柯尔克孜族作为一个有着悠久历史的古老民族,在历史进程中与其他民族交往融合,不断发展壮大。

2. 历史迁徙与定居

在公元前3世纪末的我国秦汉时期,柯尔克孜族主要分布于叶尼塞河流域,在汉文史籍中被称为"鬲昆""隔昆"或"坚昆"。东邻丁零,南接匈奴、乌揭;西与乌孙、塞种等毗邻,此时的"鬲昆"还是一个既不统辖又不隶属于任何政权的游牧部落集团。②

柯尔克孜族原居住于南西伯利亚叶尼塞河流域,目前生活在天

山南北、中亚地区、费尔干纳盆地及帕米尔高原。由于历史上不同时期的各种因素影响，造成了柯尔克孜族地区分布的不同变化，从发祥地叶尼塞河流域到今天分布于新疆及中亚各地，柯尔克孜族经历了几次大的迁徙，基本是向西迁徙，以至于发祥地叶尼塞河流域已无柯尔克孜人存在。

第一次迁徙发生在公元1世纪，汉朝联合坚昆等向匈奴发起进攻并最终推翻匈奴在漠北的统治，北匈奴致支单于西迁，与其作战的柯尔克孜人一并向西进入了中亚和天山地区。《隋书·铁勒传》中记载："伊吾以西，焉耆以北，傍白山有契骨。"伊吾为今哈密一带，焉耆即今焉耆一带，白山指天山，契骨为柯尔克孜族一部。"黠戛斯，古坚昆国也。地当伊吾之西，焉耆之北，白山之旁"。③由此可见，当时柯尔克孜族已在哈密以西、焉耆以北及天山区域居住。

柯尔克孜族第二次迁徙发生在公元8世纪至10世纪。苏联考古学家A.伯恩什达姆认为这一时期西迁天山区域的柯尔克孜人数最多，形成了较为巩固的天山支派。起因为8世纪中叶黠戛斯与相邻的回鹘人发生多次战争并摧毁回鹘汗国，迫使其分三批由漠北迁入西域。黠戛斯尾随也一并迁入西域，并与汉代迁入的柯尔克孜人合并形成这一区域的政治力量，并成为喀喇汗王朝建立后的主要成员。

柯尔克孜人第三次西迁，规模较大，时间长达一个多世纪。明朝末年，蒙古瓦剌部、阿勒泰部、准噶尔部相继兴起，与乞儿吉斯进行长期惨烈的战争消耗，沙俄乘虚而入，侵占了乞儿吉斯人的古地叶尼塞河流域，乞儿吉斯在坚持近一个世纪的斗争后最终忍痛举部西迁，最终到达天山南部的喀什噶尔、中亚塔什干、莫尔干盆地和帕米尔高原的兴都库什山及喀喇昆仑山定居。这次的西迁，柯尔克孜人不仅失去了城市与农业，也失去了重要的文化成就文字④。

历史上除了这三次大的西迁之外，还存在几次规模较小的迁徙。公元1293年元朝政府将叶尼塞河流域的七百多乞儿吉斯迁至合思合（今喀什噶尔）庄田。同年又将该区域的乞儿吉思等部东迁。公元1755年清朝政府平定准噶尔叛乱之后又将裹挟在内的一部分柯尔克孜族迁往黑龙江省富裕县境内。目前我国的柯尔克孜族主要居于新疆境，除了克孜勒苏柯尔克孜自治州外，南疆的阿克苏、拜城县、库车县、库尔勒市、喀什市、乌恰县、莎车县、北疆的伊宁市、巩留县、新源县、博乐市、塔城市及乌鲁木齐等都有一定数量的柯尔克孜族生活居住。

3. 家庭基本构成

柯尔克孜族非常注重大家庭的生活，由于社会的发展，柯尔克孜族现代家庭基本是由大家庭分化而来，实施计划生育后，一般每个家庭为5人左右。历史上，柯尔克孜族长期游牧生活所形成传统的大家庭生活，是以血缘关系为基础的部落群体。通常表现为数代同堂、孩子众多，妇女结婚后生育时间较长，所有的家庭都会被组织在以"阿寅勒"（牧村）为基础的、具有民族色彩的社会内部统一运作，所有家庭都一起从事生产劳动，相互帮助、协作有利于保持"阿寅勒"内部的团结与互信。财产归个体家庭所有。游牧生活的特点形成了较为明确的男女劳动分工，男子主要从事放牧、种地、割草等野外重体力劳动，妇女则主要在家中操持家务，包括婴儿的哺育、织毯、擀毡、挤奶、做饭等。男子一般在家中有较大的权威，不操持家务，家庭生产由男子主持，包括子女的婚嫁等；妇女通常在家中的地位比较低，不得大声喧哗，无继承遗产的权利，不得提出离婚。

随着社会的发展，这种延续千年的大家庭生活基础也开始动摇。新中国成立前，柯尔克孜族曾有一夫多妻的现象，主要限于

社会上层人物，如牧主、部落头领及宗教上层人士等。旧观念中也存有姑表姨表婚。在包办婚姻时代，择亲通常首先考虑的是近亲，然后才是远亲，最后才是通过熟人介绍。柯尔克孜族的观念中认为，亲戚间通婚利于解决婚后遇到的许多问题，减少婚姻中男女双方因生活习惯性格等出现的不合适状况，使包办婚姻这一形式得以存续。男女青年只有等到结婚当天才能初次见到自己的妻子或（丈夫）。现在绝大多数的年轻人都自由恋爱，父母干预的现象已不多见。

在柯尔克孜族社会中，家庭作为基本生产单位有其特定存在背景，符合于游牧生产生活方式下的社会外部与内部功能性需要：外部的生产功能决定家庭中的男子依据季节的变化有规律外出放牧、耕种、打草，他们在冬窝子、夏窝子两季不同的地点间迁移辗转，家庭中的一部分成员（主要为青年人）遵循逐水草迁徙的生产活动方式，到冬季时才能回到村中与家人相聚。男子要尽到家庭教育、赡养老人义务，享有财产支配权。赡养义务中也包括对老人的尊重等礼仪内容，否则会受到社会舆论的谴责而受到排斥。做父亲的要为成家的儿子置办房子，并分给其部分财产；家里最小的儿子和父母住在一起，可分得大部分财产，同时也意味着承担赡养老人的义务。已出嫁的女儿则没有继承权。父亲离世，未分配的财产由大儿子主持进行分配，原则上是以幼子为主分得大部分。如幼子尚小就分给大儿子，大儿子就须承担父亲的职责，操办弟弟未来的婚礼及置房等，所有的儿子都能分获父亲的财产。

柯尔克孜族的社会交往往往以血缘关系交往占据较大的比例。世俗观念中人们很看重亲戚关系。一般多数人家的女儿娶嫁只在本村，易形成一个亲属圈，这种由血缘关系建立起的大家庭，利于家庭成员间的信赖及相互的团结与协作，并能齐心协力处理化解家庭中出现的问题及矛盾，使邻里关系更为和睦融洽。村民间有矛盾一般由长者出面调解，闲暇及节日期间会举行一些传统的游艺竞技活动。

4. 家庭社团构成

历史上柯尔克孜族部落的社会组织形式近代仍有残存，清代柯尔克孜族还保留着较为完整的部落组织，据《新疆图志·藩部志·东西布鲁特部》记载，在阿克苏、乌什西北的4个部落与喀什噶尔北与西及叶尔羌西南的15个部落，都拥有部落专用的名称，当中有被命名为萨耳巴噶什、冲巴噶什的部落。巴噶什意为"驼鹿"。"冲"是"大"，而"萨尔"即为"黄色"，"冲巴噶什"为"大驼鹿"，"萨尔巴噶什"意为"黄色驼鹿"，这些具有图腾意味的名称源于古老的观念与信仰。每个大的部落都由若干小的部落组成，特殊的自然环境及逐水草迁徙的畜牧业生产，限于草场的面积及牲畜放养的规模数量，散状的小部落利于开展生产。传统上把有本族血缘关系的部落称为"伊其克里克"（意为内部的人）即内姓部落。而将与本族无血缘关系的部落称为"色尔特克勒克"（意为外部的人），即外姓部落，部落内使用具有部落特点的方言。部落间划分有属于自己的牧区，非所属部落不得使用或侵占。因存有许多模糊区域，部落之间难免为争夺牧区而产生冲突。部落的统领一般由部落中德高望重的长者担任或部落推举而产生。部落内和部落间的重人事项都需经部落议事会"额勒凯额什"讨论后决策。

部落民族一般都存有一定的血缘关系，同为一个祖先，氏族集体的迁徙，放牧场所及氏族内部纠纷的调解及处理都由氏族内部所选举的头目主持。氏族成员有维护本民族利益及相互合作、帮助与复仇的义务，半农半牧或农业定居的氏族部落一般都有各自特定的公墓。阿寅勒可谓是氏族部落中最基层的单位，一般由5—10户牧户

组成,他们由血缘关系较近的牧户组成,有自己相对固定的草场,通常都拥有自己特定的名称,一般使用地名或者是氏族长老的名字命名。阿寅勒在日常的生产生活中需要相互协作,不计报酬地积极参与内部公共事务性劳动,一般由事主家庭宰羊招待表示谢意,消极者会被氏族部落成员谴责。

随社会发展,现代柯尔克孜族传统的氏族部落组织形式也发生了巨大的变化,多转化为以地域性为基础的社会组织形式,农业定居的生活方式使得乡村理念逐步代替原有的氏族部落观念。

二、柯尔克孜族的区域分布与自然条件

1. 分布状况

柯尔克孜族是一个跨国的民族,1995年全世界的柯尔克孜族(吉尔吉斯族)共有270多万人,其中大部分居住在吉尔吉斯斯坦(229万),其余多分布在乌兹别克斯坦、塔吉克斯坦、哈萨克斯坦等中亚国家。[5]还有一部分在中国。

据人口普查数据,2000年柯尔克孜族全国总人口为160823人。柯尔克孜族77.4%分布在新疆的克孜勒苏柯尔克孜自治州境内。[6]

克孜勒苏柯尔克孜自治州成立于1954年7月14日,自治州成立后着力培养少数民族干部,少数民族干部在州、县、市的领导机构中占70%以上,经济和文化建设都取得了显著的进步。自治州境内的柯尔克孜族主要分布于阿合奇县及乌恰县。据2000年统计,柯尔克孜族人口分别占所在县总人口比例的90.22%及72.27%。[7]其他两个县阿克陶县及阿图什市,柯尔克孜族人口分别为44333人及24100人。除克孜勒苏柯尔克孜自治州以外,伊犁哈萨克自治州柯尔克孜人口为17130人,主要分布于特克斯县、昭苏县、尼勒克县等。阿克苏地区的乌什县、温宿县,喀什地区的塔什库尔干塔吉克自治州县、皮山县、乌鲁木齐市、塔城地区及黑龙江富裕县等地也有散居。新中国成立

初期，柯尔克孜人口为6万多，由于稳定的社会政治环境及经济发展，半个世纪里柯尔克孜人口增长了15倍。由于教育经济的发展及民族平等意识形成，柯尔克孜族也由原来的相对集中向全国呈散射漫延。民族自治州以外的民族聚居地及民族乡也都由多个不同的民族组成，形成多民族社会生产、生活的大杂居、小聚居分布特点。

2. 地理与土壤、物种、植被条件

克孜勒苏柯尔克孜自治州西北接昆仑山、天山山脉，东南接塔克拉玛干沙漠边缘的喀什噶尔绿洲与阿克苏绿洲，东北部与吉尔吉斯斯坦交界，西南与塔吉克斯坦接壤。克孜勒苏柯尔克孜自治州是以柯尔克孜族为自治的多民族自治州，为地区建制，辖有阿图什市和阿合奇、乌恰、阿克陶3个县，共有5镇32乡，208个行政村。

克孜勒苏柯尔克孜自治州地势由东南向西北呈梯状抬升趋势，境内多高山，东南部的塔里木盆地边缘绿洲和喀什噶尔平原海拔1200米，西北天山南脉和帕米尔高原最高处海拔2719米，位于克孜勒苏柯尔克孜自治州北部的阿合奇县，古称尉头，清朝时期为柯尔克孜族游牧地区，其范围远大于今天的行政划分区域，县西部与吉尔吉斯斯坦交界，国界线长达286.7公里。由于地处高寒，地势走向呈西北高，东南低，北部天山南脉又名阔克萨勒山（阔克萨勒山因山势起伏逶迤,山体绵长故又名阔克萨勒岭）与南部的喀拉铁克山之间的托干河谷，形成了两峡一谷的全境整体地貌，境内高山起伏。

草场是畜牧业经济发展的基础，传统畜牧业主要依赖天然草场：海拔高1800～2400米的戈壁滩上分布有荒漠草场，主要为旱生植物如合头草、琵琶柴等。因品质不良，适口性差，只适于放养骆驼。海拔3200～4000米高山阳坡地带为高寒草原草场，植被种类较多，草质优良，主要植物种类有紫花针茅等。海拔在2500—1300米之间以草甸土为主，土质肥沃，具有相对便利的灌溉条件，是种植

草料的理想基地。阿合奇县境内山区还分布有片状纯林和散生林，树种主要为云杉。其次在河流两岸及河滩地分布有片状的次生林，对防风固沙、防止水土流失等有益，次生林为不同树种构成的混合林，主要有河柳、榆树、沙棘、黑杨等。已知"两山夹一谷"中的植物多达200种以上，牧草类植物有紫花苜蓿、线叶草、苔草、草木樨、芨芨草等。

三、柯尔克孜族造物设计文化溯源

柯尔克孜族在社会化的生产、生活实践中的造物设计活动涉及范围广泛：从简单的生活小件用品到生产工具、食物制作及毡房的建造等。由于柯尔克孜族特殊的社会历史经历及自然环境，其漫长历史遗留下来的造物设计多以物质的或非物质化的方式存在。遗存下来的物质化实体不仅是民族设计历史记忆的见证，也从不同侧面呈现出当时的社会生活及民族造物设计文化发展态势。

1. 柯尔克孜族生产与生活方式传统形态

柯尔克孜族可谓是中亚有着悠久历史的古老民族之一，曾联合其他游牧部落在北方建立过柯尔克孜汗国，活动范围从叶尼塞河上游延伸至天山及西部帕米尔高原，目前这一区域出土的相关文物资料显示，柯尔克孜的历史可追溯到远古的旧石器时代。考古显示，柯尔克孜先民不仅利用石头进行相关的生产活动，还在其表面刻上精美的动物纹样，包括马、山羊等形象。柯尔克孜先民所创造的古代文明也被称为"米努辛斯克文化"。从艺术发生学的角度看，人对石器工具的创造及使用中已产生了对形的认识及造型的基本观念。石器工具虽原始、粗陋，但充分表明柯尔克孜族在远古时代的生产生活中，由使用天然工具到有目的有意识地制造工具，表明人由初始的生物性本能活动转入有目的的创造性劳动，人自身成为真正意义上通过创造、设计行为劳动的人，使民族步入文化与设计发展的轨道。

"米努辛斯克文化"包括"阿凡纳羡沃文化""安德烈纳沃文化"和"卡拉苏克文化"。"阿凡纳羡沃文化"：古代柯尔克孜人生活在叶尼塞河流域铜、石并用的时代，出土文物中除部分制作精良的铜器外，大多为石器或骨器，是公元前三千年到公元前两千年间的物品。"安德烈纳沃文化"：意指叶尼塞河上游区域安德烈纳沃地区公元前两千年前的青铜器制品及各类器具、马具及刀具等，器物表面有装饰图案。"卡拉苏克文化"：公元前两千年到公元前一千年间的金属器具及武器，金属器制造更为精细，已基本替代了石器。

考古资料显示，居住在我国北部草原的柯尔克孜族人早在公元前3世纪前就已从事农业，开发了纵横交错的农田灌溉系统，遗存的岩画中可以看出，当时居住的多为原木泥草搭建的房屋，圆顶毡房所占比例较小。公元前3世纪左右柯尔克孜陪葬品除了马、牛、羊，还出现了四马共驾马车，木楔及皮带连接固定结构，主要用于交通运输，显示当时的柯尔克孜族先民黠戛斯已从事定居性的灌溉农业并形成一定规模。水草充沛的叶尼塞河流域为牧业生产提供了天然的牧场，这一时期的古柯尔克孜人虽为游牧民族，但是较固定的居住形式，族群相对较为集中，这也符合定居农业生产生活的基本特征。黠戛斯在当时的农业生产活动中，已使用铁质犁头，犁头由本地制造，有的来自中原地区。种植的农作物主要有小麦、大麦、青稞等，已使用水磨磨制面粉，并用粮食酿酒。

金属的生产与发展同柯尔克孜族社会文明史紧密联系在一起。青铜为一种铜锡合金，采用青铜设计制作各种器具、马具及兵器，民族造物设计能力步入一个技术性被关注思考的时代，开启了运用技术手段改变事物物理性能以达到特定目的性的设计探索之路。囚

前言

自然环境的因素及柯尔克孜族的社会组织体系与社会外部关系，其内部依然存在着多样化的生产生活方式及形态，主要体现在农业与畜牧业并存，农业生产效率更需要通过技术手段得到提升，包括农业的灌溉系统以及使用铁制犁头等。除此之外，也大量利用当时所处环境中的自然供给，进行合目的的造物设计活动，如对木材、皮张的设计加工等，这些木制皮制物品在人们当时的生活中占据重要的位置，代表当时柯尔克孜族造物设计的发展高度。

秦汉时期，由于黠戛斯地区（今叶尼塞河上游）及支流区域范围"其草种类至多，大抵与回鹘同"。[⑧]优越的畜牧业自然条件使黠戛斯牧民在社会经济生活中呈现出对水草的依赖并产生水、草崇拜，"祠神惟主水草，祭无时"。黠戛斯居住地区储藏有金、铁、锡等矿物。叶尼塞河流域支流纵横，水资源丰富，隶属于黠戛斯部落的都波部族就专门从事渔猎，都波"无牛羊，不知稼穑，土多百合草，取其根以粮，兼捕鱼……"[⑨]注：矿石为金属冶炼加工原料的来源，从遗址上发掘的矿渣、碳、熟铁块及熔炉可以推断出当时黠戛斯地区的冶炼与制造手工艺是有相当规模的发展，其出土的金银青铜器饰物设计制作精巧，在其表面上刻有鲁尼铭文及不同造型的花卉纹饰。

以私有制为基础的黠戛斯社会经济结构到唐代时因私有制的进一步发展，境内部族成员间的贫富差距进一步拉大。在叶尼塞鲁尼文铭文中，就已出现财主（巴依）、"占有者"（奇格什）等反映财产隶属的专用词汇，主要是以牲畜这种私有财富来体现，并以特定的视觉化符号烙印在牲畜较明显的部位作为私有的法定标记证明。元朝时柯尔克孜族被称为乞尔吉斯，仍然保持着以畜牧业为主的经济生活方式。蒙古政治力量的迅速崛起，打破了原有的社会政治格局，进一步加剧了民族间的相互影响与融合。由于成吉思汗进

兵中亚需准备充足的军饷，派人到乞儿吉斯地区发展农业，并从中原迁入大量汉族工匠，专设数局。使这一时期的乞儿吉斯农业、手工业呈现出较快的发展。17世纪初叶，以畜牧业为主的生产生活方式在柯尔克孜族的社会经济中扮演越来越重要的角色，因天山帕米尔特殊的自然环境条件，柯尔克孜族在不断迁徙中也逐步失去了过去那种城市与农业的繁荣，"没有任何定居文化，甚至没有农业；只靠狩猎与畜牧业来取得生活资料"。⑩至此柯尔克孜族从事以游牧为主的经济生产活动，农业居于次要的地位，在商业与手工业发展之后。畜牧业生产主要依赖于自然条件，占统治地位的封建生产关系使得氏族部落中富有的人家借"民族互助"名义巧取豪夺，名义上是"阿寅勒"的人一起集体擀毡、挤奶、打草、剪毛、放养牲畜，但由于牲畜多为富人占有，劳动成果的分配也只能进一步导致贫富之间的差距拉大。

新中国成立后，柯尔克孜族在政治上得到了解放，经济上逐渐摆脱封建剥削。经过半个世纪的发展，柯尔克孜族居住区由过去落后封闭的农牧地区逐步发展，形成以农牧业为基础的拥有现代化能源、纺织、机械制造、建材、食品加工、制革等支柱产业的现代产业格局。延续千年的较单一的传统游牧、狩猎及手工艺完成了向多种产业结构的过渡。

2. 手工艺主要传承方式

重视血缘关系的柯尔克孜族在社会生活中形成相互协作的大家庭关系。以畜牧业为主的生产生活方式使得柯尔克孜族手工业仍以家庭副业形式存在。铁匠主要制作日常生产生活所需要的铁马掌、马镫、刀具、斧头、坎土曼等工具，同时也兼做银器及马具上的各种银饰及妇女佩戴的各种首饰。木匠主要制作日常生活中需要的毡房天窗、木质骨架、木门、木栅栏、马鞍木制基础模具、农具木

柄、家具及乐器等。皮匠主要进行皮张的处理加工与制作。铁匠、木匠及皮匠基本为柯尔克孜族牧民兼营，专职从事的只占极少数。手工业的技术传承主要为父子相传，很少有带徒弟的。因以畜牧业为主的社会经济生活方式，铁矿冶炼基础薄弱，所需原料铁、银主要通过市场交易获得。银子的一部分来自以货物贸易获得的钱币，另一部分则购于市场。银器里加入的铅大多为自己冶炼提取。木匠所使用的基本原料也基本就地获取，日常生活中牧民所穿的皮衣、皮靴等大部分为本地手工制作。

柯尔克孜族传统社会生活中，以家庭妇女为主的手工业较为普遍。手工设计制作的各类物品首先要满足家庭的基本生活需要，原料主要来源于畜产品加工，用羊毛纺线并织结成各种毛料，擀制用于铺垫及搭建帐篷和卧室铺盖所需用的各类毯子，编织生活用各种花带子、打制毛绳、缝制衣帽、编结芨芨草帘等，基本都由柯尔克孜族妇女手工完成。这些制品除了满足自己家庭生产生活需要外，多余的部分可拿到市场上换回自己所需要的其他物品。服装、鞋帽、头巾上的装饰设计也都由柯尔克孜族妇女完成。柯尔克孜族传统手工艺中最具特点的要数刺绣。刺绣的图形多为四边对称的表现形式，底稿通常使用毛笔蘸盐水的方式在深色的平绒布上画出，有时也使用浅色的粉笔先画四分之一的装饰纹样，采用对折的方式进行转印以获得四边对称的完整装饰图形。柯尔克孜族姑娘在提亲、定亲、约定婚期等仪式完成后，准备出嫁的姑娘便开始准备嫁妆，包括帷幔、花毡、被褥、枕头等，这些都少不了刺绣装饰设计，这些物品基本都由准备出嫁的姑娘们亲自绣制。在柯尔克孜族的传统理念中，妇女是否贤惠通过刺绣便可知晓，所以柯尔克孜姑娘从小就由母亲传授相关的手工技艺。

3. 造物设计的自然型材

以游牧生活为主的柯尔克孜族依据不同季节变化来寻觅适宜放牧的草场。在长期的生产生活实践中，他们认识自然规律，主动适应客观自然，这种能动性体现在造物设计中，依据所处自然环境中的供给进行选择，以保证造物设计活动中所需的物质材料，使设计生产活动得以维持并持续，同时也适宜于"逐水草迁徙"的生产生活方式。利用自然型材进行造物设计是认识自然、适应自然便捷的途径与方式，也是最为经济便利的造物设计方式，通过一定的技术程序加工使所获得的自然型材转变成有使用性功能的器具，并巧妙利用其材料的材质及物性特点设计制作出适宜游牧生活所使用的物品，其柔韧性、耐碰撞的物品设计性能便于在迁徙中携带。

柯尔克孜族木器制造历史悠久，古墓发掘显示，汉代以前的柯尔克孜祖先不仅使用木屋，其家具及器皿也大多为木质的。自西迁入天山、帕米尔后，木器的设计加工作为一种家庭副业依然存在，并在新的条件下不断得到发展。柯尔克孜族生活的环境多处于高山河谷地带，有山杨、沙棘、红柳、柽柳、小叶柳、水柏枝及散生林云杉等木材，人工种植林如杏树、苹果树、柳树、沙枣树及新疆杨等，为柯尔克孜族造物设计提供了较充足的自然型材。

此外，柯尔克孜族以畜牧业为主的生产实践活动，提供了牲畜毛绒与皮张及牲畜骨骼、角质等材料，自然环境里可获取的自然型材芨芨草、石块及珠宝等，都可以用来造物设计，用以满足物质及精神的需要。

4. 造物设计的合成型材

造物设计活动本身与自然界物质有必然的联系。从自然环境中获取可供造物设计的合成型材，不仅满足民族自身生存与发展需要，也是造物设计活动中人化自然的体现，反映出人类利用自然、改造自然以满足基本生存需要的主动性意识，在人与自然的对立统

一关系中，彰显民族独特的造物设计认识及情感观念。

柯尔克孜族造物设计活动中使用合成型材具有悠久的历史，公元前三千年至前两千年分布于叶尼塞河上游地区的"阿凡纳羡沃文化"是古柯尔克孜人铜石并用的时代，出土文物可见设计精巧的铜器和青铜器。柯尔克孜族先民黠戛斯公元3世纪前生活在叶尼塞河流域并从事农业，农具设计制作中已使用铁制的犁铧及镰刀等，马具设计制作中也使用铁制构件连接加固。除此之外，还出土有陶制器皿。柯尔克孜族延续千年以畜牧业为主的社会经济结构模式使得造物设计活动必须适应这一生产、生活方式。柯尔克孜族金属珠宝加工工艺中所选用的材料多是白银，虽也使用黄金及铜，但与白银比较并不普遍，其中首饰设计加工材料来源于作为货币使用的银元宝，为柯尔克孜族首饰设计提供了所需的金属合成型材。柯尔克孜族造物设计活动中所使用的基础金属合成材料主要包括金、银、铜、铁等，能设计制作刀、剑、纽扣、铃铛、针盒、烟盒、火药盒、烧水壶、镰刀及马和骆驼笼头饰物、马镫等。使用合成漆色对制作好的木盒、木碗、木勺及毡帐用木格栅进行涂饰等，体现出柯尔克孜人在造物设计中人化自然的能动性。

5. 近现代文明的影响

柯尔克孜族西迁天山、帕米尔后，原先从事织造的工匠及织造局退出了历史舞台。柯尔克孜族妇女的刺绣、编织工艺仍作为一种家庭副业形式续存并得到发展。铁匠主要以农具和马具设计制作为主；金匠和银匠以妇女首饰、精致马具、箱柜、毡房、乐器等的设计制作及装饰为主。家庭手工业也主要涉及对畜产品进行加工。除满足家庭日常生活使用之外，多余的部分拿到市场上销售或换取所需要的其他生活用品。1949年以前，新疆柯尔克孜族较集中的地区因交通困难，信息闭塞，商业不发达，物资流通不畅，牧民难以到外

地交换产品，日常生活中需要的其他物品相当匮乏。所在区域虽有丰富的矿藏，但由于基本无自己的工业，牧民的生产及生活用品极为简陋，手工业基本以木头或毛皮为原料进行加工生产。

新中国成立之后，为发展柯尔克孜族地区的经济，政府大力支持兴办学校、工厂、商业贸易点，培养柯尔克孜族干部，柯尔克孜族延续千年的单一游牧、农耕、狩猎及手工业生产经济向多种经济、产业过渡。经过半个多世纪的发展，柯尔克孜族地区的社会经济、科技进入了快速、稳步发展期，柯尔克孜族逐渐融入近现代世界文明发展潮流。柯尔克孜族许多牧民由深山走向城镇变身产业工人，经济生活也发生了明显的变化，柯尔克孜族传统家庭手工艺设计因经济发展的要求，在技术运用、内容表现、装饰审美及造型设计上更多融入现代意识观念，柯尔克孜传统手工艺在与近现代文明的磨合过程中得到传承与发展。

柯尔克孜族的社会历史发展表明，柯尔克孜族始终都与其他民族有着不同程度的交往、接触，经济生产活动中的基本生产资料的获得、使用及居住环境的改善都因相互的借鉴、吸收与融合，呈现出丰富而多样化的义化内涵，是与其他兄弟民族之间各种形式的沟通交流结果所致。如柯尔克孜族毡房，其结构形式及材料使用与哈萨克族基本相同，民族间相近的传统游牧生活方式及往来，使柯尔克孜人在造物设计活动中注重民族间的借鉴与吸收。

科学技术的进步与发展必然影响并一定程度改变着传统的生活方式及观念，包括交通、通讯的发展及日常生活用品设计制造。科学技术的效率提供了更大的商品选择空间，也促进了服务业的发展，创造了更为便利快速的生活节奏，柯尔克孜族由原先较单一的传统畜牧业经济转化为多元的经济结构模式，使传统的游牧迁徙生产生活过程中也使用上了现代科技产品。

四、柯尔克孜族传统手工艺

1. 柯尔克孜族传统手工艺现状

柯尔克孜日常生活中以布料质地制作的用品，其表面上基本都设计制作有刺绣装饰纹样，在衣袖、马衣及手提袋等日常生活用品上，都绣有精美的图案。刺绣装饰图形主要以畜牧业生产、生活范围所熟知的事物形象为依据，包括各种植物花卉、飞禽、野兽及几何形状图形。编织所用的原料主要源于畜牧业生产生活密切相关的动物皮毛和生活环境中可方便采集到的植物等，如毛可用来编织挂毯、地毯及宽度一致的带状编织物，切割好的皮条可编织结实耐用的皮绳，芨芨草可用来编结草帘，等等。

随着历史的变迁及社会经济的发展，柯尔克孜族聚居区域交通不断改善，电子信息技术迅速发展，人流物流信息流加速，打破了原有的社会封闭状况。现代工业技术条件下规模化生产的各类生活用品不断涌入，牧民被置于一个更为开放的环境中，需要对自己的生活进行必要的调整与改变，以适应市场经济的生产、生活方式。商品意识的强化，也一定程度让柯尔克孜族传统以畜牧业为主体的自给自足经济感觉不适，亟须通过变革来适应市场经济模式下的生产、生活的需要。唯有如此，传统的手工艺才能在新的社会历史条件下得以传承。

柯尔克孜族妇女刺绣由过去自足性的生产改变为以市场为依托的产业加工生产的集体化模式。原先兼职的家庭刺绣演变为专业化的手工刺绣设计制作。刺绣编织的培养方式也由过去以血缘关系家族式传授，演化为以职业为目标的集体教育培训方式，编写统一教材，统一培训人才，通过举办艺术节、展销会、手工艺展览等方式进行宣传、交流与推广。柯尔克孜族刺绣编织2008年被列入第二批国家非物质文化遗产名录。

2. 相对完整的手工艺保护

随经济社会的发展及生活水平的提高，柯尔克孜族经济由过去较单一的以畜牧业为主的经济向多元化的经济结构变化。现代工业化生产使人们认识到科学技术的强大能量与作用，而这一切并不能全部替代历史积淀与民族精神世界中特有的文化情感心理。

在传统手工艺中，无论是色彩的象征性、寓意性还是图形内容所指及含义等，都与民族在历史中所固守的传统观念一脉相承，只不过在技术层面上并不排斥采取更有实效的符合现代工业技术标准的加工方法。尽管柯尔克孜经济生产活动呈多元化的发展趋势，但传统的"逐水草而迁徙"生活方式依然保留，也为传统手工艺提供了必要的社会环境，延续千年的手工艺设计加工方式得以保存下来，如马具、刺绣、擀毡、编织、乐器、鞋靴等在日常生产生活中仍具有重要的作用。无论是材料选择搭配还是加工工艺制作程序及实用功能等方面，都有较好的传承。在新的社会经济结构环境中保持传统的生活方式，面临诸多挑战。首先是由于多元的经济生活方式，人们不断强化的社会性服务意识，导致职业选项增加，传统手工艺面临工业化大机器生产制造技术的冲击与影响。其次是传统手工艺设计制作主要满足以畜牧业为主的柯尔克孜族社会经济生产生活，这种需要也因社会经济的发展变化及生活的多元化而发生变化，传统的手工艺面对现代社会生活节奏出现不适应，客观上促使传统手工艺为适应变化而采取必要的调整，包括对新技术新材料的吸收，同时还要保存传统手工艺中的文化功能以满足民众的消费心理。现代技术条件下的生产加工注重产品的标准化及一致性，易造成传统手工艺的个性化特点丢失。

折中之下，适应现代市场经济运作的需要，运用市场化的手段，通过动员组织牧民的集体参与，以家庭为单位分工协作加工制

作，可使柯尔克孜族传统的手工艺得以延续传承，由市场行为赋予其经济价值，使传统工艺的生命得以持续。据资料统计，乌恰县境内从事柯尔克孜族刺绣手工生产者多达上千人，从业者已形成相当规模，不仅适应现代社会市场经济发展要求，客观上促使延续千年的民族传统手工艺在新的历史时期得以存续、发展前行。

注释

① 欧阳修、宋祁.新唐书第19册[M].北京：中华书局，1975.6147.

② 贺继宏等编.克孜勒苏柯尔克孜族自治州志（上册）[M].乌鲁木齐：新疆人民出版社，2004.311.

③ 宋欧阳修，宋祁.新唐书·唐书卷（下）[M]p217.北京：中华书局，1975.6146.

④ 贺继宏.克孜勒苏柯尔克孜自治州民族志.新疆克孜勒苏柯尔克孜文出版社，1992.44.

⑤ 阿地里·居玛吐尔地.中国柯尔克孜族[M].银川：宁夏人民出版社，2012.13.

⑥ 万雪玉.中国柯尔克孜人口变迁、分布及特点[J].西北人口.2003.4.

⑦ 阿地里·居玛吐尔地.中国柯尔克孜族[M].银川：宁夏人民出版社，2012.13.

⑧ 岑仲勉.突厥史籍（下）[M].北京：中华书局，2004.727.

⑨ 岑仲勉.突厥史籍（下）[M].北京：中华书局，2004.745.

⑩ 【俄】巴托尔德.突厥蒙古诸民族史[C].【日】内田吟风.余大钧译.北方民族史与蒙古史译文集.昆明：云南人民出版社，2003.293—294.

目录

第一章　柯尔克孜族传统建筑

柯尔克孜族橡木撑杆"乌窝克"　002

柯尔克孜族天窗顶圈"昌格尔阿克"　006

柯尔克孜族土木结构民居　010

柯尔克孜族砖木结构民居　017

柯尔克孜族栅栏架"开列盖"　025

柯尔克孜族毡房"勃孜围"　029

柯尔克孜族毡房室内空间布局设计　034

柯尔克孜族毡房木门　040

柯尔克孜族棚圈　046

柯尔克孜族鹰舍　054

第二章　柯尔克孜族传统服饰

柯尔克孜族毡帽"卡勒帕克"　062

柯尔克孜族"塔克亚"女帽　065

柯尔克孜族狐皮或羊皮皮帽"台别太依"　068

柯尔克孜族狍头帽　072

柯尔克孜族银耳环　075

柯尔克孜族辫饰　080

柯尔克孜族鬓—胸饰与胸饰　084

柯尔克孜族项链　088

柯尔克孜族手镯　092

柯尔克孜族绣花镶边圆领白衬衫　096

柯尔克孜族坎肩"杰勒提凯"　099

柯尔克孜族羊皮"裕袢"　102

柯尔克孜族白板羊皮短款上衣　106

柯尔克孜族棉布无领长"裕袢"　110

柯尔克孜族青年女子服装　114

柯尔克孜族高筒靴（长筒靴） 118
柯尔克孜族宽脚裤 121
柯尔克孜族鹿皮裤 125
柯尔克孜族宽皮镶银饰腰带 128
柯尔克孜族丧葬服饰 131

第三章　柯尔克孜族传统餐饮

柯尔克孜族孢孜（宝扎）酒 136
柯尔克孜族马肠子 141
柯尔克孜族奶疙瘩 144
柯尔克孜族馕 148
柯尔克孜族奶油米饭"沙尔阔勒" 153
柯尔克孜族稀粥"乌麻什" 156
柯尔克孜族抓饭 159

第四章　柯尔克孜族传统生活用具

柯尔克孜族便携式带盖木碗 164
柯尔克孜族带盖木桶 168
柯尔克孜族防烫毛织物手垫 172
柯尔克孜族"柯亚克" 175
柯尔克孜族口琴奥孜库姆孜 181
柯尔克孜族库姆孜 185
柯尔克孜族秋奥尔 189
柯尔克孜族骆驼皮桶、皮壶 193
柯尔克孜族骆驼皮碗 197
柯尔克孜族马鞍 201
柯尔克孜族马鞍的固定物件及结构 205
柯尔克孜族马鞭 209

  柯尔克孜族马镫　213
  柯尔克孜族马衣　217
  柯尔克孜族铁马掌　221
  柯尔克孜族木勺　224
  柯尔克孜族木碗　228
  柯尔克孜族牛角哺乳器　231
  柯尔克孜族皮制刀鞘　234
  柯尔克孜族小刀　238
  柯尔克孜族三角铁锅支架　241
  柯尔克孜族酸奶木桶　244
  柯尔克孜族洗手铜壶　248
  柯尔克孜族摇床　252
  柯尔克孜族烤馕用印戳　256
  柯尔克孜族熨斗　260

第五章　柯尔克孜族传统生产工具

  柯尔克孜族斧子　264
  柯尔克孜族坎土曼"克提镘"　268
  柯尔克孜族柳编筐　272
  柯尔克孜族木犁、铁犁　276
  柯尔克孜族牲畜饲料铡刀　281
  柯尔克孜族镰刀"吾尔胡克"　284
  柯尔克孜族木杈"别西力克"　288
  柯尔克孜族褡裢"胡尔俊"　292
  柯尔克孜族牦牛载运　296
  柯尔克孜族三连式手摇毛绳制作架　299
  柯尔克孜族手工毛线器　303
  柯尔克孜族手磨"加尔合力恰克"　306

柯尔克孜族狩猎铁夹　310
柯尔克孜族鹰猎　313
柯尔克孜族鹰猎护臂长筒皮手套　317
柯尔克孜族鹰帽　321
柯尔克孜族固马桩　327

第六章　柯尔克孜族传统手工艺

柯尔克孜族"百纳"装饰　332
柯尔克孜族壁挂"吐什都克"　336
柯尔克孜族补花毡毯　340
柯尔克孜族刺绣　344
柯尔克孜族压花毡毯"阿拉克依孜"　348
柯尔克孜族芨芨草帘"切热莫切克"　352
柯尔克孜族毛毡刺绣装饰门帘　356
柯尔克孜族篷毡围毡　359
柯尔克孜族图案艺术分析　363
柯尔克孜族绣花碗带　367
柯尔克孜族"约尔麦克"　370

第七章　柯尔克孜族传统民俗和宗教

柯尔克孜族传统婚礼行序与用具设计及服饰特点　376
柯尔克孜族肉孜节　381
柯尔克孜族萨满舞及道具设计　385
柯尔克孜族丧葬行序与器具　390
柯尔克孜族动物崇拜　395
柯尔克孜族天地崇拜仪式行序及器具　398
柯尔克孜族植物崇拜行序及用具　402
柯尔克孜族祖先崇拜祭典行序及器具　406

第一章 柯尔克孜族传统建筑

柯尔克孜族橡木撑杆"乌窝克"

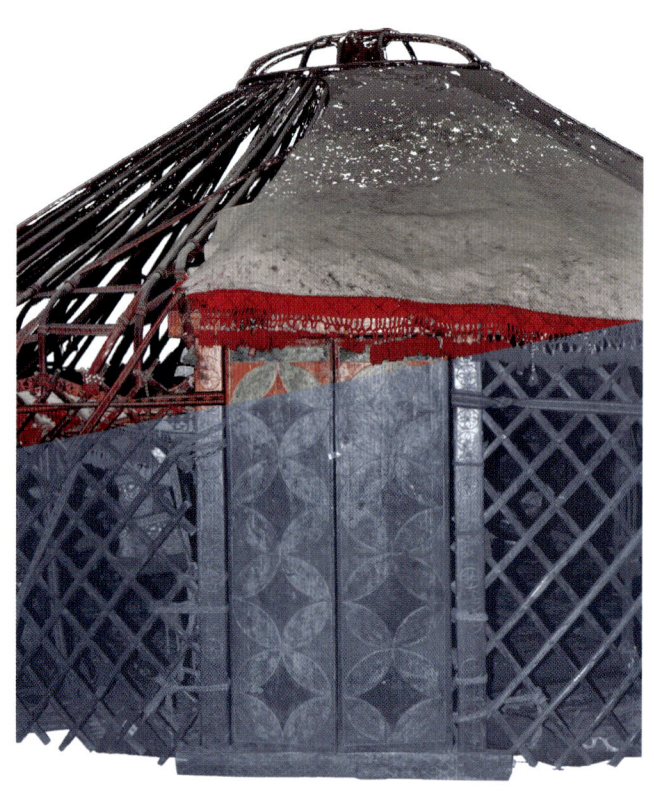

图一　柯尔克孜族橡木撑杆"乌窝克"主图

"乌窝克"为柯尔克孜语，意为支撑毡帐的橡木撑杆。柳树为新疆自然环境区域生长的一树种，常与红松、白松生长在一起。既不属于乔木树类，也不属于灌木类。红柳处于乔木和灌木之间，树干一般有碗口粗，树高一般为5米左右，是新疆山区常见的一树种。相对于其他树种来说，它木质坚硬，柔韧性强，常被人们用来做铁锤、铁锹、斧头等工具的把柄，也是做毡房橡木撑杆比较理想的材料之一。柯尔克孜族搭建毡房骨架主要使用的是柳木。橡木多用柳树枝干制作，一棵柳树上可用的枝条只有4—5根，一般情况下制作一个毡房大约需要50棵树枝干。

橡木撑杆使用于毡房上方呈斜面屋顶部分，毡房屋顶主要使用篷毡、篷布等轻质柔软材料覆盖，四周倾斜呈圆锥状的毡房顶部不易积水积雪，可有效减轻橡木撑杆所承受的压力。搭建毡房时，橡木撑杆"乌窝克"的一头插入天窗圆环形木框中预留的扎洞，另一头接毡房下部栅栏，用皮条捆扎法加以固定。为使毡帐上部空间收于顶部，橡木撑杆上端为直线，靠栅栏部分则弯曲。制作毡房的橡木撑杆树枝备齐后，要削皮、晾晒，晾晒完成后再对一端弯曲加工，弯曲度的大小形状依据建筑面积大小已基本形成了较为固定的模式，需弯曲的一端先放在火上烘烤，加温后使其木质软化后再弯曲。削皮所用的刀具多为自制。削好皮后，再涂上红色。数十根橡木的排列组合使毡房上部形成一个倒扣的漏斗状，所有橡木的一头都集中于天窗的木制边框上。每根橡木撑杆间约有30厘米的间隔，一个毡房大约要使用40—100根这样的橡木撑杆支架。这种橡木撑杆拆卸方便，易于集中捆绑，便于马匹等牲畜驮运。橡木撑杆"乌窝克"的长度及弯曲状态决定毡帐篷顶的形状。

制作橡木撑杆的材料都取自生活环境，从采集到制作完成形成了一套实用、可行的制作程序。它是基于整体的综合性设计思维，结构巧妙合理，拆卸便利，依据材料的物性有效延长使用寿命，有效节约并降低损耗，体现出柯尔克孜人灵活、聪颖的设计思维与应用技巧。

图片来源
图一、图五　陈述　摄影
图二、图四　陈述、秦俭　制图
图三　刘卉　制图

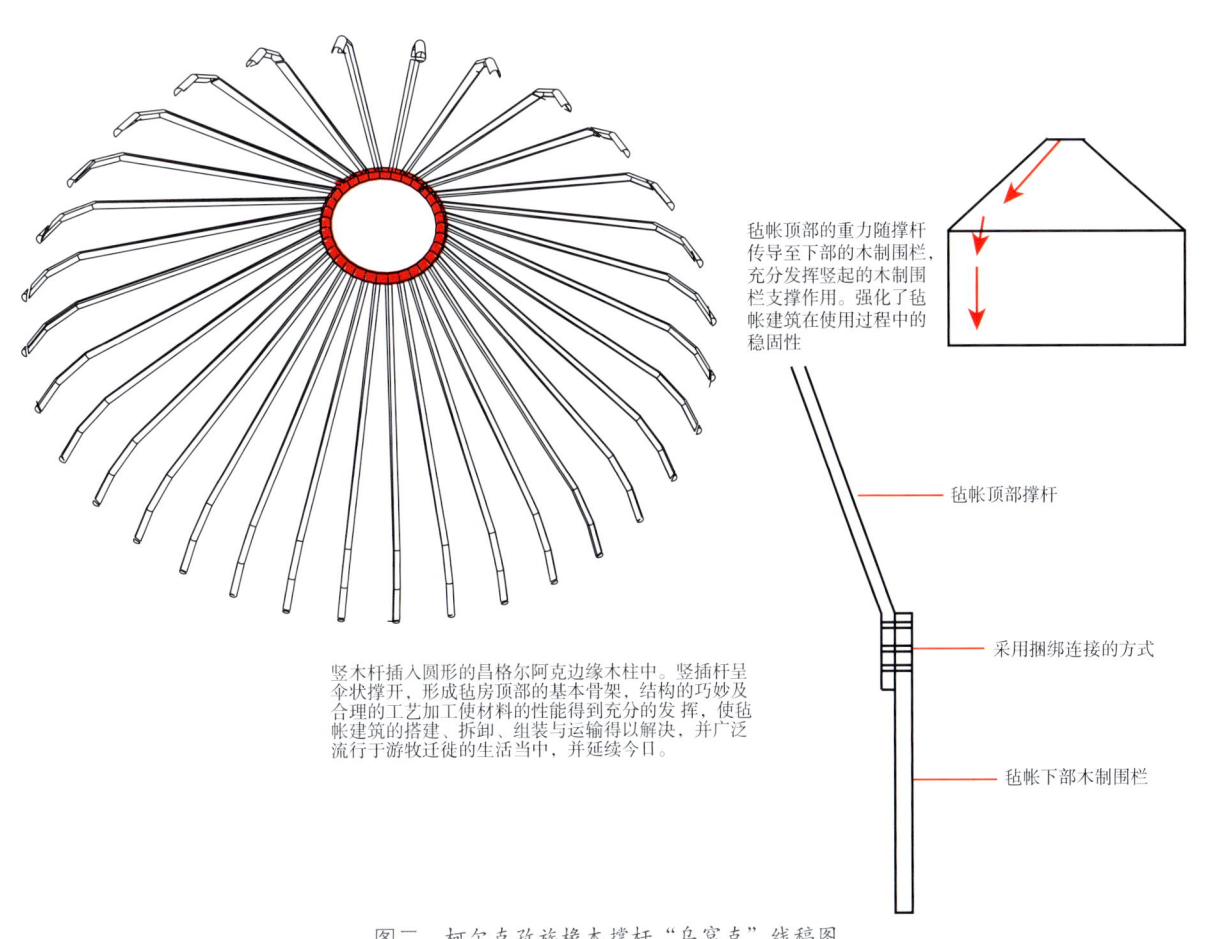

图二　柯尔克孜族橡木撑杆"乌窝克"线稿图

图三　柯尔克孜族橡木撑杆"乌窝克"选料图

锁槽
橡木撑杆

"昌格吉尔阿克"截面图

"乌窝克"上端插入天窗"昌吉尔阿克"预留的圆孔内，下端与栅栏架"开列盖"相连，外披毡布

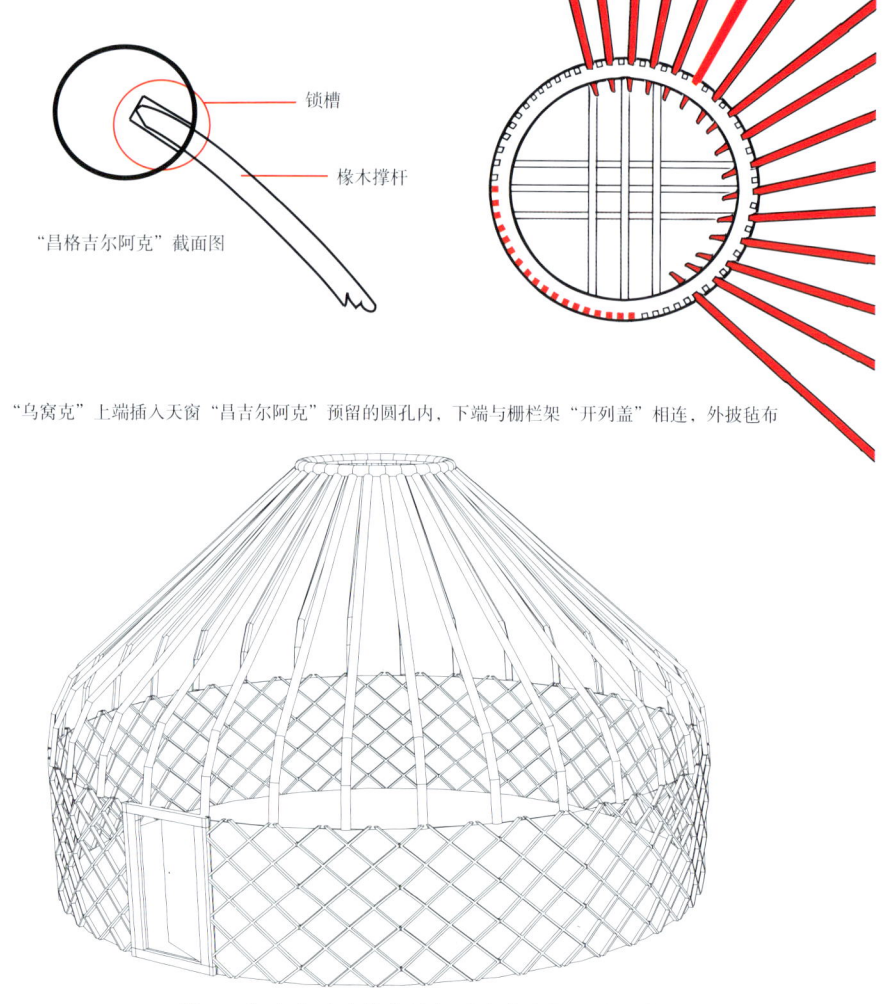

图四　柯尔克孜族橡木撑杆"乌窝克"工艺示意图

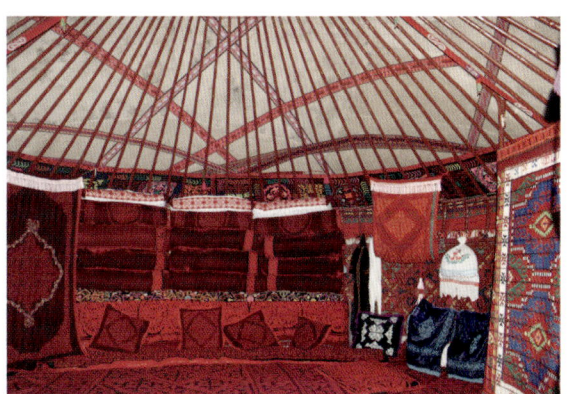

图五　柯尔克孜族橡木撑杆"乌窝克"使用情境图

柯尔克孜族天窗顶圈"昌格尔阿克"

图一　柯尔克孜族天窗顶圈"昌格尔阿克"主图

"昌格尔阿克"是柯尔克孜语，意指毡房顶部的天窗，是由木条做成的圆形框架。天窗"昌格尔阿克"用来采光、通风透气，其圆环状的木结构上留有小孔，用以插入椽子进行固定（乌窝克），支撑毡篷的顶端。呈圆形状的天窗木质顶圈预留插入椽子的小孔数应与底部栅栏（开列盖）中木条的根数成1:2的比例，即上留有60根椽子插空，则底部的栅栏木条就有120根。天窗顶圈一般选用上好的柳树木材，使用生长六七年的树干，椽木一般用树枝，相对于其他木材，柳树具有良好的性能，韧性大，也适合干燥气候，不易老化，耐水性强，具有良好的加热弯曲强度。使用很早以前就用火烤法弯曲木材，砍伐下的树干要进行削皮、晾晒、用火烤后使其软化，沿木材顺纹进行弯曲。天窗弯曲为直径1米左右的圆形，中间为十字形两组交叉的弓形窗顶，每组三四根。弯曲加工需要有专用工具进行，借杠杆力使其弯曲并固定。顺纹实木弯曲基本能保持直线木材原有的力学性质。木材弯曲的内侧可用工具刨削出一个平面，消除因挤压造成的断裂，弯曲成圈形后要固定接头锁住形状，获得所需要的天窗顶圈形状，前后需要两个月左右。

天窗顶圈的小孔制作首先要量好距离并标注应打孔的位置，其次使用手钻先打一个小孔，然后用趋于方尖头的铁制模具烧红后进行烧制打孔，完成后再安上曲木窗顶，使较复杂的工艺趋于简化、实用，操作性强，是实践经验的积累及对木材物性的把握。

整体上看顶圈像一顶圆帽，是毡帐顶端

朝天的一个窗子，利用热气流上升、冷气流下降的自然原理促进毡帐内空气流通。夜晚及雨雪天可盖上篷布以便于室内保温和防雨。天窗上篷布的遮挡面积大小可调节室内外对流的气流量，实现室内温度的调节。

在柯尔克孜人的传统观念中，认为福运来自于北方。柯尔克孜人把北方视为高处，历来就有幸福从毡房的天窗降临之说。柯尔克孜族人每住进一所新造的毡房时，都要宰杀牛羊，宴请周边邻居并请求获取他们的祝福，主人要把所宰杀的羊头从毡房的天窗扔出去，出于祝贺邻居们给主人自备一些礼物。

天窗"昌格尔阿克"是游牧民族毡帐的主要设施，在毡帐的搭建中对支撑于上方的木条起着固定的作用。天窗设计巧妙、拆解安装便利，其所处的位置及形状恰好可作为通风、透气的窗口，使狭小的室内空间始终保持清洁的空气。白天能从上向下透进自然光源，光照在地面的移动也可作为时程的判断依据，可谓一举多得。

图片来源
图一、图四　陈述　摄影
图二　陈述、谈晨　制图
图三　谈晨　制图
图五　刘卉　制图

图二　柯尔克孜族天窗顶圈"昌格尔阿克"线描图

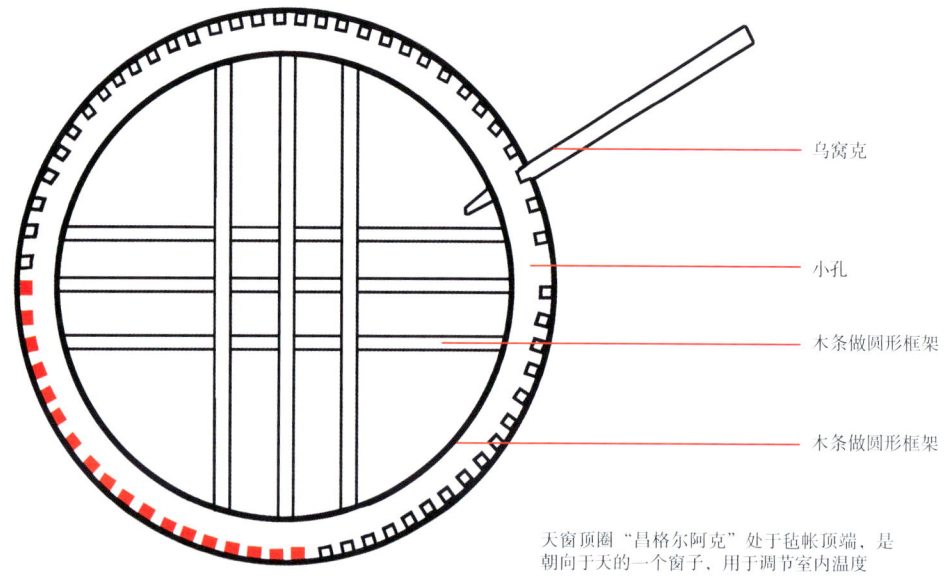

— 乌窝克
— 小孔
— 木条做圆形框架
— 木条做圆形框架

天窗顶圈"昌格尔阿克"处于毡帐顶端,是朝向于天的一个窗子,用于调节室内温度

图三 柯尔克孜族天窗顶圈"昌格尔阿克"结构名称图

图四 柯尔克孜族天窗顶圈"昌格尔阿克"效果示意图

图五 柯尔克孜族天窗顶圈"昌格尔阿克"选材示意图

柯尔克孜族土木结构民居

图一　柯尔克孜族土木结构民居主图

　　柯尔克孜族人的居住环境是由其生产劳动方式及特点决定的，并一定程度受到了所处客观环境的制约。古代柯尔克孜人在游牧生活过程中也形成了一定规模的农业生产、手工业、狩猎等经济形式，聚集的居住方式一定程度适应了定居农业的需要。采用围栏、实墙体的壁垒式建筑有利于坚固持久，并有一定的防护作用。柯尔克孜族从叶尼塞河迁至中亚地区后，农业经济有了较快的发展，居住方式受周边已定居民族的影响，具有半定居的特点。生活在林区的柯尔克孜族则依据自然的供给，采用"井干式"木结构房屋建造。以圆木依次叠加的方式筑造墙体——先在要建造房屋的地表挖下去0.3米左右的槽沟，把去皮的圆木横嵌在沟底进行叠加。90度直角墙体的拐角采用圆木纵横交错相互交合，如古时水井井框的交接做法，在圆木上凿出阴槽相互咬合。林区较为潮湿，雨水也相对较多，故常以木质板材来构架房面坡顶，其坡度为30—45度之间，利于排泄雨水。原木建构的密封性较强的房屋可抵御冬季寒冷，夏天则多住通风透气的毡房。

农耕和半农半牧地区由于气候干燥降雨量小，柯尔克孜族主要建有土木结构的住房。住房多采用平顶的方式。土房的墙壁厚而坚固，有用生砖砌筑的也有用黄土夯筑的。牧区附近则用草皮堆叠建造。土房多为长方形，也有正方形。在平屋顶中央开一个类似毡房的小小天窗，夜晚或雨天雪天盖上活动的毡毯盖，或木制的板盖。门为一扇式或两扇式，门外面悬挂芨芨草帘，门正对面墙体上有2米左右的窗式壁龛，用以放置被褥、枕头，上面铺盖以绣花的织毯。在进门左、右墙体上修有小壁龛以搁置马具及其他小物件，在室内左侧设炉灶炊具等为土炕供暖，土炕上铺设有毡毯、芨芨草等。较富裕的人家还设有客房、专用厨房、储藏室，庭院里建有牛、羊圈。墙体用夯土垒筑法：用挖取的黄土堆叠夯筑，依材料水量及筑造施工方法差异又分为干筑和湿筑两种形式。在预先围好的宽约0.5米、呈长条状的木制夹板内倒入掺有一定比例的沙粒或小石子的干湿土，进行厚度为0.25米左右的夯筑，层层叠加。墙体中的门窗在墙体筑造后凿挖，事前夯造过程中，应预先在门窗开凿设计位置上方横向埋筑有枕木，以承载门窗上方墙体的重量。门窗相对比较小，多为单门。

因游牧迁徙的需要，放牧区还常设有冬窝子和秋窝子，形状多为长方形或正方形，人字顶，间有平顶。四墙用混凝土抹刷平。房门多为花纹双扇板门，外挂毡帘，木房朝阳面打开直径1米的两个小窗，窗外设有单

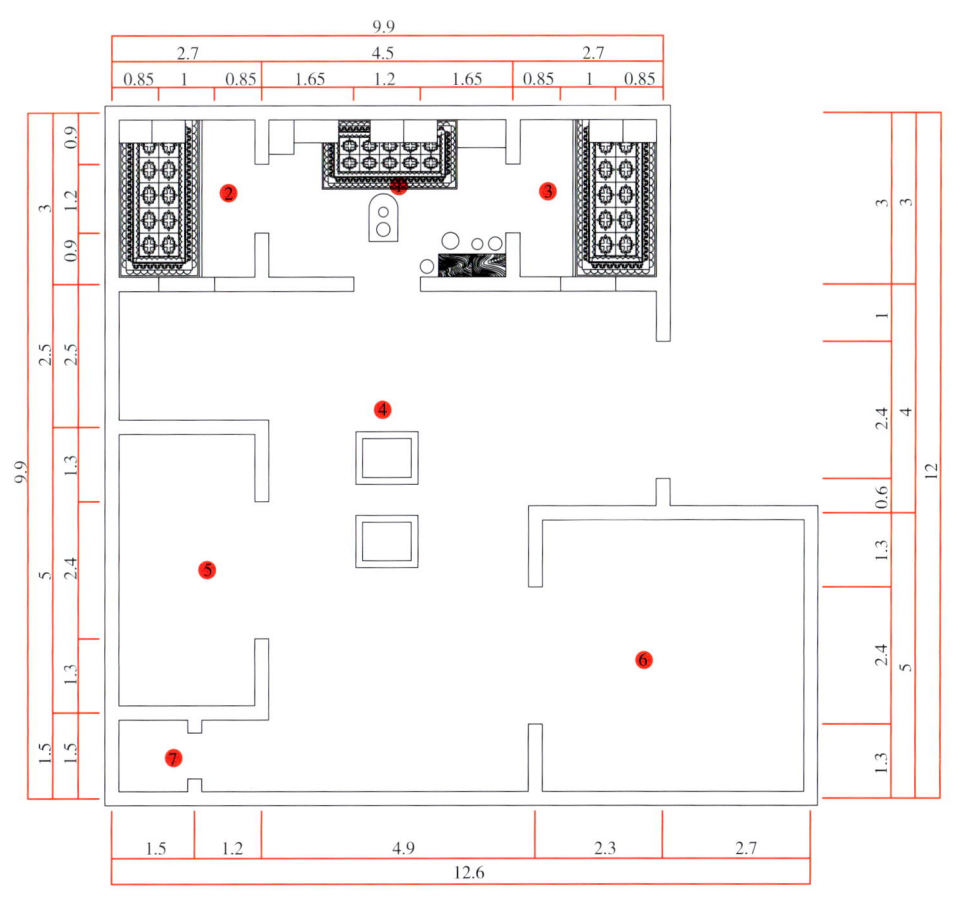

1. 厨房
2. 子女房
3. 父母房
4. 庭院
5. 羊圈
6. 马棚
7. 狗棚

图二　柯尔克孜族土木结构民居平面尺寸图（单位：m）

扇或双扇木盖。

城镇地区附近的柯尔克孜族木屋多使用玻璃窗，室内墙面涂刷白色。房基房椽部为木板。室内布置与毡房相同，正中央为铁皮炉子，炊事及取暖。有的在室内用土坯砌起壁炉。木屋多建在一两米高的台基上，用以隔潮防水。在房屋地板与地面的空穴中可以储藏各种生产工具和用品。木房右侧是用树干盖起的马圈（阿提哈纳），多为平顶方形。木房在左边搭盖羊圈，羊圈门边常为狗棚。庭院中间设有长1米、宽约0.8米的几口小窖，用于储藏粮食。较富裕的家庭将四墙、地板、顶板染成红色，在门框、门板、窗沿、窗盖显眼位置刻有各种图案，并设有专用的厨房、客房及储藏室等。木房附近设有水池、粮仓。畜圈分为羊圈、牛棚、马圈等。依据不同的自然环境物资供给，柯尔克孜族土木结构民居所使用的材料也不尽相同，使柯尔克孜土木结构民居的建筑方式呈现多样的方式。柯尔克孜族土木结构民居因地制宜、就地取材，依据生产、生活的实际需要及自然环境设计与构建，并向其他不同民族借鉴，在实践中运用并加以完善。

图片来源
图一、图六、图七　陈述　摄影
图二、图三　秦俭　制图
图四、图五、图八、图九、图十　陈述、秦俭　制图

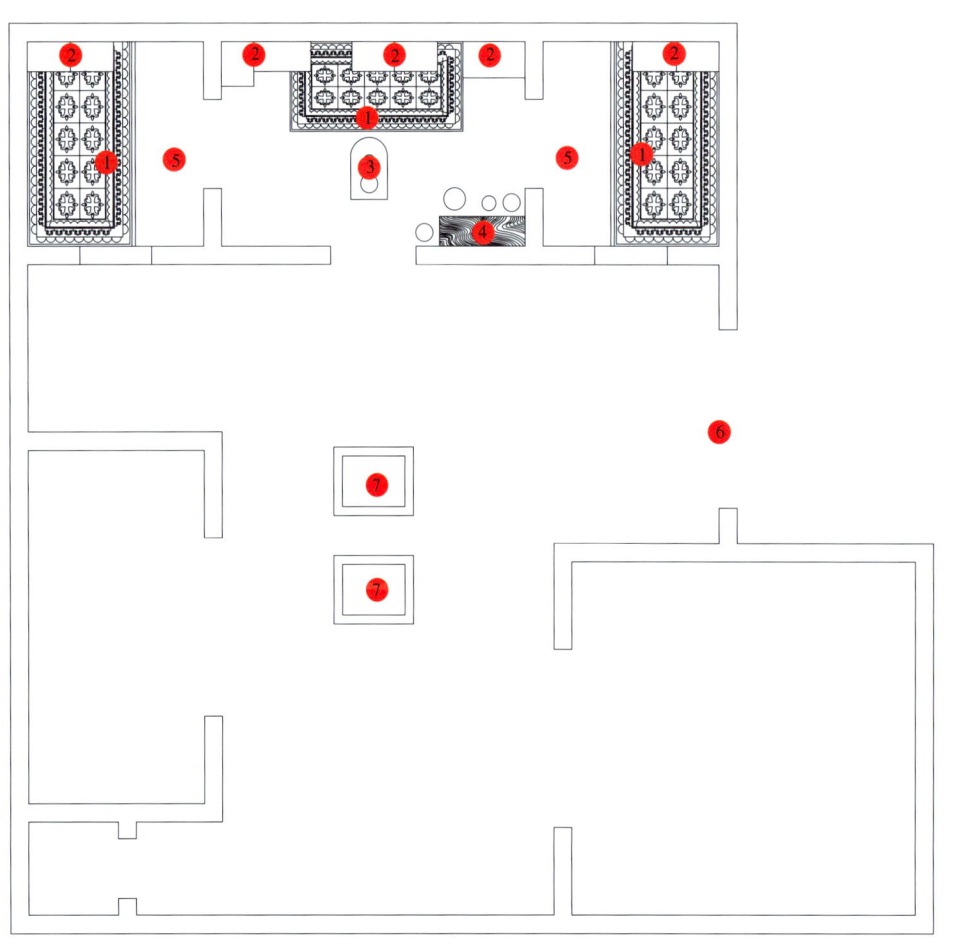

1. 毡毯
2. 箱
3. 炉
4. 案桌
5. 火炕
6. 大门
7. 小窖

图三　柯尔克孜族土木结构民居平面图

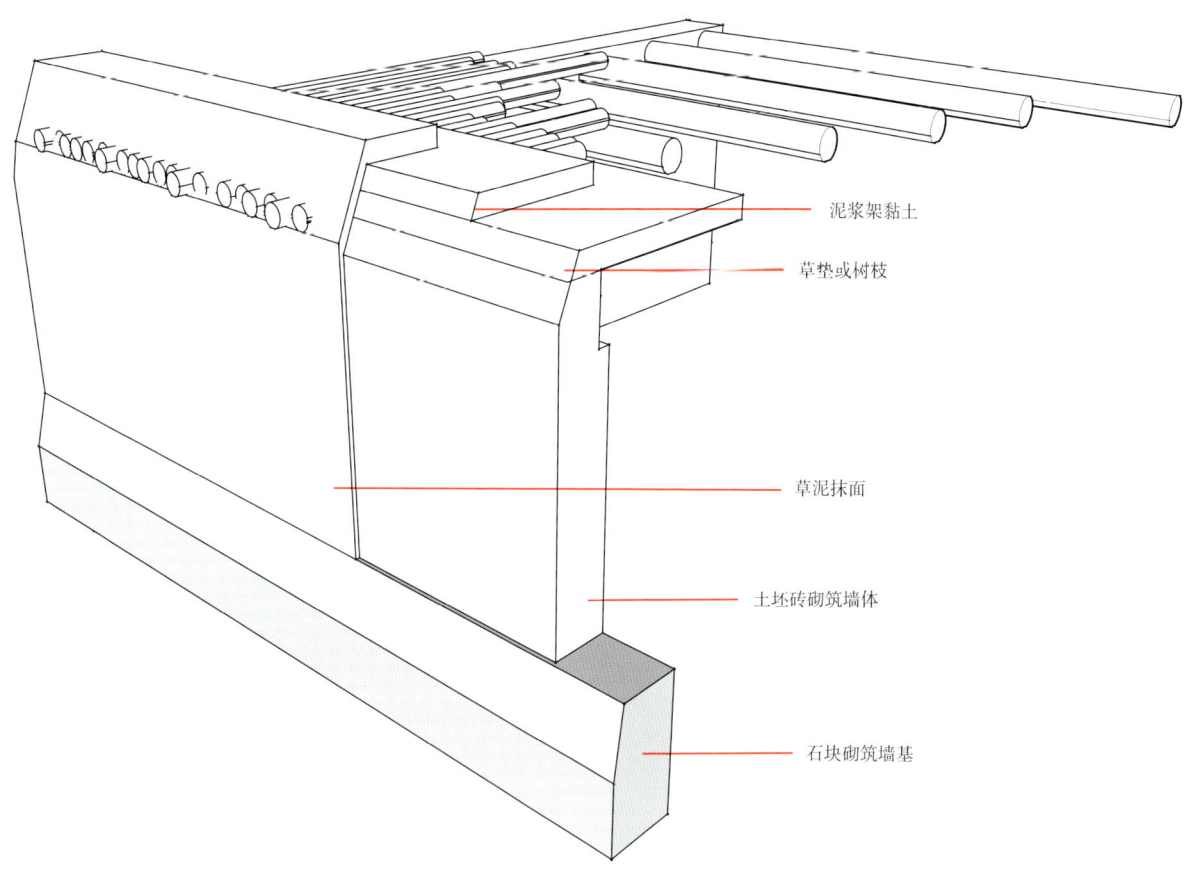

图四 柯尔克孜族土木结构民居墙体材料名称图

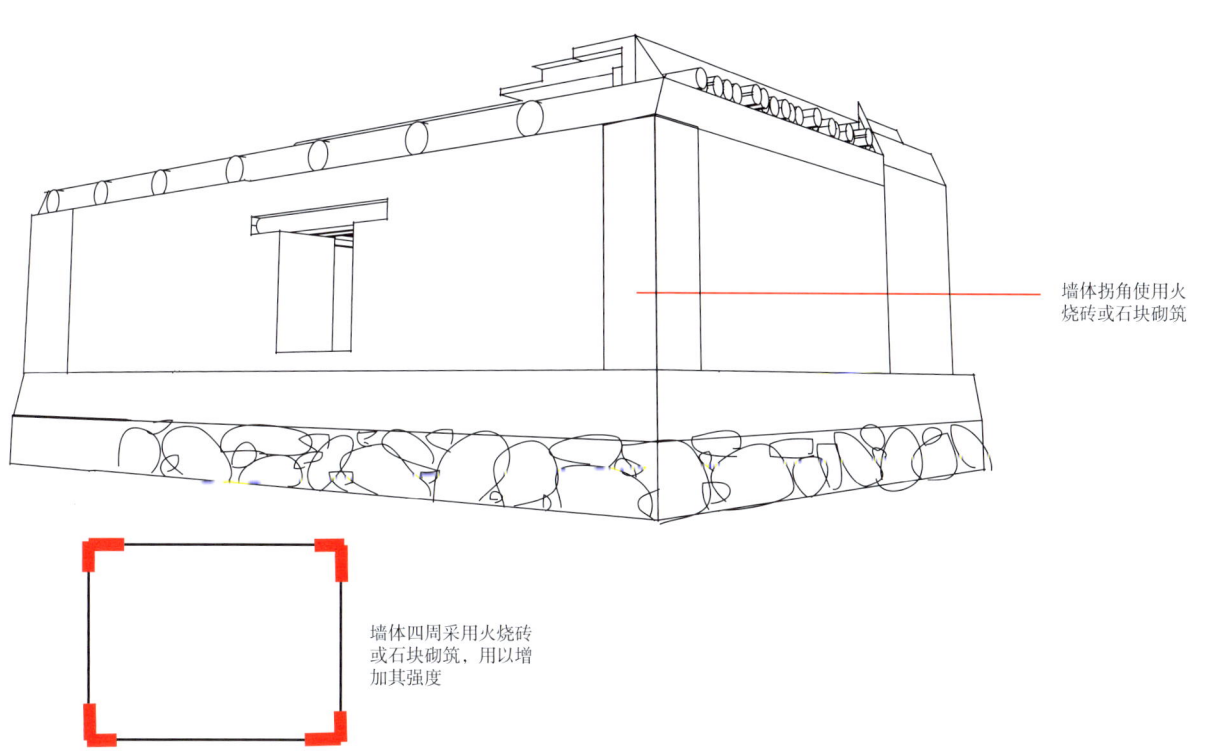

图五 柯尔克孜族土木结构民居土坯墙体结构图

第一章 柯尔克孜族传统建筑

图六 柯尔克孜族土木结构民居图

土木建筑墙体门窗上沿横穿木梁,以增加其牢固度

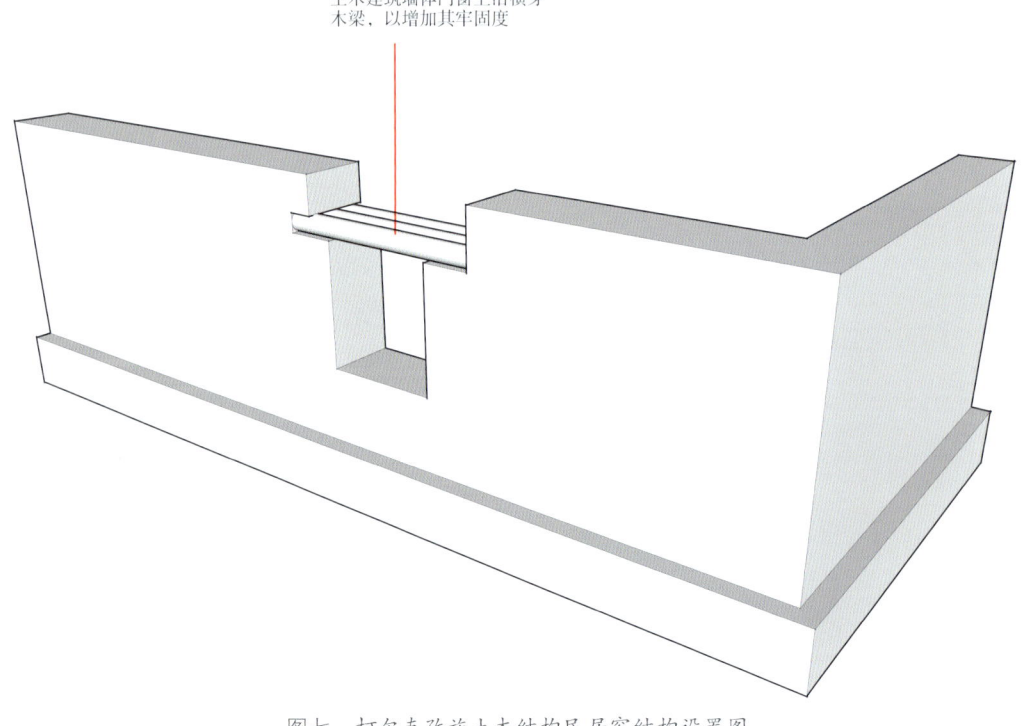

图七 柯尔克孜族土木结构民居窗结构设置图

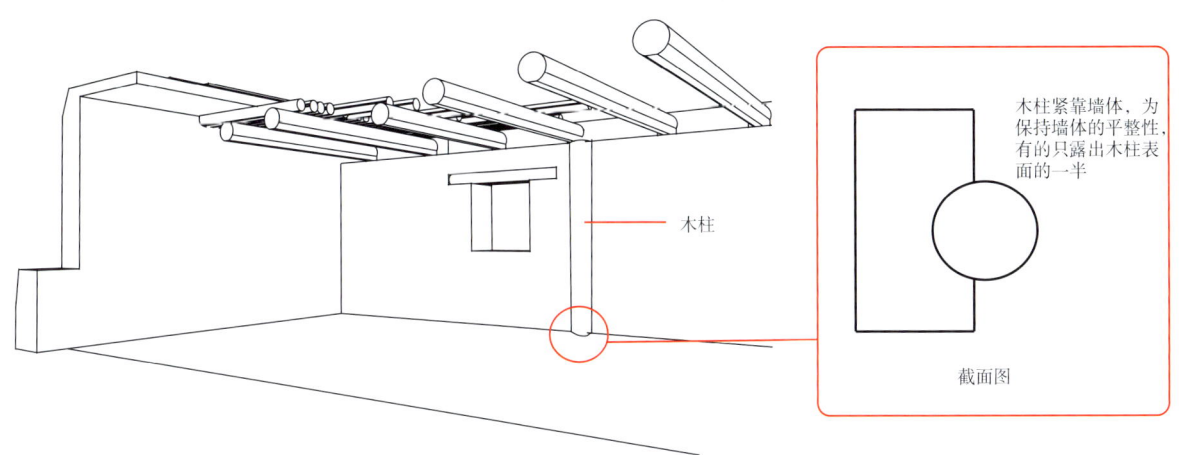

建筑室内沿建筑墙体设置木立柱以承托屋顶横梁,以增加屋顶的承重力

图八　柯尔克孜族土木结构民居室内柱体结构图

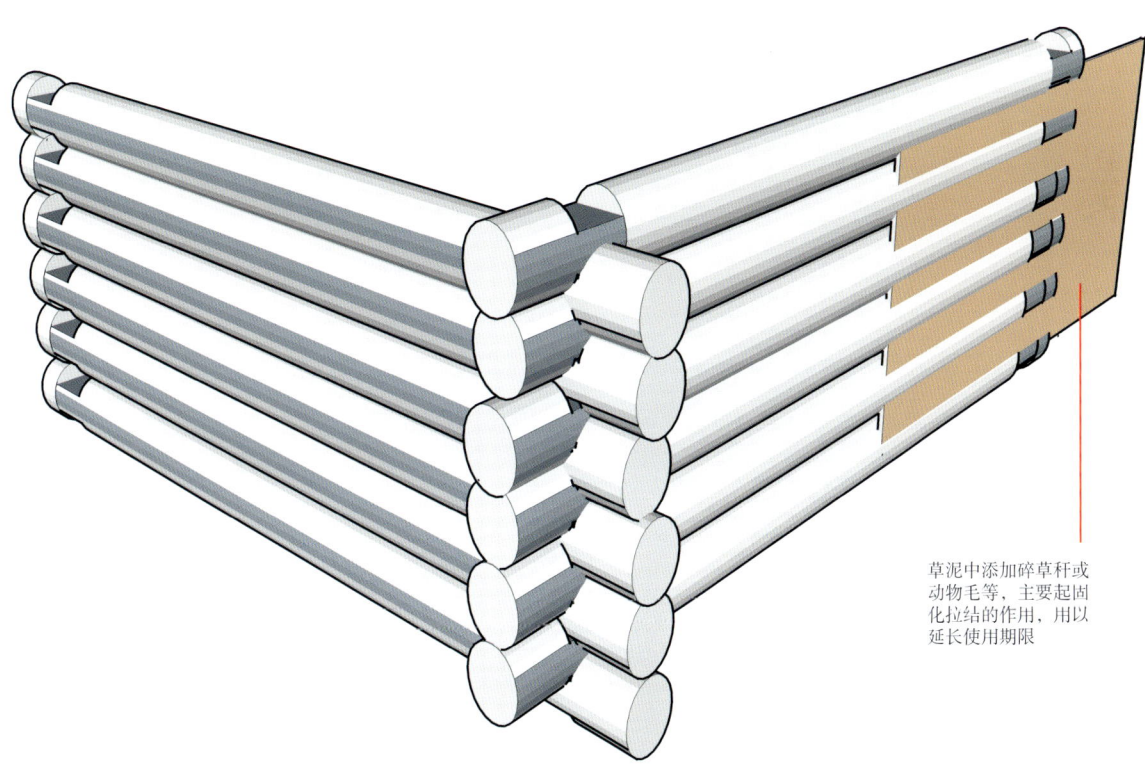

草泥中添加碎草秆或动物毛等,主要起固化拉结的作用,用以延长使用期限

原木排列搭建好墙体后,在原木排列交汇处采用草泥堵缝,达到避风御寒的效果

图九　柯尔克孜族土木结构民居圆木墙体结构图

第一章　柯尔克孜族传统建筑

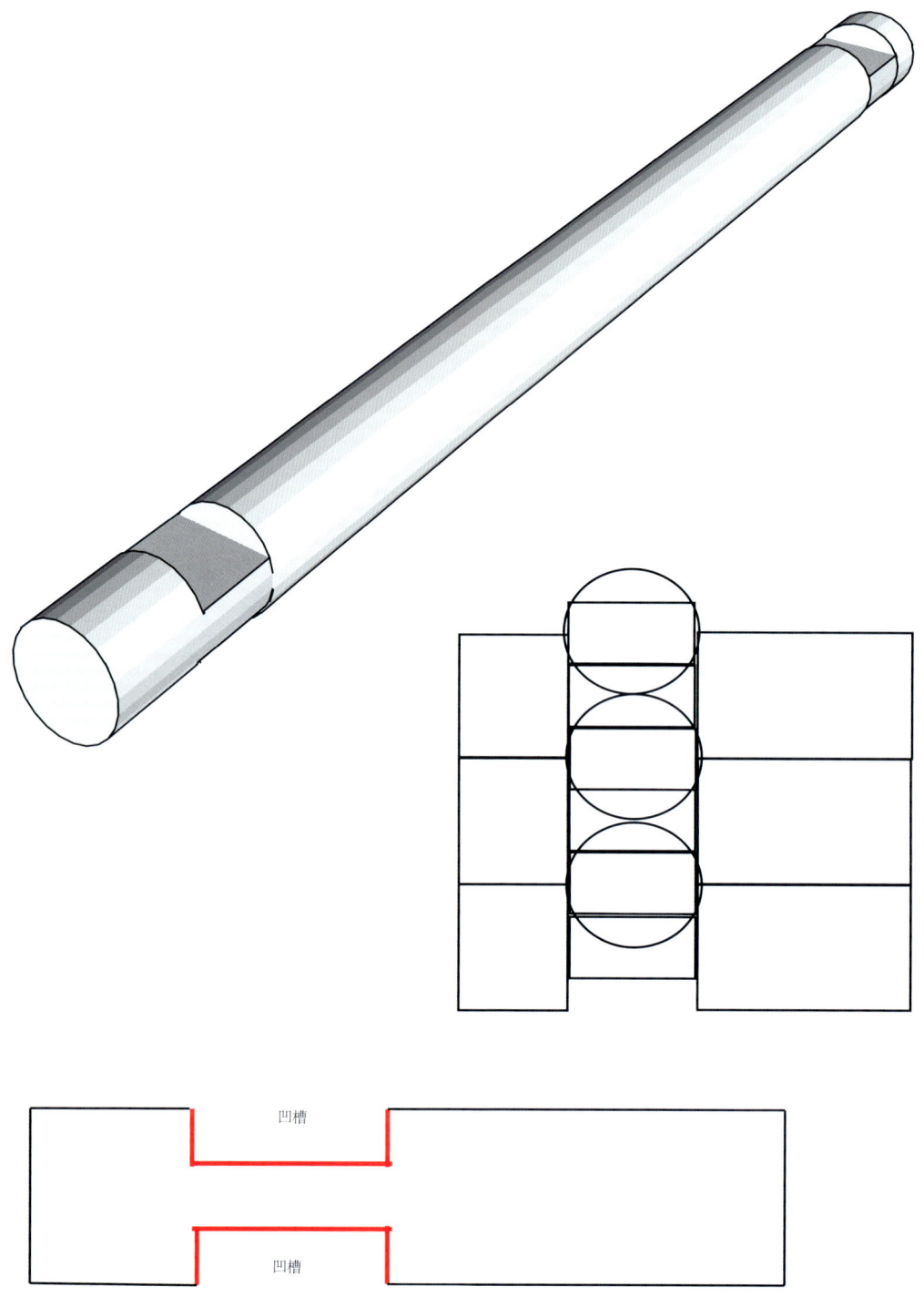

图十　柯尔克孜族土木结构民居木榫结构图

柯尔克孜族砖木结构民居

图一　柯尔克孜族砖木结构民居主图

　　柯尔克孜族根据季节变化和农牧生产的需要，多居于毡房"勃孜围"、土房"塔木围"和木房"吉戛其围"中。

　　新疆古代的绿洲定居农业地区已出现有砖木建筑，多为居住在城镇的汉、满、锡伯、俄罗斯、乌兹别克、塔吉克等民族所建造。这些民族有沿袭祖居地建屋的习惯，已使用砖、瓦等建筑材料。清代乾隆年间，新疆建有不少城池，砖木建筑逐渐呈普及趋势。后来俄罗斯民族迁入，砖木架构建筑中以汉式和俄式的居多。

　　新中国成立后，社会经济较快发展，柯尔克孜人半农半牧者逐渐增多，形成了固定的以生产为纽带的"阿寅勒"村落。村落通常设在地势较为平坦的谷地，村庄周围有少量的耕地，居民住宅也趋于规划性的布局。牧民住进整齐的砖木结构房屋，城镇居民的建筑用材增加了现代技术含量。由于柯尔克孜族的固定式居住方式起步较晚，故其在平面布局上较为简单。住宅多为平顶、长方形，以上盖顶一明两暗，三间一幢，一字型居多，中间开门的一间为厨房，左右两间是父母及子女的住房。已婚儿子会另建新屋。若是小儿子，则挨着主屋添接新房服侍双亲，厨房共用。在立面上借鉴了维吾尔族的柱头装饰，仿效附近民族的居式样式进行修建，走廊处理等稍具个性的形象。经济宽裕者还加设内廊和风斗。室内各厅由回廊进行联通，具有保温、避风、隔音的效果。室内的布置仍沿用毡房内的格局，张挂墙壁毯和刺绣围布，卧室与客厅均设炕。

柯尔克孜族砖木结构民居相对于传统的土房"塔木围"，墙体材料有了很大的变化，过去主要使用生土砌筑的墙体，易受潮、风蚀，砖墙具有较强的耐腐蚀及稳定性，延长了住房的使用寿命。砖的烧制随时代发展也成为一种专门的行业。柯尔克孜砖木结构民居的大量涌现，告别了以畜牧业经济为主、自给自足的生产加工设计思维，进而将社会化的分工合作观念引入民居设计当中，使设计成为社会专门化的一个行业。在传统与现代的碰撞对接中，柯尔克孜族砖木结构民居提供了一个综合混搭的设计范例。

图片来源
图一　陈述　摄影
图二、图三　谈晨　制图
图四、图五　陈述、谈晨　制图
图六至图十一　陈述、陈泽　制图

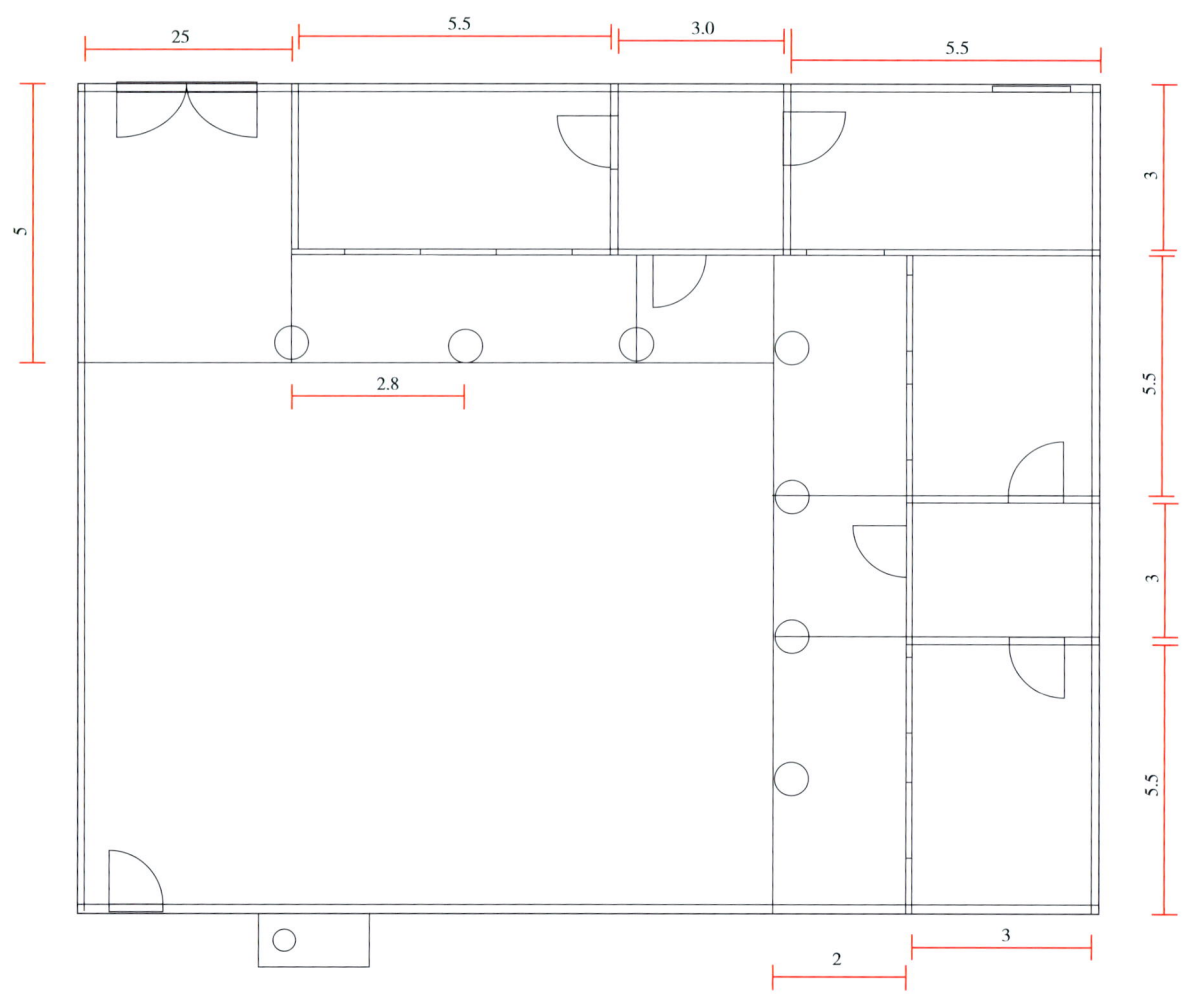

图二　柯尔克孜族砖木结构民居平面尺寸图（单位：m）

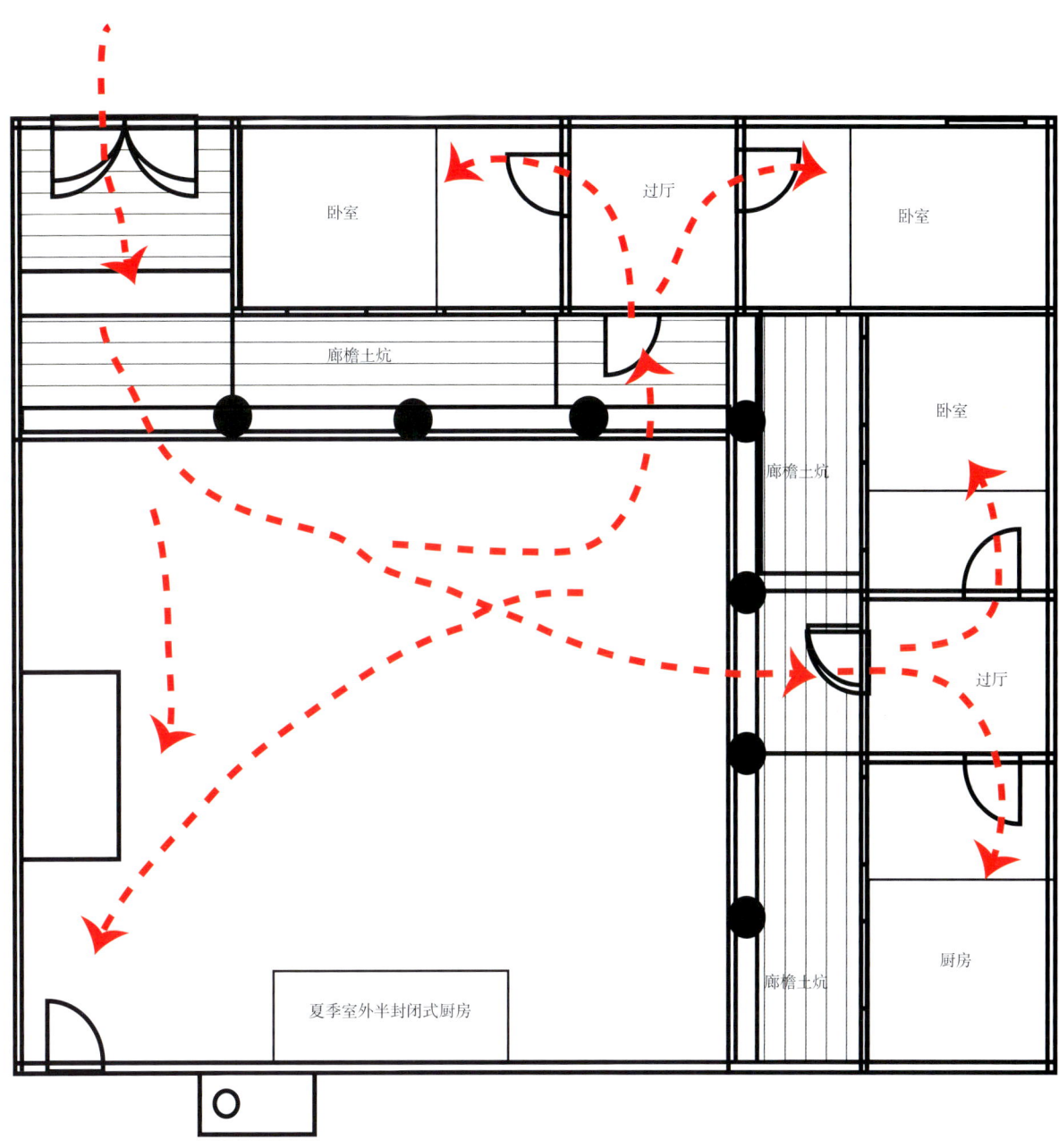

图三 柯尔克孜族砖木结构民居导流图

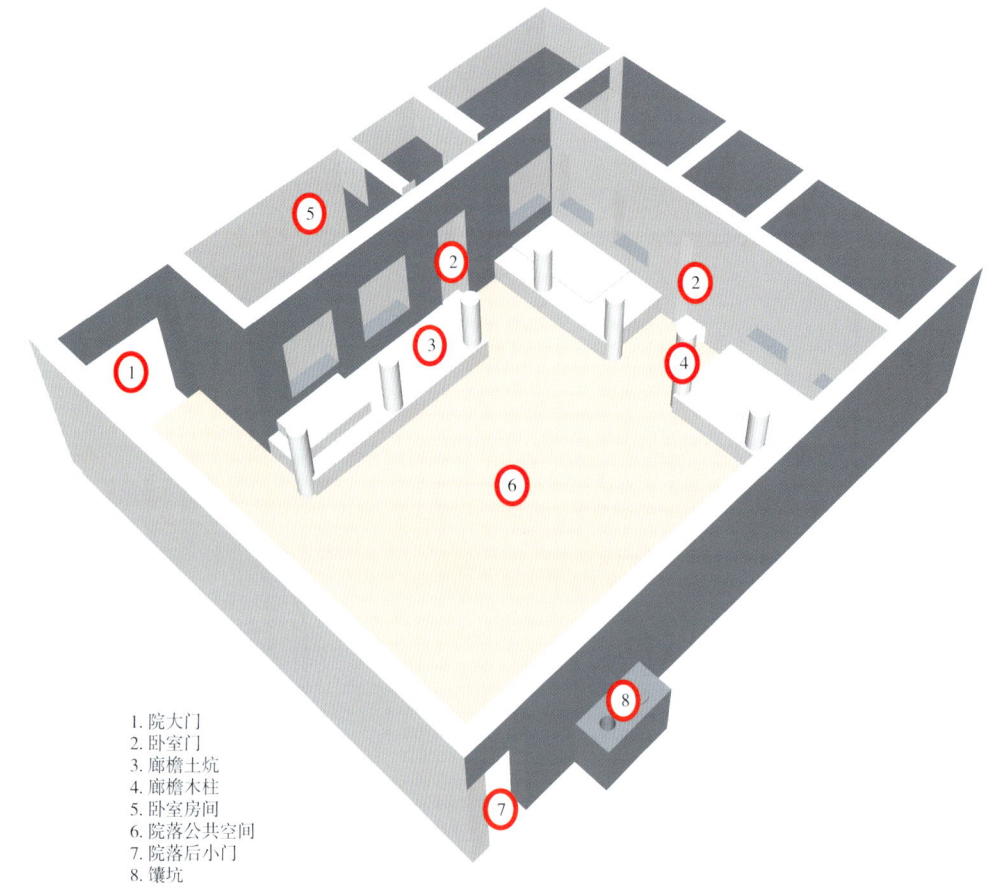

1. 院大门
2. 卧室门
3. 廊檐土坑
4. 廊檐木柱
5. 卧室房间
6. 院落公共空间
7. 院落后小门
8. 馕坑

图四 柯尔克孜族砖木结构民居院落功能布局图

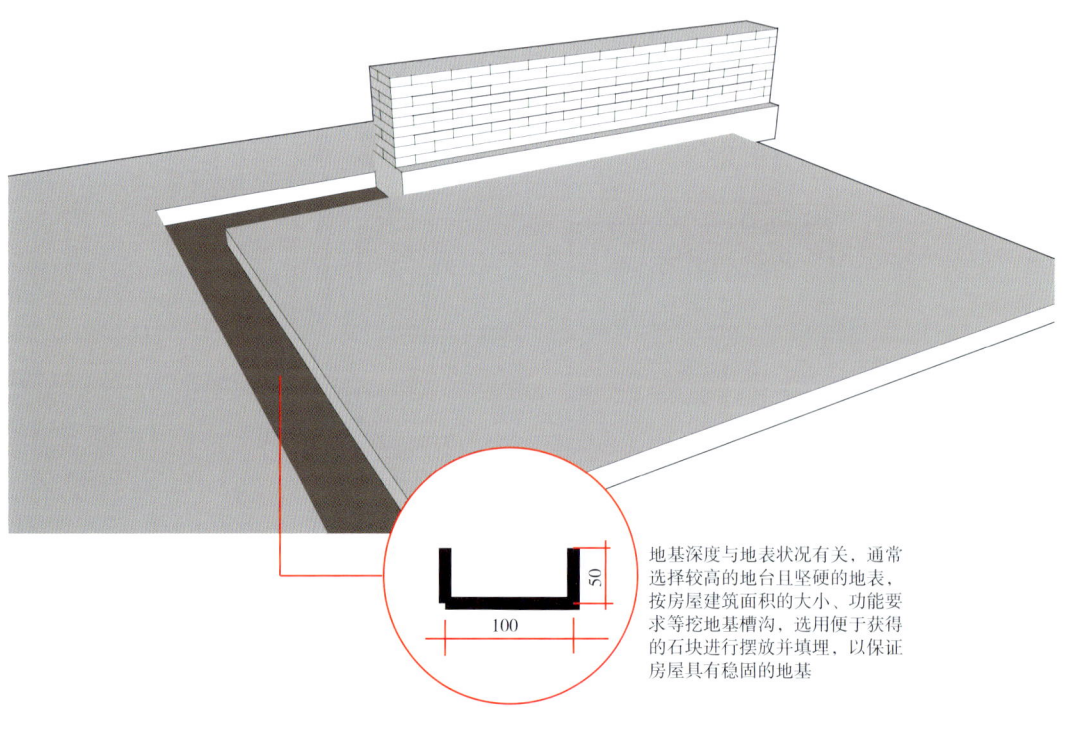

地基深度与地表状况有关，通常选择较高的地台且坚硬的地表，按房屋建筑面积的大小、功能要求等挖地基槽沟，选用便于获得的石块进行摆放并填埋，以保证房屋具有稳固的地基

图五 柯尔克孜族砖木结构民居地基槽沟图（单位：cm）

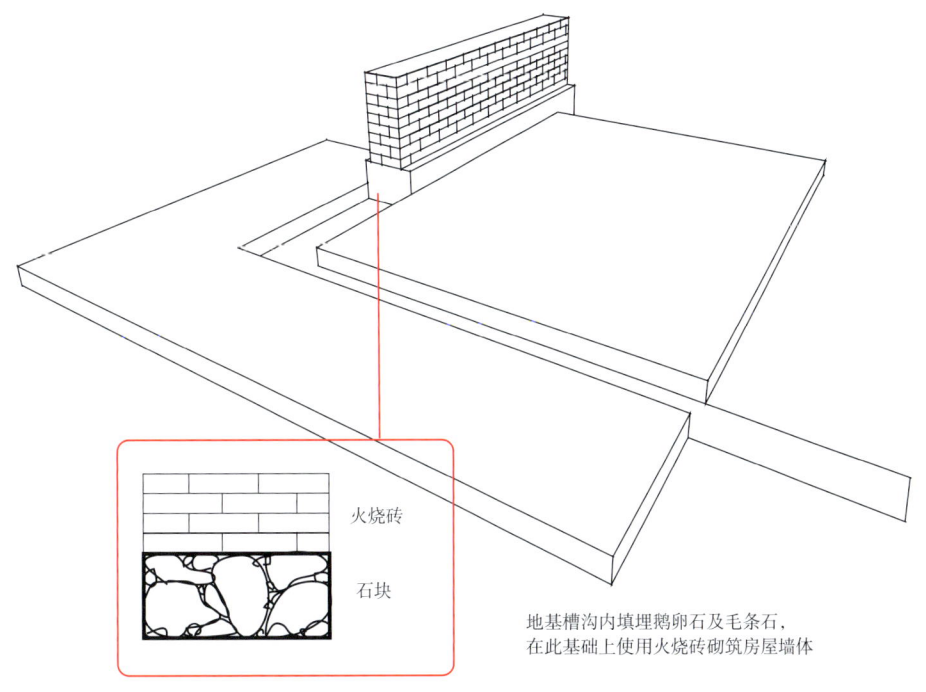

地基槽沟内填埋鹅卵石及毛条石，在此基础上使用火烧砖砌筑房屋墙体

图六　柯尔克孜族砖木结构民居墙体砌筑图

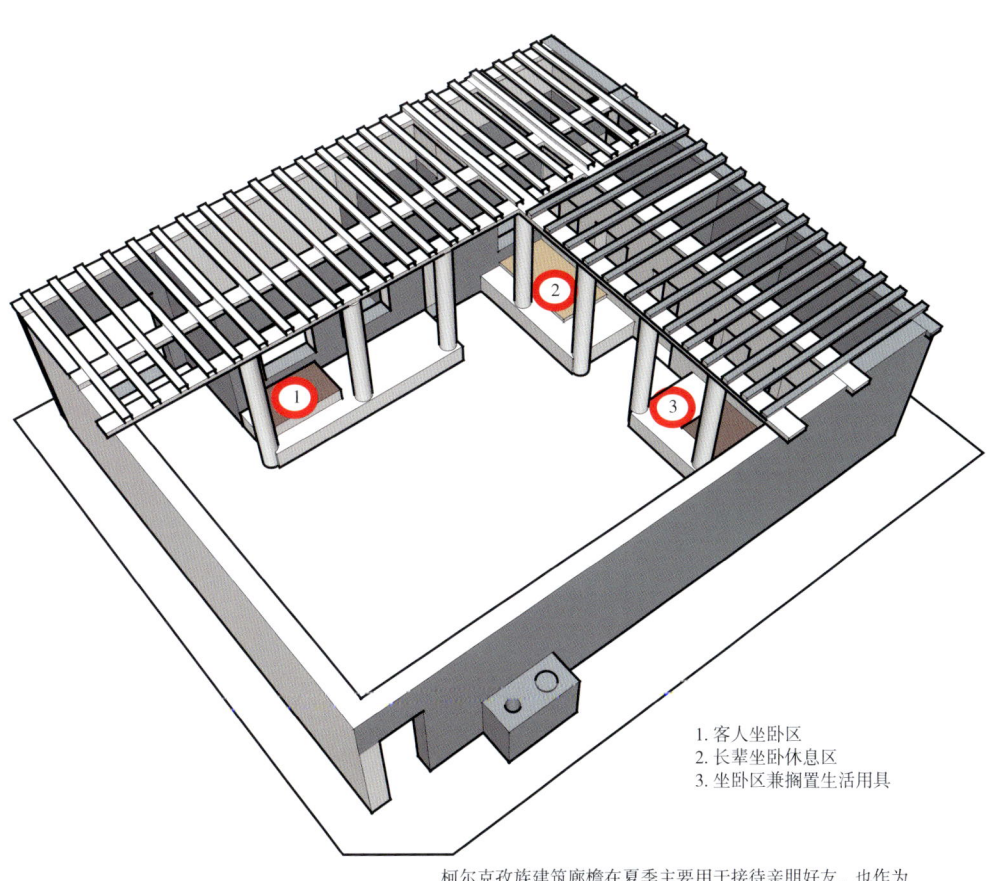

1. 客人坐卧区
2. 长辈坐卧休息区
3. 坐卧区兼搁置生活用具

柯尔克孜族建筑廊檐在夏季主要用于接待亲朋好友，也作为家人平时坐卧纳凉的休息区域。封顶的廊檐具有遮雨避晒之功能，开放的空间及流畅的空气，使这一区域生活充满了自然的气息

图七　柯尔克孜族砖木结构民居廊檐功能图

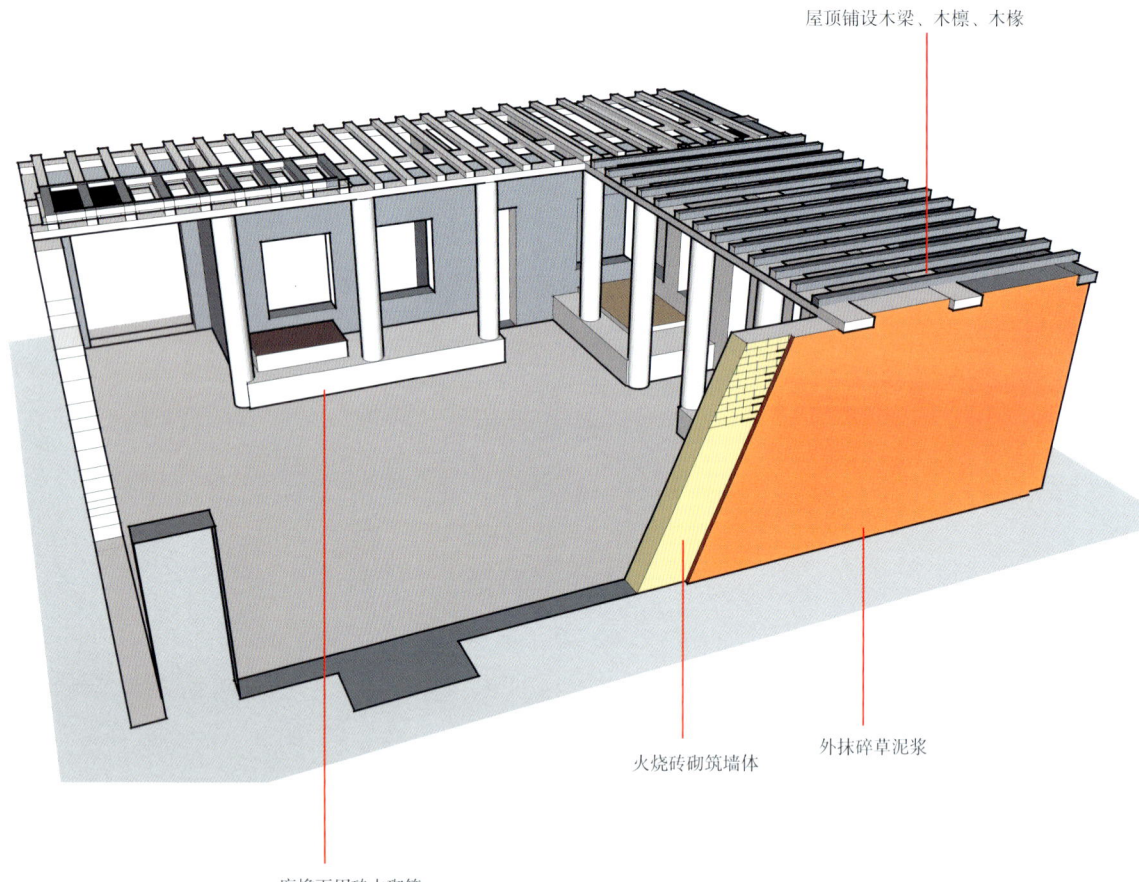

图八　柯尔克孜族砖木结构民居墙体结构图

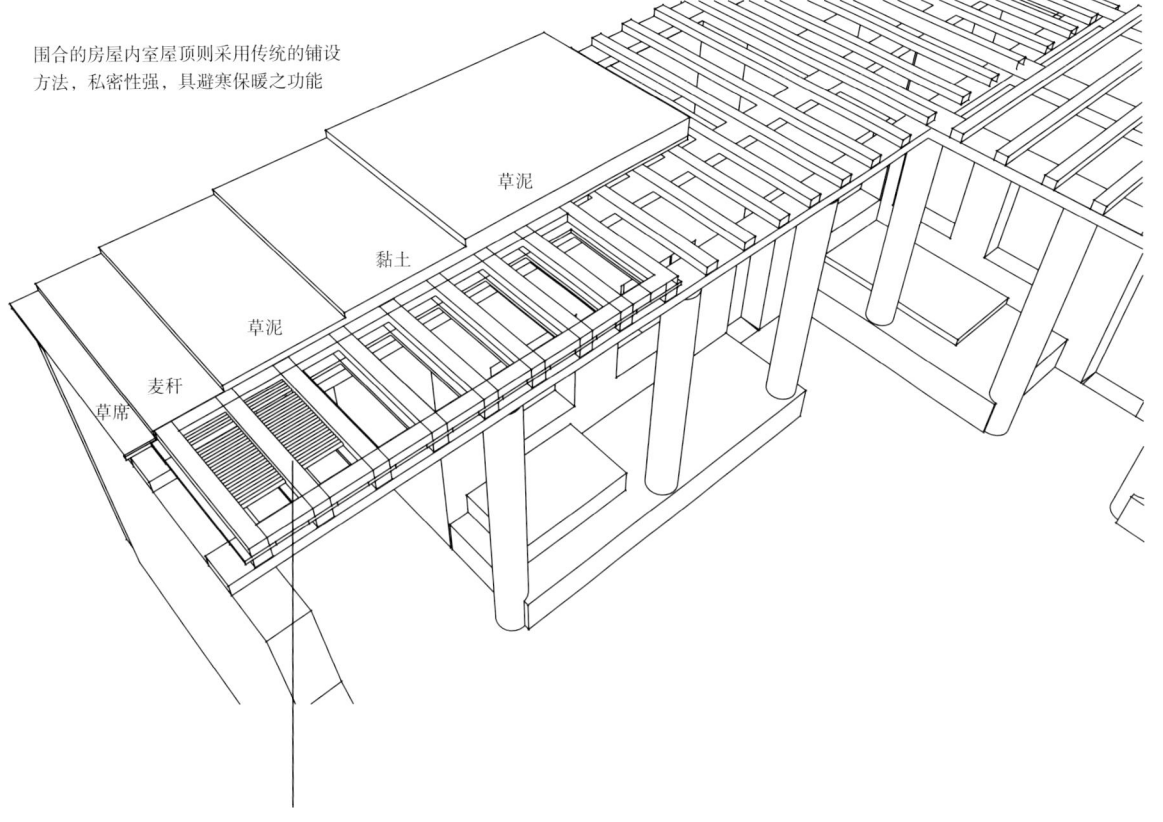

围合的房屋内室屋顶则采用传统的铺设方法，私密性强，具避寒保暖之功能

草泥

黏土

草泥

麦秆

草席

廊檐屋顶采用嵌木方式进行制作，工艺要求较高，效果美观，开放的空间对重视礼节交往的柯尔克孜族来说，廊檐的装饰也显得格外重要

图九　柯尔克孜族砖木结构民居屋顶结构工艺图

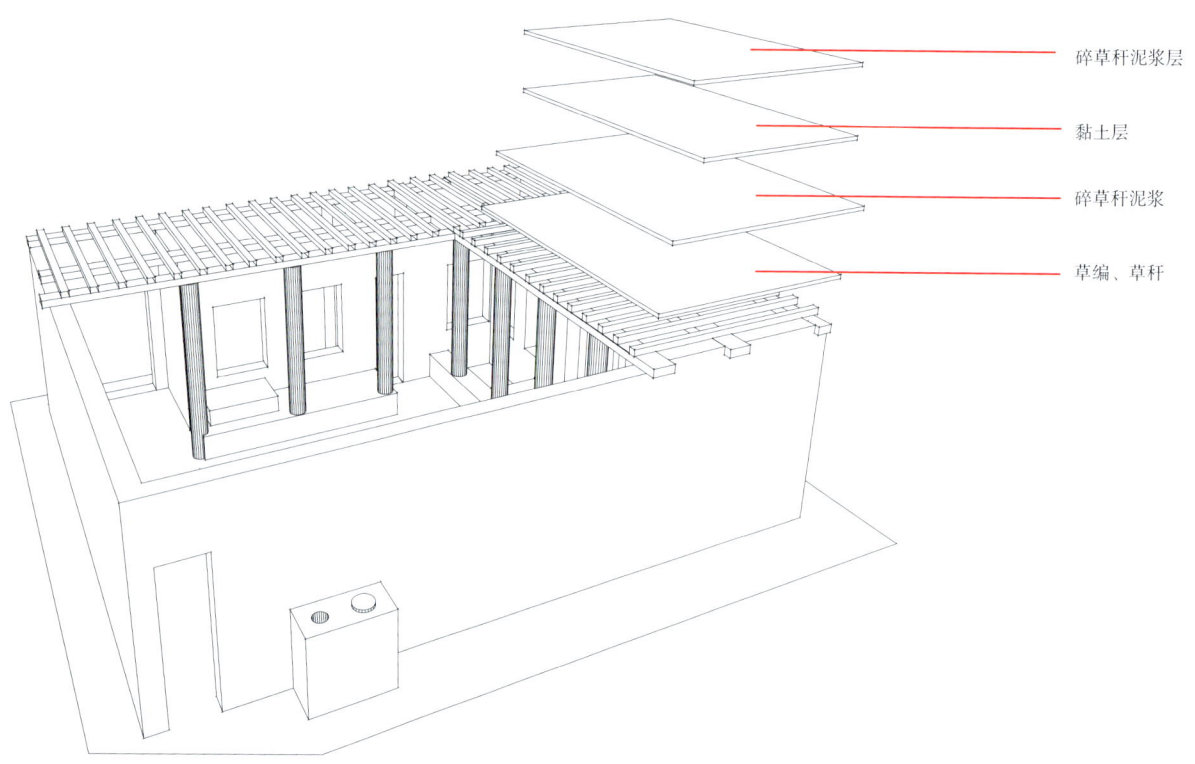

图十　柯尔克孜族砖木结构民居屋顶材料名称图

图十一　柯尔克孜族砖木结构民居外观效果图

柯尔克孜族栅栏架"开列盖"

图一　柯尔克孜族栅栏架"开列盖"主图

"开列盖"为柯尔克孜语，意为柯尔克孜族毡房周围由柳木条结成网状的木栅栏，为柯尔克孜牧人帐篷下部分的骨架结构，起重要的支撑作用，是毡房的基本构件。游牧民族需要依据不同的季节变化寻觅草场，牧人经常在大山沟谷中穿行，轻巧、便于携带的毡帐便是草原上流动的住房。

栅栏架菱格状交叉排列，选用柳木、桦木等，加工成宽4—5厘米的方形长条，剔除带有结疤易折的木条，着红色晾晒。待表面着色干透后交叉连接。常使用的方法是在两根木条交叉处钻眼，并用骆驼皮割制成的皮条绳穿眼固定。木栅栏一是方便于高原畜牧转场时的装运，二是在安装过程中可以前后自由拼接组合。木格状栅栏是游牧生活毡帐居室中重要的基础构件，其巧妙的设计构思起到了居室墙体骨架作用，而且还是上部撑杆连接的重要部分，最大限度地保证毡帐居室内部的生活空间需要。

栅栏的伸缩原理解决了车马运输方便与建筑墙体遮风挡雨的基本需要，因转场而带来的居住问题迎刃而解。菱格状的结构便于分散重力，可伸缩的栅栏，不仅有重复的视觉形式，更是长期使用过程中形成的一种成熟经验与简化的技术手段,是游牧民族在生产生活实践中相互学习的结果。栅栏在组合过程中,需要将伸开的各片进行连接加固围成毡帐下部的基础围墙,连接方式为将两块栅栏接头处重合,使用自制的毛绳捆扎。网状结构木格围成的圆环状基础墙体骨架更结实。加上木质纤维的韧性,这种结构更能抵抗风、雪侵袭。栅栏锯齿状的边缘在与地的接触中起到了加固作用,栅栏上部连接的撑杆将承载重量传导到交叉的各片木条上,这种承上启下看似简单的栅栏因而有了多种功能。

栅栏"开列盖"是柯尔克孜族长期游牧、生产活动中的智慧结晶。制作简易可操作性强,组合方法巧妙、实用,使柯尔克孜人能独立完成搬运、搭建、修缮的相关工作。

图片来源
图一、图五　陈述　摄影
图二　陈述　制图
图三　陈述、刘卉　制图
图四　秦俭　制图
图六　陈述、阿里木江·亚森　制图

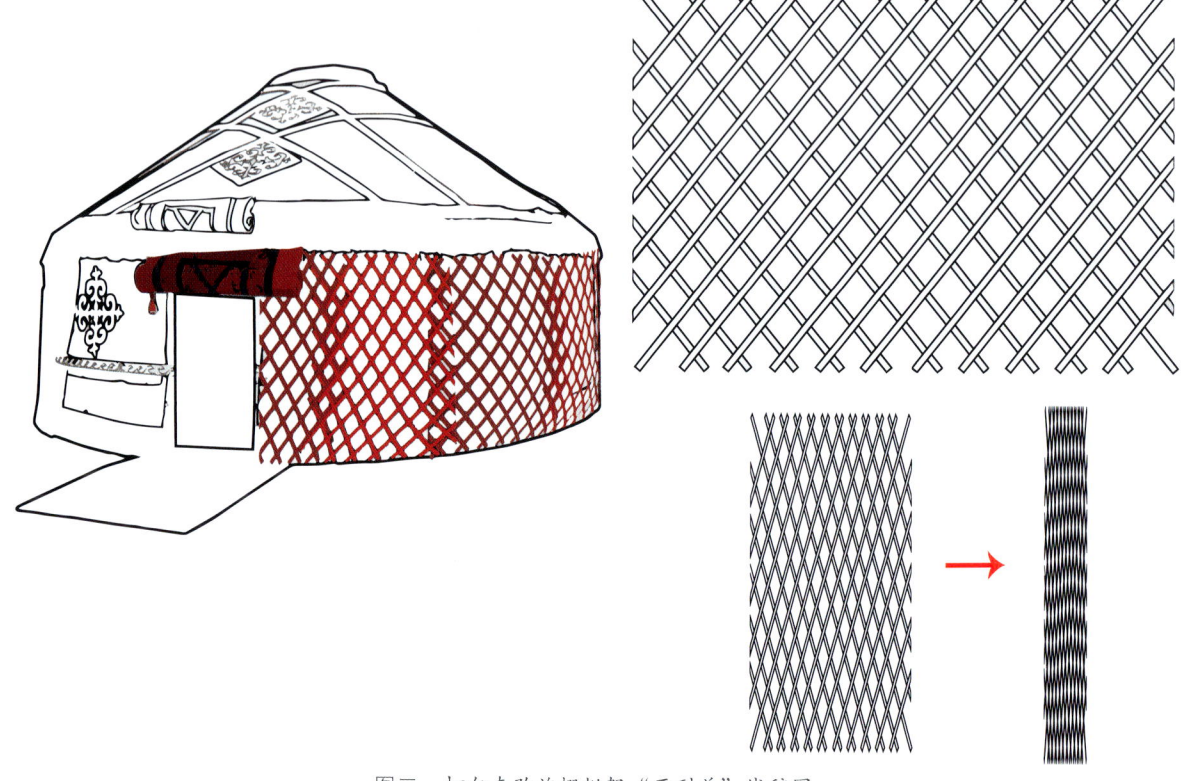

图二　柯尔克孜族栅栏架"开列盖"线稿图

柳木条　　　　　　　　　　　　　柳木棍

图三　柯尔克孜族栅栏架"开列盖"选料图

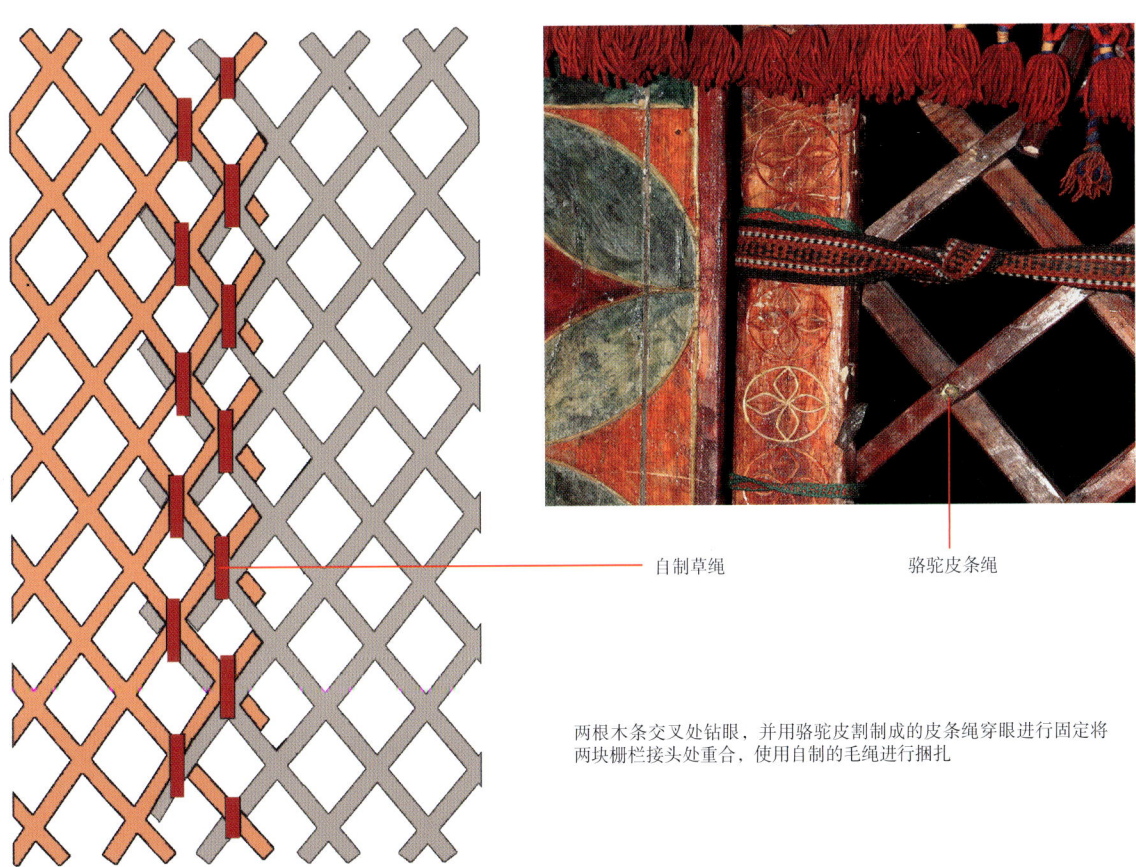

自制草绳　　　　骆驼皮条绳

两根木条交叉处钻眼，并用骆驼皮割制成的皮条绳穿眼进行固定将两块栅栏接头处重合，使用自制的毛绳进行捆扎

图四　柯尔克孜族栅栏架"开列盖"工艺示意图

第一章　柯尔克孜族传统建筑

图五　柯尔克孜族栅栏架"开列盖"使用情境图

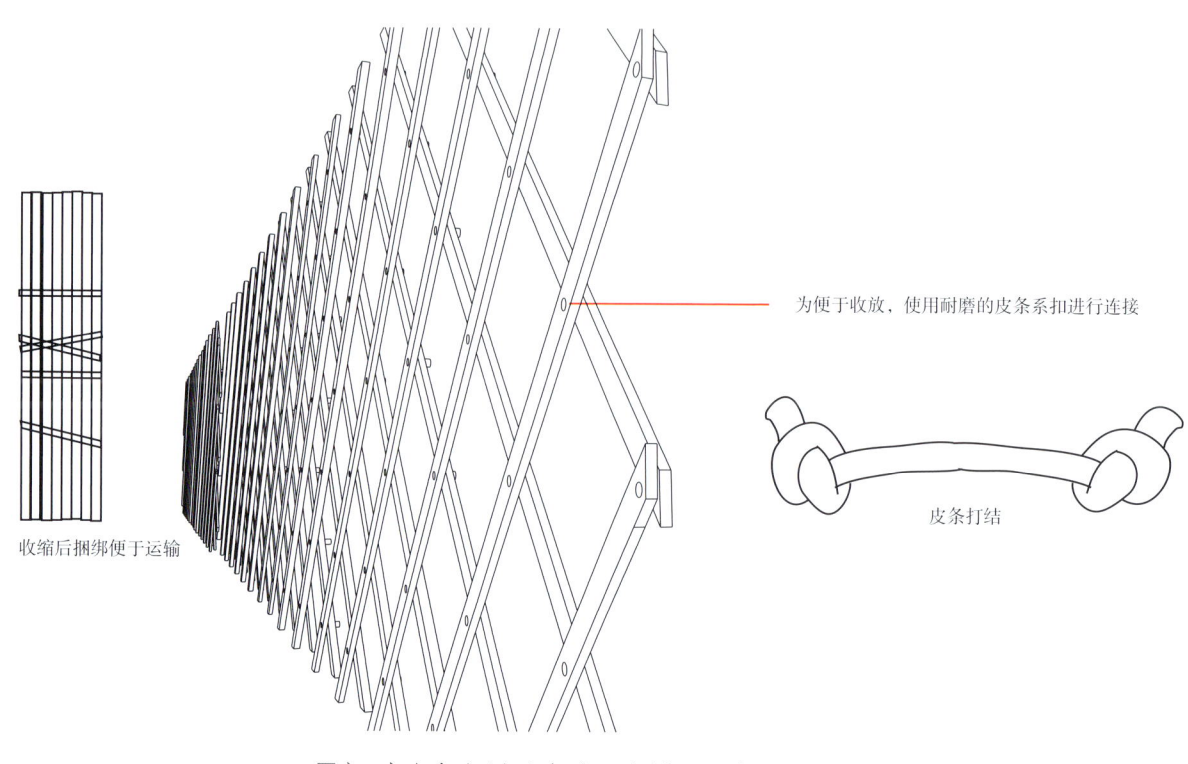

为便于收放，使用耐磨的皮条系扣进行连接

皮条打结

收缩后捆绑便于运输

图六　柯尔克孜族栅栏架"开列盖"毡帐木制栅栏结构图

柯尔克孜族毡房"勃孜围"

图一 柯尔克孜族毡房"勃孜围"主图

柯尔克孜族主要聚居在新疆西部的克孜勒苏柯尔克孜自治州境内,也是中国最西部的民族自治州,州境内群山起伏,山地面积占全州总面积90%以上。最低海拔1197米,最高海拔7719米,属典型的温带大陆性气候。柯尔克孜族依据自己游牧生活习惯及季节的变化常居住在毡房"勃孜围"中。

毡房,古名"穹庐",柯尔克孜语为"勃孜围",由于柯尔克孜族与其他少数民族相同的游牧及半游牧生活方式,决定了他们在不同的季节必须迁移转场。"勃孜围"也称"克依孜围"(毡房),其基本结构形式和所使用的材料与哈萨克族相同。"勃孜围"要比哈萨克族的毡房和蒙古包略高,顶稍尖些。这种房子造型是游牧民族的一个显著标志,它冬暖夏凉,不积雨雪,拆建搬运方便。勃孜围搭建一般选在地势较高的地方,即自然形成的台地,避免雨雪水冲击,同时要离水源较近以保证日常生活的基本需求。

"勃孜围"可分为上下两个部分,下部为圆形,上部为塔形,这种弧状的造型具有较强的抗风性,既能遮阴隔热,又能避寒挡风,一般只要有二五十平方米空阔地面即可搭建,不需要挖地基,对自然的适应性极强。

柯尔克孜族毡房主要由木料、毛毡、毛绳构成,这些材料在日常生活中方便易得,基本能自给自足,无须假手他人。在柯尔克孜族人的观念意识中毡房的形状就像养育人

第一章 柯尔克孜族传统建筑

类的自然——白雪皑皑的山峰，也代表着纯洁的心灵，是吉祥的象征。他们忌讳用黑色或灰色毡子做毡房，认为那是不吉利的。

在长期的使用过程中，毡房主要构件的组合搭建已形成一整套较固定的模式。室内的空间功能划分井井有条，可最大限度满足日常生活所需。毡房骨骼一般由柳树、桦树、楸树等制作的栅栏、支架、天窗架、门框等组成，下端由栅栏组成，一般是用宽约4—5厘米的木条组合，为毡房最基本的构件，根据毡房的大小栅栏的节数有所不同，一般为4—5节，富裕家庭也有8—10节的特制毡房。大毡房多用于婚嫁喜庆仪式或部落集会活动，上部主要由支架构成，支撑毡房的顶部。毡房的支架一般由40—100根下端弯曲、上端直线性的木条组成，连接处采用木榫套眼、绑扎固定。天窗为直径1.5米的圆形木榫子，沿圆形木架一圈预留有支架的木榫套眼，安装时木圈中部装有弯曲的十字交叉木条，一般为连排三根，支撑顶毡。毡房的门一般高为1.8米，宽0.8米，在春秋风雨变幻无常的季节，在毡房的中央还立一根硬质松木制作的撑杆用于加固，这些木质的骨架全部都染成红色并刻月牙、花卉、鸟兽等多种图案，毡房的木质骨架多用宽15—18厘米的毛织栅栏带、支架带等连接绑扎，下部栅栏外覆围一层2—4块编织花纹的芨芨草帘，其外再覆围白色围毡、篷毡等。围毡和篷毡使用有花纹的毛织带绑扎固定，围毡和篷毡的内外结扎处，撑一条宽约50厘米压花长毡条"阿克艾太克"。在"阿克艾太克"下沿还系有名为"铁铁果"的数十个拟花状红缨装饰。

柯尔克孜族毡房"勃孜围"是适应游牧生活需要而设计的易于搬迁、移动的居所。搭建场地的选择、搭建及安装等都考虑到人力有限的情况，同时还要具备良好的御寒、抗震、保暖功能。在吸收借鉴其他游牧民族毡帐设计的过程中，"勃孜围"更趋于成熟与完善。

图片来源
图一　陈述　摄影
图二、图八　陈述　制图
图三　刘卉　摄影
图四、图五、图六、图七　秦俭　制图

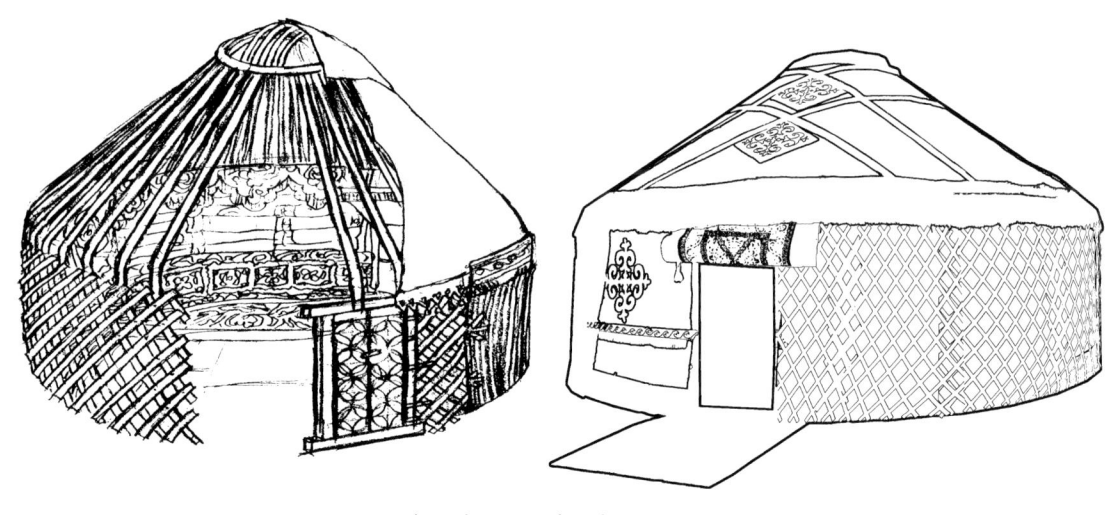

图二　柯尔克孜族毡房"勃孜围"线稿图

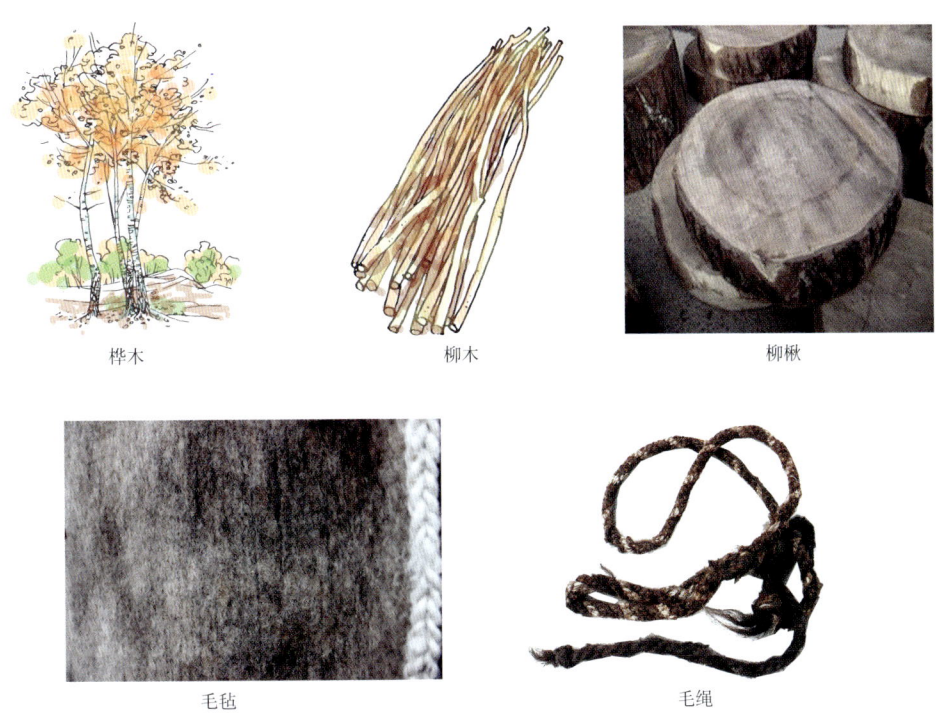

桦木　　柳木　　柳楸

毛毡　　毛绳

图三　柯尔克孜族毡房"勃孜围"选料图

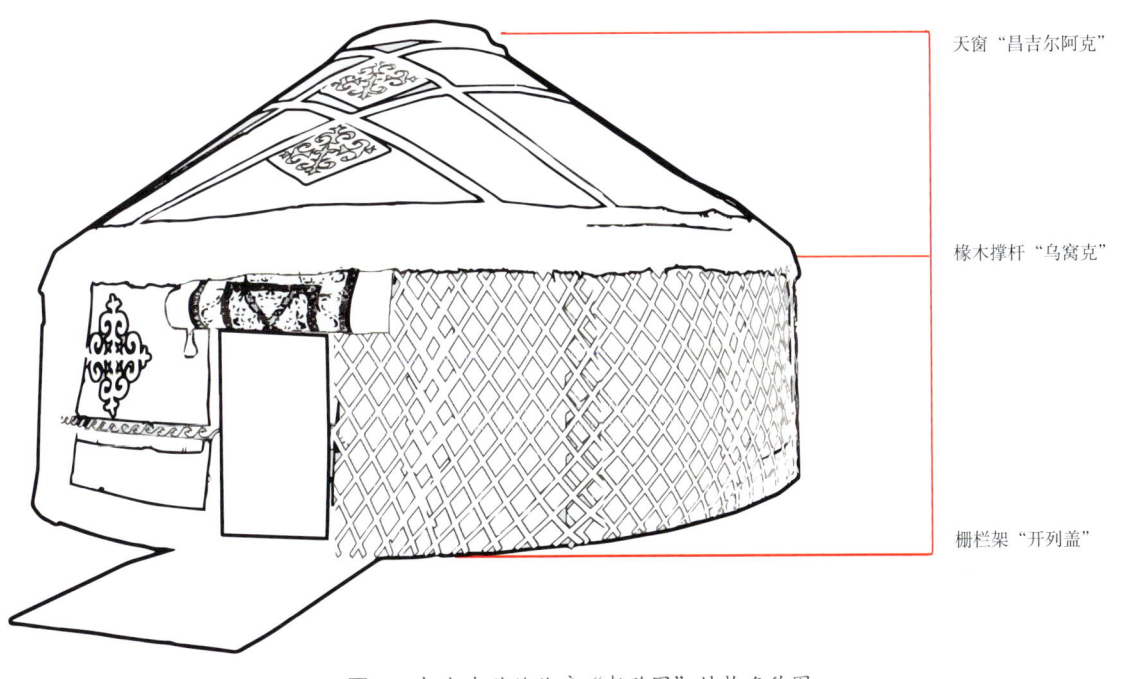

天窗"昌吉尔阿克"

椽木撑杆"乌窝克"

栅栏架"开列盖"

图四　柯尔克孜族毡房"勃孜围"结构名称图

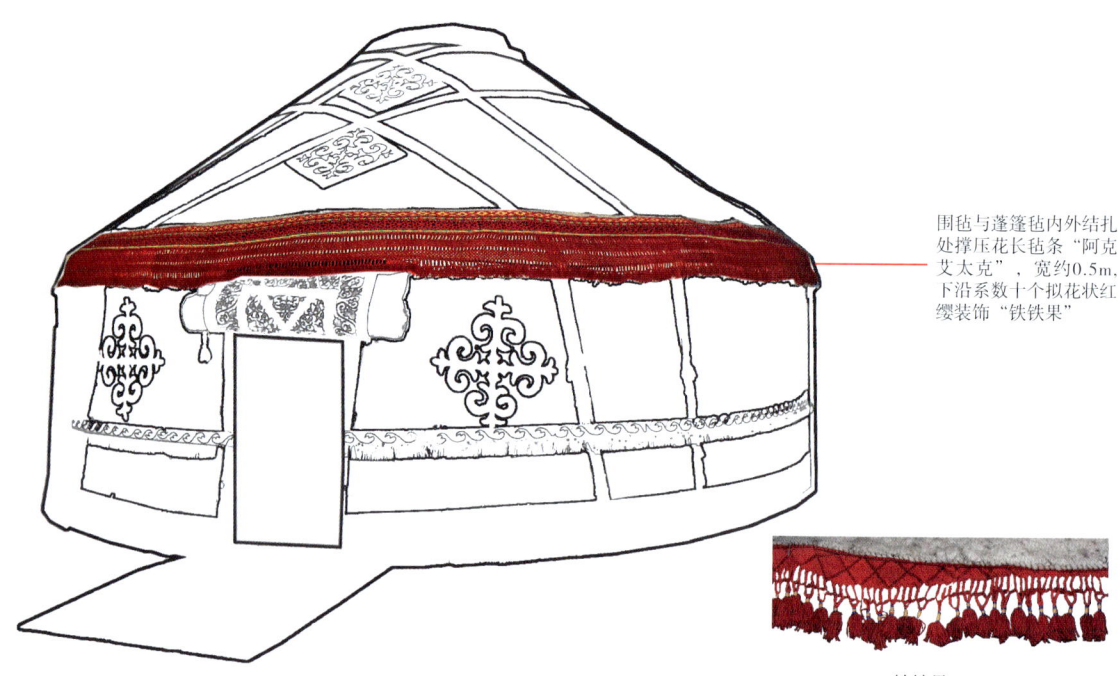

围毡与蓬篷毡内外结扎处撑压花长毡条"阿克艾太克",宽约0.5m,下沿系数十个拟花状红缨装饰"铁铁果"

铁铁果

图五　柯尔克孜族毡房"勃孜围"结构图1

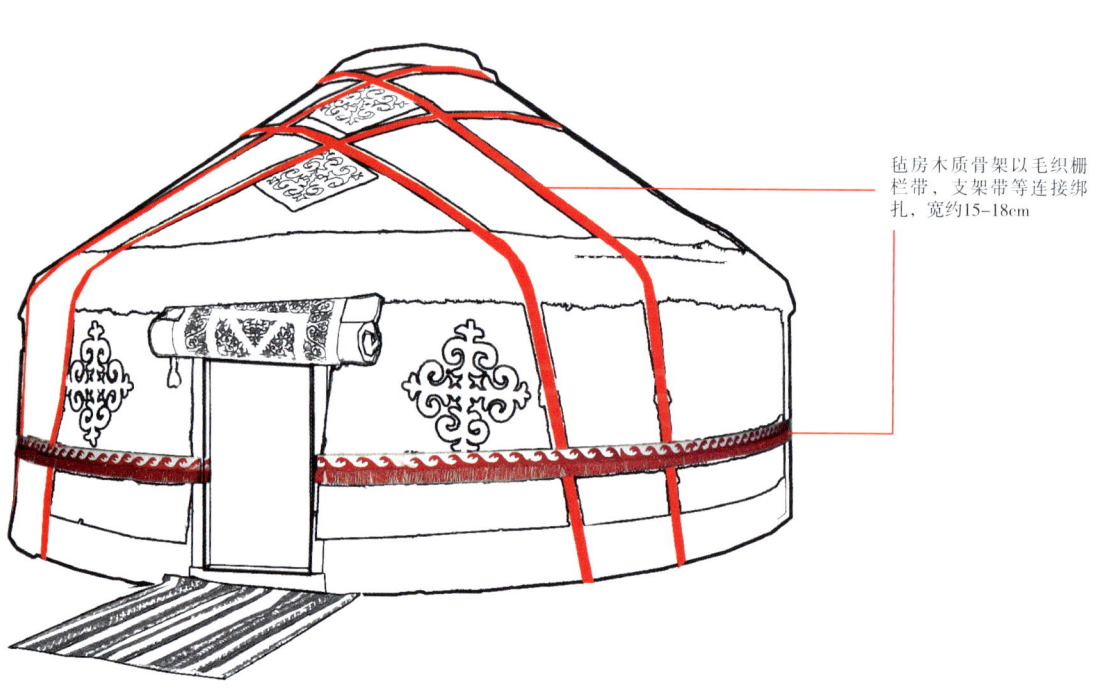

毡房木质骨架以毛织栅栏带、支架带等连接绑扎,宽约15-18cm

图六　柯尔克孜族毡房"勃孜围"结构图2

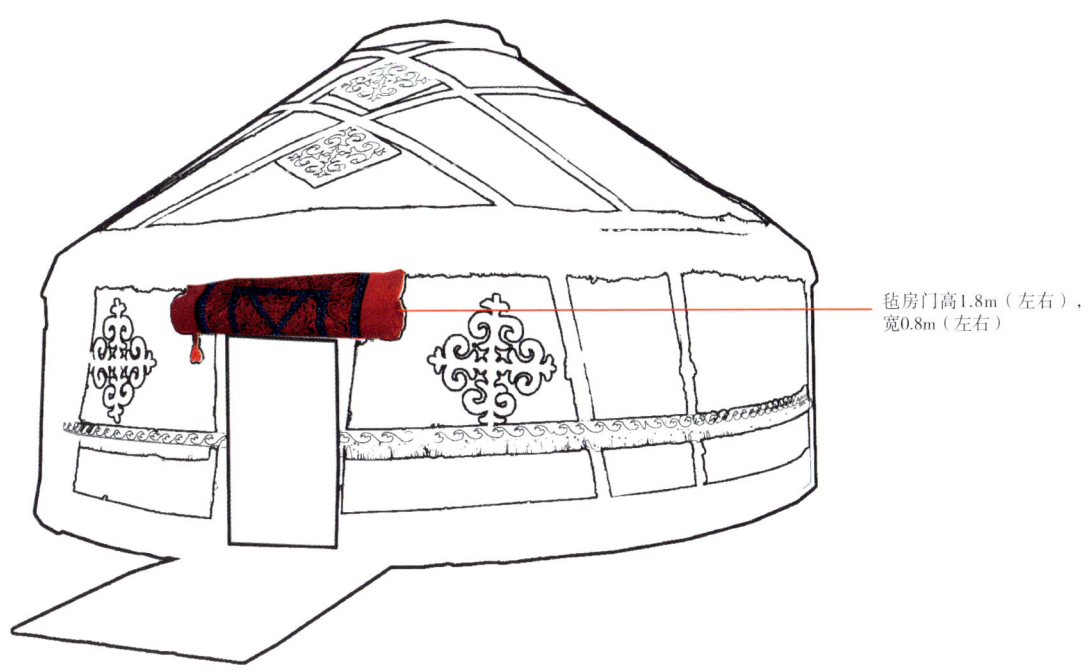

毡房门高1.8m（左右），宽0.8m（左右）

图七　柯尔克孜族毡房"勃孜围"结构图3

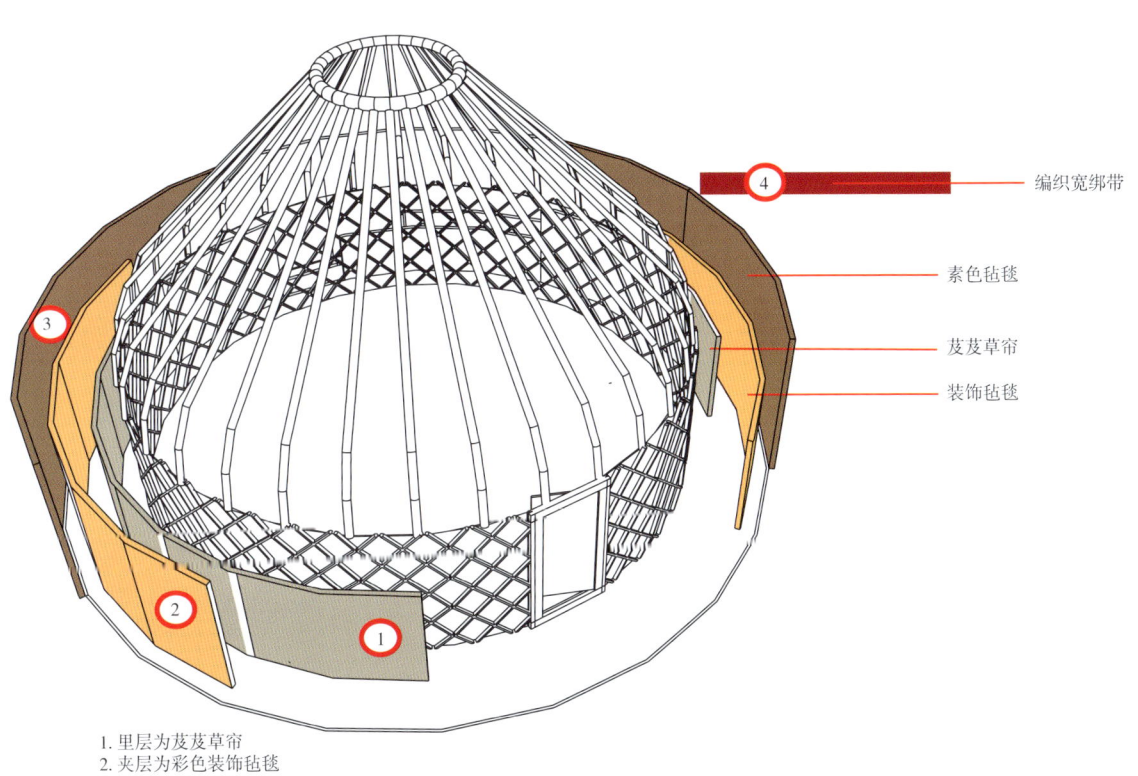

编织宽绑带

素色毡毯

芨芨草帘

装饰毡毯

1. 里层为芨芨草帘
2. 夹层为彩色装饰毡毯
3. 外层为素色毡毯
4. 表面由编织花纹宽带捆绑固定

图八　柯尔克孜族毡房"勃孜围"建筑体表材料图

柯尔克孜族毡房室内空间布局设计

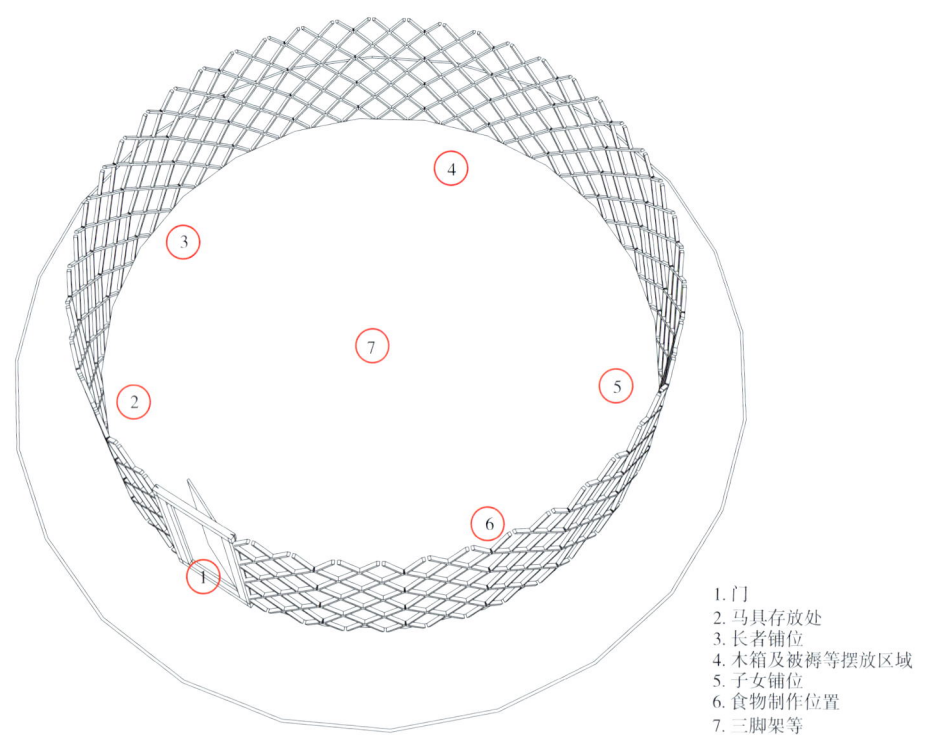

1. 门
2. 马具存放处
3. 长者铺位
4. 木箱及被褥等摆放区域
5. 子女铺位
6. 食物制作位置
7. 三脚架等

图一　柯尔克孜族毡房室内空间布局设计平面图

柯尔克孜族有游牧和半游牧民族的共性，与这种生活相适应，不同的季节中，他们要分别居住在毡房（勃孜围）、土房（塔木围）和木房（吉夏其围）里。

毡房"勃孜围"也称"克依孜围""柯尔克孜围"，是新疆游牧民族较为普遍的生活居所。毡房是以家庭为基本单位的生活空间，不仅要满足日常的生活需要，还要适应游牧迁徙流动，便于搭建，利于拆装组合等。

这种由组合材料搭建的毡房内部空间呈圆锥状，开放性，但也依据地面及立面的摆设划分不同区域的空间功能，这种摆设划分，有严格的秩序和讲究。空间的划分安排要满足日常生活的基本需要，还要适于柯尔克孜族社会及家庭的伦理要求，及起居方面的禁忌、礼仪。

柯尔克孜族在搭建毡房时，房门朝向日出的东面，忌朝西面或其他方向。房内有长者或客人时，小孩子和房主不能坐上席位置。毡房内的空间功能及布局一定程度反映出柯尔克孜族的空间意识观念，他们认为空间可分为四个方位，北方被视为高处，称为"天窗"，是与毡房的天窗合二为一的，日落及日出方向分别被称为"西方"与"东方"，"日午方向"被称为南。在"左"和

"右"的方位划分上，也反映出柯尔克孜族继承突厥民族尚左的传统，并把这种观念带入毡房室内的空间秩序安排。

毡房一般高度为3米多，圆形的地面直径三至四米，门框为长方形，高1.8米，宽0.8米。毡房正中央，即垂直于天窗的地面有铁制的三脚架、铁壶、火钳等，主要用于做饭及取暖。毡房进门右侧为储藏室，一般放置一些生活用餐具及食品，其外常围有一块具装饰性色彩图案纹样的芨芨草帘。进门右后角的开列盖上面挂一块直径1米左右的编织花纹毛袋，内装有妇女的首饰及用品。毛袋前为年幼子女的铺位，上挂一块绣花毯。进门左下角放置马具、打猎用具和其他工具等。左前的栅栏上挂马鞭等用具。进门左后角为老人的铺位，其背面栅栏上挂帽子和衣裳。进门正对面放置木箱或其他笨重的物品，摆放叠齐的被褥、枕头，其前面为客人的座位和睡铺。从毡房内的空间布局中可以看出柯尔克孜族是一个热情好客、注重礼节的民族。其民间俗语中就有这样的叮嘱："祖先留下的遗产中，一部分便是留给客人的。"室内空间的这种划分，证实柯尔克孜族在任何条件下都会尽心招待好客人，而把客人放走，尤其是太阳落山后放走客人，则是一种极失礼的行为，会受到舆论谴责。睡觉时，严禁头东脚西或脚朝人头等。

以门为据可以把毡房内的空间分为左右两侧，显然男人在左边，女人在右边，与门口对过的是客人或长者的位置，也被称为尊位。依据方位，柯尔克孜族将室内分为四个区域，即"上座""男方""叶皮奇方"（厨房）和门边。家里有人去世，也要依据性别摆放，即男在左边、女在后（厨房）。

柯尔克孜族毡帐室内空间的布局不仅满足了游牧生活最基本的需求，有限的空间中，不同区域空间形态以及功能性划分，方便了日常生活的合理正常运作，同时又符合

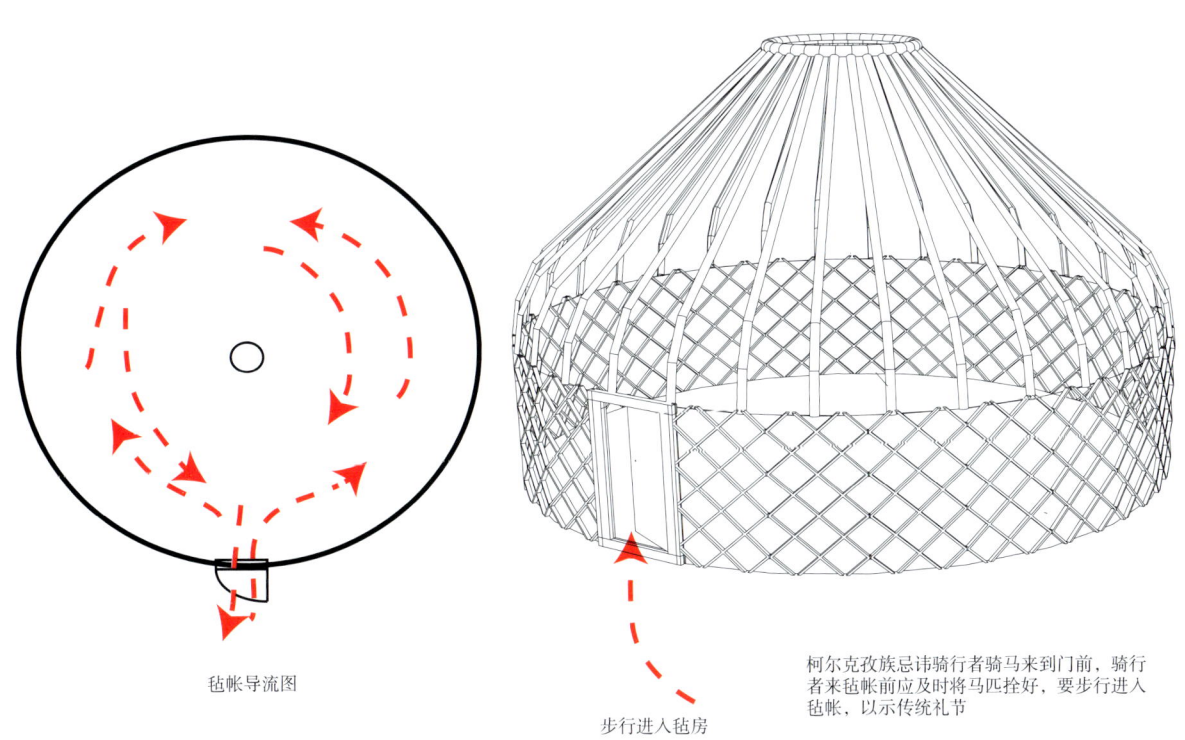

毡帐导流图

步行进入毡房

柯尔克孜族忌讳骑行者骑马来到门前，骑行者来毡帐前应及时将马匹拴好，要步行进入毡帐，以示传统礼节

图二　柯尔克孜族毡房室内空间布局导流图

于族群社会的伦理要求，使家庭内的单元结构与族群社会的总体构架衔接，在有限的空间布局设计中折射出民族内在的精神追求与情感表达。

图片来源

图一至图七　陈述　摄影　秦俭　制图

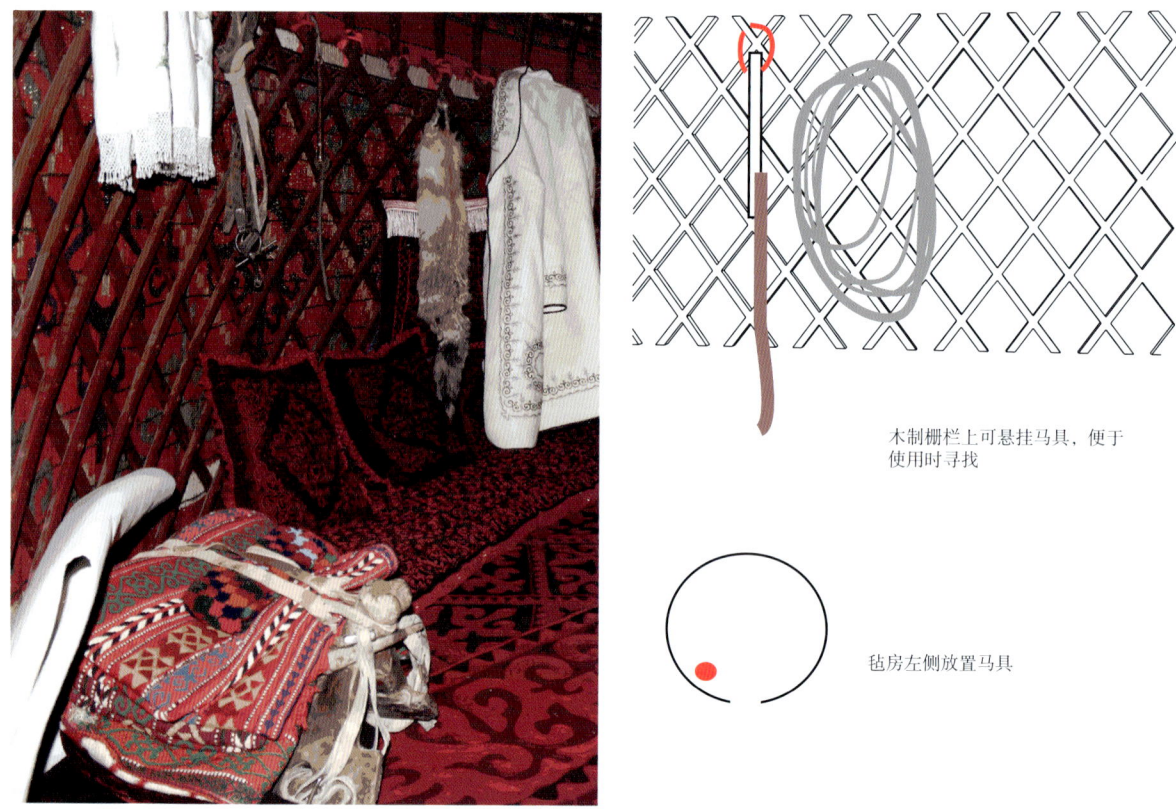

木制栅栏上可悬挂马具，便于使用时寻找

毡房左侧放置马具

图三　柯尔克孜族毡房室内空间布局·马具摆放处示意图

进门左后角为家中上长者铺位，背面栅栏上挂帽子和衣裳，下方为长者的床铺，并在开列盖上挂一块花毯，睡觉时稍做遮挡

图四　柯尔克孜族毡房室内空间布局·长者铺位示意图

织物装饰吊挂，隐喻室内区域区分

被褥摆放区域

正对房门的位置也被视为主位，是叠放被褥的位置，也是留给尊贵客人的位置

图五　柯尔克孜族毡房室内空间布局·正对门主位及木箱、被褥等摆放处示意图

第一章　柯尔克孜族传统建筑

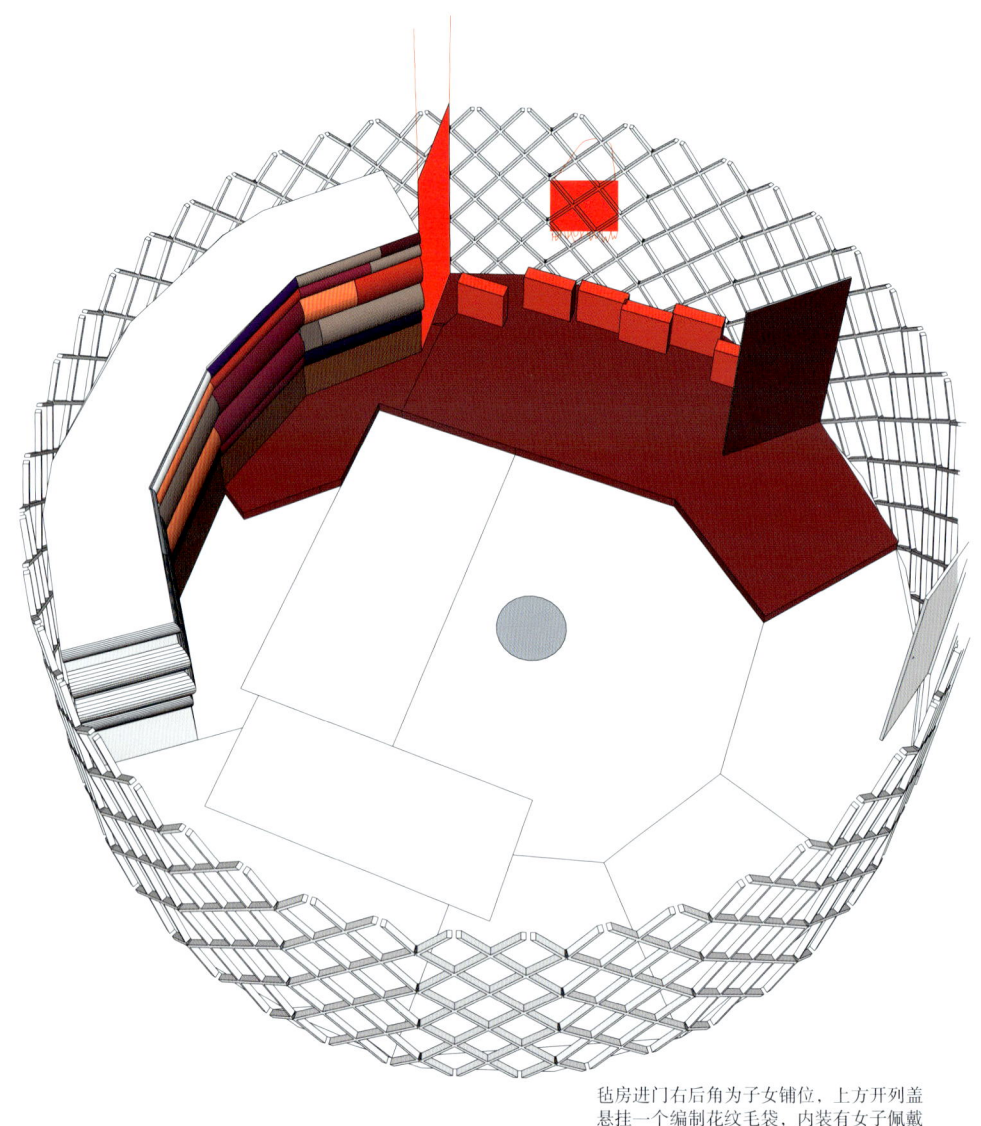

毡房进门右后角为子女铺位，上方开列盖悬挂一个编制花纹毛袋，内装有女子佩戴的首饰及用品，毛袋下方为年幼子女的铺位，上挂一块绣花毯，睡觉时可稍做遮挡

图六 柯尔克孜族毡房室内空间布局·子女铺位示意图

毡房正中央，即垂直于天窗的地面设有铁制的三脚架炉具，上置铁锅，主要用于做饭及取暖

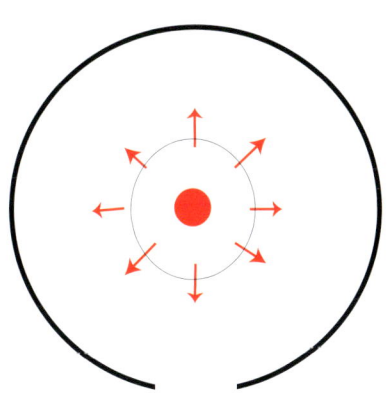

炉具设置于毡房中央，也便于操作，区分于铺位区域，满足生火做饭的同时也利于向室内均匀散热

图七　柯尔克孜族毡房室内空间布局·炉具示意图

第一章　柯尔克孜族传统建筑

039

柯尔克孜族毡房木门

图一　柯尔克孜族毡房木门主图

柯尔克孜族生活的新疆天山、南疆帕米尔高原、昆仑山麓地形复杂，地势高低差悬殊，气候差异性大，形成高山半湿润寒温带及低丘陵干旱中温带两大气候特征。风沙大，浮尘多，常年平均气温在6.8℃左右。每年5月牧民要赶着牲畜驮着毡房翻山越岭，由冬草场转入夏季草场放牧，毡房遂成为牧民起居生活的唯一场所。

毡房的建造构架主要是木质材料，门则是毡房内部与外部空间连接的唯一通道。为满足生活的实际需要，毡房门的开启与遮挡设计主要采用了两种形式：一为软质的材料制作，如芨芨草帘及补花毡帘；另一类为硬质材料，即毡房木制闭合的门。毡房木门主要分为门框架及门板两部分。门框架为长条形方木组合构成，基本采用木榫结构组合而成，很少使用铁钉进行加固。门框内门板有单扇单开门板及两扇双开门板，门板主要由竖向门板一边上下突出的木轴插入上下门框的眼窝内进行固定，通过门轴在木框架眼窝里的里外旋转来开启或关闭木门。木门尺寸一般为1.9米高，0.9米宽左右，木框架上下两端长出门框边0.16米左右，呈"亚"字状。安装时将门框与毡房木制网状格栅用皮条或毛编织带捆绑连接，与毡房木制框架整体组合，一定程度也增强了木制网格结构的抗风能力。毡房木门利用木轴的旋转可使木门内外开启，不影响出入，同时随手带门利于室内温度的稳定，特别是在春季多变的气象条件下具有较好的防风保暖作用，使用上明显便利。毡房木门及门框表面也常装饰有呈几何状的连续性图案，以刀具刻线及软笔勾线的形式进行绘制，图形多以菱格形及叶状形图形为主，造型质朴，组合排列自然，并以红、黄、橙等填色，与室内偏暖的色调协调统一，整体搭配。

毡房木门是特殊自然环境中为满足柯尔克孜族游牧生活居住需要的设计结果，其结构原理及具有的功能性、美观性设计充分体现了对传统生活的深刻理解与审美观。上下突出的粗大木门框使其更为牢固、耐用，便于在游牧迁徙中搬运捆绑。木榫式结构利于不同环境条件下的拆装组合，简易便利的木榫制作方法易于普及并被广泛运用，从而体现出大众化倾向。

图片来源
图一　陈述　摄影
图二至图八　秦俭　制图

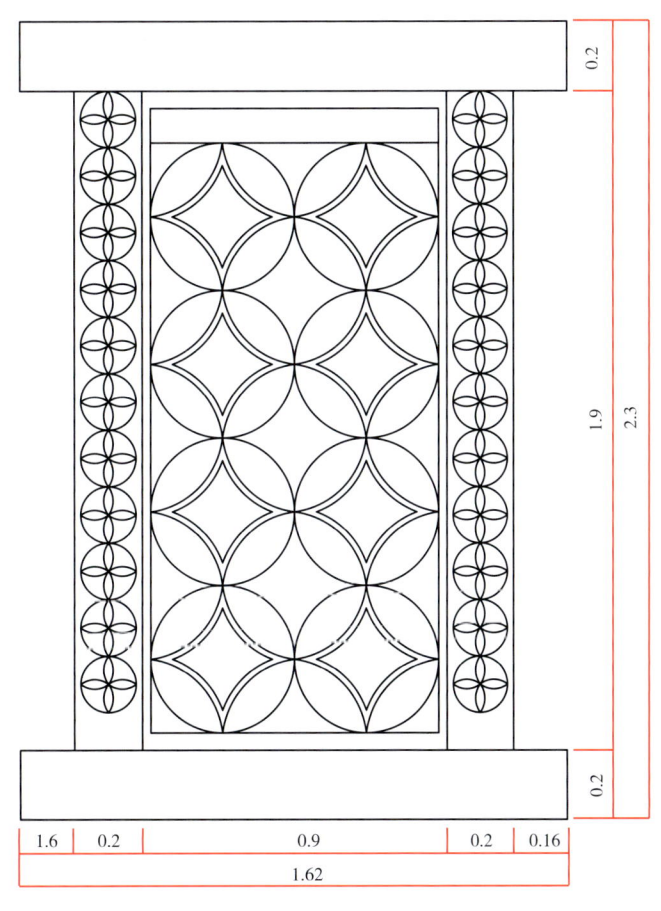

图二　柯尔克孜族毡房木门尺寸图（单位：m）

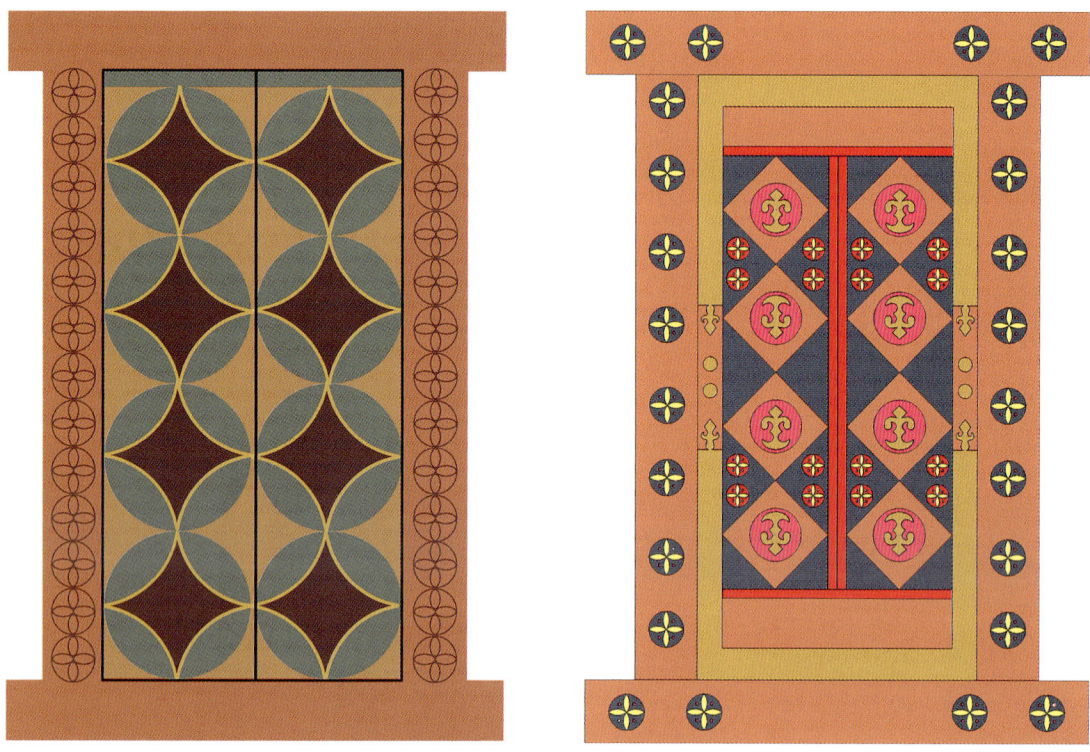

图三 柯尔克孜族毡房木门纹样分析图

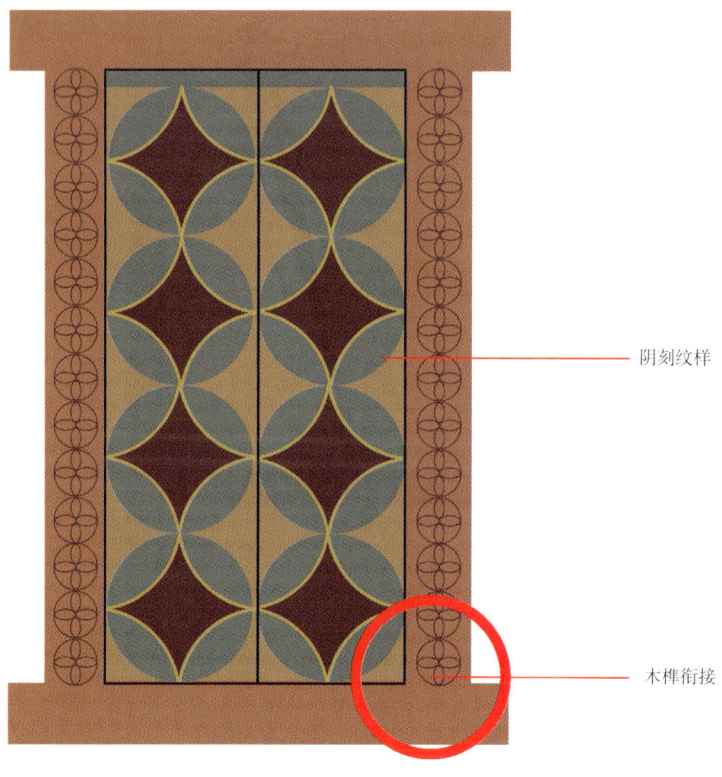

阴刻纹样

木榫衔接

图四 柯尔克孜族毡房木门工艺分析图

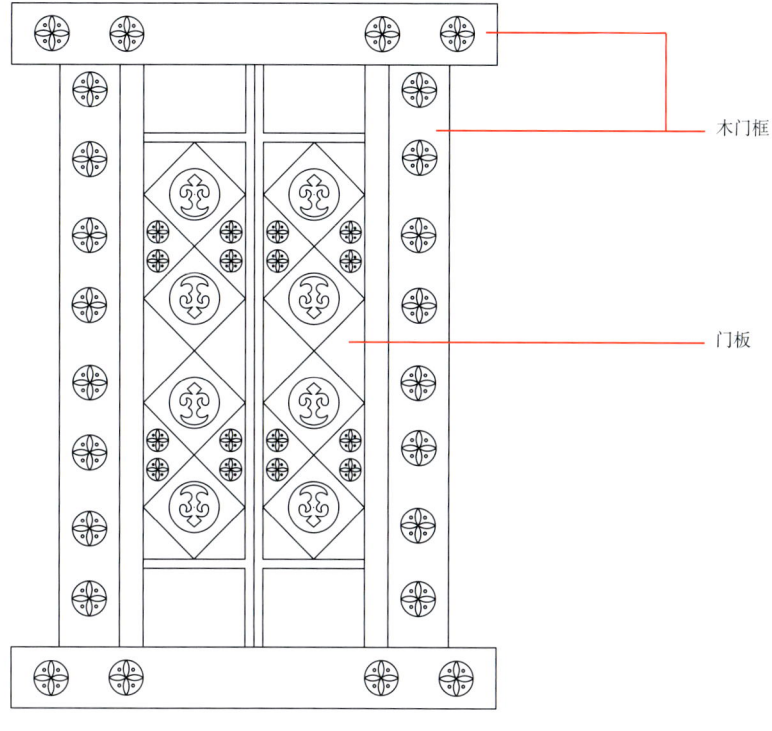

图五　柯尔克孜族毡房木门结构名称图

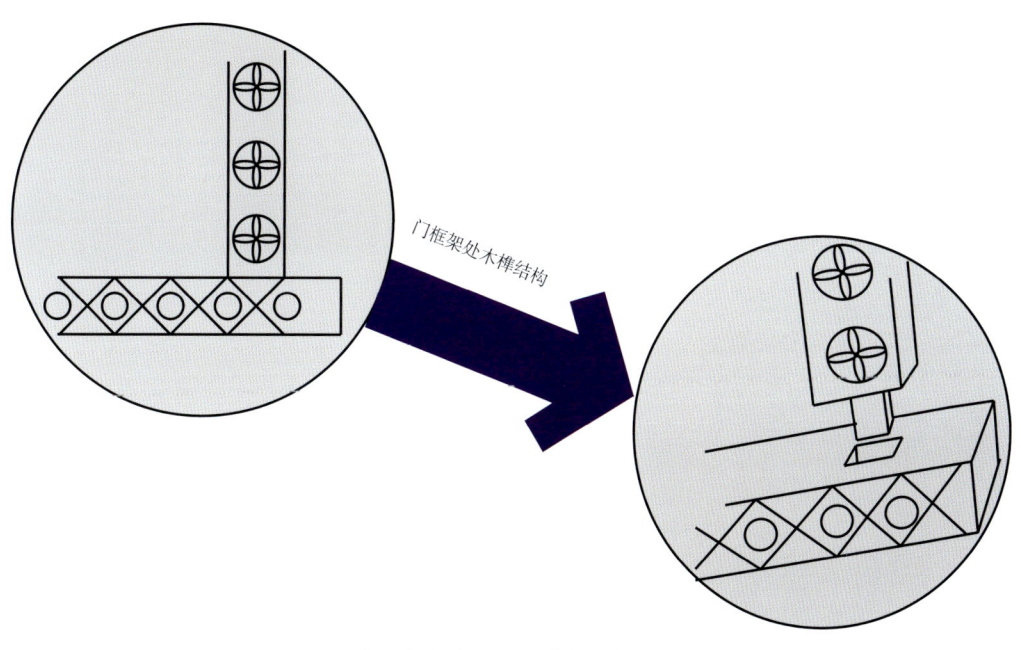

图六　柯尔克孜族毡房木门解构图1

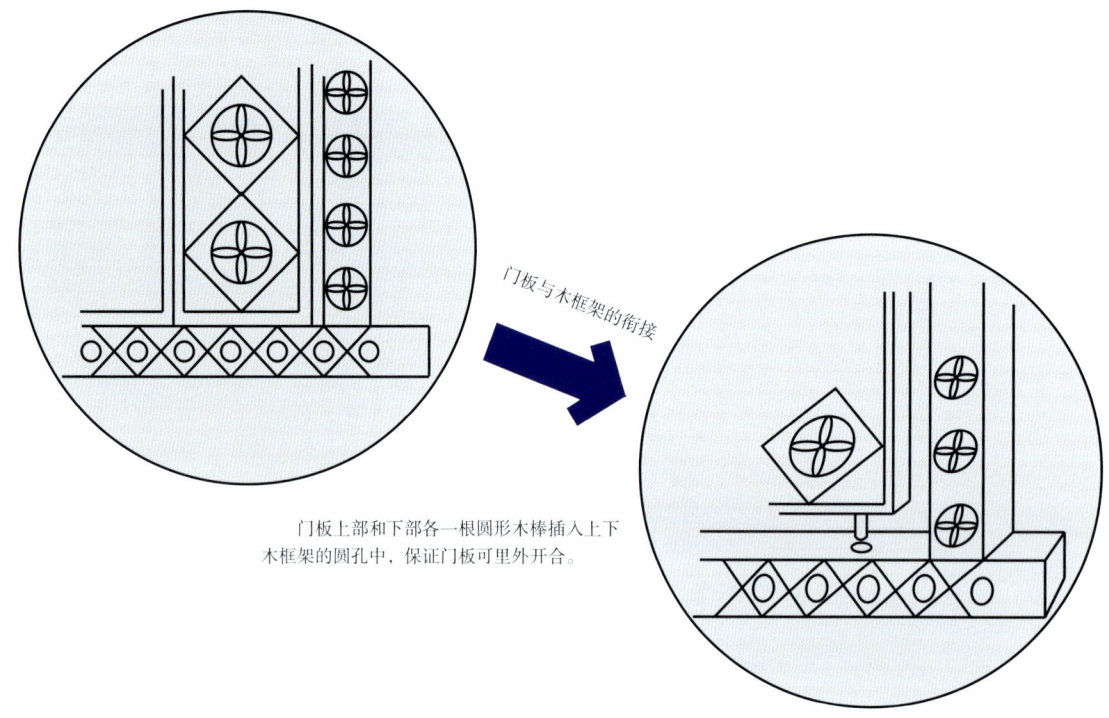

图七 柯尔克孜族毡房木门解构图2

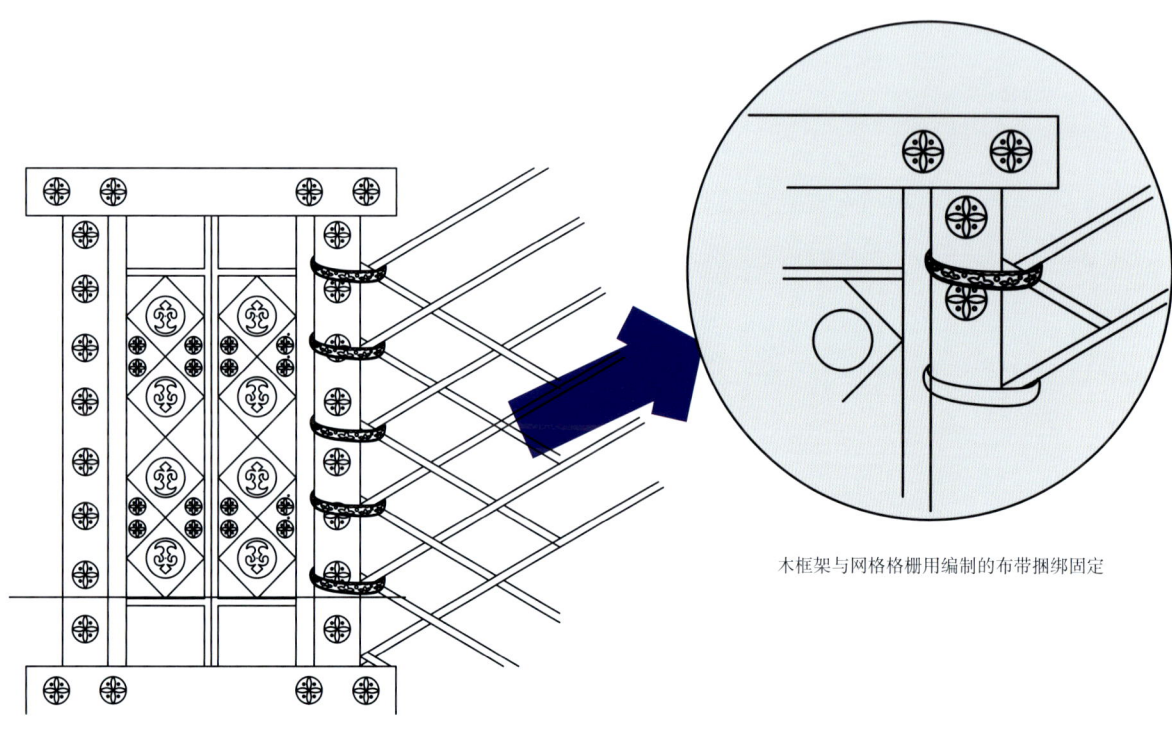

图八 柯尔克孜族毡房木门操作示意图

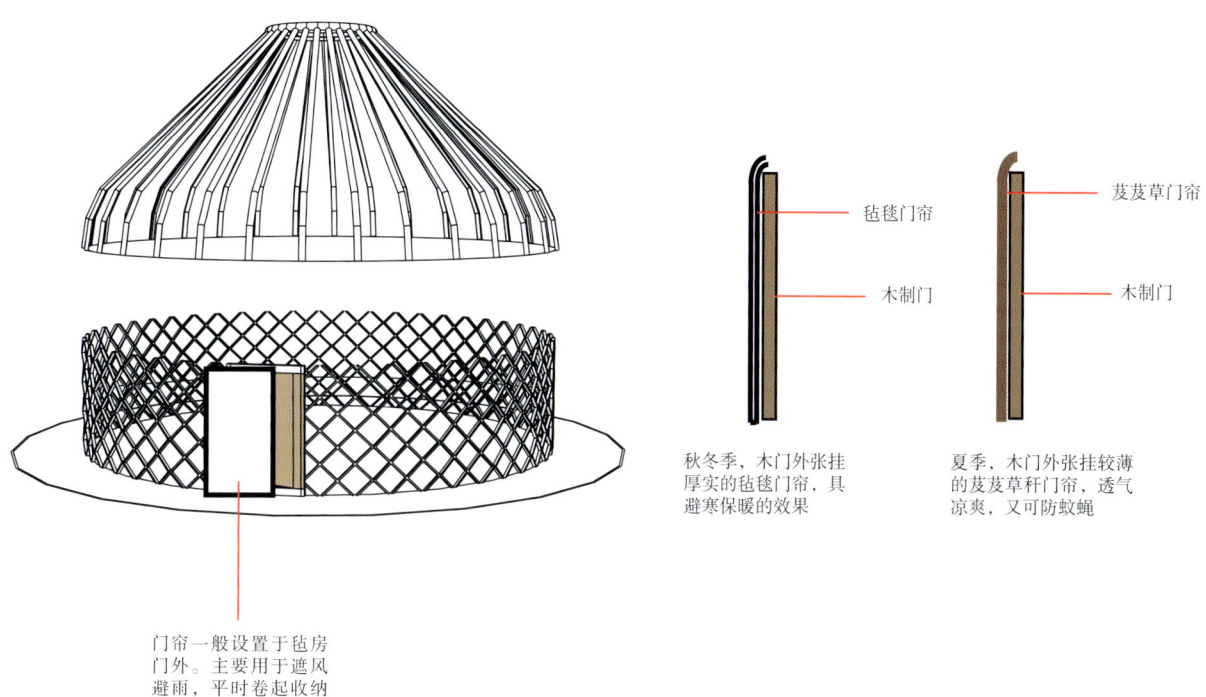

毡毯门帘

木制门

秋冬季，木门外张挂厚实的毡毯门帘，具避寒保暖的效果

芨芨草门帘

木制门

夏季，木门外张挂较薄的芨芨草秆门帘，透气凉爽，又可防蚊蝇

门帘一般设置于毡房门外。主要用于遮风避雨，平时卷起收纳在门楣上方

图九　柯尔克孜族毡房木门结构功能图

柯尔克孜族棚圈

图一 柯尔克孜族棚圈主图

柯尔克孜族西迁天山、帕米尔高原后，仍保持游牧为主的生活方式。也有变化，那就是一改过去较大规模的集体放牧形式，为适应高山峡谷间的分散放牧，采取小部落及家庭为主的阿寅勒为基本的生产单位。生产活动由部落长"阿克萨长勒"统一管理。游牧形式也直接影响到日常的衣、食、住、行，以肉为食，牛马乳为饮，皮张、羊毛、毛毡、奶酪等与所饲养的牲畜密切关联。由于冬季寒冷，山川被冰雪覆盖，造成牲畜觅食困难，牧人一般将牲畜迁至被称为"冬窝子"的驻地过冬。

在过冬的这一段时间里，牲畜由原先的放养改为圈养，这期间棚圈就发挥了至关重要的作用。棚圈主要用于牲畜的圈养，也便于牲畜的管理，牲畜不易丢失，也不会被其他野兽伤害。牧民根据牲畜数量的多少来设定棚圈的面积。根据实际使用性功能需要，棚圈的建造形式也不尽相同。用于临时性牲畜圈养的棚圈有圈而无棚，圈由石块或木料围栏，一个家庭约20平方米左右；而长时间圈养的牲畜除围栏外还多设木制棚架，棚顶可堆放冬季储备的牲畜草料。草料隔空堆放于棚顶，平时可遮阳、挡雨，通风透气使草料不易腐烂变质。棚架四面多为通透处理，也有的将两面进行遮挡封闭，围栏设有进出的简易木门。棚架主要使用木头搭建，棚圈围栏建筑的材料为随处可得的木料及石料，也有的用生土砌筑。在牧区村落中，棚圈一般紧邻土木住房，一是便于随时照料管理，另一方面因牧民的生活习惯，一日二餐几乎都离不开奶茶，挤奶便是饮食生活中经常要做的事，棚圈紧邻也为日常生活带来便利。

棚圈设计基于畜牧业生产生活的便捷性，是以满足畜牧业生产及生活的需要为目的的功能性体现，其材料的选择、使用等离不开畜牧生活的客观实际环境，即充分借助自然的物质供给进行构想、加工与组合，依据所选择材料进行设计并体现材料物性形成相应的制作方法及程序，一定程度提高了所设计物结构的可靠性，使其具有工序操作简便，易于推广普及的意义。

图片来源
图一、图九　陈述　摄影
图二、图六、图十至图十三　谈晨　制图
图三、图四　陈述、阿力木江·亚森　制图
图五　陈述、陈西木　制图
图七、图八　陈述、谈晨　制图

1. 厨房
2. 子女房
3. 父母房
4. 庭院
5. 牛圈
6. 羊圈
7. 狗棚

图二（1）　柯尔克孜族棚圈尺寸图（单位：m）

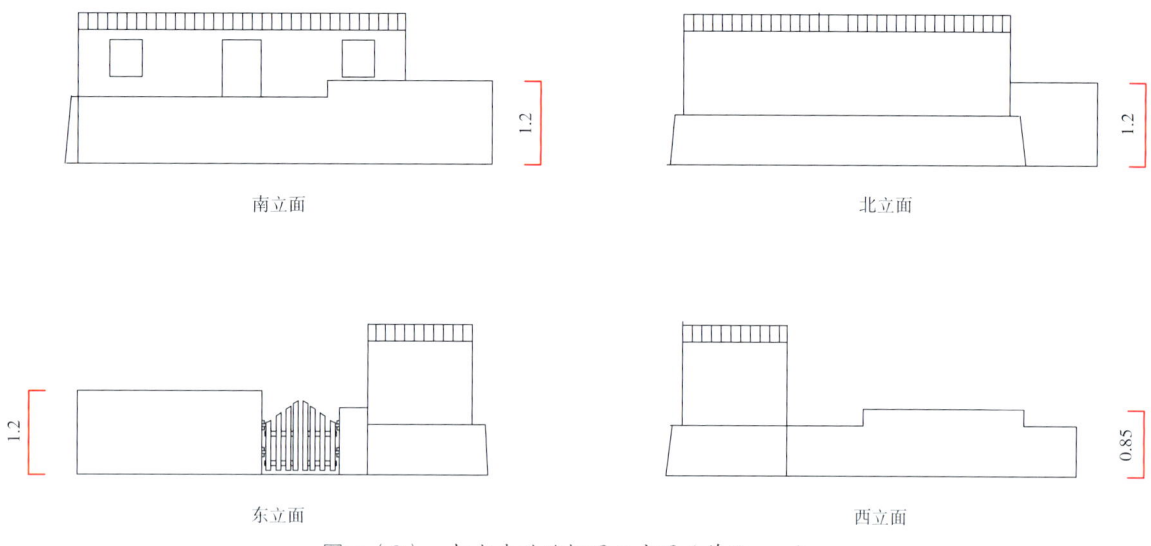

图二（2） 柯尔克孜族棚圈尺寸图（单位：m）

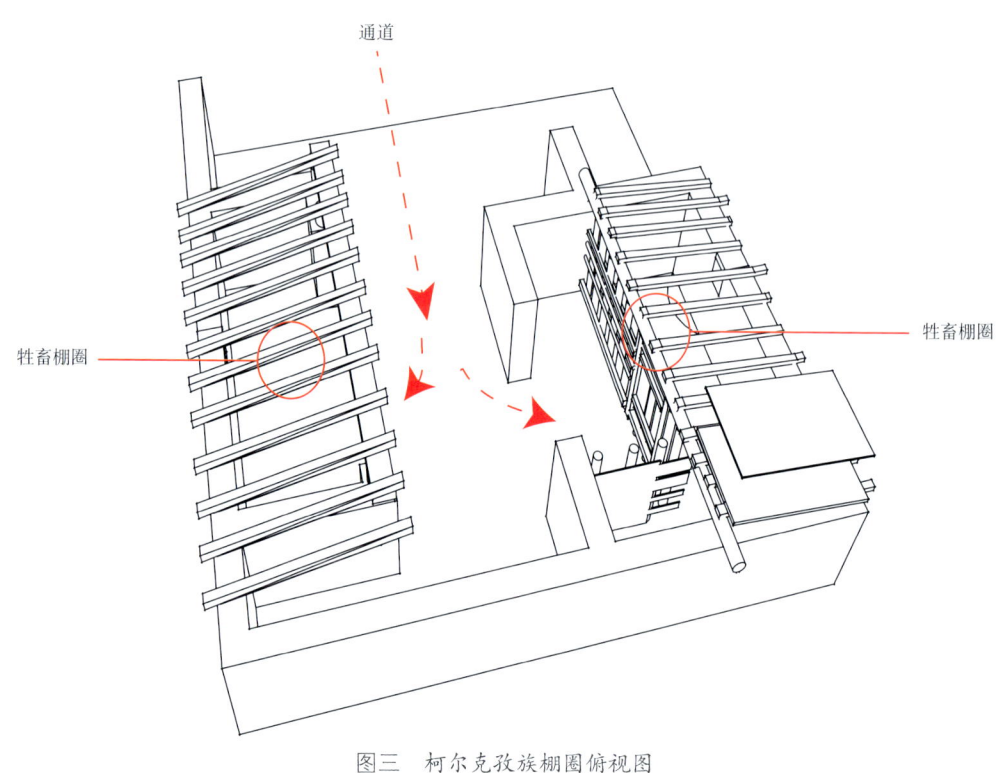

图三 柯尔克孜族棚圈俯视图

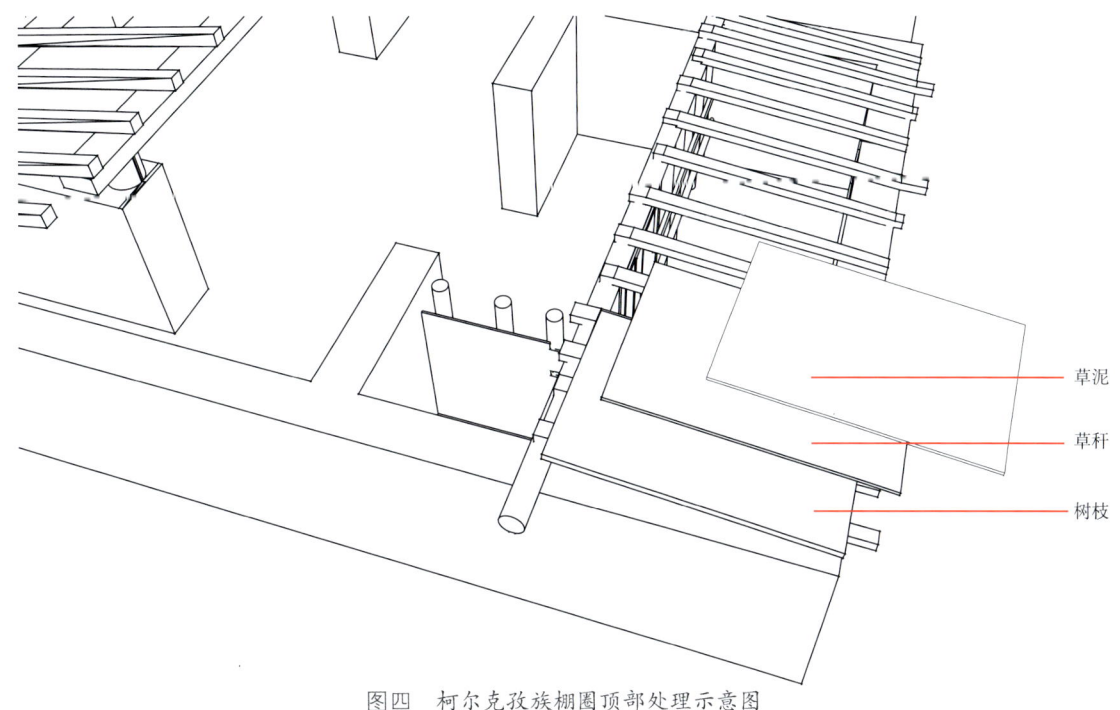

图四 柯尔克孜族棚圈顶部处理示意图

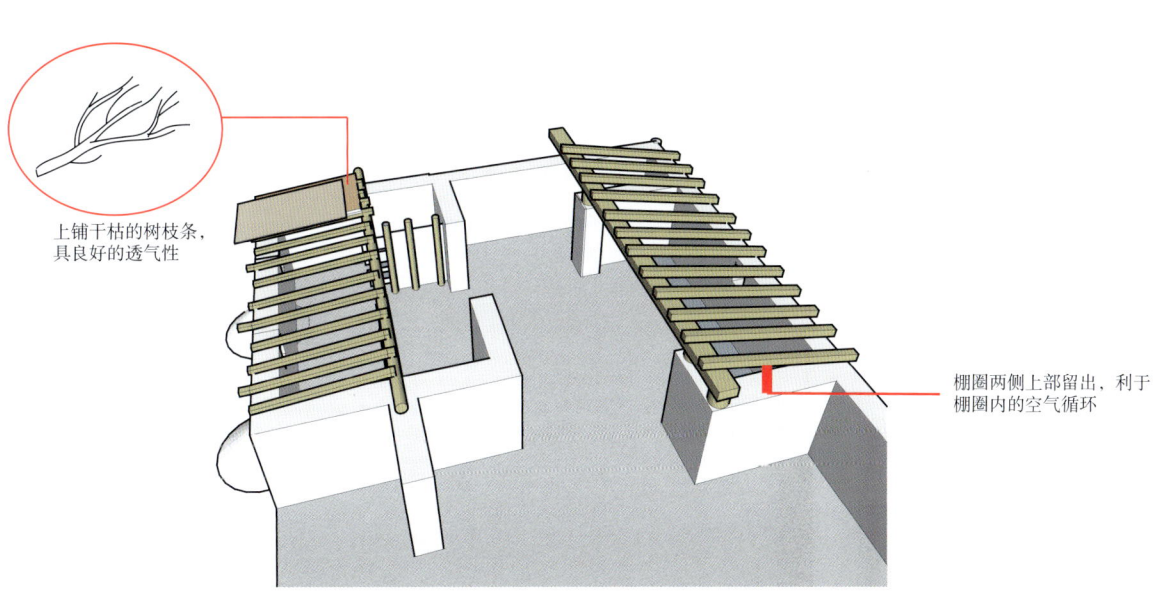

图五 柯尔克孜族棚圈屋顶工艺示意图

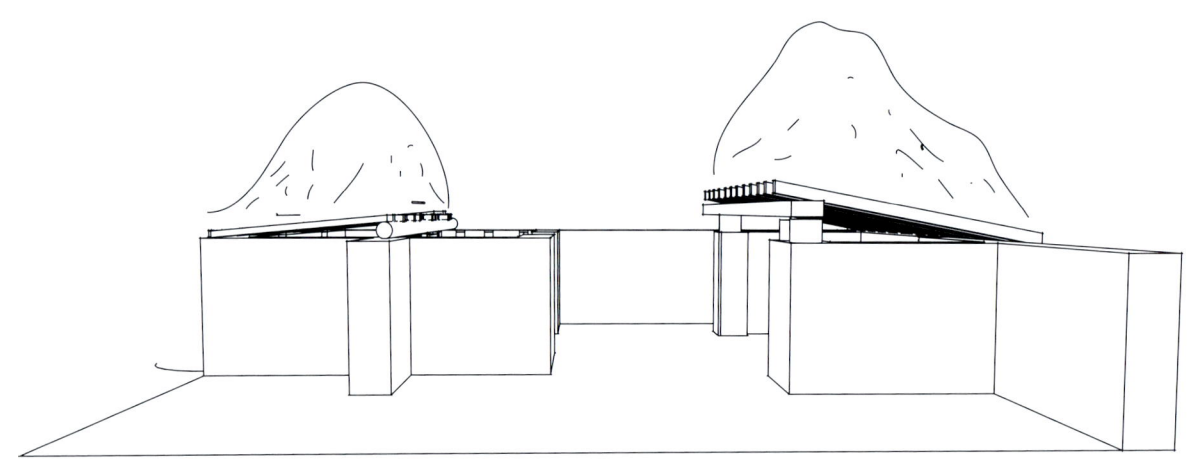

棚圈顶部可用于冬季储存牲畜草料，良好的通风不易使草料霉变，由于存放在棚圈顶部，取用十分便利，又避免牲畜的侵扰与浪费

图六　柯尔克孜族棚圈草料储存平台示意图

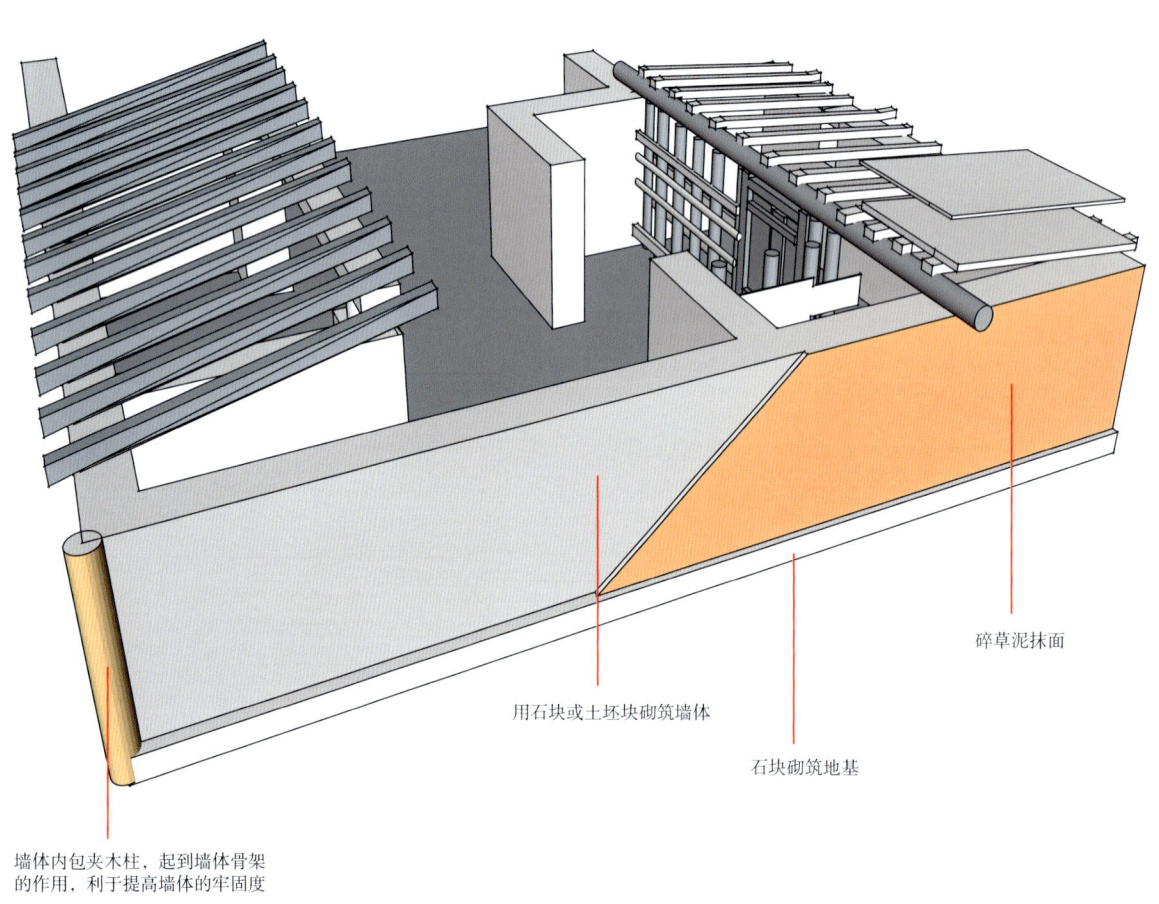

碎草泥抹面

用石块或土坯块砌筑墙体

石块砌筑地基

墙体内包夹木柱，起到墙体骨架的作用，利于提高墙体的牢固度

图七　柯尔克孜族棚圈墙体工艺示意图

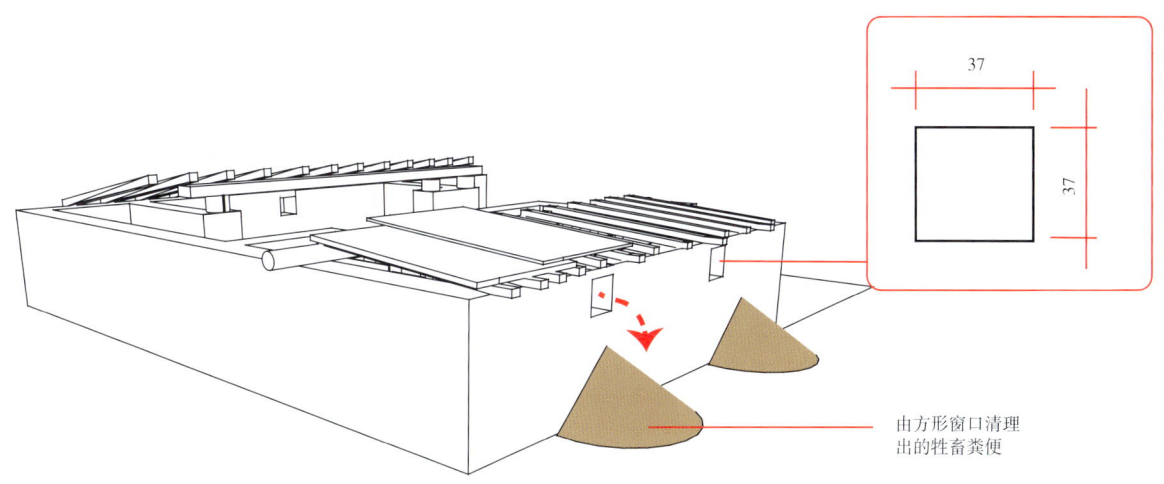

棚圈墙体上留有方形窗口，主要用于清理室内的牲畜粪便，用铁锹将室内牲畜粪便由窗口甩出室外，便于牲畜粪便集中处理。室外紧邻便道，利于车辆装载运输

图八　柯尔克孜族棚圈墙体无框窗口功能示意图（单位：cm）

图九　柯尔克孜族棚圈外墙体实拍图

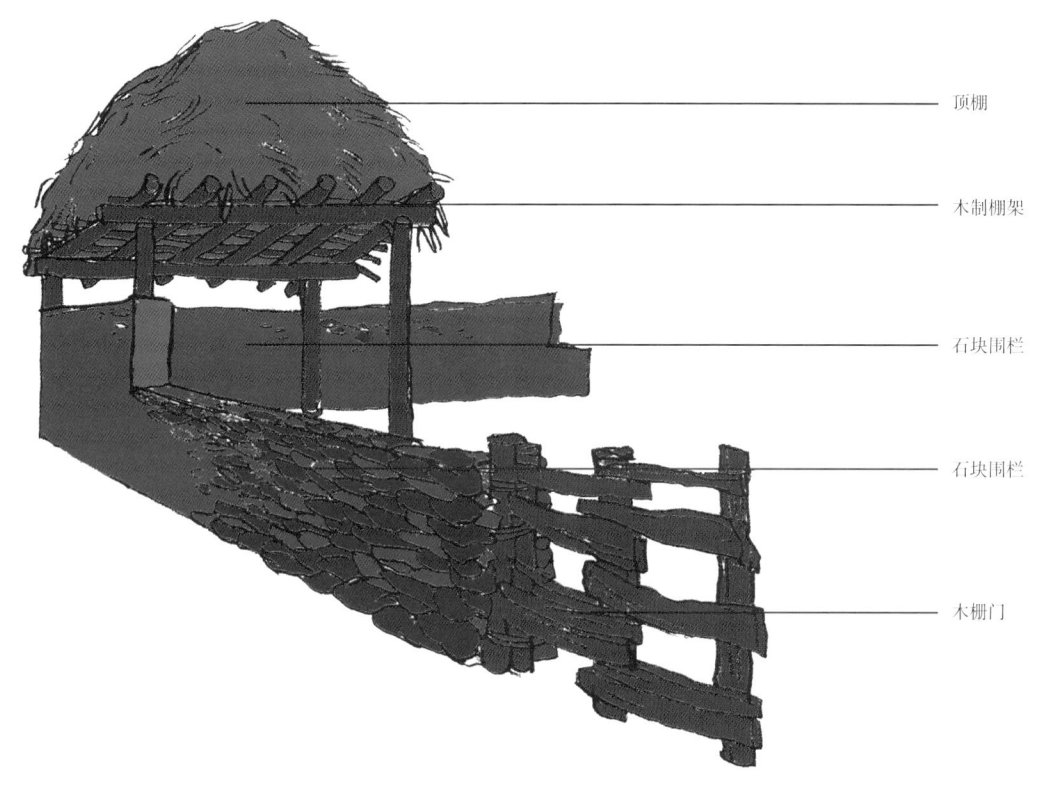

图十　柯尔克孜族棚圈·草场石块砌筑挡墙示意图

石块围栏　　　　　　　　　　　　　　木料围栏

图十一　柯尔克孜族棚圈·草场木栅栏挡墙示意图

图十二　柯尔克孜族棚圈·石块挡墙效果图

图十三　柯尔克孜族棚圈·木栅栏挡墙效果图

柯尔克孜族鹰舍

鹰舍通常选择于自然林木中搭建，树木具有较好的光照遮蔽性，微风中的树叶碰撞再现自然声响，利于保持鹰的天然野性

图一　柯尔克孜族鹰舍选址主图

　　新疆北部天山南脉与南部的喀拉铁克山间自然形成了一条狭长的托什干河谷。特殊的自然环境条件使河谷在夏秋季节被植被覆盖，为野兔、狐狸、野鼠等提供了良好的生存环境，也为生活在这里的柯尔克孜族鹰猎提供了天然的狩猎场所。自古以来柯尔克孜牧人与鹰有着密切的关系。过去在山区驯养一只好的猎鹰狩猎，就可提供家人生活食物基本所需。鹰因之被视为家庭生活中的重要一员。因此，在居住地附近专门建造鹰舍，可躲避风雪侵扰，使鹰健康生存。

　　鹰舍即猎鹰平时栖息的场所。鹰在野外生存中常选择在悬崖峭壁上筑巢，以减少外界的干扰。被驯养的猎鹰鹰舍常选在猎手居住地比邻的果林中搭建，主要用红柳枝编结的轻型墙体围合，顶部每隔20厘米左右置放一排横木，遇极端天气可在上覆盖片状物用以遮挡风雨，设置高度为一米左右的低矮拼板木门，只供驯鹰者一人进入。鹰舍内置放一个用木料制作的鹰架，鹰舍四面柳条编墙体上不抹草泥，以保持气流通透，使鹰能感受自然环境的气息，保持原本凶悍的猎食野性。鹰舍的建造原料多选取自然环境中的干枯树木。鹰舍墙体使用较粗的柳枝条编结，多采用皮条及毛绳以捆绑的方式连接固定，结实耐用并具较好的防冲撞功能。

　　鹰舍是柯尔克孜族为满足狩猎需求驯养猎鹰而有的设计产物，其设计制作简易，且重视猎鹰栖息的习性，用以保持鹰捕猎的野性，为持续从事驯养及狩猎活动提供了必要的保证。设计中所使用的固件及原料基本以日常生活中便于寻找的材料为主，在满足基本功能需求同时，有效降低建造的成本及不必要的复杂程序，具备制作、搭建简易等特点，适应柯尔克孜族游牧生活实际，体现民族造物思维活动特点。

图片来源

图一至图八　陈述、秦俭　制图

图九、图十　秦俭　制图

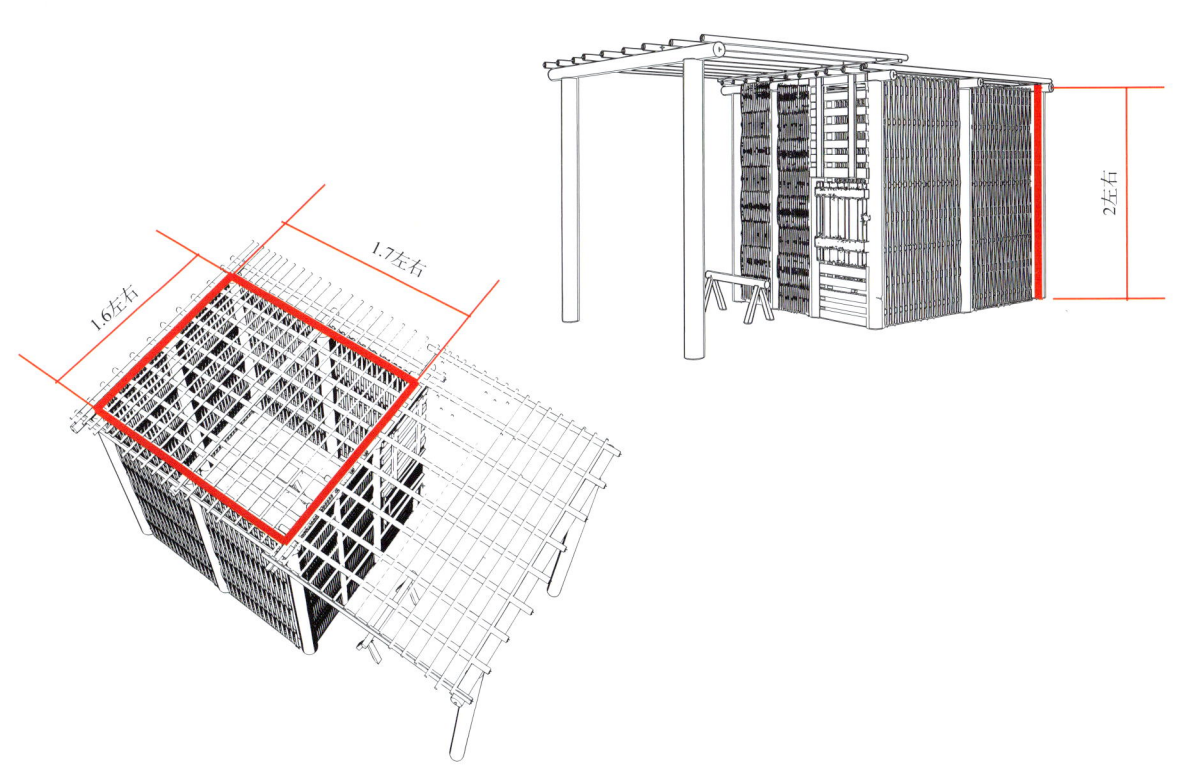

图二　柯尔克孜族鹰舍尺寸图（单位：m）

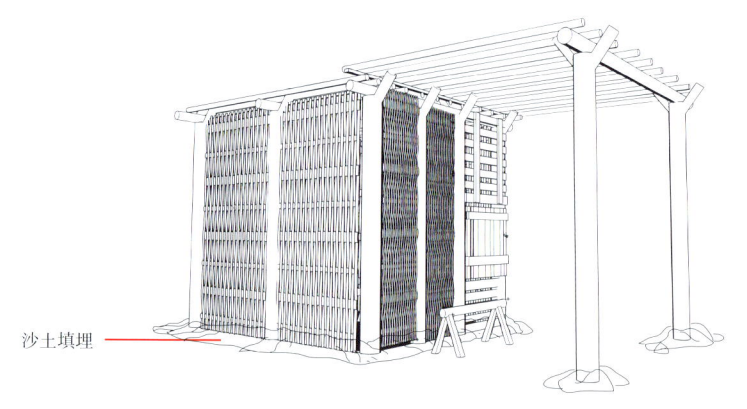
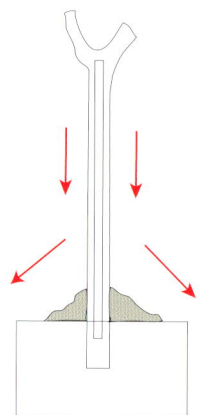

柱基及墙基采用土埂的制作方式高出地面，一是益于立柱及墙体的加固，二是利于雨水顺高出地面的坡度自然排出并汇集别处，利于柱基与墙基的保护

图三　柯尔克孜族鹰舍地基处理图

柱基、墙基剖面图

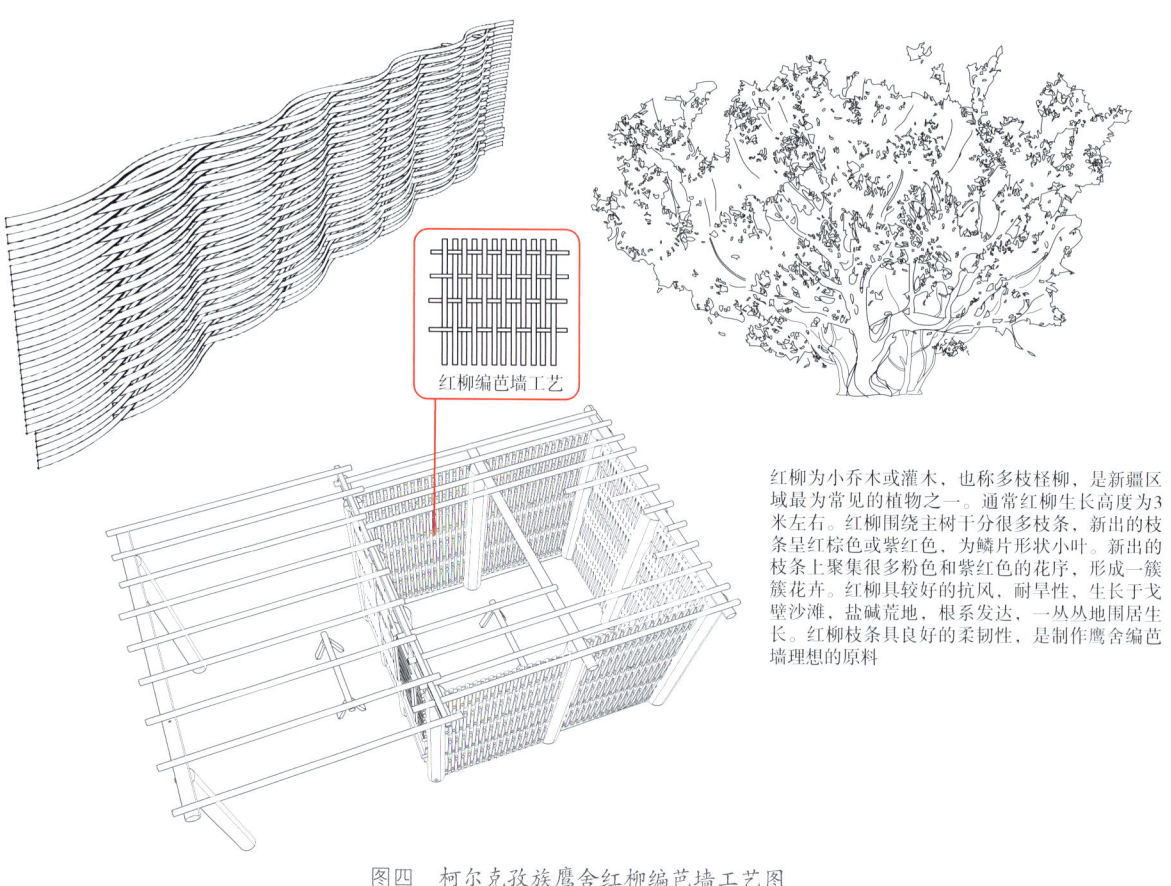

红柳为小乔木或灌木，也称多枝柽柳，是新疆区域最为常见的植物之一。通常红柳生长高度为3米左右。红柳围绕主树干分很多枝条，新出的枝条呈红棕色或紫红色，为鳞片形状小叶。新出的枝条上聚集很多粉色和紫红色的花序，形成一簇簇花卉。红柳具较好的抗风、耐旱性，生长于戈壁沙滩、盐碱荒地，根系发达，一丛从地围居生长。红柳枝条具良好的柔韧性，是制作鹰舍编芭墙理想的原料

图四　柯尔克孜族鹰舍红柳编芭墙工艺图

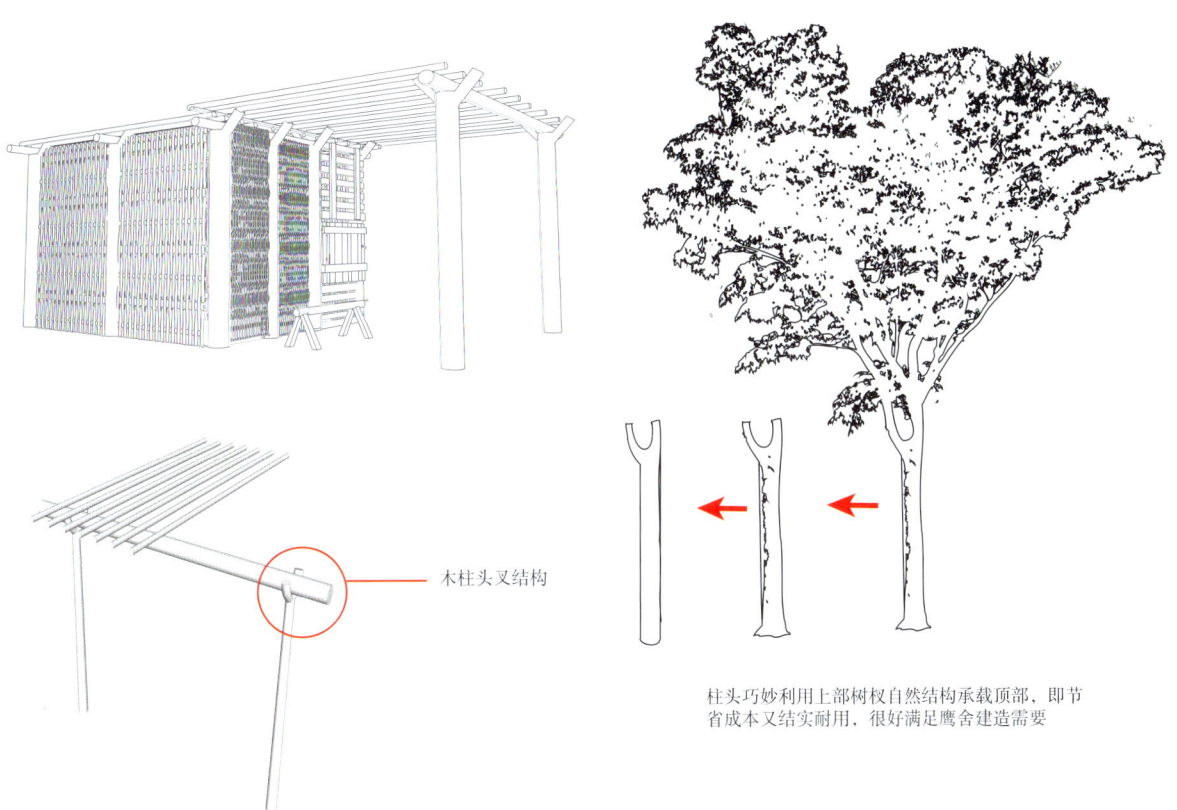

柱头巧妙利用上部树杈自然结构承载顶部,即节省成本又结实耐用,很好满足鹰舍建造需要

木柱头叉结构

图五　柯尔克孜族鹰舍木柱结构示意图

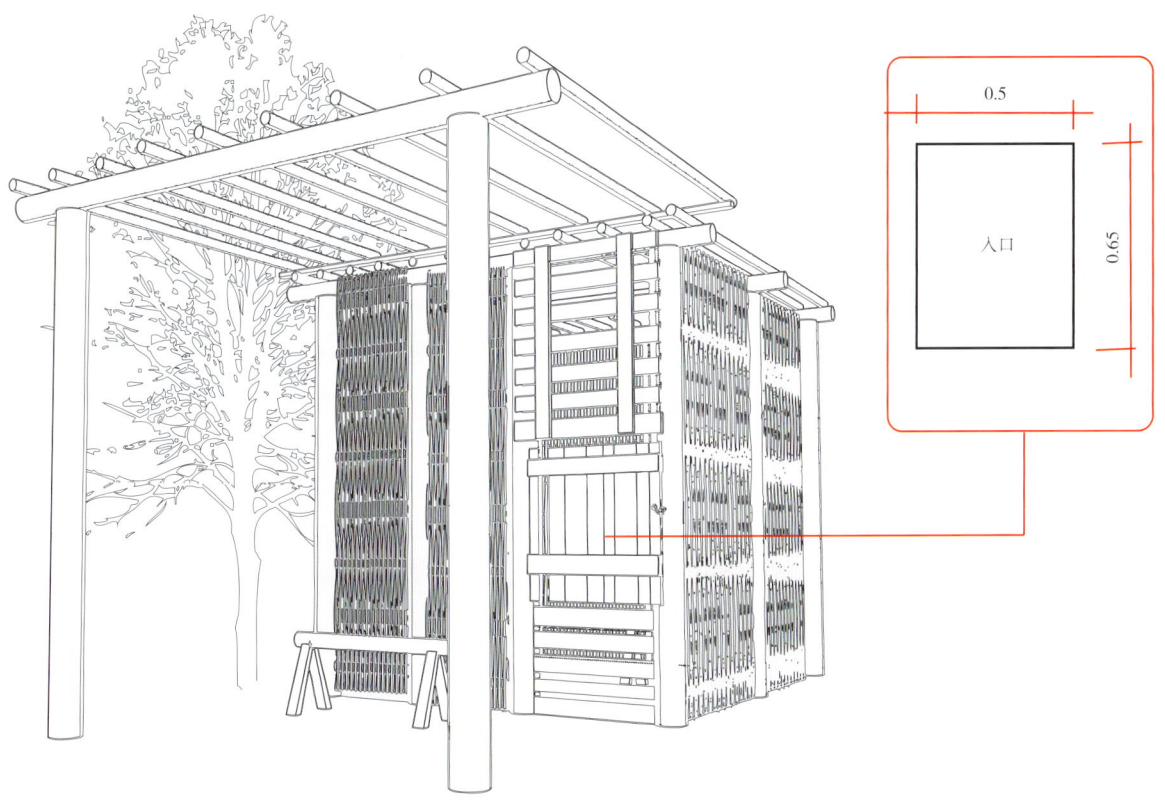

入口

图六　柯尔克孜族鹰舍入口门示示意图(单位:m)

第一章　柯尔克孜族传统建筑

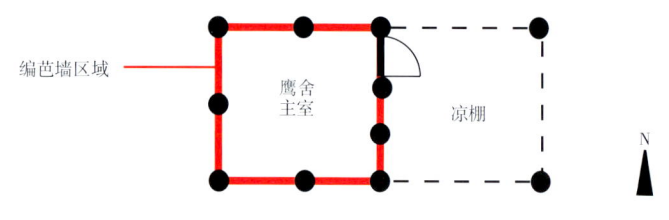

编芭墙主要使用红柳枝等树木枝条进行制作，按实际墙体尺寸大小手工编制，编芭墙不仅具遮挡的作用，由于其透光、透气，满足于鹰舍墙体制作要求。其就地取材的便利、经济性及易掌握的工艺流程利于柯尔克孜族驯鹰者的广泛认可与接受，并合理、巧妙地运用于鹰舍的建造中

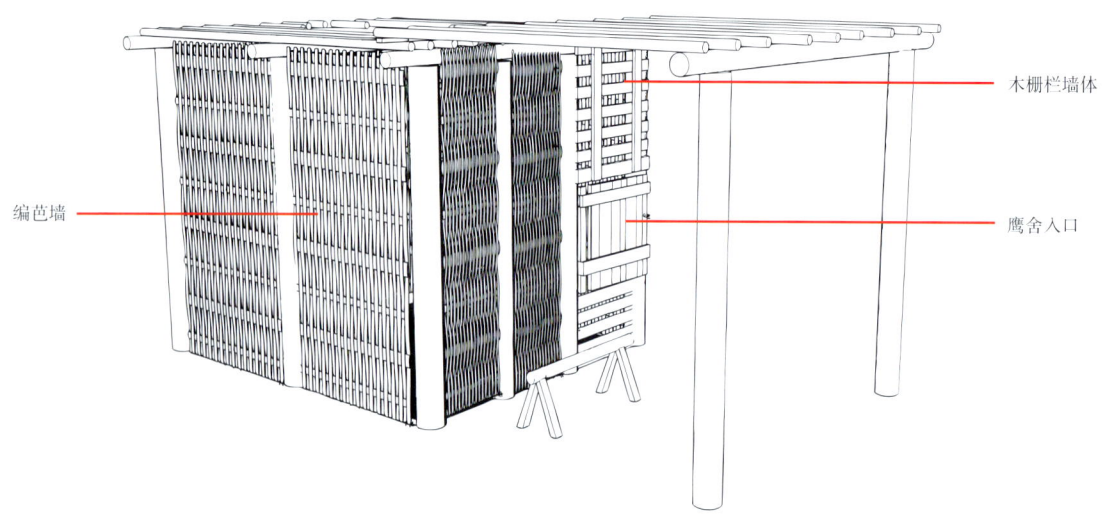

图七　柯尔克孜族鹰舍墙体工艺图

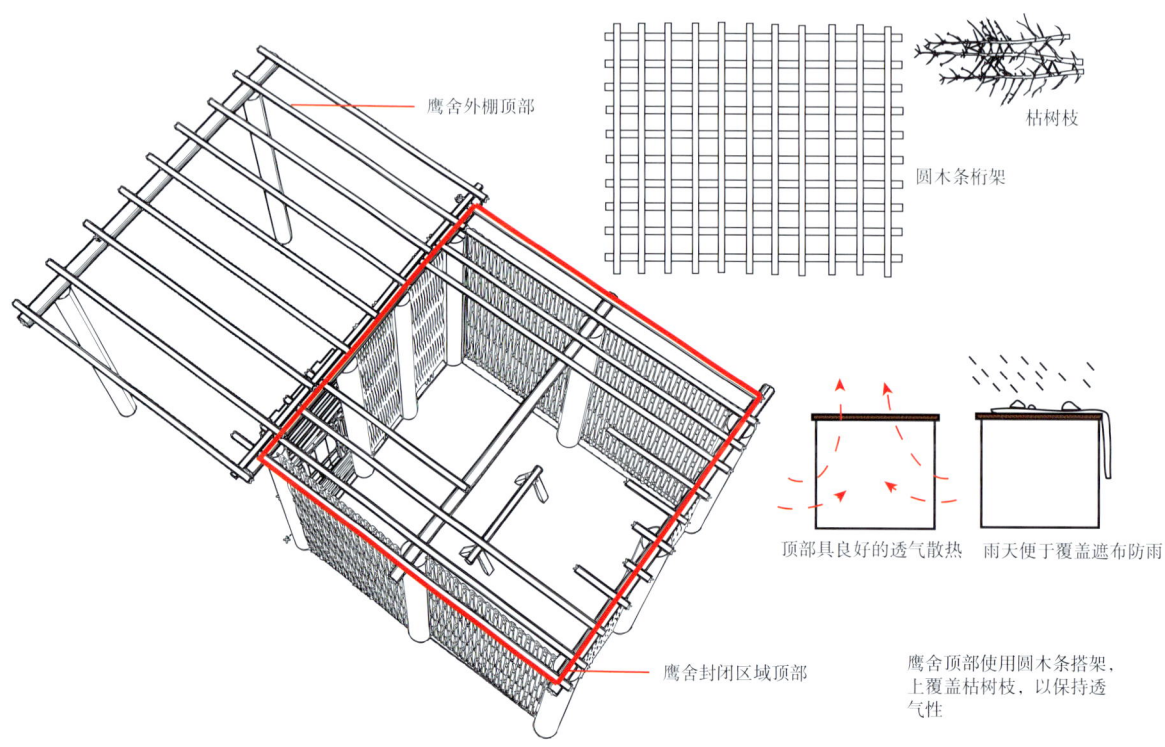

图八　柯尔克孜族鹰舍顶部结构图

鹰舍顶部使用圆木条搭架，上覆盖枯树枝，以保持透气性

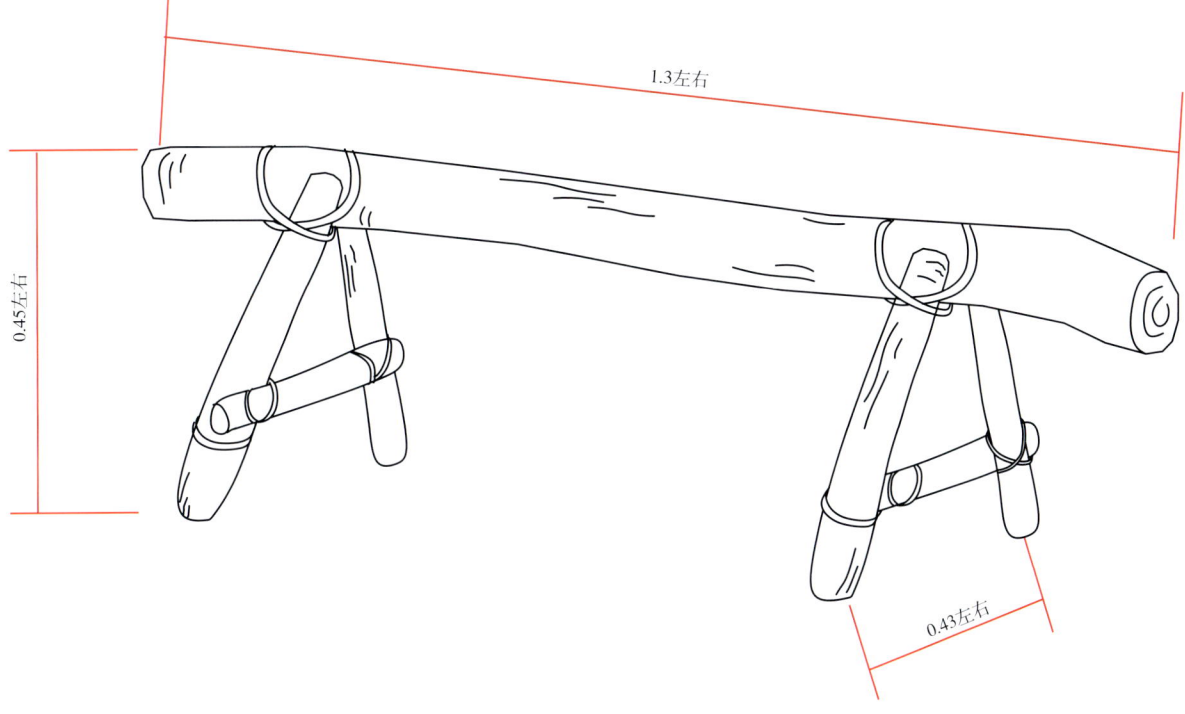

图九　柯尔克孜族鹰舍顶部横木尺寸图（单位：m）

图十　柯尔克孜族鹰舍用具操作示意图

第二章 柯尔克孜族传统服饰

柯尔克孜族毡帽"卡勒帕克"

圆尖顶"卡勒帕克"

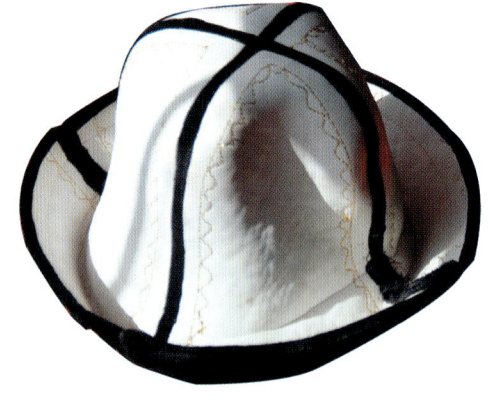
四棱平顶"卡勒帕克"

图一　柯尔克孜族毡帽"卡勒帕克"主图

柯尔克孜男子习惯戴帽，夏季多戴一种白色高顶毡帽，柯尔克孜语称之为"卡勒帕克"。毡帽是柯尔克孜族世代沿用的一种帽子。据《太平寰宇记·黠戛斯》记载，居住在叶尼塞河流域的古柯尔克孜人，其王"冬以貂鼠为帽，夏以金装，帽锐顶而卷其末，此回鹘所以至今犹冠之。其下则以白毡为帽"。柯尔克孜族将白毡帽等奉为"圣帽"。即便平日不用时，也得将其挂在高处或放在被褥、枕头上面，不能随便抛扔或用脚踏，不允许拿毡帽来开玩笑，认为那是不吉利的。

"卡勒帕克"可分为黑毡帽、白毡帽、扎花布帽三种。白毡帽被视为柯尔克孜族的一个标志。这种毡帽主要用精选的白色羊绒擀制成毡子，然后按照尺寸比例将毡片裁剪成四块等边三角形，用上好的丝绸做里子，将四片毡块拼接缝制而成。然后再将帽子的下沿部分外向上翻卷起约8厘米为帽檐。帽子样式上大多为四棱平顶或圆尖顶，依据不同的部落而呈现不同的特点。

从毡帽的差异上就可看出不同部落的居所及戴帽者的大致年龄。帕米尔地区柯尔克孜族常戴一种从帽檐上前后开缝的毡帽，而天山区的柯尔克孜族则是开缝或不开缝。老年人所戴毡帽一般素雅端庄，不在上面绣花图案；而中年男子的毡帽顶部缀有黑色璎珞并在毡帽上刺有简洁的图案，以显其英俊、彪悍的性格气质；青少年男子的毡帽顶部缀有璎珞，帽上绣有鲜明的传统装饰纹样，更显活泼与朝气。黑毡帽是用黑羊毛擀制的一种帽子，这种毡帽的制作只用木制的模子而不用针线，其样式像礼帽，一般为雨雪天羊倌、马倌所戴用。

柯尔克孜牧人流传着这样的传说：圣母为了区分双胞胎儿子，就在一个头上戴了白毡帽，另一个头上戴了黑毡帽。但柯尔克孜牧人普遍愿意称自己为"白毡帽柯尔克孜牧人"。依据研究者的观点，人们在穿戴白毡帽时，内心的恶意就会淡化和消失，人的心灵就会净化；从史料资料上看，这种毡帽是作为战士头盔来使用的，在《玛纳斯》史诗中也有描述："用毛与掺杂着钢铁碎杂，将其擀制成毡子，然后再缝制成毡帽，其用意在于保佑人的头部不受重创。"

图片来源

图一　陈述　摄影
图二　谈晨、陈曦梓　制图
图三　陈述、谈晨、陈曦梓　制图
图四　陈泽　摄影
图五　谈晨　制图

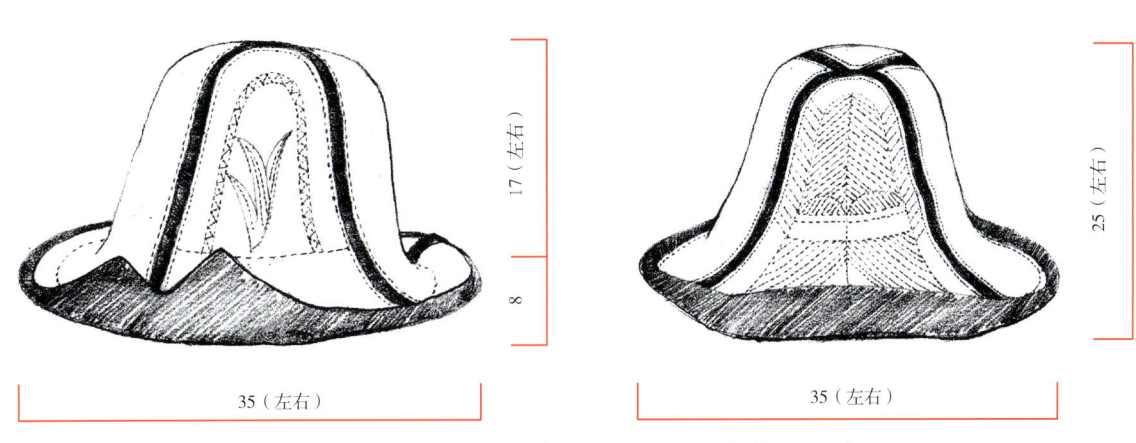

图二　柯尔克孜族毡帽"卡勒帕克"尺寸图（单位：cm）

图三　柯尔克孜族毡帽"卡勒帕克"操作示意图

图四　柯尔克孜族毡帽"卡勒帕克"使用情境图

图五　柯尔克孜族毡帽"卡勒帕克"局部分析图

柯尔克孜族"塔克亚"女帽

图一 柯尔克孜族"塔克亚"女帽主图

柯尔克孜语"塔克亚"意为柯尔克孜族妇女头饰之一,也指妇女戴的帽子。草原气候变幻无常,戴帽能有效抵御风寒,同时,柯尔克孜族是一个十分爱美的民族,自然也就特别重视对帽子的装饰,利用在帽子上刺绣图案,增强其装饰性。

"塔克亚"为柯尔克孜族传统女帽,由自织白色土布缝制,有"克勒塔克亚"和"克卜塔克亚"两种。

"克勒塔克亚"为无檐、双耳、开顶、带发披的绣花帽,用丝线齐针绣在帽耳和发披上,有花草、动物纹和几何图案。帽边沿为带状素绣,绣纹细密精巧,帽耳沿的绣面上配有银饰,其后沿边缝挂珊瑚银饰坠,发披末端为手工编结的彩穗。新娘或妇女戴时,露出双耳和发披。"克卜塔克亚"与"克勒塔克亚"最大的区别在其没有发披。老年人的花纹较少;中年妇女的为圆形高檐(高约12厘米)帽,帽前沿绣有花纹或配有饰品。妇女出门,缠带叶列切克或戴头巾时当内帽,平时在家也戴用。儿童的为高檐(高约12厘米)、带遮耳后披帘的夹层圆帽。帽正沿饰有珠串、彩扣等,帽后披帘绣有花纹,平时戴用。

"塔克亚"为手工制作,材料主要来自平时常见的自织土布,经裁剪、缝制、刺绣、编结及缝挂相应的配饰,成为具有浓郁民族特色的"塔克亚"女帽。其设计显示出自给自足的畜牧业特点,具有较强的普及性,长期使用与传承积累,柯尔克孜族传统女帽具有丰厚的设计文化底蕴及民族特征。

图片来源
图一、图四 陈述 摄影
图二 谈晨、陈曦梓 制图
图三 谈晨摹绘、陈述、黄慧君 制图
图五 陈曦梓 制图

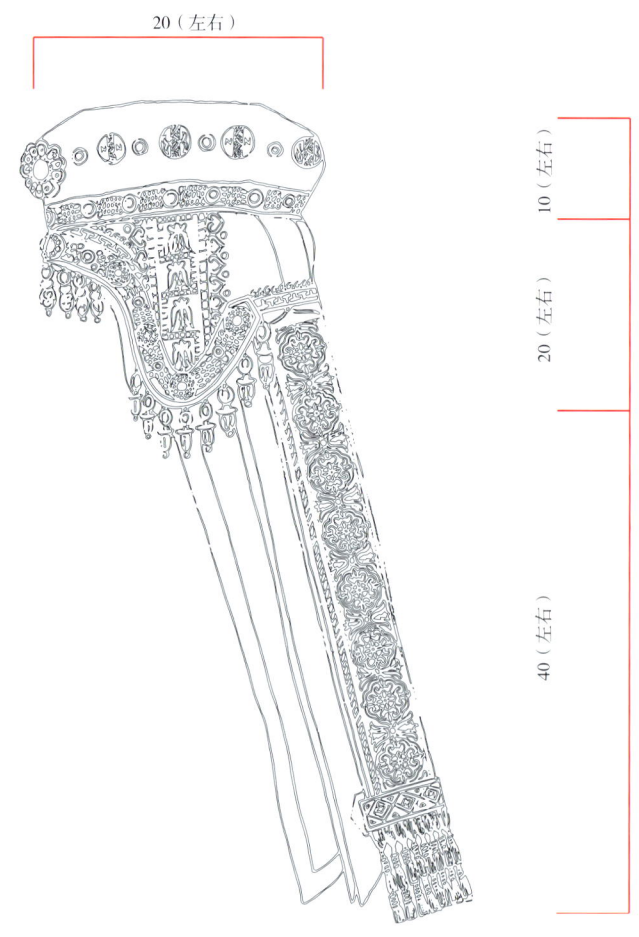

图二 柯尔克孜族"塔克亚"女帽尺寸图(单位:cm)

图三 柯尔克孜族"塔克亚"女帽操作示意图

图四 柯尔克孜族"塔克亚"女帽使用情境图

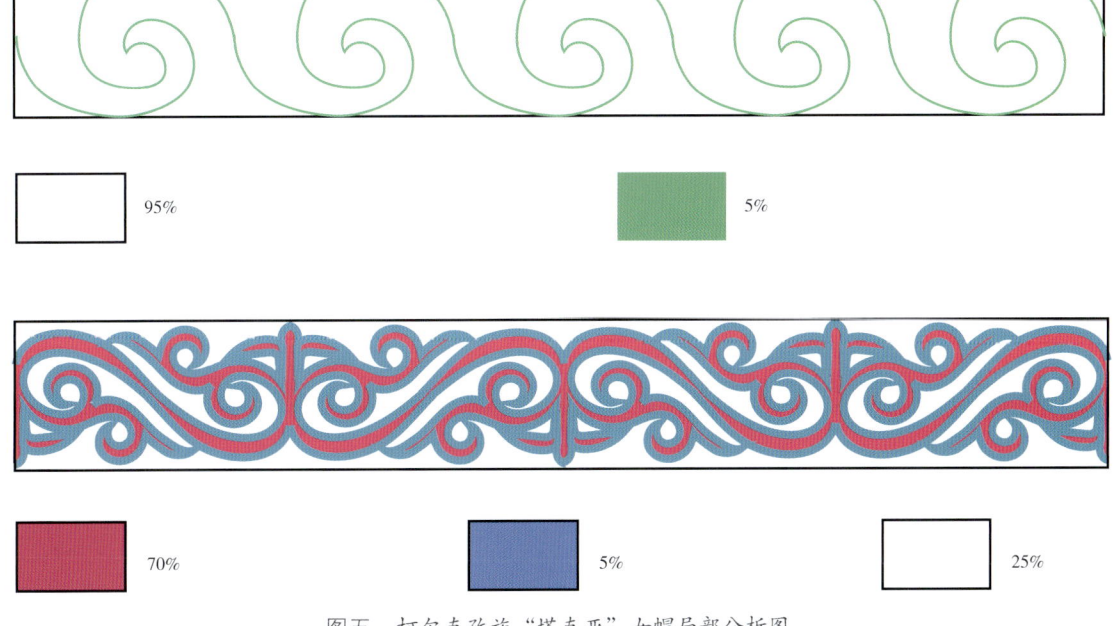

图五 柯尔克孜族"塔克亚"女帽局部分析图

柯尔克孜族狐皮或羊皮皮帽"台别太依"

图一　柯尔克孜族狐皮或羊皮皮帽"台别太依"主图

"台别太依"是柯尔克孜语音译，意指狐皮或羊皮皮帽。柯尔克孜族主要聚居于新疆维吾尔自治区西南部的克孜勒苏柯尔克孜自治州境内，其余分布于新疆南部乌什、阿克苏拜城、塔什库尔干等地，以传统畜牧业为主。冬季气候寒冷，在牧场迁移路途中需要御寒的物品。"台别太依"即为冬季所戴的皮帽。

"台别太依"皮帽为圆形，平顶卷檐。男子的帽檐多为水獭旱獭皮、黑色羊羔皮或狐狸皮，帽顶用黑色或绿色平绒布缝制，帽檐较宽，帽顶用黑色金丝绒等布料制作，方形造型，帽里多为棉衬，老年男子常戴。男童的帽顶帽檐均为黑羊羔皮。年轻女子戴的"台别太依"为大圆顶，用红色的平绒、绸缎或黑、红色皮革制成，顶上缀有珠子、璎珞，插有羽毛等饰物。帽檐多用旱獭皮、水獭皮和白羊羔皮，帽里多用绸缎和白羊羔皮。

"台别太依"因地区不同而略有差异。帕米尔高原克卜恰克、乃蛮部落的帽檐窄而顶高；新疆英吉州、莎车、和田一代的柯尔克孜人戴一种帽里为白羊羔皮，帽外用黑羊羔皮做的梯形皮帽。杂居在维吾尔地区的柯尔克孜人戴一种绣花的翻皮高顶白帽，帽下沿镶有一道黑色羊羔皮（约1厘米），帽顶四周绣有图案纹样，多用红、绿、紫色丝绒制作，老少皆宜。和田一带的柯尔克孜族妇女在高顶无舌的"台别太依"上披戴纱巾。

"台别太依"（狐皮或羊皮皮帽）是基于特殊自然环境条件下的集功能性与审美性为一体的设计，实用美观。因地区的不同，其外形上略有差异。"台别太依"的制作材料大都为就地取材，具有明显的地域特征；

同时一定程度上借鉴了聚居地其他民族的皮帽设计，使"台别太依"皮帽呈现多种不同的样式，加高的帽顶更显装饰性，彰显了民族的自信。

图片来源
图一　陈述　摄影
图二　谈晨、陈曦梓　制图
图三　陈述、黄慧君　制图
图四至图六　陈曦梓　制图

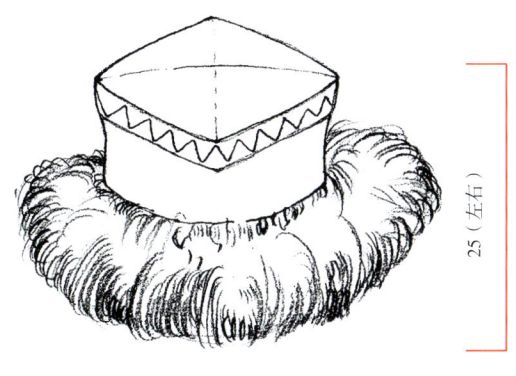 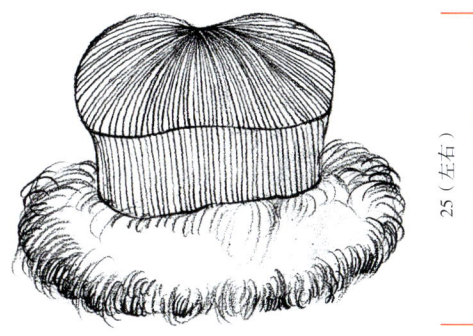

图二　柯尔克孜族狐皮或羊皮皮帽"台别太依"尺寸图（单位：cm）

图三　柯尔克孜族狐皮或羊皮皮帽"台别太依"操作示意图

图四　柯尔克孜族狐皮或羊皮皮帽"台别太依"效果示意图

图五　柯尔克孜族狐皮或羊皮皮帽"台别太依"局部分析图1

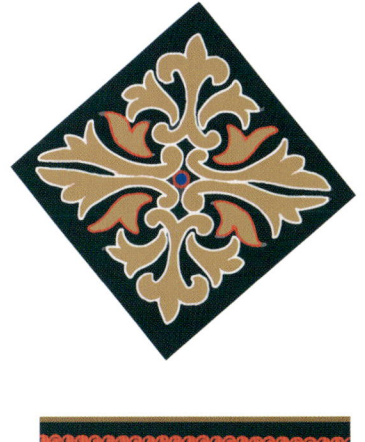

图六　柯尔克孜族狐皮或羊皮皮帽"台别太依"局部分析图2

第二章　柯尔克孜族传统服饰

柯尔克孜族狍头帽

图一　柯尔克孜族狍头帽主图

黑龙江的柯尔克孜族聚居于富裕县境内，在省内几十个兄弟民族中，柯尔克孜族是人口最少的民族。富裕县位于黑龙江省西部的嫩江中游右岸，西隔嫩江地势平坦，平均海拔160米，属温带大陆性季风气候，冬季长且严寒，夏季短且温热，年平均气温为22℃，由于土地肥沃，水草丰盛，生存有野生狍子、黄羊、野兔等，是狩猎的理想场所。

柯尔克孜族具有悠久的狩猎历史。据记载，早在两千多年前，定居于叶尼塞河上游的柯尔克孜族先民就以狩猎的方式捕获貂鼠、青鼠。乾隆二十三年（1758）部分柯尔克孜族迁至黑龙江境内嫩江平原，"棒打獐子瓢舀鱼"，此后一百多年中，柯尔克孜族基本上是单一的渔猎经济，他们利用制作原始的弓箭、扎刀和猎刀等，借助猎犬，骑马围猎。漫长冬寒让柯尔克孜族习于戴帽。东迁到黑龙江的柯尔克孜族由于受到当地其他民族的影响，冬天常戴一种叫"买提布热格"的狍头帽，这种全兽皮制作且上半部保留整个兽头的帽子既能保暖，又能给在狩猎行进中的柯尔克孜族人提供掩护，一物两用。

柯尔克孜族生活的大兴安岭中，狍子数量较多。狍子属鹿科动物，形象似鹿而比鹿小，毛皮呈灰白色，其毛密绒厚，御寒性能好，柯尔克孜人与鄂伦春人一样利用狍子皮毛制作暖和轻便、触感好、隔潮湿的狍头帽。狍头帽用整个狍子的头皮制作：先将狍子头皮完整剥下，撑开、晾干。熟好后，用朽木屑湿水后装入狍头皮内用手揉搓，接下来闷24小时左右，待水分渗进皮子后去除朽木屑。再下来，用类似刀片的金属和另一种像锯又像梳子的金属工具，将狍头表面青皮和内皮油脂刮净，在盐水里浸湿，拿到炭火上烘烤定型。还要从野生植物染成黑色的狍子皮上剪两块圆形，缝在眼睛相应的位置上，毛朝外。有的狍头帽还缝上里子。里子一般选用轻盈而有挺度的布，通常采用与头发相同的黑色。整个狍头帽狍耳向上挺立，狍头皮下面缝羊皮或狐狸皮作为帽耳。这种狍头帽广泛流行于黑龙江的捕猎民族中，具有典型捕猎民族特征。

狍头帽不仅具备良好的御寒功能，同时具有良好的掩护功能，一物两用，狍头帽的存在自有其道理。学了就用，狍头帽成为柯尔克孜人向其他民族学习交流的成功设计案例之一。

图片来源

图一　秦俭　摹绘

图二至图五　秦俭、陈曦梓　制图

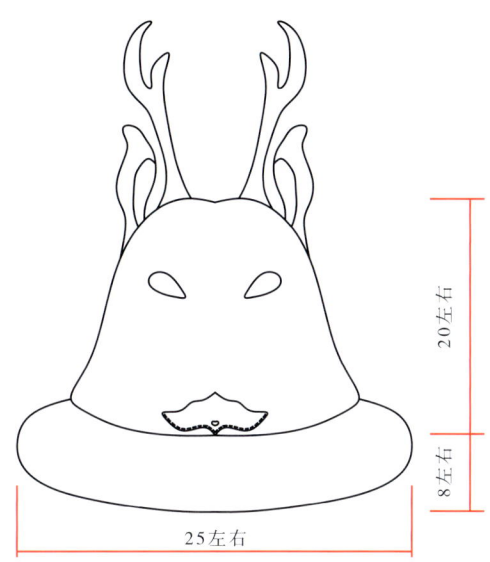

图二　柯尔克孜族狍头帽尺寸图（单位：cm）

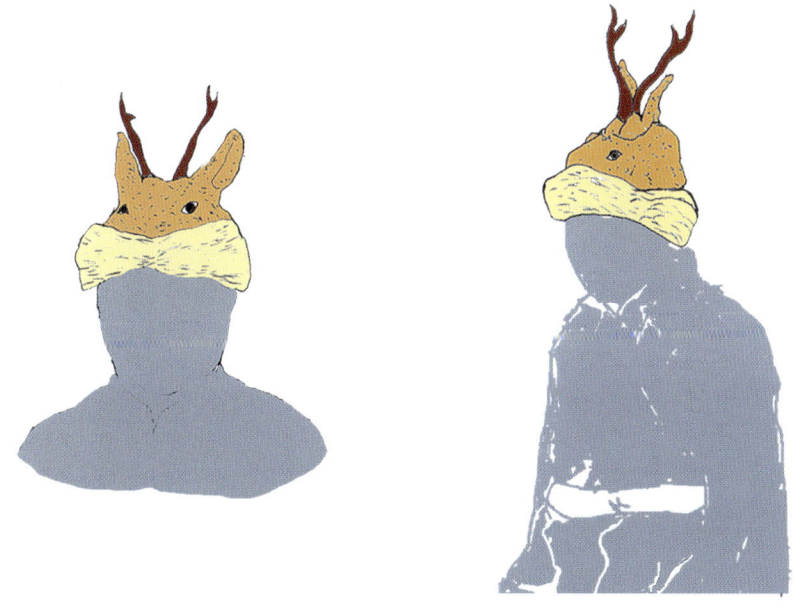

图三　柯尔克孜族狍头帽操作示意图

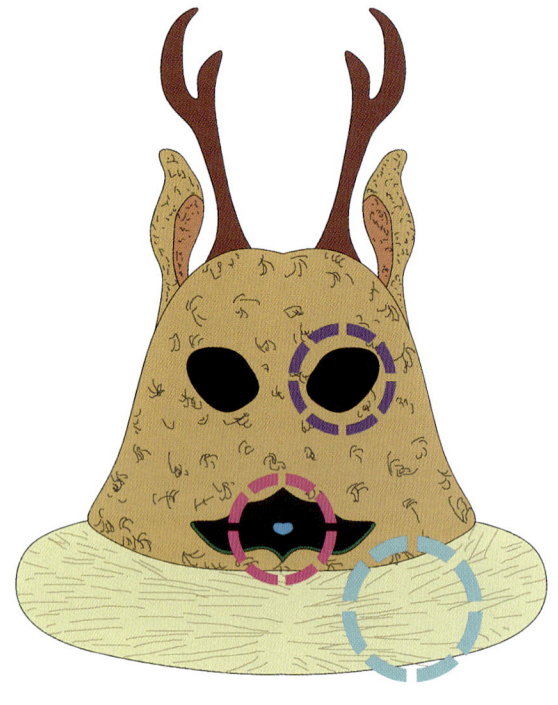

 剪两块圆形的狍子皮，用野生植物染成黑色，缝在眼睛相应的位置上，毛朝外

 狍头嘴的部位常缝上一块布，并在上面绣有一些花纹作为点缀，也巧妙地遮住了切割时嘴部留下的切口

 狍头皮下常缝制羊皮或狐狸皮作为帽耳

图四 柯尔克孜族狍头帽局部分析图

将狍头皮完整剥下

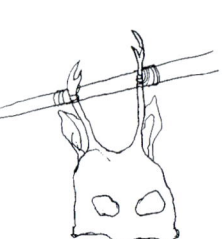
去除不需要的部分，将皮撑开、晾干

在皮内装入蘸水后的朽木屑，用手揉搓，闷24小时，待水分完全渗入皮子后倒出朽木屑

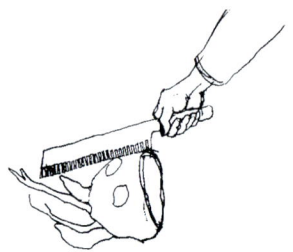
用像锯子又像梳子的金属工具将表面的青皮和油脂去除干净

用盐水浸湿

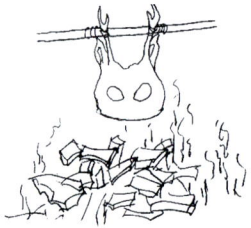
在炭火上烘烤并定型

剪两块圆形狍子皮，用野生植物染成黑色，缝在眼睛所在的位置

在狍头皮下面缝羊皮或狐狸皮做帽耳

图五 柯尔克孜族狍头帽工艺分析图

柯尔克孜族银耳环

 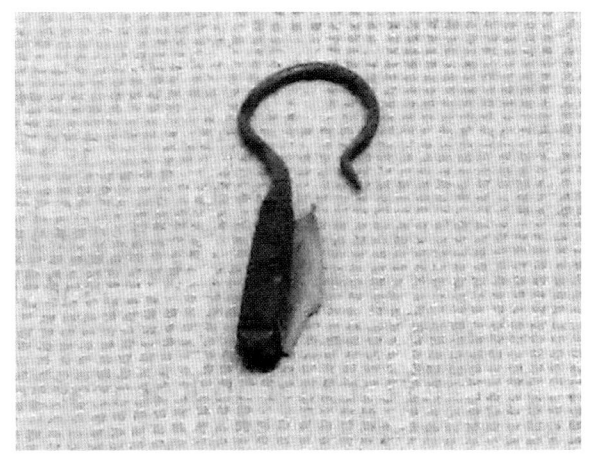

图一 柯尔克孜族银耳环（穿附型）主图

几乎所有民族都戴耳饰。耳环的装饰造型和装饰内容与日常生活文化心理紧密关联。柯尔克孜族妇女的银耳环造型及装饰设计具有明显的特征，表现了民族的审美取向，与所处的以畜牧业为主的生产、生活方式相匹配。在柯尔克孜族传统首饰文化中，妇女对耳环珍爱有加，本民族长篇叙事史诗《玛纳斯》里讲述玛纳斯的父亲加克普巴依"手托着两对宝石耳坠闪烁光华"，对他的亲家卡腊汗说："这是给两个儿媳的见面礼物，卡腊汗，请你给她俩带上吧！"由此可以看出，耳环在柯尔克孜人心目中是非常重要的定情信物。

柯尔克孜族传统的耳饰多选用银料制作。较富裕的家庭，会在耳环上镶嵌一些珠宝。就其形态及使用方法而言，可分为"穿附型"的耳环和"垂挂型"的耳坠两种。"穿附型"耳饰根据耳垂的特征设计制造。耳饰附着在耳垂上，造型比较小巧。

"垂挂形"的耳环则在"穿附型"耳饰基础上，增加一个或者数个装饰坠子，形成垂挂的耳坠。"垂挂型"耳环又可大致分为五种样式，分别是：银质花篮形耳环、银质提篮形耳环、银质菱形耳坠、饰红白串珠银耳坠和银质流苏垂坠耳环。银质花篮形耳环其形状像盛满盛开花朵的花篮，花篮半弧形的上缘从左或右边延伸出弯曲的细管作耳穿，穿透耳垂后与右端的管口相衔接，形成闭合的环状。耳环片状的表面，用模压技法制成许多凸起的乳钉，形成饱满华美的装饰效果。银质提篮形耳环的形状像是一个简洁的提篮，从耳环上端边缘伸出的半圆环形成耳穿，耳环片状的表面，用乌银模压錾刻五角星、曲线形的装饰纹样，看起来简洁大方。银质菱形耳坠的坠子呈菱形，上端连接一个圆盘形，下端连接一实一空两个圆形，银丝折成的三角形耳穿固定在耳坠的上端。坠子呈片状，菱形面上用乌银錾刻出四角相对的羊角形花纹，菱形上下端的圆盘正中，装饰黑色的十字形纹样。饰红白串珠银耳坠制作巧妙，用一根细银丝穿着三个珠饰，红色的珠饰在中间，上下配白色珠饰，上端余出银丝折成钝三角形耳穿，下端穿出的银丝折成三叶形花卉，造型简洁而独具特色。银质流苏垂坠耳环整体由三部分组成，从上而下最上面是钝角三角形压花厚银块，上端焊接耳穿；下端续接三个圆环，环上吊坠三条长长的环链流苏，流苏的下端又垂挂三个叶状的银片。

柯尔克孜族有着悠久的首饰加工历史。柯尔克孜族银耳环大都由身兼数职的工匠（铁匠、锻工或银匠）手工制作，制作中根据不同的需要匠心独运，开发出既符合不同年龄及生活环境又符合审美需求的耳环。"穿附型"耳环比较适合常年劳作的妇女，轻巧简便，不妨碍劳作。"垂挂型"耳环适合年轻女子佩戴，因其多变的造型和多样化的装饰图案与色彩，更加适合年轻女子出席各种场合。

耳环在现代生活中也是不可缺少的装饰品。柯尔克孜族银耳环设计深刻蕴含了民族心理，与所处的自然、社会环境相适应。材料的选用及装饰设计反映了柯尔克孜族的文化特征和审美情趣。

图片来源
图一、图二、图六、图七　陈述　摄影
图三、图八　刘卉　制图
图四、图五　秦俭　制图

银制花篮型　　　　　　　　　　　银制提篮型

银制菱形耳坠　　饰红白串珠银耳环　　银制流苏垂坠耳环

图二　柯尔克孜族银耳环（垂挂型）主图

蓝宝石　　　　　　　　　红宝石

绿松石

图三　柯尔克孜族银耳环选料图

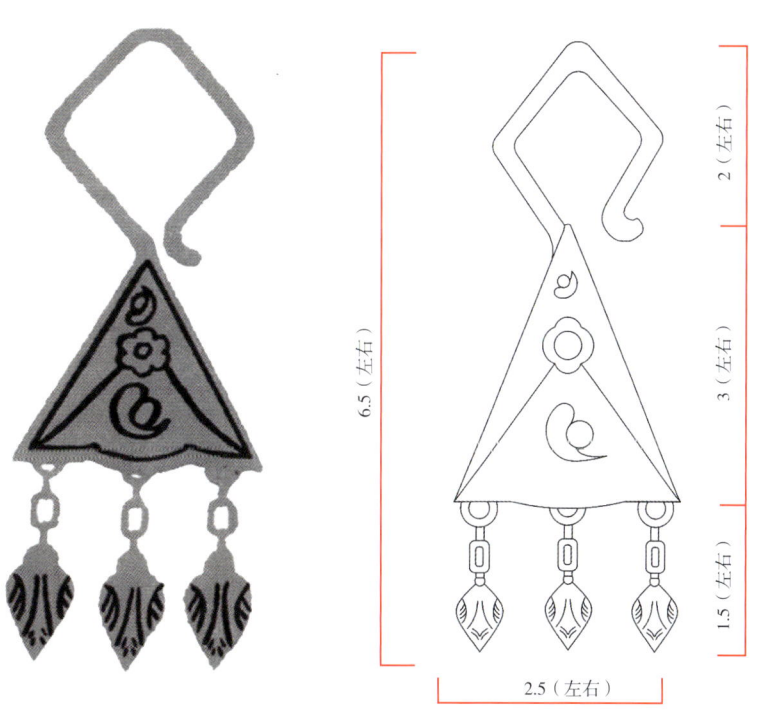

图四　柯尔克孜族银耳环尺寸图1（单位：cm）

第二章　柯尔克孜族传统服饰

图五　柯尔克孜族银耳环尺寸图2（单位：cm）

图六　柯尔克孜族银耳环效果示意图1

图七　柯尔克孜族银耳环效果示意图2

图八　柯尔克孜族银耳环穿戴示意图

第二章　柯尔克孜族传统服饰

柯尔克孜族辫饰

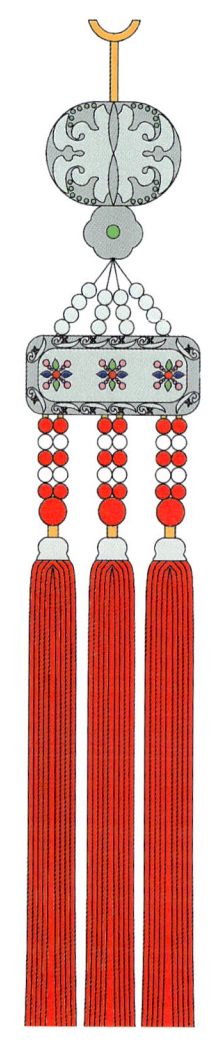

图一　柯尔克孜族辫饰主图

　　柯尔克孜族女性都喜好梳长长的辫子。在长辫上装饰首饰是一种传统习惯。史诗《玛纳斯》中描述玛纳斯夫人卡妮凯的日常生活时，就有辫饰的相关描述。

　　柯尔克孜族妇女喜在长辫子上装饰，常见的辫饰多用银牌和红珊瑚组合构成。先用一个银牌做基础座，上、下端根据造型需要焊接一个或者数个圆环，圆环中穿金属丝线，丝线上串红珊瑚串珠，这些串珠再固定在下一个银牌的上端，这个银牌下端焊接的小环上继续串联珊瑚串，珊瑚串下端用白银或其他质材的圆珠固定，圆珠上固定用白银片包裹起来的黑色或彩色丝线穗。这样的辫饰一方面增加发辫美感，另一方面与鬓角垂挂的饰件相映衬，使头部和胸部的整体装饰效果更加丰满。还有一种特殊的装饰材料，那就是非金属质地的丝线穗，一般用在辫饰的末端。丝线穗的颜色多用黑色，也有彩色的。这种与白银等金属材料质感完全相反的装饰线穗垂挂在姑娘的辫子上，使辫子看起来更加粗壮华丽，还可以弥补有些人发质稀疏或发长不足的缺憾。装饰这种华美辫饰的长辫垂下腰际，衬托出姑娘们婀娜的腰肢，也装扮出女性纤细柔和的体态。

辫饰是柯尔克孜族最具代表性的首饰之一。其全手工制作的工艺体现出每一件首饰的变化与制作者的工艺特点，特色独具，尤其是辫饰和头饰、胸饰等搭配在一起，更显柯尔克孜女性的美丽。辫饰又不同于其他首饰，在辫饰装饰材料的选择应用中也表现出灵活的设计思维。取材方面，除最常用的银之外，还大量运用珠宝、璎珞、珊瑚、丝线穗等。不同材质搭配，相得益彰，更显柯尔克孜女性的美丽与自信。辫饰设计注重将民族传统习俗观念注入其中，如辫饰上呈三角形的银牌，不仅为一种装饰，作为一种文化符号，还体现对雪山的敬仰与象征。

辫饰不仅具有象征性，更能体现出柯尔克孜族独有的审美观及民族生活特点。优美的形式组合及不同材料的搭配、组合运用，给人以整体和谐感，极具抽象造型特点的设计则引起观者的遐想。作为一种精神的附和物，装饰材料中蕴藏着民族的宇宙观，使日常生活也充满了活力与趣味，激发起人们生活的情趣。

图片来源
图一、图三、图四　秦俭、陈曦梓　制图
图二　黄慧君、陈曦梓　制图
图五　陈述、黄慧君　制图

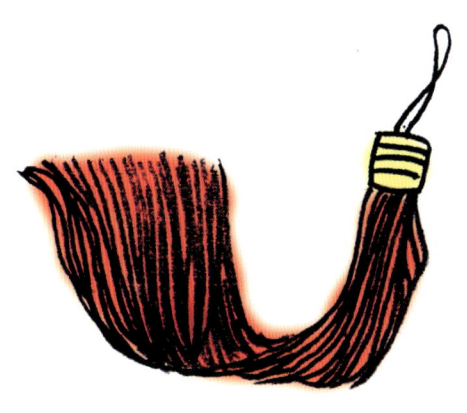
丝穗

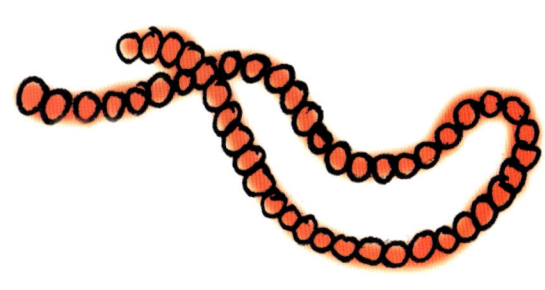
红珊瑚

图二　柯尔克孜族辫饰选料图

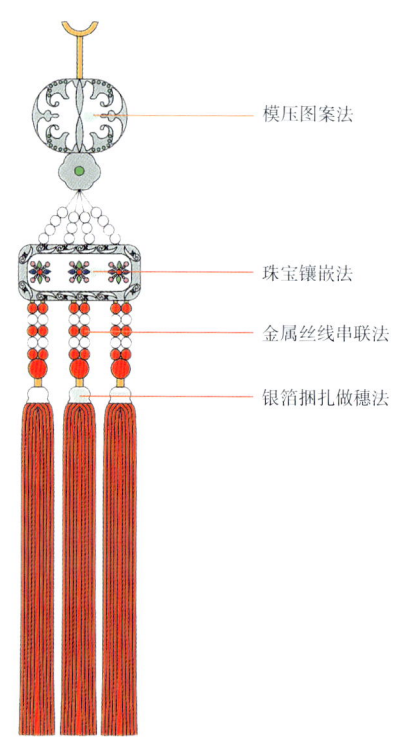

图三 柯尔克孜族辫饰局部装饰做法图

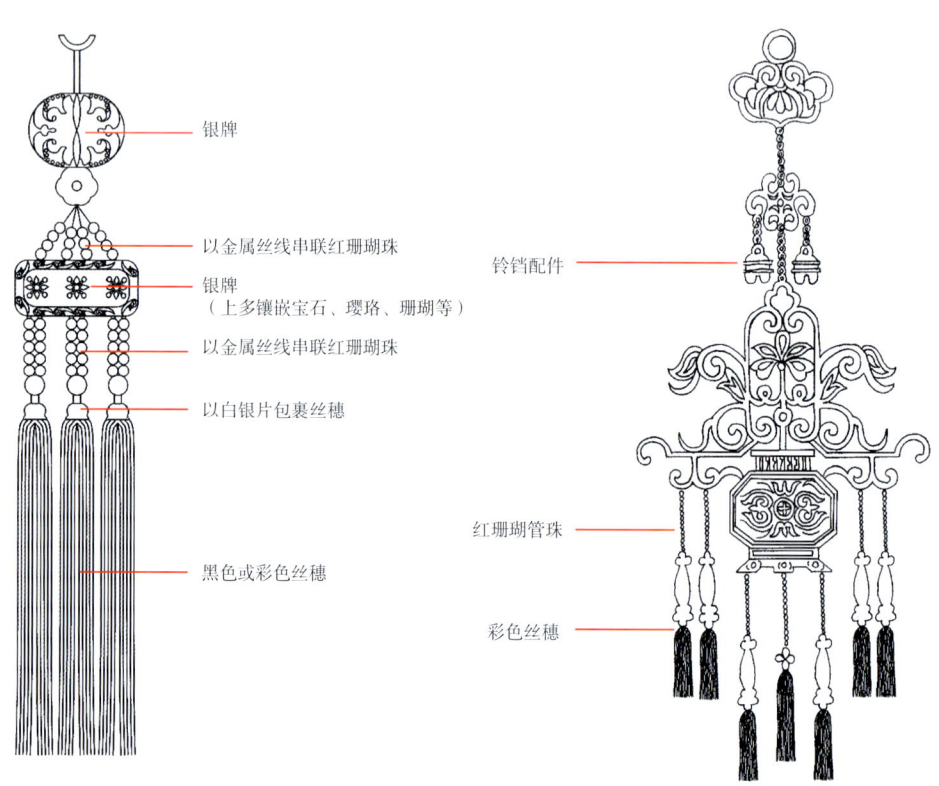

图四 柯尔克孜族辫饰开片图

图五　柯尔克孜族辫饰穿戴情境图

柯尔克孜族鬓—胸饰与胸饰

鬓—胸饰

胸饰

图一 柯尔克孜族鬓—胸饰与胸饰主图

首饰制品为服饰文化的重要组成部分，蕴含丰富的民族艺术内涵及工艺技术成就，发挥着特定的社会文化功能。以畜牧业为主的柯尔克孜族逐水草而居，服饰上既具有草原游牧民族的共性，也有本民族的特点。鬓—胸饰为柯尔克孜族妇女帽子两边鬓角部位垂挂的数条长度直垂到胸前的装饰组件。

鬓—胸饰与胸饰类装饰品在柯尔克孜传统首饰制品中所占比重较大。在柯尔克孜族传统的首饰装饰艺术中，非常注重帽饰和胸饰。盛装的柯尔克孜族妇女，最引人瞩目的就是她帽子上琳琅满目的装饰，其鬓角的装饰更是一直垂到胸部。

帽饰大多数是用白银加工的压花银片、银铃银币，也有的银饰片上镶嵌着各式珠宝。这些装饰件有规律地排列在帽檐周边，形成靓丽的装饰带。鬓—胸饰大多数也是用白银和珠宝组合镶嵌构成，一般根据佩戴人的年龄、体格等情况加工制作，有的大而堂皇，有的精巧玲珑。圆盘、圆球形或三角形银牌饰是这类装饰品的基本构件。类同的多个圆盘或三角形牌饰用细银链上下串联垂坠，形成链条状的鬓—胸饰。有的鬓—胸饰还会在圆盘形或三角形银牌饰的底部加坠小的菱形、环形、花蕾形、叶形、铃铛形饰件。这些饰件用小细链穿挂，形成别具韵味的珠串风情。胸饰最常见的一种造型为银质圆盘状，表面模压细密繁缛的花纹，或者镶嵌着各色珠宝。也有一些造型别致的胸饰，如银质弯月形上焊接镶嵌着红色心形宝石等。这些胸饰装饰在衣服的前胸部位，与鬓—胸饰相辉映，美妙无比。

典型的鬓—胸饰，使用两个拱形、一个长方形银牌为基本构件，在两个用红、蓝珠宝镶嵌美丽花形图案的拱形牌饰下端，用套环分别固定了两个覆斗形、一个圆柱形装饰件，这三个饰件下面，全都密集地垂挂着串坠红珊瑚管珠的银链；银链的最下端，又利用套环垂坠锤压成椭圆形、装饰着环形图案的小牌饰或蛇头状小牌饰；工匠将两个这样的组合构件并列，从其各自内侧牵出一根银链，用它们垂挂一个方形饰花银饰牌，这个银饰牌的底边上，又垂坠多个饰红珊瑚管珠和小牌的银链。银链的装饰及组合作用在这

图二　柯尔克孜族鬓—胸饰与胸饰选料示意图

第二章　柯尔克孜族传统服饰

085

种首饰组件上得到了典型的表现。

工匠们打造柯尔克孜首饰采用了多种不同的艺术表现手法，宝石镶嵌法、银片串联组合法、银箔捆扎做穗法、细丝组框镶边装饰法、银牌表面錾刻纹样或模压图案法、粒状银珠组图法等等。这些不同设计与工艺手法的应用，使鬓—胸饰呈现出多姿多彩的形态，每一样鬓—胸饰，都别具一格。

因白银在柯尔克孜族文化观念中与黄金一样被视为珍贵的材料，柯尔克孜族传统的首饰用料首选白银和珠宝，鬓—胸饰与胸饰的设计也多使用白银，并喜欢在上面镶嵌绿松石、珍珠、珊瑚等。还同时使用各种金属钱币，尤其是银币作为垂饰。鬓—胸饰与胸饰的设计反映出柯尔克孜族传统上有崇尚金属的习俗，镶嵌的各类珠宝不仅美观，同时还具有辟邪护佑之意，表达了对幸福美好生活的期盼。

图片来源
图一、图五　陈述　摄影
图二　刘卉　制图
图三　陈述、陈泽　制图
图四　秦俭、陈曦梓　制图

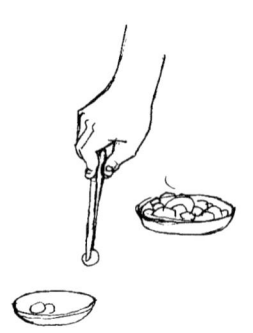
挑选宝石

将选好的宝石依据造型要求打磨并抛光

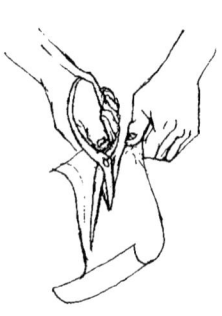
裁剪银片

刻制图形纹样

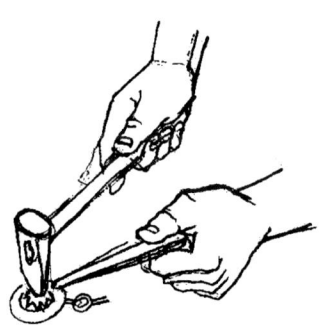
将银片打制成形并镶嵌宝石

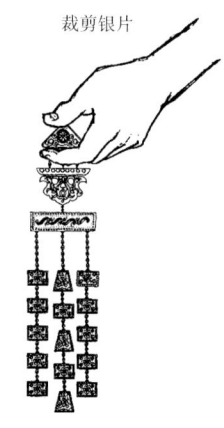
制作完成

图三　柯尔克孜族鬓—胸饰与胸饰局部装饰图

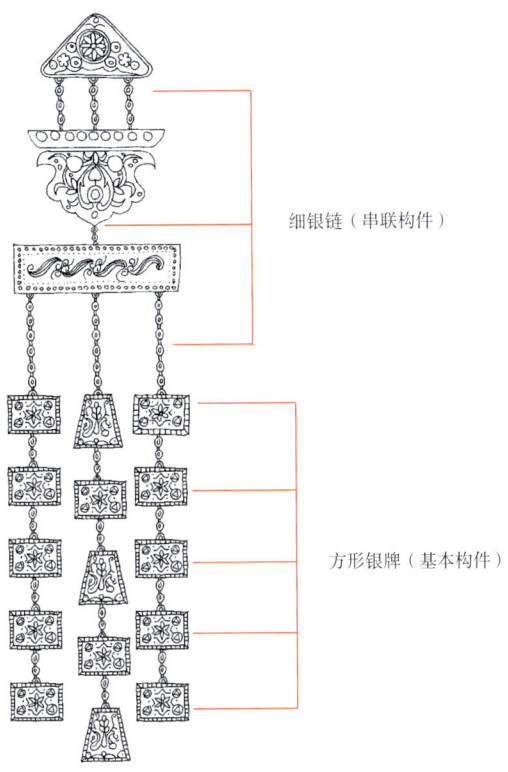

图四 柯尔克孜族鬉—胸饰与胸饰开片图

细银链（串联构件）

方形银牌（基本构件）

图五 柯尔克孜族鬉—胸饰与胸饰穿戴情境图

第二章 柯尔克孜族传统服饰

柯尔克孜族项链

图一　柯尔克孜族项链主图

畜牧业为主的经济生活方式，四处流动与迁徙，使得柯尔克孜族在与其他民族交往的过程中更具一种民族的心志，努力在社会生活的各个层面借鉴、吸收融合其他民族的文化。首饰材质的选择、工艺加工、造型特征等方面，即可看出。项链作为本族妇女最普遍的颈饰，和耳环、手镯、戒指等成为认亲和定亲必不可少的饰品之一。柯尔克孜族习俗，男女婴儿满40日后，要在项链上系上"图玛尔"（护符，一种写有经文的三角形饰物）。富裕家庭把护符放在专做的三角形金银小盒子里，挂在项链下面，以示平安与吉祥。

柯尔克孜族项链在造型上相对大气粗犷。常用四条或五条银链平行串联，间隔连缀数个银质圆盘形饰件，银质圆盘形饰件正中或镶嵌有同一色泽、质材的珠宝，或镂空透雕花纹。也有的在项链正中圆盘形银片下面垂坠着三个小珠饰，珠饰下端再垂挂三个小银铃。戴在颈部还会随着身体的摆动发出轻微的声响。

柯尔克孜族项链的制作材料一般为白银或黄铜，有时也使用黄金。白银的使用最为普遍。白银相对于铜来说较为珍贵，不易产生锈斑；相对于金来说，其较为稳定的供应一定程度上能满足社会的消费需求。白银加工有不同制作方法，如铁器在表面錾刻法、装饰贴花法，镶嵌法等，常采用珠宝、玛瑙、璎珞、珊瑚等进行点缀，因此，项链造型精美，工艺考究，装饰巧妙。一般主要有串链形项链、玛瑙眼项链、花柱形项链、花蕾形项链、珍珠项链等。花蕾形项链多为姑娘佩戴。

柯尔克孜族项链的生产与加工有着悠久的历史，在传承中也不断与其他民族交流、改造。项链多采用组合的装饰技法，呈现出变化丰富而多彩的艺术格调。项链是柯尔克孜族妇女喜爱的首饰种类，其材料的选用和制作都体现了柯尔克孜族社会经济生活的形态与特点，也是柯尔克孜族审美意识的具体物化形式，项链集装饰形式与审美观念表达为一体，呈现出柯尔克孜民族独特的情感世界。

图片来源
图一　陈述　摄影
图二、图三、图五　秦俭、陈曦梓　制图
图四　刘卉、陈曦梓　制图

项链常见样式

开片图

图二　柯尔克孜族项链开片图

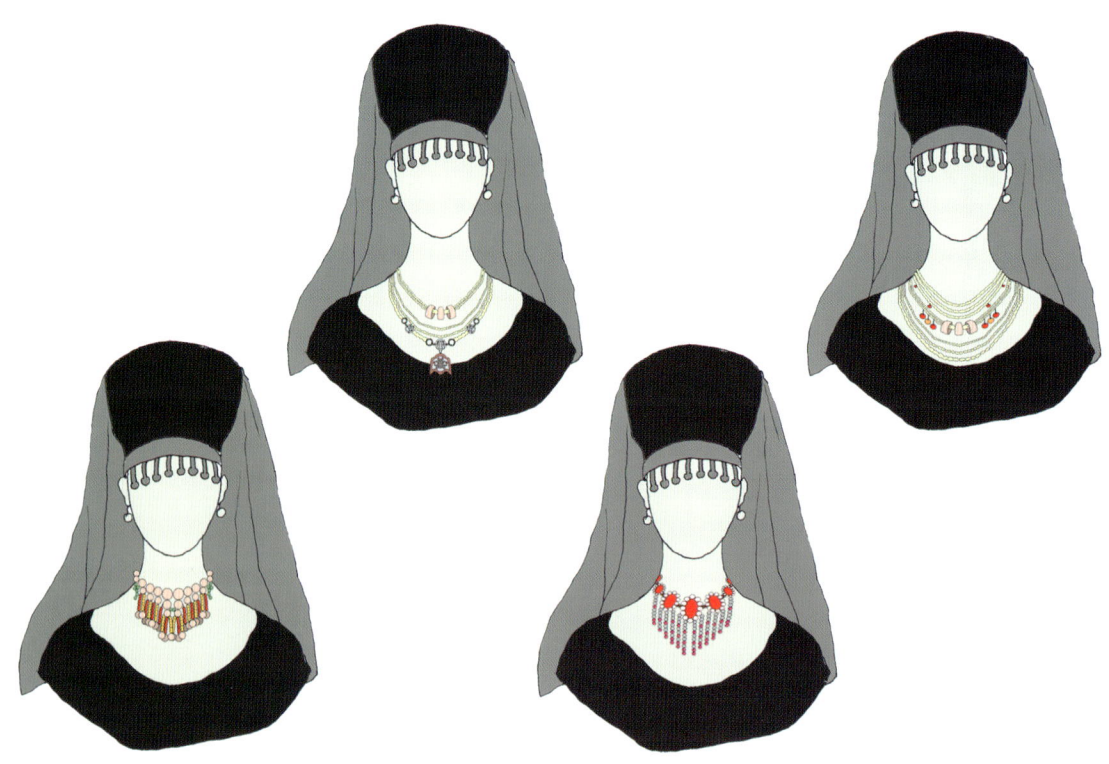

图三 柯尔克孜族项链操作示意图

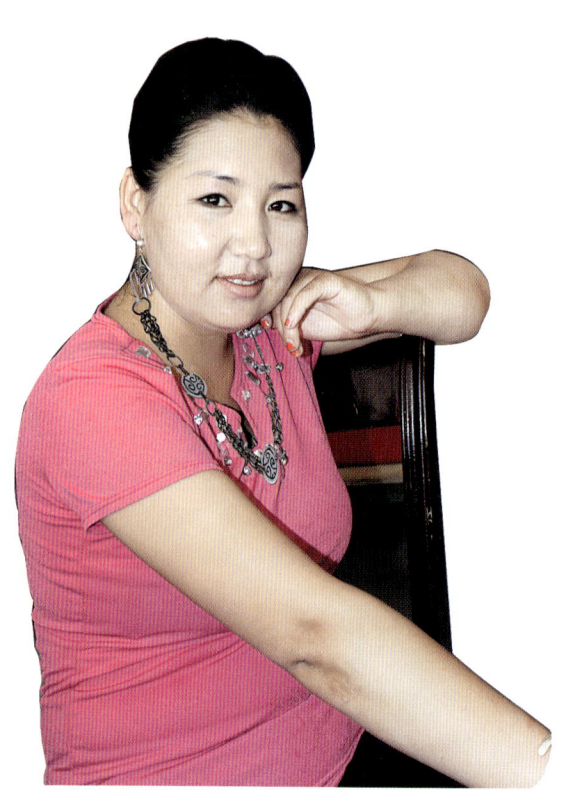

图四 柯尔克孜族项链使用情境图

柯尔克孜族项链在造型上相对大气粗犷，常用四条或五条银链平行串联，间隔连缀数个银质圆盘形饰件

柯尔克孜族项链造型精美，工艺考究，装饰巧妙，制作方法多种多样，有表面錾刻法等，常采用珠宝、玛瑙、璎珞、珊瑚等进行点缀

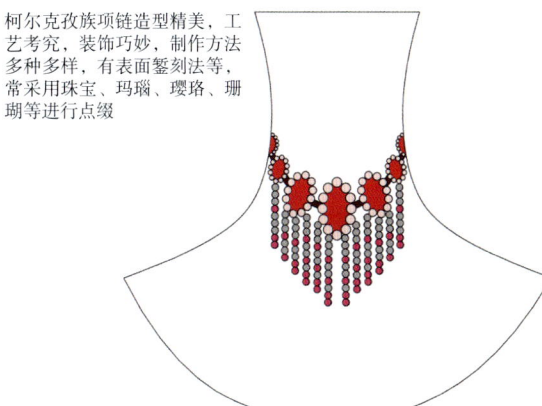

项链圆盘形银片下端常垂挂三个小银铃，带在颈部还会随着身体的摆动发出轻微的声响

柯尔克孜族世俗生活中，婴儿满40日后，要在项链上系上一种写有经文的三角形护符。富裕家庭把护符放在专做的三角形金银小盒子里，挂在项链下部，以示平安与吉祥

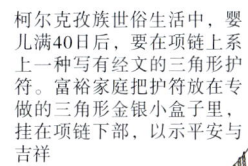

图五　柯尔克孜族项链局部分析图

柯尔克孜族手镯

图一　柯尔克孜族手镯主图

　　历史上游牧在亚欧草原上的柯尔克孜族与生活在这里的其他游牧民族有着相似的经济与文化，在多种文化不同层面的持续交流过程中，柯尔克孜族具有了与其他游牧民族相似的文化审美心理，在传统首饰选材、加工、造型等方面都有所体现。

　　柯尔克孜族妇女与其他民族一样习惯佩戴首饰饰品。通常首饰品的选材为白银或铜，主要缘于柯尔克孜族先民对这种金属的认可与崇拜。柯尔克孜妇女喜欢戴手镯，佩戴手镯具有吉祥之意，其金属表面光泽质感又具美观性。铜相对于金、银更易获取，因此手镯材料多选用红铜。红铜具有较好的可塑性，易装饰加工。在柯尔克孜人的意识观念中，呈暖色调的铜材料接近喜庆欢快的红色，也被视为吉祥与幸福的象征。对于普通的牧民来说，使用铜料制作手镯更为经济。

　　手镯是手部的装饰，相对于其他的饰品来说器形较大，用料较多，而对于大多数喜爱首饰装饰的妇女来说，铜材料制作的手镯更为实际。手镯是套在手腕上的饰品。由于处于腕部关节的活动部位，手镯的造型趋于简洁，表面要平整光滑，一般不镶饰过于凸起的宝石等物。由于铜的良好延展性，多采用模具以热压或敲击的方式形成鼓起的图案纹饰，增强图案的立体感。较宽的手镯，设计有佩戴开启装置，一般上面饰有图案装饰纹样。较为窄细的手镯上一般不饰纹样，多使用豁口式开启方式。

　　柯尔克孜族妇女手镯设计在材料选用及工艺制作程式上都具有明显的游牧生活特征。建立在民族共同的文化心理及审美需求基础上的设计表达，通过装点于体表的饰品设计以唤起对妇女的尊重与赞美。便利的佩戴方式及精巧合理的启合装置设计更便于操作使用，简洁、巧妙的设计更贴切于使用者的心理需要，注重使用过程的自由便利，在今天看来仍具有参考与借鉴的价值与意义。

图片来源
图一　陈述　摄影
图二至图七　秦俭、陈曦梓　制图

图二　柯尔克孜族手镯尺寸图1（单位：cm）

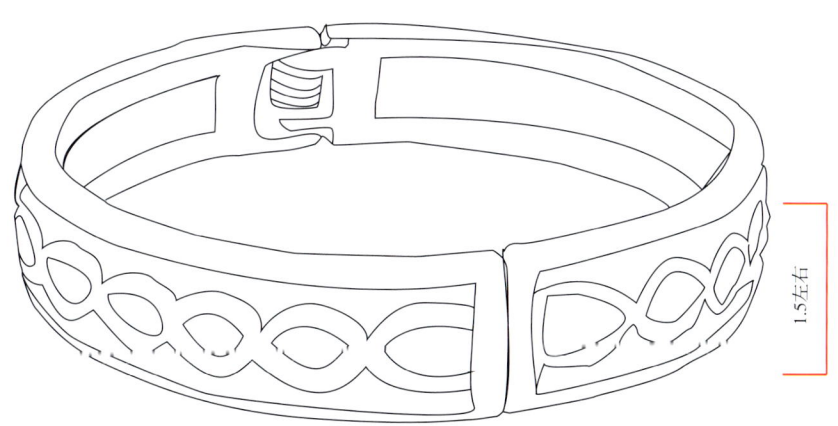

图三　柯尔克孜族手镯尺寸图2（单位：cm）

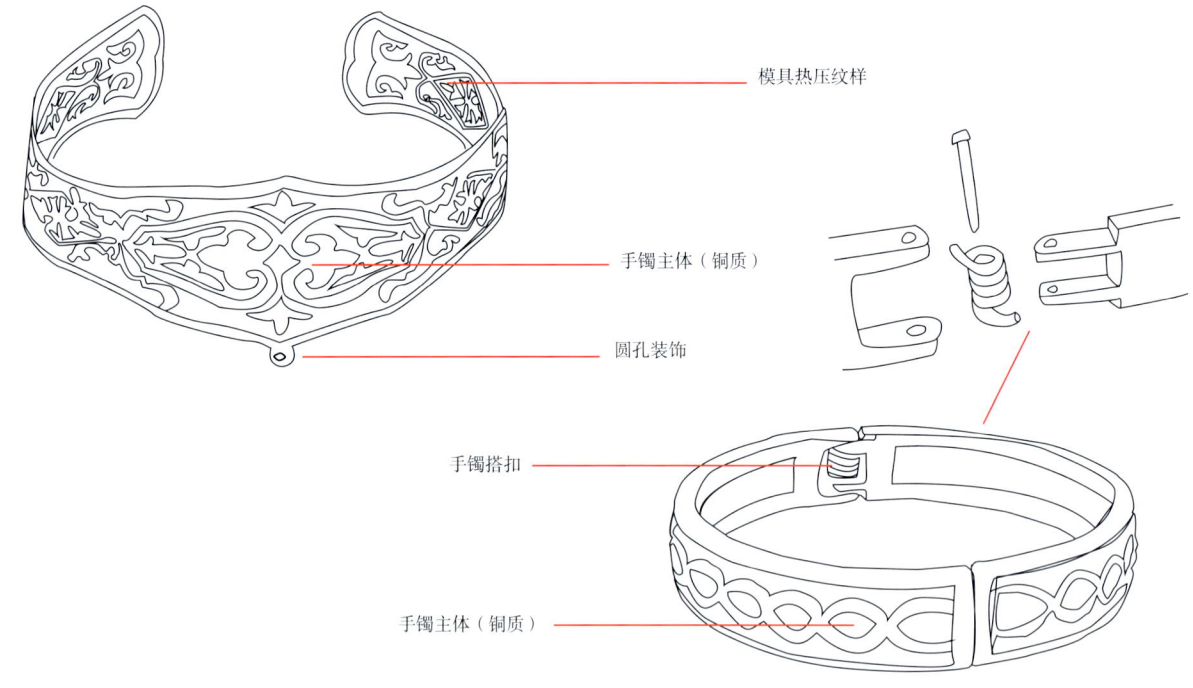

图四　柯尔克孜族手镯开片图

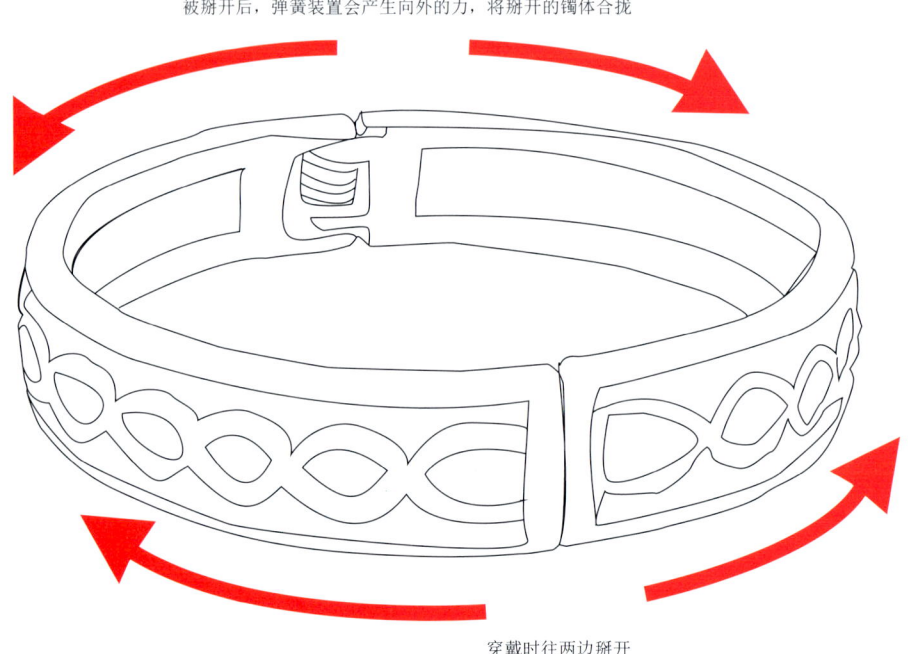

图五　柯尔克孜族手镯工艺分析图

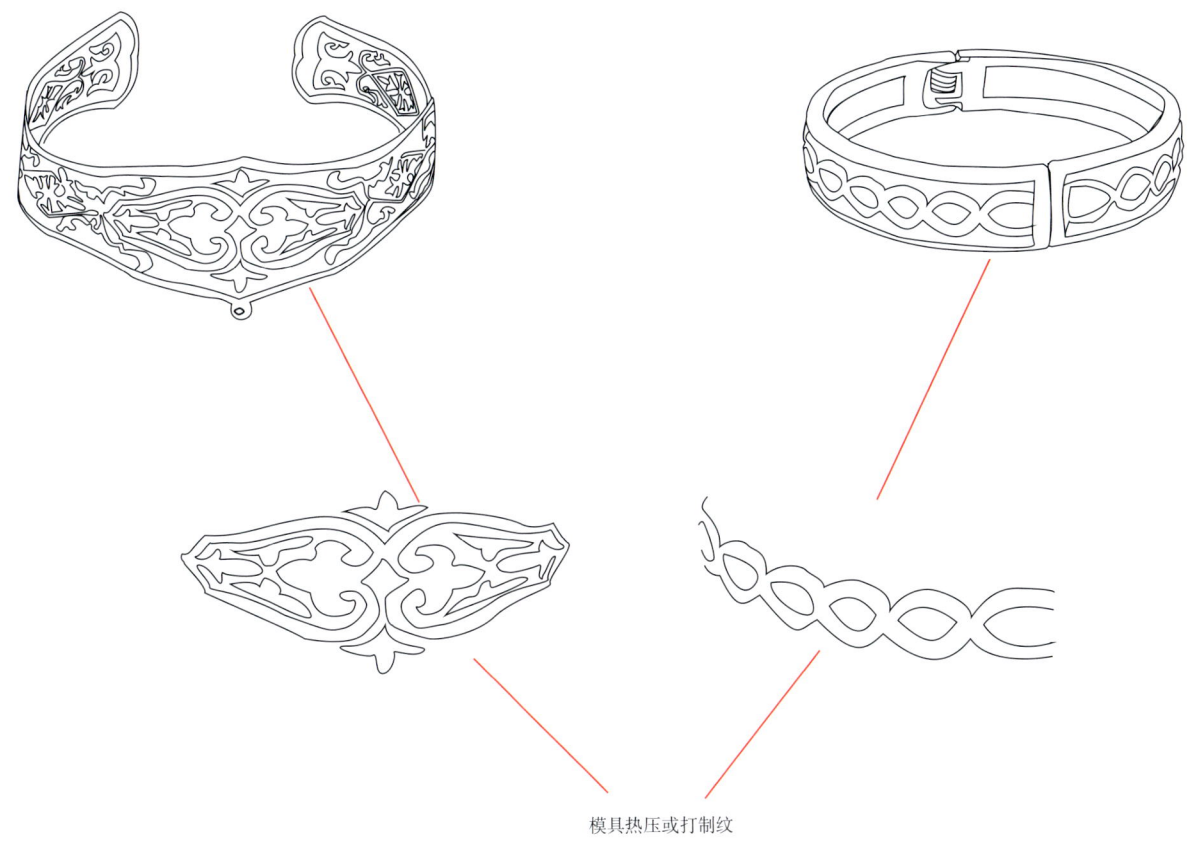

模具热压或打制纹

图六　柯尔克孜族手镯纹样分析图

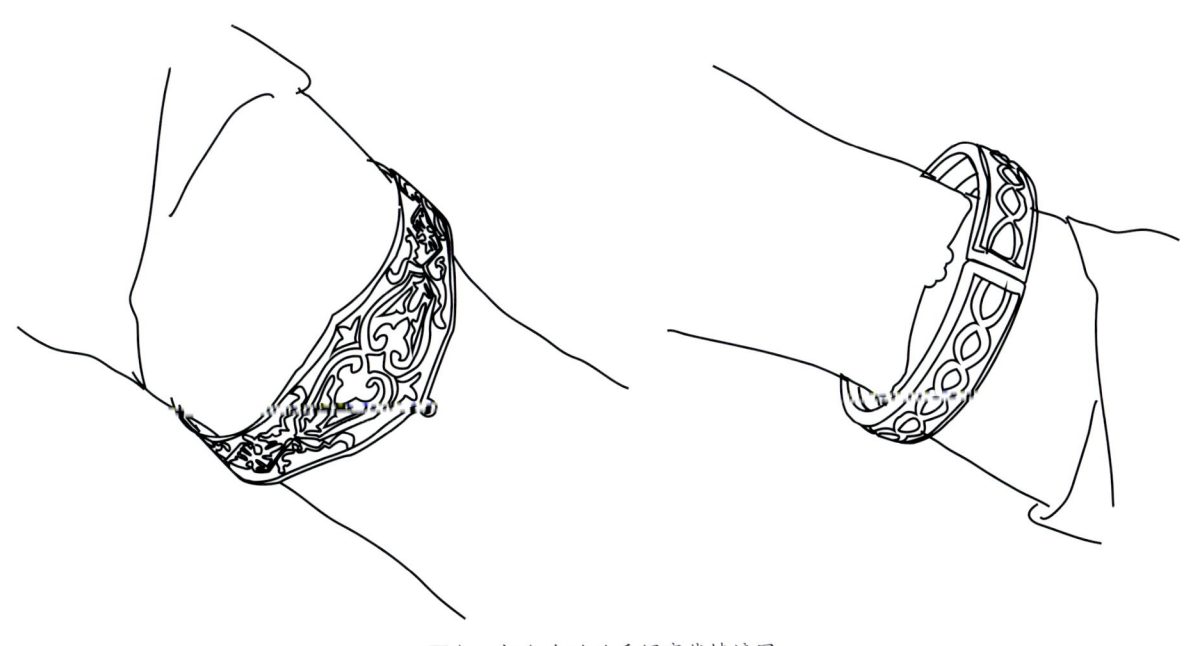

图七　柯尔克孜族手镯穿戴情境图

柯尔克孜族绣花镶边圆领白衬衫

图一　柯尔克孜族绣花镶边圆领白衬衫主图

柯尔克孜族的纺织自古就有名。《元史·世祖本纪》记载至元二十三年（1286）元政府"赐欠州诸局工匠纱五万六千一百三十九锭十三两"。可见柯尔克孜纺织业的规模。迁往天山后，专门从事纺织业的工匠和织造局没有了，但柯尔克孜妇女将其作为一种家庭副业存续了下来。

衬衫为贴身的内衣，柯尔克孜语为"奎奈克"。清末民初徐珂编撰的《清稗类钞·服饰类·衬衫》："衬衫，里衣也。衬衫之用有二。其一，以礼服之开裾袍前后有衩，衬以衫而掩之也。其二，凡便服之细毛皮袍，如貂、狐、猞猁者，毛细易损，衬以衫而护之也。"（注：中华书局，2012年第2版第13册）服饰类《东京梦华录》云："兵士皆小帽，黄绣抹额，黄绣宽衫，青窄衬衫。"此二字之所由起也。

绣花镶边圆领白衬衫为柯尔克孜青年男子喜欢的着装之一。在草原绿色的环境中白色与周围环境对比之下更引人注目，在集会赛马等活动中，绣花镶边圆领白衬衫更能展示青年人的英姿及活力。柯尔克孜族有尚白的传统，白色被誉为雪白的山峰。白衬衫主要使用纺织的棉布材料为主，衬衫宽大，直筒袖口，有对襟圆领及小立领，沿领口及胸襟、袖口多有刺绣，色彩多使用红、黑相间的搭配，也有使用红、绿、黑色相间搭配的。多使用呈几何造型的单元图案重复排列。几何规整的图形有利于刺绣制作。图案边缘常使用各种装饰线条收边，更显其规整与有序。柯尔克孜族男款敞式衬衫下摆多有刺绣装饰。扎入腰间的衬衫无刺绣。沿领口、袖口的刺绣装饰一是对这些易磨损区的加固，二起到美化装饰作用。衬衫为套头式样，对于常年奔驰在高原以牧业为主的马背民族来说更能挡风。

绣花镶边圆领白衬衫简洁、实用的设计方式，寓意深远的白色选用，起装饰性效果的绣花镶边，圆领及收紧的袖口等等，充分体现民族的视觉审美意识及经济实用的社会风尚，其设计构思是合理到位的。

图片来源

图一、图四　陈曦梓　制图
图二　刘卉　摄影
图三　黄慧君、谈晨、陈曦梓　制图
图五　黄慧君、陈曦梓　制图

棉布

图二　柯尔克孜族绣花镶边圆领白衬衫选料图

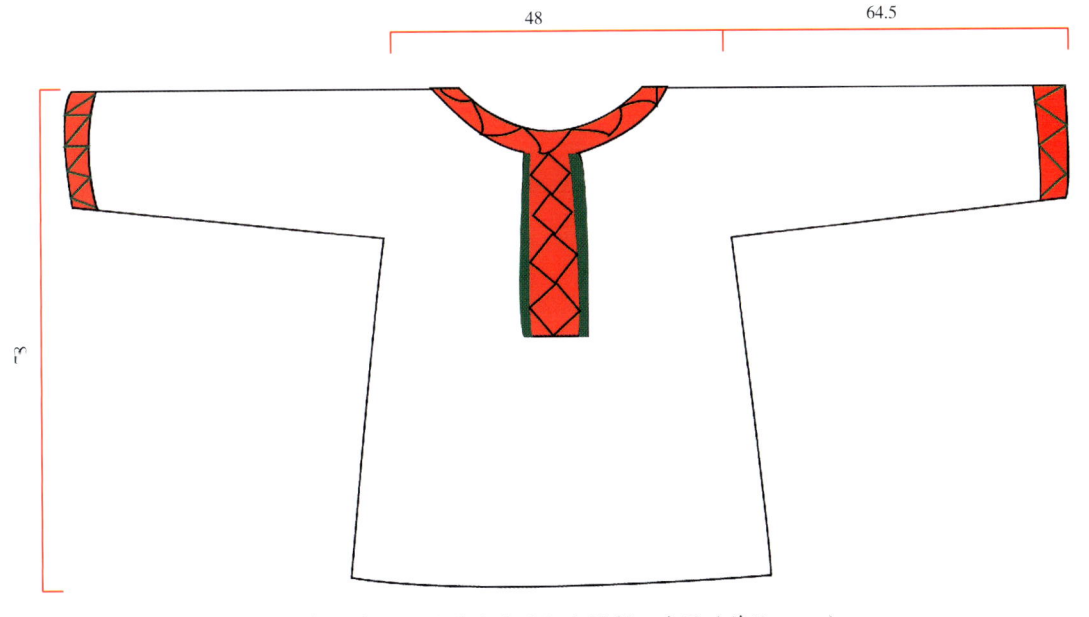

图三　柯尔克孜族绣花镶边圆领白衬衫尺寸图（单位：cm）

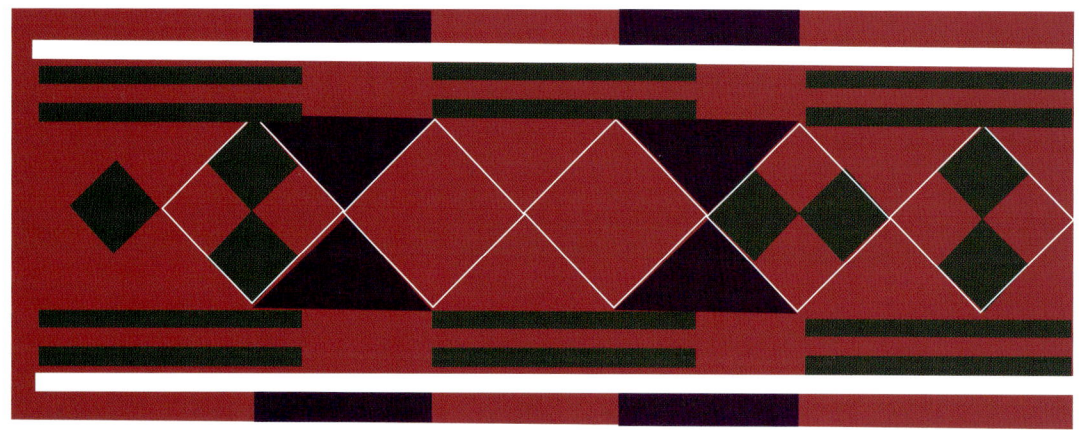

图四　柯尔克孜族绣花镶边圆领白衬衫局部分析图

图五　柯尔克孜族绣花镶边圆领白衬衫穿戴情境图

柯尔克孜族坎肩"杰勒提凯"

图一 柯尔克孜族坎肩"杰勒提凯"主图

柯尔克孜语"杰勒提凯"意为坎肩,即"背心",北方称其为"坎肩",为无袖的上衣。因北方比较寒冷,人们普遍喜穿"坎肩"。以畜牧业经济为主的柯尔克孜族因常年在马背上骑行,易受风袭。男女在衬衫和裙子外面穿坎肩"杰勒提凯",既暖身又不妨碍上肢活动,所以"杰勒提凯"是柯尔克孜族不分男女老少都喜欢穿着的衣服。

不同年龄和性别的人穿的坎肩各有不同。男人多为黑、灰、蓝三色,青年女性多为红色,中年妇女多为绿色,也有红色和紫色,边部绣有艳丽的绣花图案,胸前缀有银光闪闪的银质饰物,特别是银质饰物或贝壳纽扣,种类繁多,美观大方。坎肩多穿在红色、粉红色或淡绿色连衣裙外。外套坎肩之颜色一般与所穿服装在明度与色相上要形成明显的反差对比。少男少女的坎肩在服饰中最注重装饰设计,坎肩的前襟常绣满色彩斑斓的图案花纹,花纹造型自然,线条流畅,穿在身上,既显得活泼有趣,又充满勃勃生机。坎肩"杰勒提凯"主要使用各色平绒布及皮来制作。坎肩多为三个兜,四只纽扣。妇女坎肩的前襟两边多以刺绣装饰。有的两边镶四到八块银圆。坎肩常为竖领、长袖、三兜和四至五个纽扣。男装坎肩为无领前襟,前襟两边及下沿常刺绣有各种装饰图案。黑色坎肩上多使用红色、绿色进行对比。妇女黑坎肩上多用金丝绒刺绣装饰,金色的装饰纹饰在黑色底子上更衬托出高贵而庄重。坎肩下摆两侧开叉，冬季穿加厚的棉坎肩或皮坎肩，多在室内穿着。外出时外套长衣。

柯尔克孜族坎肩不仅重视护身保暖作用，同时还注重其装饰性。相对于女性，男性坎肩装饰要简洁些。夏季白色衬衫外套深色坎肩，黑白对比强烈，更突出男性特征。女性多着红色衣裙外套黑色坎肩，更显欢快活泼的女性性格。柯尔克孜族坎肩极具民族个性化的装饰设计给人耳目一新的感觉。坎肩使惯常的事物通过设计而具有了不同凡响的魅力，也为今天的设计师所津津乐道。

图片来源
图一　陈述　摄影
图二　谈晨　制图
图三　陈述　摄影　谈晨　制图
图四　陈曦梓　制图
图五　黄慧君　摄影

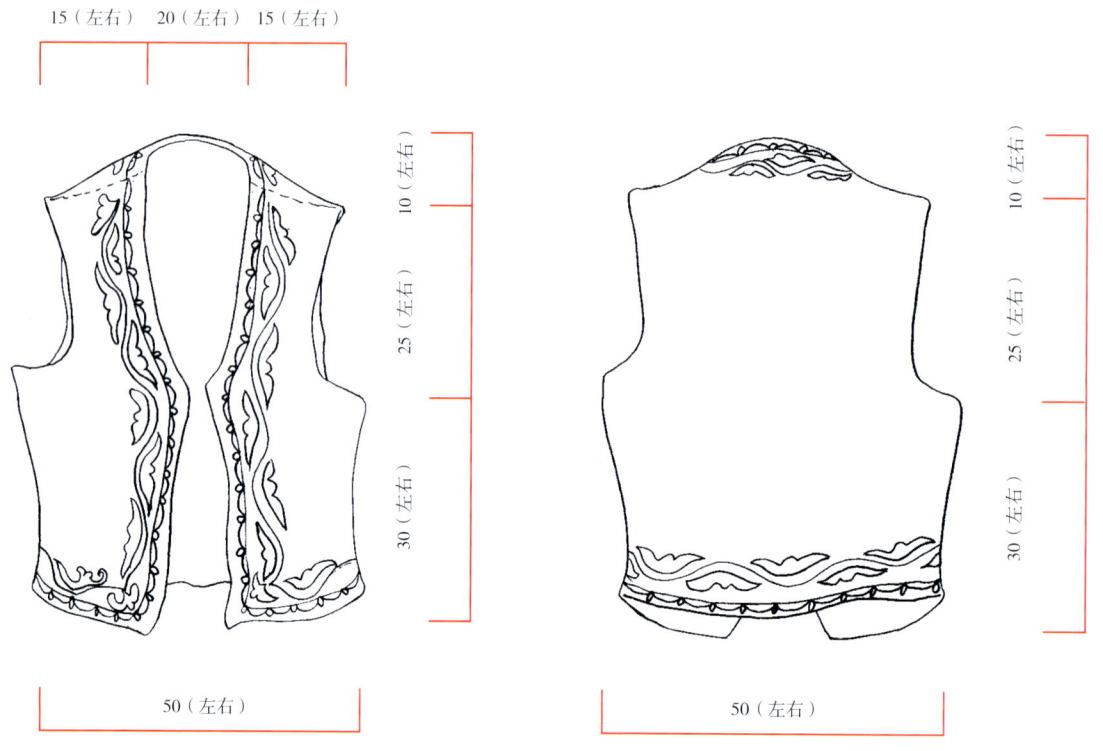

图二　柯尔克孜族坎肩"杰勒提凯"尺寸图（单位：cm）

图三 柯尔克孜族坎肩"杰勒提凯"穿着情境图

色彩采用补色，对比强烈，展现柯尔克孜民族豪放的性格，以黑色做底，调和对比色，使服装更加经典耐看

图四 柯尔克孜族坎肩"杰勒提凯"局部分析图

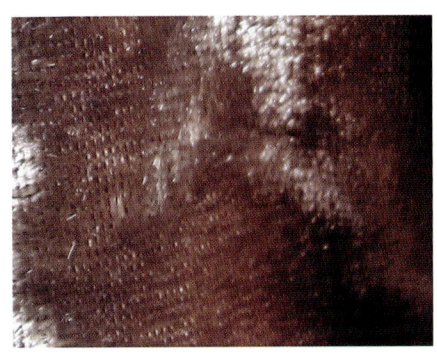

平绒

皮革

图五 柯尔克孜族坎肩"杰勒提凯"选料图

第二章 柯尔克孜族传统服饰

柯尔克孜族羊皮"袷袢"

图一　柯尔克孜族羊皮"袷袢"主图

　　羊皮"袷袢"是用羊皮缝制的上装外衣，柯尔克孜语统称之为"袷袢"。柯尔克孜族主要从事畜牧业，长年生活在野外，用羊皮制作的外衣"袷袢"多为大衣，羊皮大衣以羊皮本色为服装用色的制作称之白皮大衣，柯尔克孜语为"吞尼"。

　　羊皮作为制衣面料具有自身的特点，首先是良好的透气性，羊皮毛面下的纤维孔隙受温度影响易形成空气流动层，同时又具很好的保暖性，很适合在高寒地区使用。其次是管状结构的羊毛能吸收空气中的水分，具有较好的防潮性，其表面柔和松软，富有弹性。古柯尔克孜人服装除使用兽皮制作外，还有用鱼皮的。男子"袷袢"为外穿大衣，宽松，以袍式为主，材料上多使用光面羊皮。

羊皮大衣"袷袢"为长袖，毛立领袍式外衣，光面羊皮面料缝制。袖口、领口前襟用黑绒布沿边，里衬驼毛，厚实、柔软，无扣开襟，宽大的衣襟裹住后系一毛绳腰带，宽松的下摆利于骑行与徒步，可遮风挡雨，保暖性很好，睡眠时可当被盖。光面羊皮"袷袢"多以素面为主，对襟，交领，长过膝下，少有刺绣等装饰，大多在牧区野外环境使用，实用功能强。

羊皮"袷袢"适用于游牧生产生活的需要，设计创意结合人的肌体结构及生产、生活环境、气候条件等因素进行，体现出很强的实用性特点，在高寒地区具有良好的防护及保温性，通过利用自然的供给来满足人生存的基本需要，体现出柯尔克孜族造物设计中强调经济、实用、合理的观念，为今天的设计提供了很好的范例。

图片来源
图一、图四　陈述　摄影
图二、图三、图五　陈述、刘卉、陈曦梓　制图

图二　柯尔克孜族羊皮"袷袢"尺寸图（单位：cm）

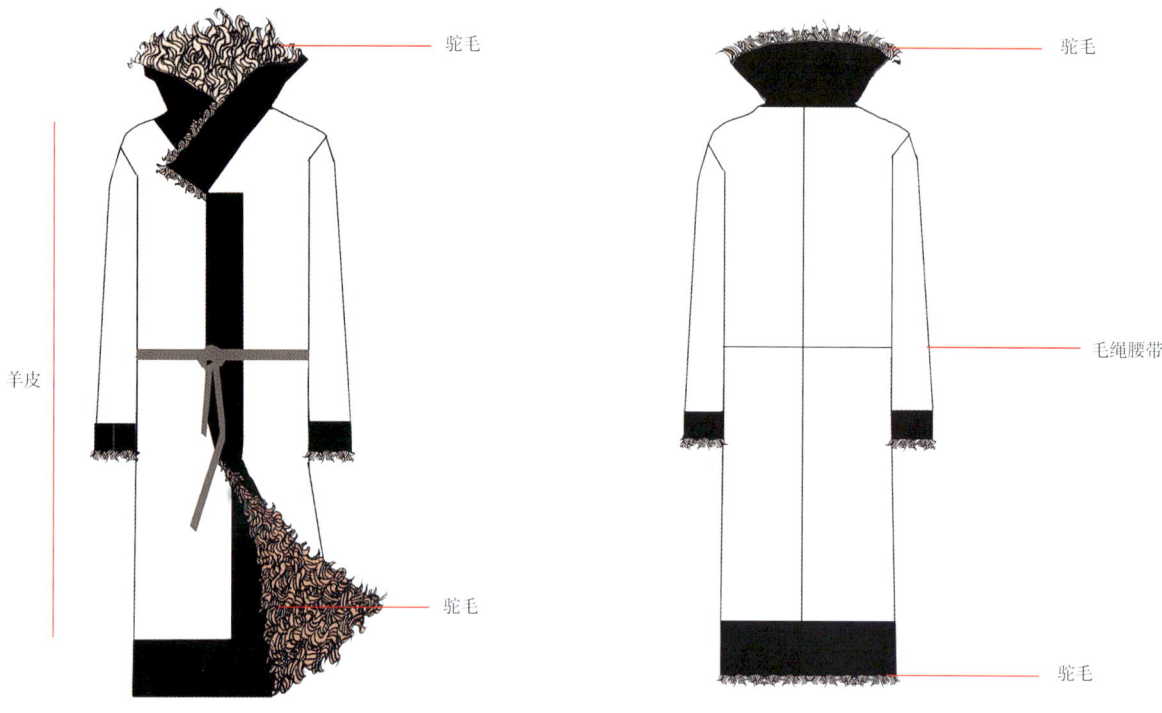

图三 柯尔克孜族羊皮"裕袢"开片图

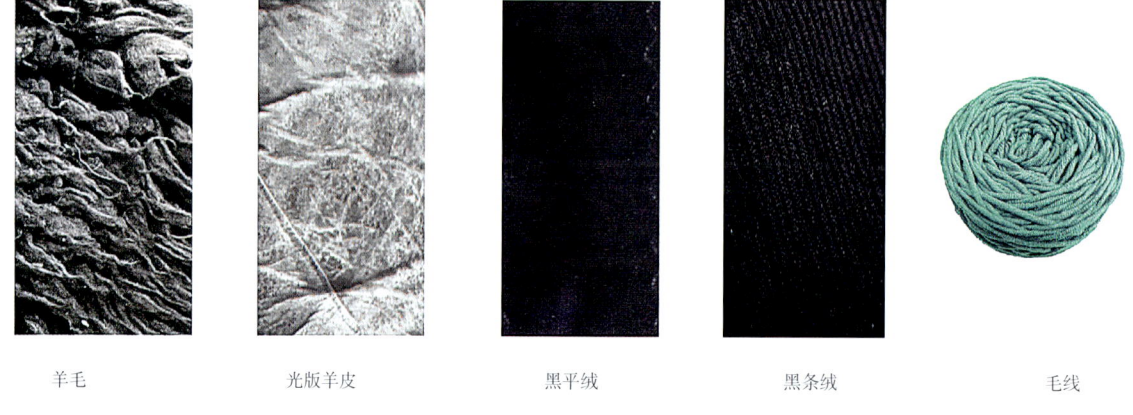

图四 柯尔克孜族羊皮"裕袢"选料图

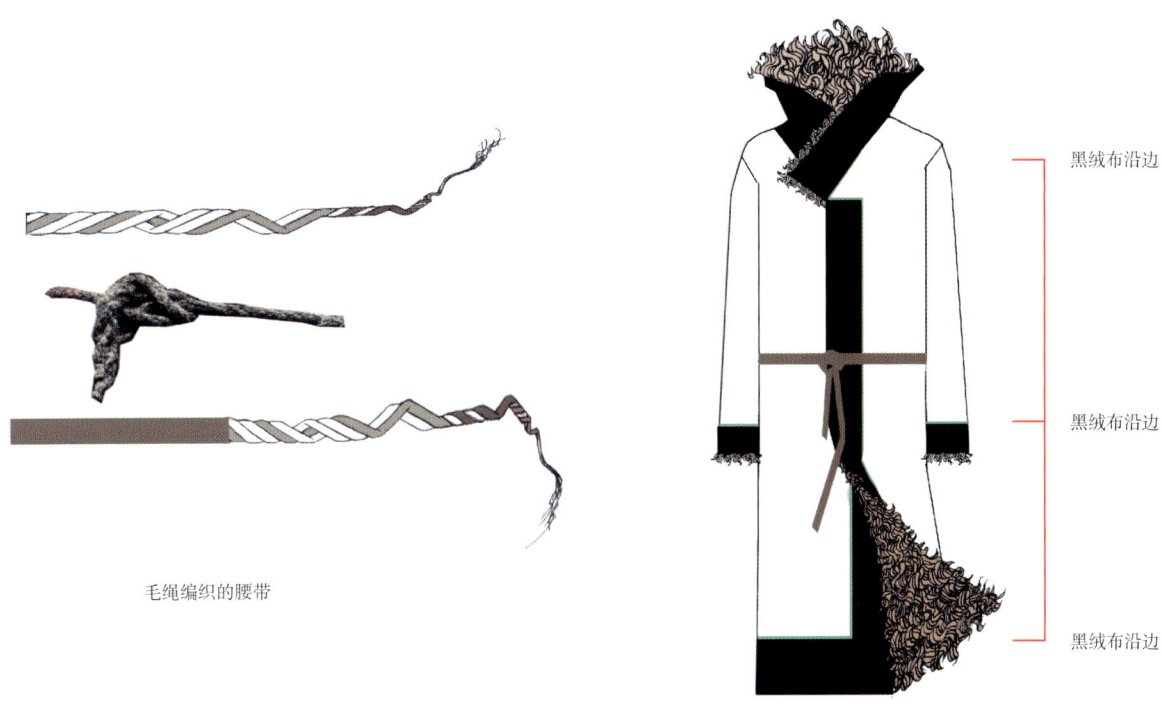

图五 柯尔克孜族羊皮"裕袢"局部分析图

柯尔克孜族白板羊皮短款上衣

图一　柯尔克孜族白板羊皮短款上衣主图

天山山区及帕米尔高原大部分山区的柯尔克孜族牧民常年游牧于崇山峻岭中，为抵御寒冷，服装制作更加注重保暖功能，牲畜的皮张与毛织品成为民族服饰原料的首选。历史上，毛织品就在柯尔克孜族的生活中占有很大的比例。皮制品大多出自柯尔克孜族妇女灵巧的手工缝制，皮具设计加工已具相当的水平。

白板羊皮短上衣是羊毛皮缝制的短款翻领式上衣，多为青年服饰。白板羊皮短上衣缝制时，将光面的皮板置于服饰的外表，皮毛面当里子，翻领、袖口边、口袋盖及沿前襟边装饰有白色羊羔毛，衣服里子为黑色皮毛，外观为浅白皮原色，显得轻快活泼。

白板羊皮短款上衣为青年男子的冬季服饰，设计上充分体现这一年龄段活泼好动的性格特点，款式设计大胆，不乏从其他民族服饰文化中吸收借鉴。装饰主要用材料拼贴方式，以强调服饰面料质感的对比。

白板羊皮短款上衣使用材料基本源于传统的畜牧生产，是本民族在长期生产生活中技术与意识观念的体现与延续，也是柯尔克孜族在与自然关系中的实践造物认知结果。

图片来源
图一、图四　陈述　摄影
图二、图三、图五　黄慧君、陈曦梓　制图
图六、图七　陈述、黄慧君　制图

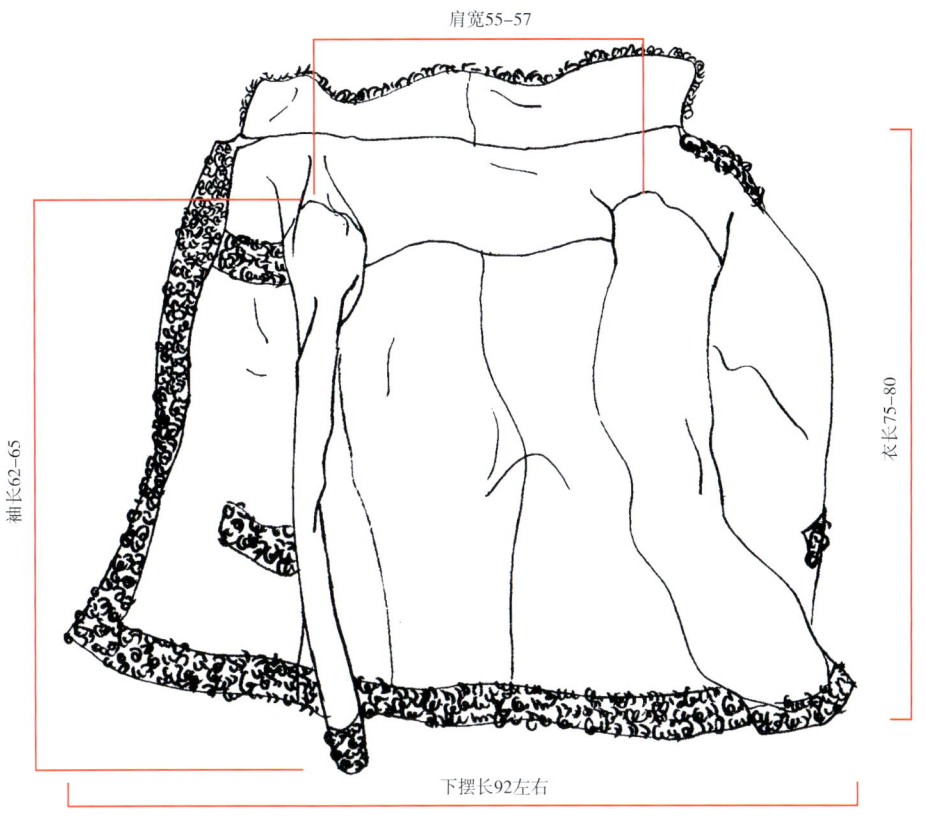

图二　柯尔克孜族白板羊皮短款上衣尺寸图（单位：cm）

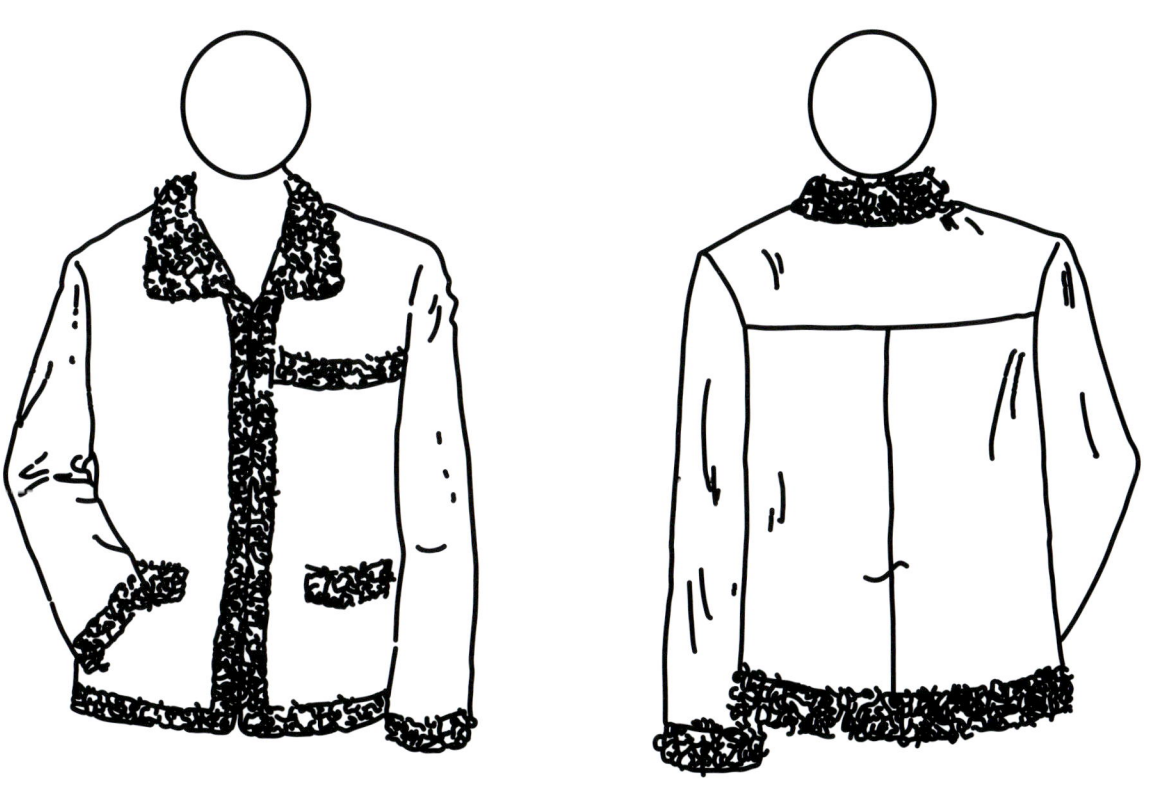

图三　柯尔克孜族白板羊皮短款上衣材料及表面肌理图

图四　柯尔克孜族白板羊皮上衣选料图·羊毛

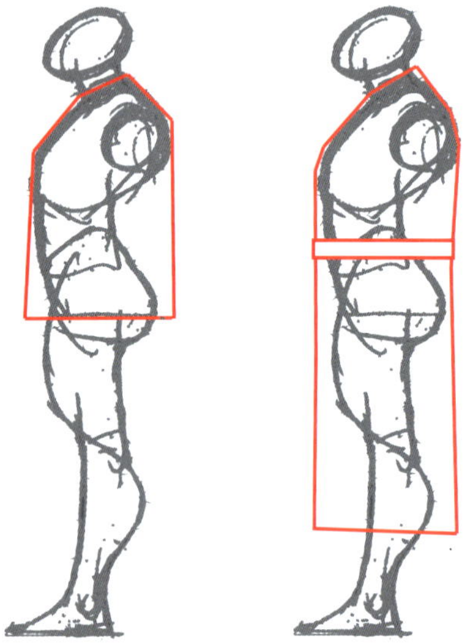

短上衣不过膝部位置，对下肢无遮挡，便于徒步行走于高山谷地及骑行快速追逐事项。长上衣通常过膝部位，具明显的保暖性，适于长时间慢速骑行，由于下摆较长，骑行中常在腰间扎绑带束腰，便于下摆在骑行中不被寒风掀起。从不同年龄男性的穿戴习惯看，白板短上衣更适于年轻人野外放牧活动时穿着，白色表面皮衣更显青年人活泼的性格

图五　柯尔克孜族白板羊皮短款及长款上衣比较图

108

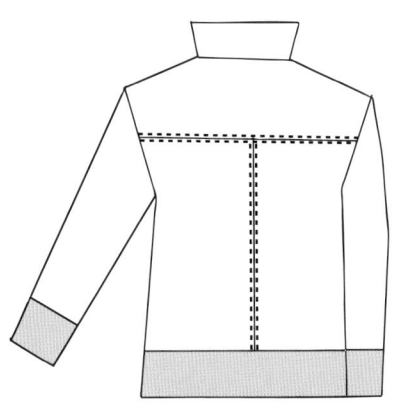 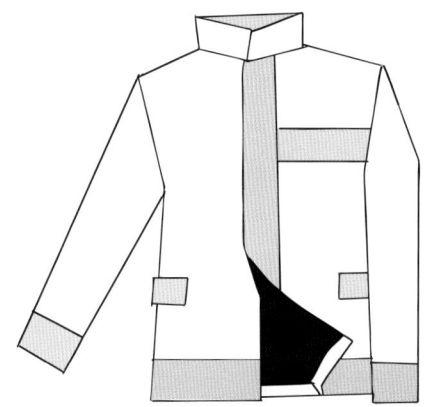

 黑色羊羔毛　主要用于皮衣里衬

 灰白羊羔毛　主要用于皮衣表面，具装饰性作用

 白色羊皮面　主要用于短款上衣面料

图六　柯尔克孜族白板羊皮短款上衣色彩明度搭配图

图七　柯尔克孜族白板羊皮短款上衣穿戴示意图

第二章　柯尔克孜族传统服饰

柯尔克孜族棉布无领长"袷袢"

图一 柯尔克孜族棉布无领长"袷袢"主图

柯尔克孜族主要生活在高寒的高原地区，以畜牧业生产为主，虽环境艰苦，但他们在日常生活中能感受到自然的特定美丽，这就为其服装设计提供了无尽的素材及想象空间，促使其服饰绚丽多彩，并与环境协调。棉布无领长"袷袢"是柯尔克孜族传统的服装，多为中老年男子的外套。长袖，衣体宽松，多为黑平绒布料，也有暗条纹浅灰色，平领，有的沿领白色边。"袷袢"宽松保暖，便于行走。整体看上去类似于斗篷状，袖口、前襟两侧及衣摆沿下摆长及膝部，色边用以减缓磨损。浅灰色平绒外套"袷袢"多选用暗条纹布料。袖领口缝制单用相同方向的竖条纹。黑平绒布料"袷袢"沿领口、袖口、前襟、下摆沿边多使用刺绣图案装饰，色彩倾向于金色，与黑底平绒的对比中更显庄重与素雅。

青年男子的外套"袷袢"稍短，对开前襟装有纽扣，下摆长及大腿部。沿前襟两侧袖口及摆边刺绣有线、面为主的装饰图案，色彩鲜艳，红、绿并置中有黑色平绒间隔，因而也趋统一。腰间可系腰带，宽松适度，更显朝气活泼。

柯尔克孜族棉布无领长"袷袢"在高寒地区具较好的御寒作用，其宽松的下摆，利于草原上骑行，前襟上的纽扣在行进中起固定的作用，使大襟不被风撩起。利用底色巧妙进行装饰设色，透射出柯尔克孜族色彩设计运用中的睿智与灵活。

图片来源
图一、图五 陈述 摄影
图二、图三 刘卉、陈曦梓 制图
图四 刘卉 摄影

图二　柯尔克孜族棉布无领长"袷袢"尺寸图（单位：cm）

下摆沿边图案纹样

前襟图案纹样

图三 柯尔克孜族棉布无领长"袷袢"局部分析图

图四 柯尔克孜族棉布无领长"袷袢"选料图

图四　柯尔克孜族棉布无领长"裕袢"穿着效果图

柯尔克孜族青年女子服装

图一 柯尔克孜族青年女子服装主图

有着悠久历史的柯尔克孜族热爱生活，民族传统节日庆典较多。宗教礼仪、纪念英雄、欢庆丰收、祈盼风调雨顺等都列入节庆。节日中自然要举行各类游戏娱乐活动，男女老少身着节日盛装，载歌载舞。众多节日中，"长尔戛托依节"是柯尔克孜族妇女独享的传统节日。节日里，妇女们身着新装，在德高望重的妇女主持下举行节日活动，回顾对各种戒律的遵守情况，帮助将成年女子学习做女人的基本常识，同时计划来年的生活。除此之外还要分组唱歌、跳舞、荡秋千。裙装是柯尔克孜族女子节日里的主要着装，营造了节日的氛围，歌舞时更显女子的轻快与妩媚。

柯尔克孜族女子喜着裙装，冬季裙下一般着毛裤或棉裤，外出时罩大衣，夏季则着长袜或单裤，色彩以红、紫、白色为主，外罩无领敞开式坎肩，有的在敞开的坎肩对襟间连接一装饰布，这样的坎肩适用于裙装敞开式领口，坎肩对襟内沿刺绣有装饰图案，裙装多为套头式圆领口。裙装为喇叭状短袖，并饰有装饰带，沿裙下摆向上收于腰线，并可在裙摆上或袖上装饰许多银片，组合为三角状的视觉轮廓，使女子在舞蹈时更显活力。

柯尔克孜族女子裙装设计不仅注重服装的实用性功能，更注重其在具体使用场合所具有的形式美感与韵味。在具体环境中的动态视觉体验，更显生命的旺盛活力。

图片来源

图一　陈述　摄影

图二至图四　刘卉、陈曦梓　制图

图五　陈述、刘卉　制图

图二　柯尔克孜族青年女子服装尺寸图（单位：cm）

图三 柯尔克孜族青年女子服装细节分析图1

图四 柯尔克孜族青年女子服装细节分析图2

图五　柯尔克孜族青年女子服装穿戴情境图

第二章　柯尔克孜族传统服饰

117

柯尔克孜族高筒靴（长筒靴）

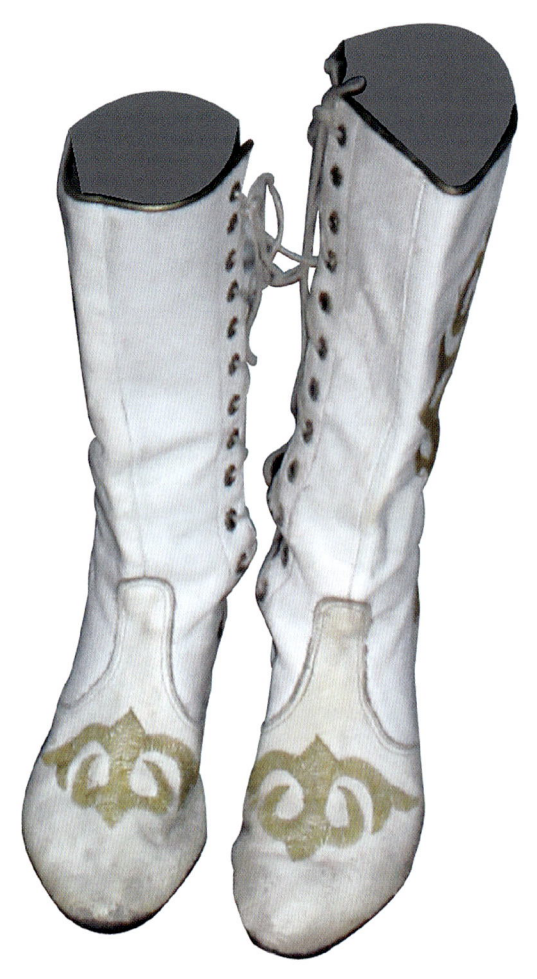

图一　柯尔克孜族高筒靴主图

柯尔克孜语"鄂托克"意指高筒靴或长筒靴。柯尔克孜族忌讳赤脚行走。他们的脚上穿的是袜子"也依帕克"、高筒靴"鄂托克"。高筒靴"鄂托克"式样多为尖头且光滑。男子多为平跟，妇女多为高跟，皮面有粗革、光滑的细革等。此外年轻妇女还穿"宫女皮靴""皇宫乐园靴"等，其中"宫女皮靴"多为半高跟、高跟、尖头，靴后绣红、黑、绿、黄色图案或花束。靴上和左右两边以及靴跟上沿镶有玛瑙、珍珠并挂有铃铛。

高筒靴常使用马、牛、牦牛皮、骆驼皮制作。先使用发酵的麸皮将皮毛脱净，趁皮未全干时进行裁剪并在皮面上剪出数个小洞用以穿系用山羊皮制作的皮条，再套在鞋模上晾干定型。靴筒因人而异，可长可短。穿时需用鞋带交叉系于小腿肚上。此靴轻便暖和。"塔尔特马"为另一种高筒靴,为适应高原山地崎岖不平的山路,这种轻便的筒靴深受牧民的喜爱,山区牧民几乎都会制作。其方法是用马皮或牛皮经过去毛,并用含有硝、碱的土在皮上反复揉搓使皮变软后依样制作筒靴。鞋面上只现两条缝线,一条在脚背上至脚尖,另一条在脚后跟鞋帮处,称之为"乔勒克"。这种鞋子轻便、舒适,取材便利,结实耐用,制作工艺简便,经济实惠,便于在雪山上行走,又因这种鞋两头微尖,似一只小船,也被称为"雪山飞船"。

柯尔克孜族高筒靴(长筒靴)其制作中所用材料大都为现实中可获取的动物皮毛。依据其使用功能,大致可分为两类,一类主要在较正式的场合穿,如婚礼、节日期间多穿"鄂托克"靴。另一类为工作靴,经济、舒适,易于制作,柔软的皮面利于行走中小腿部的摆动,很适合在山地沟壑中行走,有的沿靴筒上开衩的边沿小孔洞中系皮绳,可放松收紧进行调节,很适于在高山峻岭中行走。材料的获取与所从事的牧业生活方式紧密关联,针对皮张特点的加工程序易于被部族广泛认可,是与柯尔克孜族社会生产、生活特点密切关联的实用、经济与美观性设计案例之一。

图片来源
图一　陈述　摄影
图二　黄慧君　摄影
图三至图五　黄慧君、陈曦梓　制图

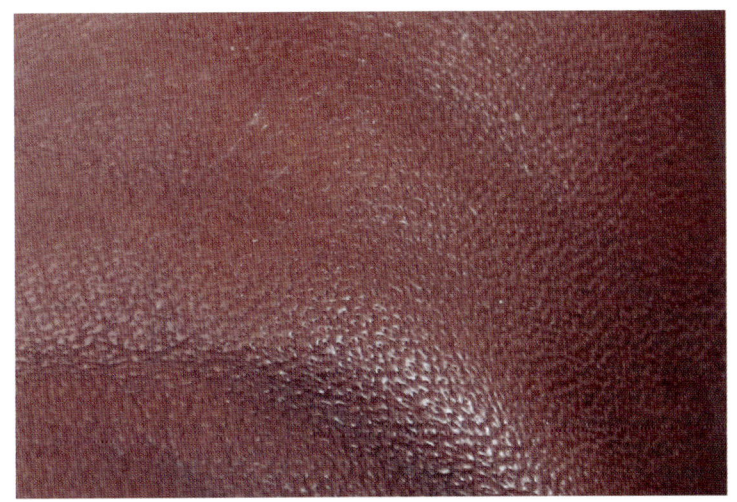

牛皮、马皮、牦牛皮等

图二　柯尔克孜族高筒靴选料图

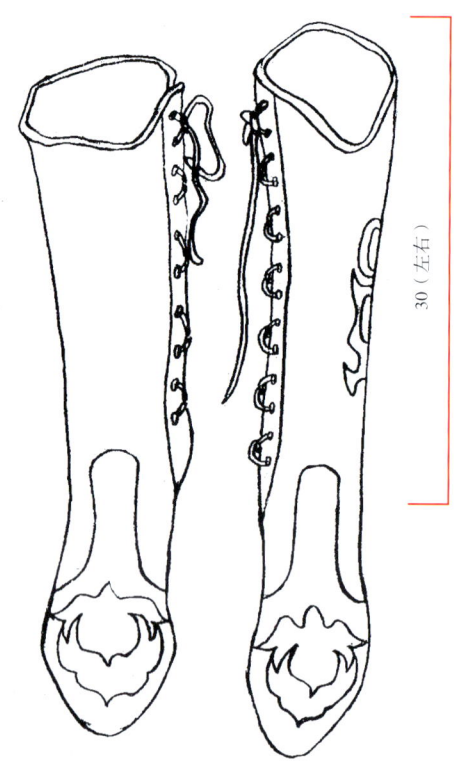

图三 柯尔克孜族高筒靴尺寸图（单位：cm）

图四 柯尔克孜族高筒靴开片图

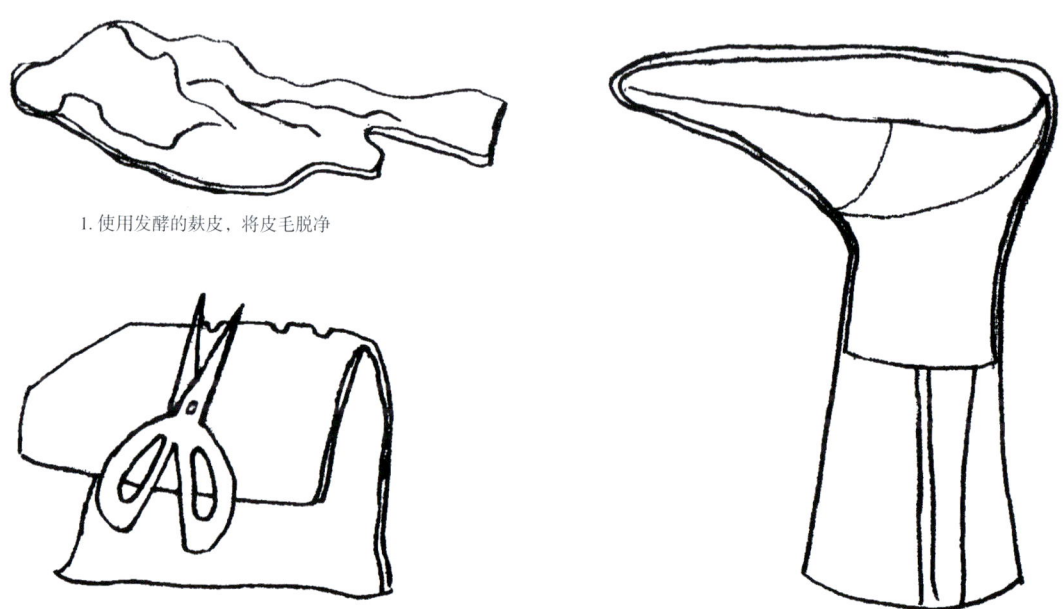

1. 使用发酵的麸皮，将皮毛脱净

2. 趁皮未全干时进行裁剪并在皮面上剪出数个小洞

3. 套在鞋模上晾干定型

图五 柯尔克孜族高筒靴工艺分析图

柯尔克孜族宽脚裤

图一　柯尔克孜族宽脚裤主图

柯尔克孜族主要聚居在新疆西部帕米尔高原上从事畜牧业，在漫长的历史进程及各民族相互交往中创造并日渐形成了自己特有的民族文化。柯尔克孜族男子宽脚裤，其基本裤型与其他民族的裤子无大的差异，主要不同点体现在裤脚下摆更显宽大，为的是在上下马背及骑行中方便脚的活动，特别是在骑行中要方便套入马镫后的脚踝部自由活动，并开有15厘米的豁口。

柯尔克孜族宽脚裤主要采用灯芯绒布料制作。灯芯绒又名棉条绒，其布料为割纬起绒的绒条棉织物，表面为纵条状耸立排列，因形似灯芯草而得名。灯芯绒用手摸上去感觉柔软、质地厚实、纹理清晰、保暖性好。柯尔克孜族宽脚裤上有精美的刺绣图案如植物花草纹、动物纹等，较上衣领的几何纹样更显活泼、自然。刺绣图案主要在裤下摆沿豁口边及裤两侧，有的也在腿及膝面进行装饰。由于裤底为黑色，刺绣中多使用红、绿、黄、蓝色彩线加以协和。无论纹样有多复杂，左右裤腿均为对称的装饰，这种对称的形式与图案制作的程序相吻合，即在左或右任何一块裤腿上先用粉笔勾画出图形的基本结构，然后重叠在另一块布上，类似于转印的方式，将绘制的图形对称拷贝到另一块布上，这也为图形的设计者带来更多造型上的自由。在一块布上可以生动地进行绘制并一定程度表现设计者的绘制特点，因转印而使其具有对称性的秩序感，即显得庄重又不失活泼。裤脚的豁口便于骑行及徒步行走。

柯尔克孜人在日常生活中要严格遵守已形成的待客礼仪，坐时要盘腿或者跪坐在脚上，脚不能露在外面。而有豁口的宽脚裤恰有很好的遮挡作用。宽脚裤设计体现柯尔克孜族因游牧骑行的实际需要，结构处理简练、概括，沿宽脚边装饰有刺绣图案，符合待客礼仪的需要，实用、体面，具有浓郁的柯尔克孜民族特色。

图片来源

图一　陈述　摄影
图二、图三　刘卉　制图
图四　朱秋婷、陈曦梓　制图
图五　刘卉　摄影
图六　陈述、刘卉　制图

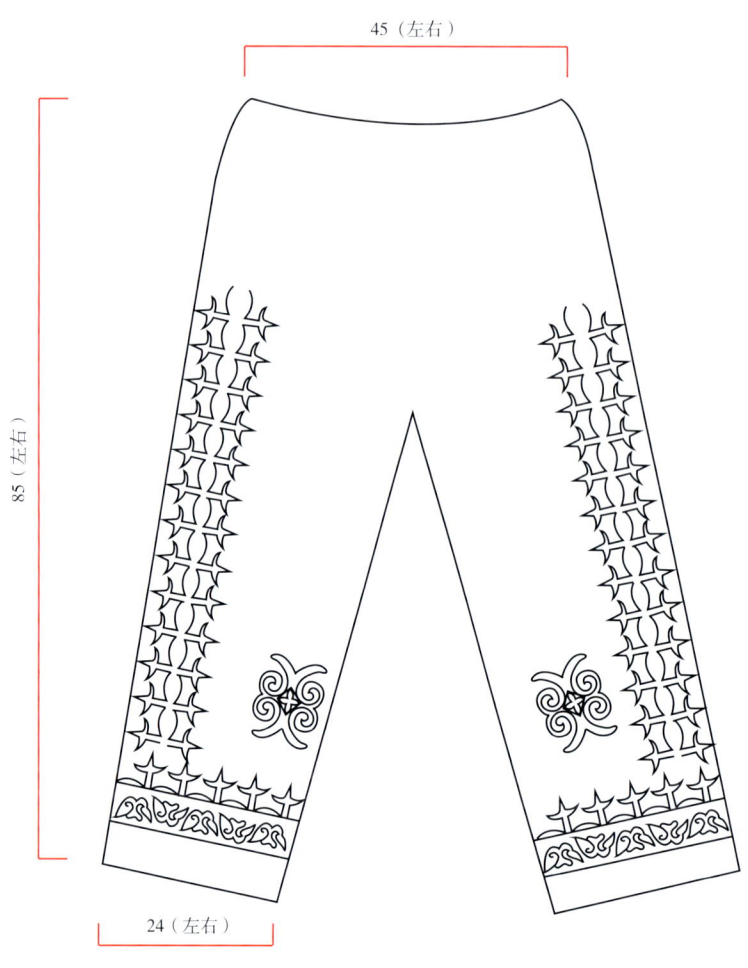

图二　柯尔克孜族宽脚裤尺寸图（单位：cm）

裤口花卉纹样

裤口植物纹样

图三　柯尔克孜族宽脚裤纹样图

花卉纹样多采用色彩明度高的色彩，展现民族的豪放性格，为避免过于鲜艳，以黑底作为调和

图四　柯尔克孜族宽脚裤纹样分析图

第二章　柯尔克孜族传统服饰

黑色绒布

图五 柯尔克孜族宽脚裤选料图

图六 柯尔克孜族宽脚裤穿着示意图

柯尔克孜族鹿皮裤

图一　柯尔克孜族鹿皮裤主图

　　柯尔克孜族是我国仍以畜牧业经济为主的少数民族之一。狩猎是其生产生活的重要组成部分，常使用火枪、猎鹰、猎犬、网等工具进行围猎。

　　以畜牧业为主、畜牧与狩猎兼重的生产活动为本民族服饰提供充足的动物皮毛。鹿皮裤是使用鹿皮制作的宽脚裤，鹿皮较羊皮更为结实、耐磨，具有柔软、轻便、耐低温、不易变形的特点，一般为上乘的服装面料。新疆是马鹿重要的栖息地，密度不高的大型兽类，主要分布于天山、阿尔泰山、塔里木等广大区域。在天山中部及西部，马鹿多栖息于海拔1400—3000米的地带，过去主要通过狩猎的方式获取鹿皮。鹿也是柯尔克孜族先民部族的图腾，他们认为柯尔克孜族祖先是吃牝鹿奶长大的，因此将牝鹿视为圣母，常在毡房的门口上方绣上鹿的标志，以便骑者看到后下马让路以示敬意。使用鹿皮料制作服装，更显珍贵与稀有，寓意吉祥、幸福。传统观念中，柯尔克孜族男人把用鹿皮缝制的服装称为"康达盖"，勇士在摔跤比赛、马上较力时都会穿上这种用鹿皮制作的服装。史诗《玛纳斯》中就认为鹿皮制作的裤子具备某种神力，勇士阔绍依正是穿了这种裤子在摔跤场上战胜敌人的。

　　鹿皮裤为宽脚男式裤装，裤面上绣有植物纹饰图案，多采用波纹式延续，主要以锁绣、平绣为主。裤脚开口目的是避免骑行时绊脚。沿裤脚边线绣饰有三角图案，色彩为暖色，具动感的装饰图形更显活泼与热情。

柯尔克孜族被称为马背上的民族，为便于骑行的需要，鹿皮裤的设计在用料上选用更为柔软耐磨的鹿皮，一定程度上提高了其使用的寿命，也使穿着更为适意。裤脚的开口便于骑行时腿部的灵活移动，裤面的纹饰设计象征与畜牧生产相关的美好生活，鹿皮材料本身就具有吉祥之意，是将传统意识观念、美感意识与实用性功能要求结合，极具民族性特点的创意设计案例。

图片来源

图一　陈述　摄影

图二至图四　刘卉、陈曦梓　制图

图五　陈述、刘卉　制图

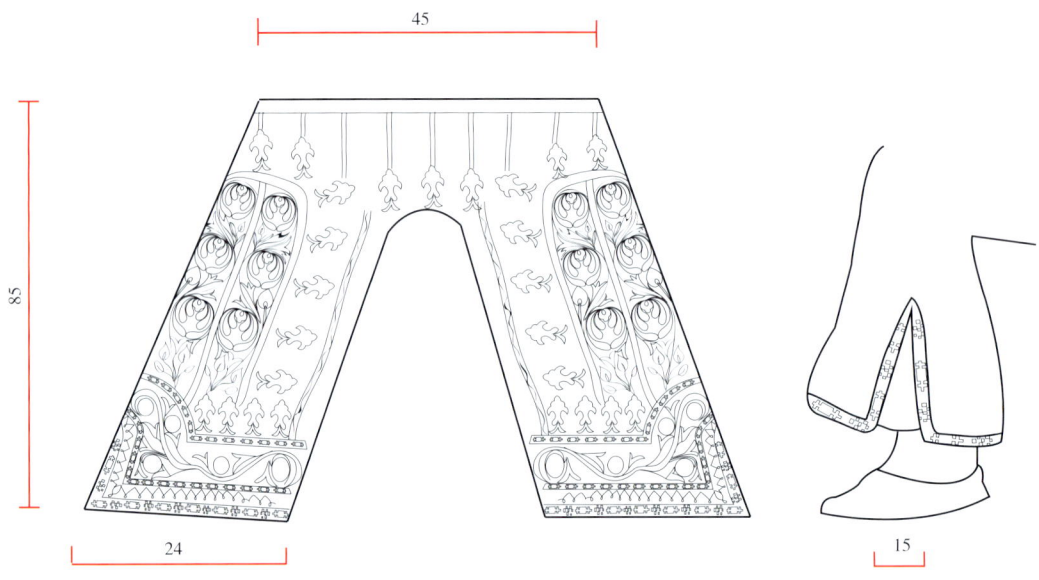

图二　柯尔克孜族鹿皮裤尺寸图（单位：cm）

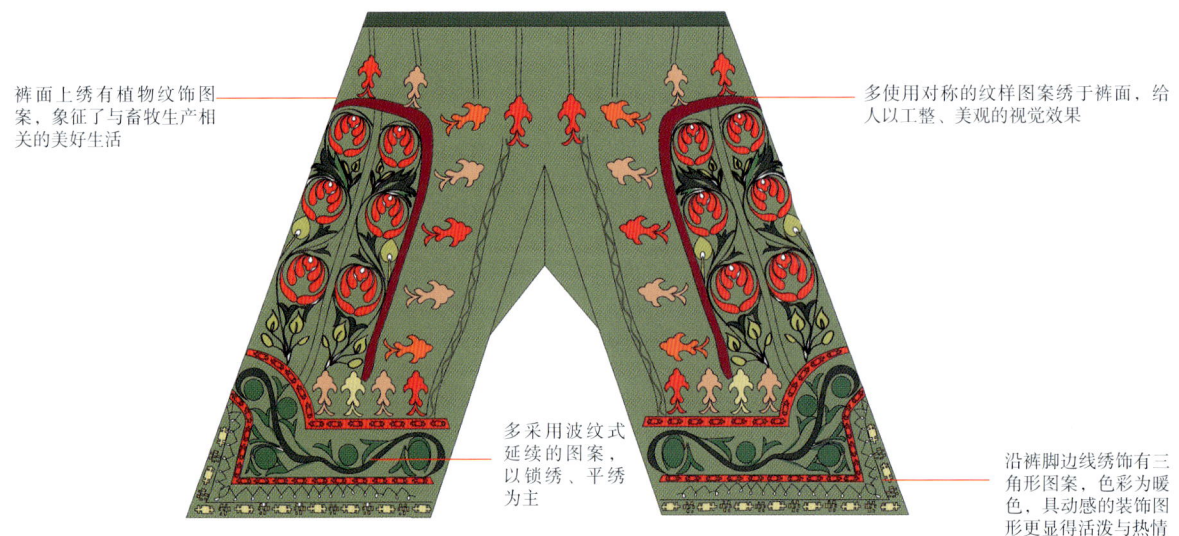

图三　柯尔克孜族鹿皮裤工艺分析图

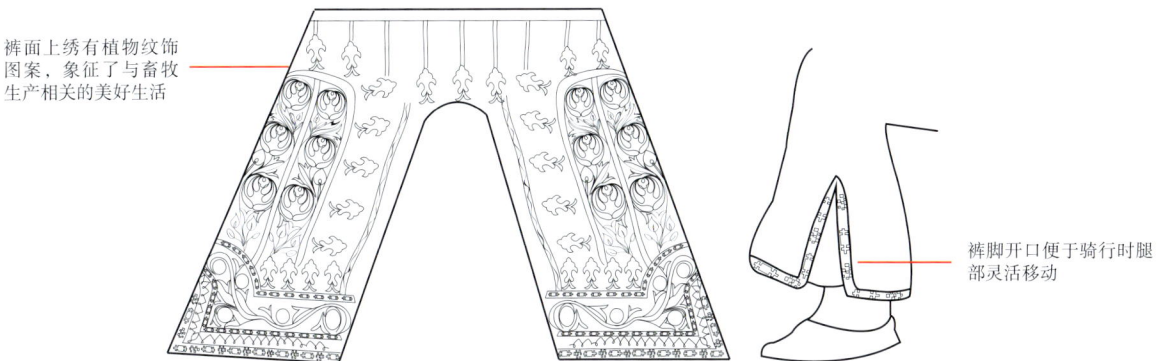

图四　柯尔克孜族鹿皮裤细节分析图

图五　柯尔克孜族鹿皮裤穿戴示意图

第二章　柯尔克孜族传统服饰

柯尔克孜族宽皮镶银饰腰带

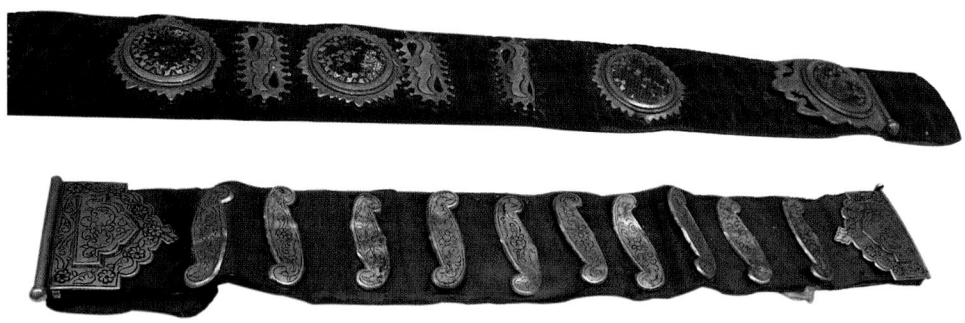

图一　柯尔克孜族宽皮镶银饰腰带主图

宽皮镶银腰带在柯尔克孜族语中称为"凯买尔"。柯尔克孜族高档饰品用料首选是白银。作为一种贵重金属，银镶饰在皮腰带上更显个人的社会地位及富有程度。一般用银饰腰带系外衣"裕袢"，更显豪华。

宽皮镶银腰带两端银牌搭扣在造型上注重对称，达官贵人的皮腰带更是镶满珠宝，工艺十分讲究，价值千金。由于长年的马背生涯，外衣多为开襟设计，在奔走时易敞开，腰带遂成为柯尔克孜族重要的生活用品。现代柯尔克孜牧人的腰带已无贵贱之分，但制作工艺依然十分讲究。青年男子使用的布腰带大多为家庭主妇千针万线精心刺绣的工艺品，色彩艳丽醒目，而老年人腰带上的图案较为素雅、简单。

柯尔克孜牧人宽皮镶银腰带从功能上来看，镶银利于降低皮具的磨损程度，特别是腰带接头处若用金属扣精心连接，更趋牢固。镶银装饰多采用平滑的表面，装饰图案的造型上多采用几何形进行概括，边缘内收形成一个弧，用手摸上去感觉光滑。表面使用錾刻的工艺，填深色使装饰图案明显对比出来。皮腰带扣的两头多使用对称的造型，利于与服饰整体协调。腰带银饰扣里留有一个长形的可供皮带伸缩的金属扣，便于在使用时依据腰围进行皮带长短的调节。多余的长度被隐于内侧，外观上不受影响。皮带宽度在15厘米左右。女子腰带多用马皮制作，所镶银饰多为植物花卉，并镶红宝石、绿粉石和珊瑚等。腰带搭扣的造型多取花卉形。男人们在穿长袍时使用的腰带，猎人们用于系在腰间和装带枪弹的"Kisa"（腰带的一种）都有两种作用。

系腰带利于将宽松的外套收拢系紧，便于骑行中保暖并减少风阻。在过去，没有男人不在腰间配挂皮带的。猎人和牧民将佩戴这种皮带作为打猎或者奔向战场的标志。没有皮带的男人在他人面前会没有尊严而被排斥。它还成为长辈给子女的重要赠物。

图片来源
图一　陈述　摄影
图二　黄慧君　摄影
图三　秦俭、陈曦梓　制图
图四　黄慧君、陈曦梓　制图
图五　陈述、黄慧君、陈曦梓　制图

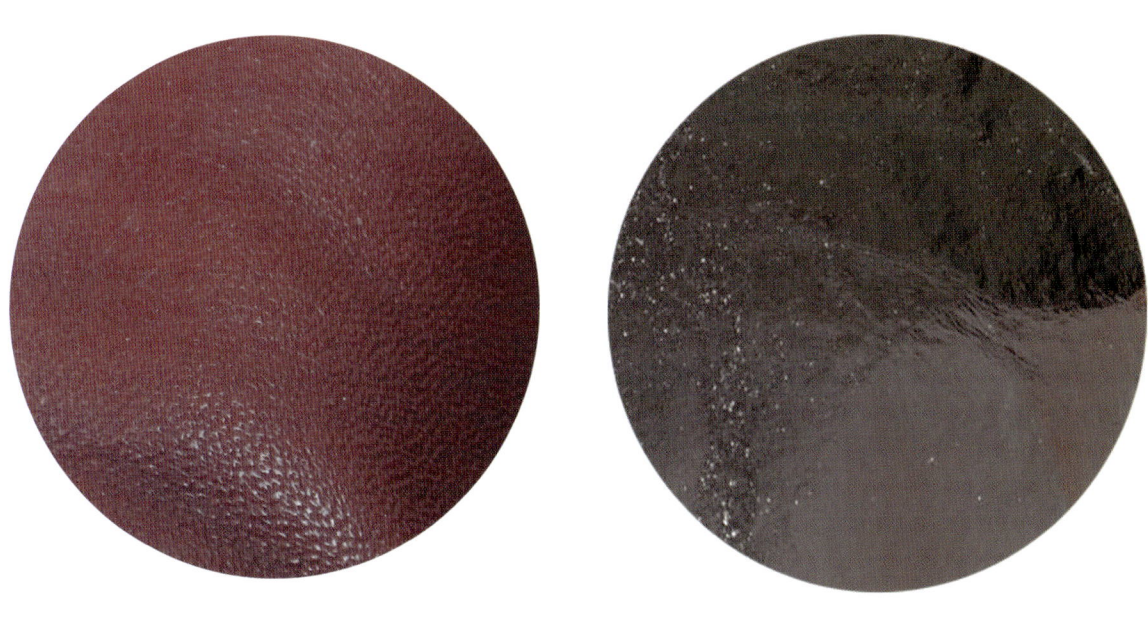

马皮　　　　　　　　　　　　白银

图二　柯尔克孜族宽皮镶银饰腰带选材示意图

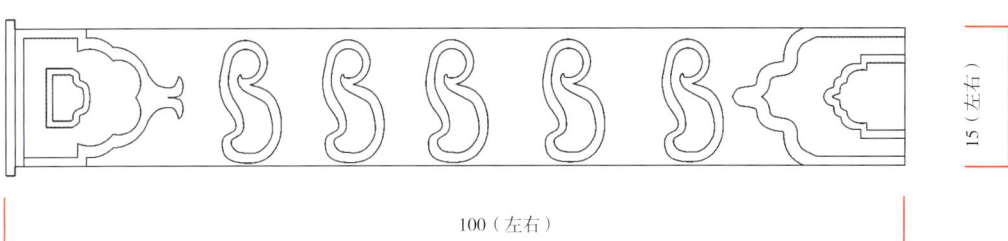

图三　柯尔克孜族宽皮镶银饰腰带尺寸图（单位：cm）

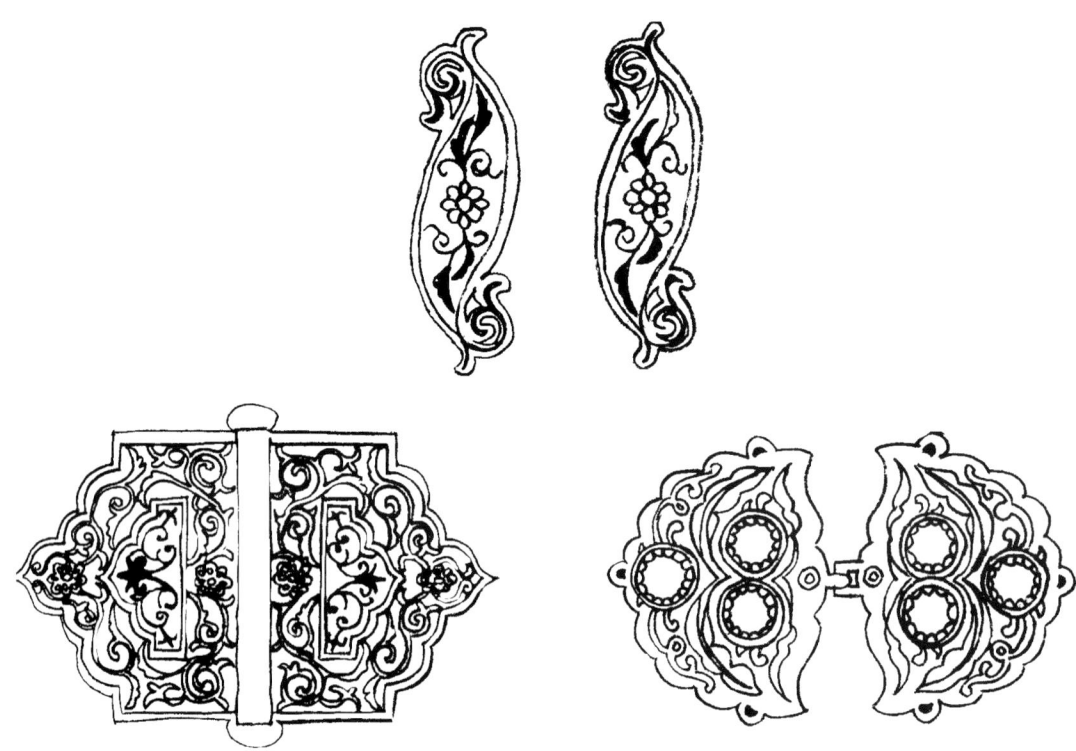

图四 柯尔克孜族宽皮镶银饰腰带局部分析图

图五 柯尔克孜族宽皮镶银饰腰带穿戴示意图

柯尔克孜族丧葬服饰

图一　柯尔克孜族丧葬服饰主图

丧葬是柯尔克孜族生活中重要的事项。依据柯尔克孜族丧葬期间的习俗礼仪，家属40天内不能梳头、理发和刮脸；一周年内不能举行或参加娱乐活动，不能穿花色的或新衣服。如果一年内需要搬迁，逝者的幼子和妻子要扛着丧旗和死者的衣帽（女性死者的头巾和衣裙）走在队伍的前面，当每过一户人家或阿寅勒时，死者的妻女要牵着死者生前骑的马匹，走在丧旗的后面唱"哀悼歌"，等到周年祭奠仪式时，家属才可以脱掉丧服，结束哀悼期。

对死者的祭奠仪式一般在死者去世后第三天、第七天、四十天、周年举行，仪式上逝者的妻女及亲属都来参加祭奠活动，妇女们要背对着哭唱丧歌，歌声委婉悲伤，以表哀悼。丧葬期间服饰更有讲究，逝者的亲属都要头戴丧巾，亲朋也穿上严肃的着装，体现庄重感。男主人死后，妻子要穿戴黑色、蓝色或灰色的衣服、发巾并罩住面庞。祭奠头40天内除不能梳头理发外，还要在腰间绑扎白布带，年龄大的妇女头上还要戴上"艾利切克"，身着黑色袷袢，艾利切克原指帕米尔柯尔克孜族人妇女用白色绸缎反复缠绕重叠而制成的帽子——柯尔克孜人称之"黑色艾利切克"。黑色在柯尔克孜族的观念中是与"白色"对立的，它与死亡有着某种密切的关联。也将新逝去亲属的人称为"Qaralua"（意为有黑了，披黑了）。

柯尔克孜族丧葬行序中的服饰设计体现

出这一特殊情境下的习俗观念，表达了祭奠过程中的悲伤心情。柯尔克孜族丧葬服饰与相邻民族有共性之处，同时也有一定的区别及差异。在丧葬服饰设计中融入悲痛、哀悼的情感诉求，借用服饰的表述与传达，通过外在视觉引起对逝者哀悼之情，同时顺应柯尔克孜族世俗礼仪之要求，使其被附着以特殊的社会含义及功能而有别于寻常服饰。

图片来源

图一　黄慧君　制图
图二、图三　黄慧君、陈曦梓　制图
图四　谈晨　制图
图五　谈晨、陈曦梓　制图

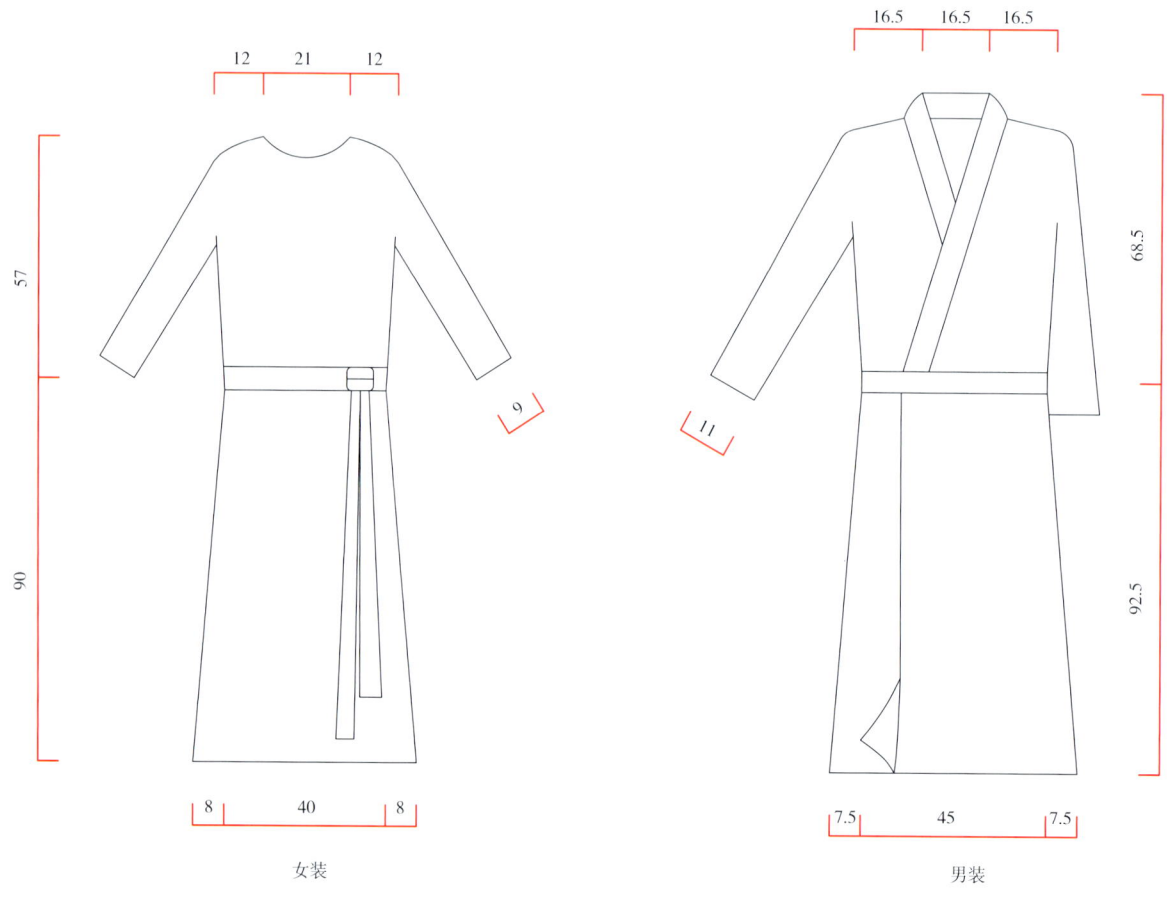

女装　　　　　　　　　　　　男装

图二　柯尔克孜族丧服尺寸图（单位：cm）

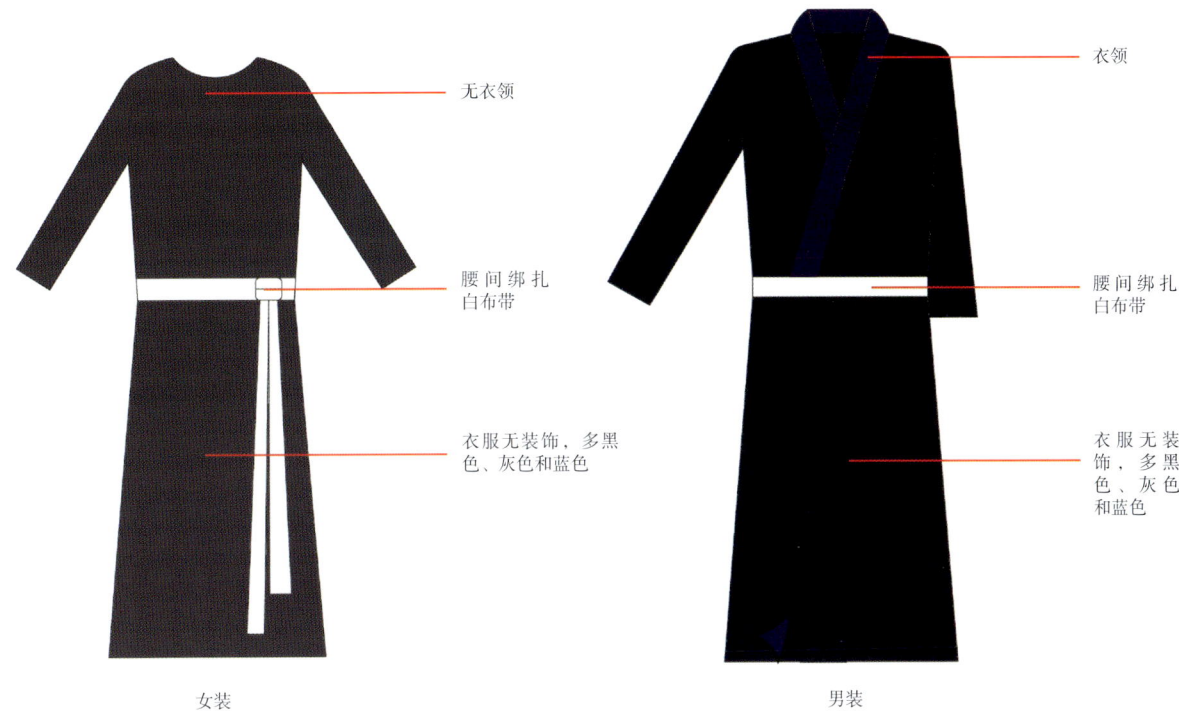

女装　　　　　　　　　　　　　　　男装

图三　柯尔克孜族丧服开片图

家属40天内不能梳头、理发和刮脸；一周年内不能举行或参加娱乐活动，不能穿花色的或新衣服。男子一般穿蓝色、黑色或灰色衣服，腰间绑扎白布带

当一个家庭中男主人死后，妻子要穿戴黑色、蓝色或灰色的衣服，头披戴黑色、蓝色或灰色的发巾，并罩住面庞，在祭奠一年当中死者的妻子面容不允许让别人看见，在祭奠头40天内除不能梳理头发外还要在腰间绑扎白布带

图四　柯尔克孜族丧服操作示意图

年龄大的妇女头上戴黑头巾,被称为"黑色艾利切克"

图五 柯尔克孜族丧服局部分析图

第三章 柯尔克孜族传统餐饮

柯尔克孜族孢孜（宝扎）酒

图一　柯尔克孜族孢孜酒主图

柯尔克孜语"孢孜"亦曰"孢糟"宝扎。"孢糟"是柯尔克孜语音译，意译为黄米酒，因其原料是黄米。其酿造法是先将黄米洗净泡软，上磨推成糨糊状，装入布口袋里发酵。发酵后入锅加水煮至冒泡，再装入袋中滤挤去渣，其纯净的液体就是孢糟酒。酒色介于橙黄与浅咖啡色之间，乙醇度在10—15度左右。此酒酸甘相兼，有补血和助消化之功能，很受群众欢迎。在新疆克孜勒苏柯尔克孜自治州的一些县城里开有"孢糟馆"，大大方便了各族群众的需求。孢糟馆类似于内地的茶馆，不经营菜肴，顾客喝些孢糟酒，吃些烤馕即可，简单便利。

孢孜酒，主制作材料为糜子（黄米）面。作为粮食发酵饮料，也可以用小麦、青稞、玉米、小米等为原料。糜子俗称黄米。糜子生长期较短，耐旱，适合干旱半干旱地区种植。用料主要是粮食，因而四季皆可酿制，又因原料之别，有冬酒、夏酒之分，也就是有热性和凉性之分，可谓"冬饮热酒夏饮凉，一年四季飘酒香"。制作孢孜酒夏天多用青稞、糜子、谷子等，冬天多用小麦、苞谷、大米等。

制作的方法是：把小麦挑选干净后，晾干，再用温水浸湿捏干，用棉被盖严捂起来，等发芽，约长0.2—0.5厘米左右时，拿出来晒干，磨成粉。冬季一般掺苞谷面百分之七八十，夏季一般掺青稞、糜面百分之七八十，而且原料越杂，质量越好。第一次可放蒸馍用的发面作菌种（以后可用过滤酒渣作发酵菌种）拌匀后捂起来。冬季在生火的房子里发酵约两三天，夏季一天即可。发酵后闻到酒味时，即可拿出来加水过滤。过滤后呈粥汁状，再放在锅里文火煮沸，即成孢孜酒。冬天热喝，夏天凉喝。其酒味醇厚、甘美、清香，甜中略带点酸，好的孢孜酒可达到10度以上。

孢孜酒不仅是好的饮料，而且还有一定

的药用价值,可以去寒、生津,尤其是去脂肪,开胃助消化的作用更为显著。孢孜酒不掺任何药物,即可防病治病,这对少医缺药的穷乡僻壤的柯尔克孜人来说,自然是一种得天独厚的好饮料。在柯尔克孜族的历史里,有一部分柯尔克孜人从叶尼塞河迁至帕米尔地区游牧。由于人烟稀少,交通闭塞,柯尔克孜族主要以放牧、打猎为生,兼种生长期短的青稞、苞谷、糜子、谷子等农作物。自古以来以畜牧经济为主的柯尔克孜族,形成了相对稳定的饮食体系,食品主要是乳制品和畜肉,孢孜酒则起到了很好的食物调节平衡作用。设计中材料的获取、加工制作、饮用等,体现它在特殊气候条件环境下柯尔克孜族的生活特点及规律,是民族饮食结构链中重要的一环。

图片来源
图一　陈述　摄影
图二至图九　陈述、黄慧君　制图

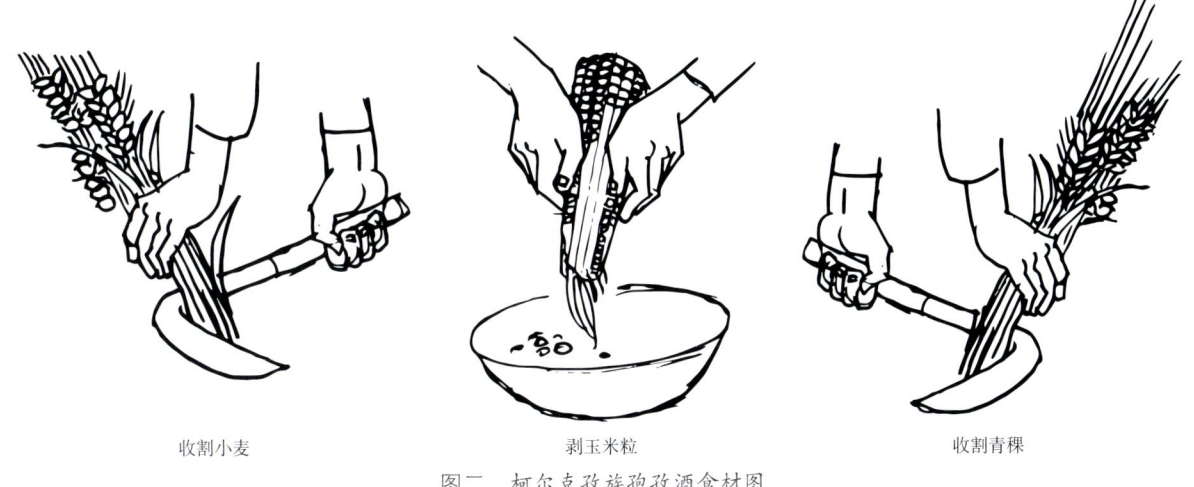

收割小麦　　　剥玉米粒　　　收割青稞

图二　柯尔克孜族孢孜酒食材图

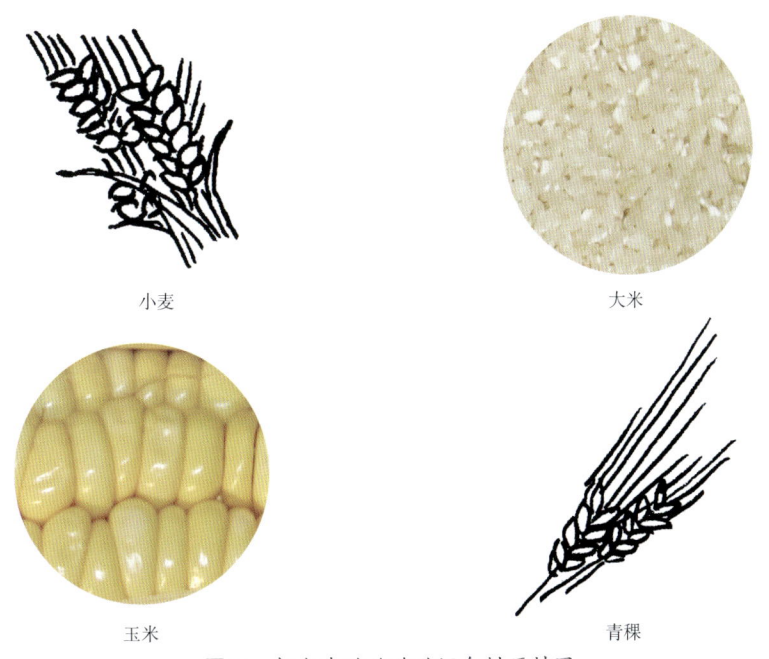

小麦　　　　　　　　大米

玉米　　　　　　　　青稞

图三　柯尔克孜族孢孜酒食材原料图

准备好小麦粉、青稞面、玉米粉等，加水过滤　　　　　过滤后成粥汁状，用文火煮沸即可

图四　柯尔克孜族孢孜酒加工步骤图

图五　柯尔克孜族宝扎茶具图

图六　柯尔克孜族宝扎食材图

带盖木桶

图七　柯尔克孜族宝扎制作用具图

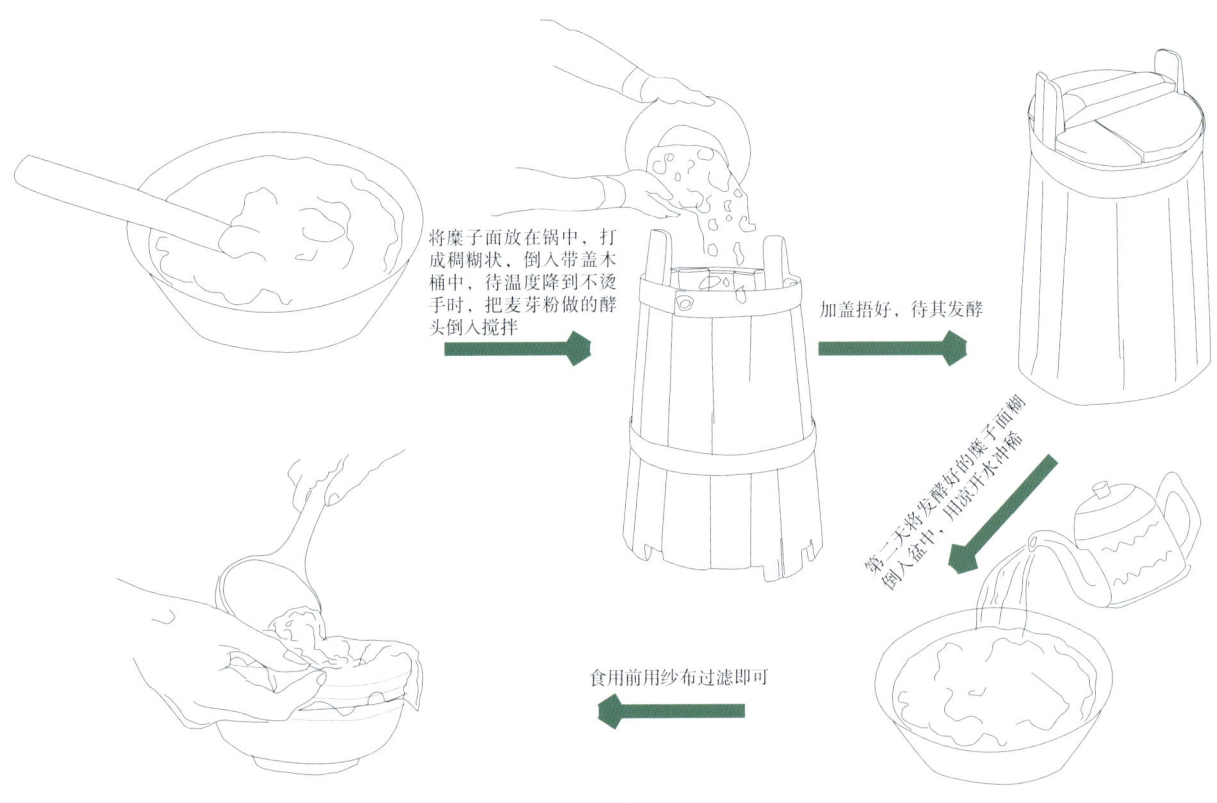

图八 柯尔克孜族宝扎加工步骤图

图九 柯尔克孜族孢孜酒饮用示意图

柯尔克孜族马肠子

图一 柯尔克孜族马肠子主图

世代以游牧生活为主的柯尔克孜族在饮食上主要以肉和奶制品为主要食物,所放养的牲畜主要包括马、牛、羊、骆驼、牦牛等。柯尔克孜族人喜好食马肉、马肠,在世俗的礼节中招待客人最珍贵的食品是马肉,对待客人最高的礼节莫过于宰马驹。柯尔克孜族英雄史诗《玛纳斯》中就有多处描写宰白马驹招待贵宾的情节。

马肉中含有多种人体必需的维生素,食用马肉可促进血液循环,预防动脉硬化。马肉的脂肪近似于植物油,其中不饱和脂肪酸含量高,能溶解掉体内胆固醇,使其不易在血管上沉积。马肠子是柯尔克孜族最喜欢的一种食品,其制作通常在每年的11月,正是马匹膘肥体壮时,柯尔克孜族牧民挑选并宰杀马匹后,取其肠用清水洗净,把一部分马肉切成长条,另一部分为带肋骨的马肉,撒盐、胡椒等调料后,将马肉与带肋骨的马肉组合一并灌入马肠。通常每段马肠约40—50厘米左右,灌装完毕后将两头用细绳子扎紧并吊挂在屋内风干,或是用松枝进行烟熏,大约一个多月后即可用于烹制食物。烹制时将风干或熏好的马肠取下直接放入铁锅中煮熟,取出用小刀直接切开食用。另一种做法是将切碎的马肉与大米混合,加入食盐等调味佐料后灌入马肠内,将两头扎紧,放入水中煮熟，煮时要在马肠上扎眼，防止马肠爆裂，食用时用小刀切块或完整入盘。

马肠子的食材选择都来源于柯尔克孜族以游牧为主的生产生活环境，马肠子很少拿来单独食用。用马肠灌装松散的碎肉深加工处理，能有效延长食物的保存时间，同时还获得了别样的口感。马肠制作时，材料选择搭配合理，实用、经济性获得普遍认可并得以普及。尤其是马肠作为能预防动脉硬化、促进血液循环的健康食品，对于民族饮食健康具有重要意义。

图片来源
图一　伊莎　摄影
图二至图四　黄慧君　制图
图五　王英　摄影

图二　柯尔克孜族马肠子食材原料图

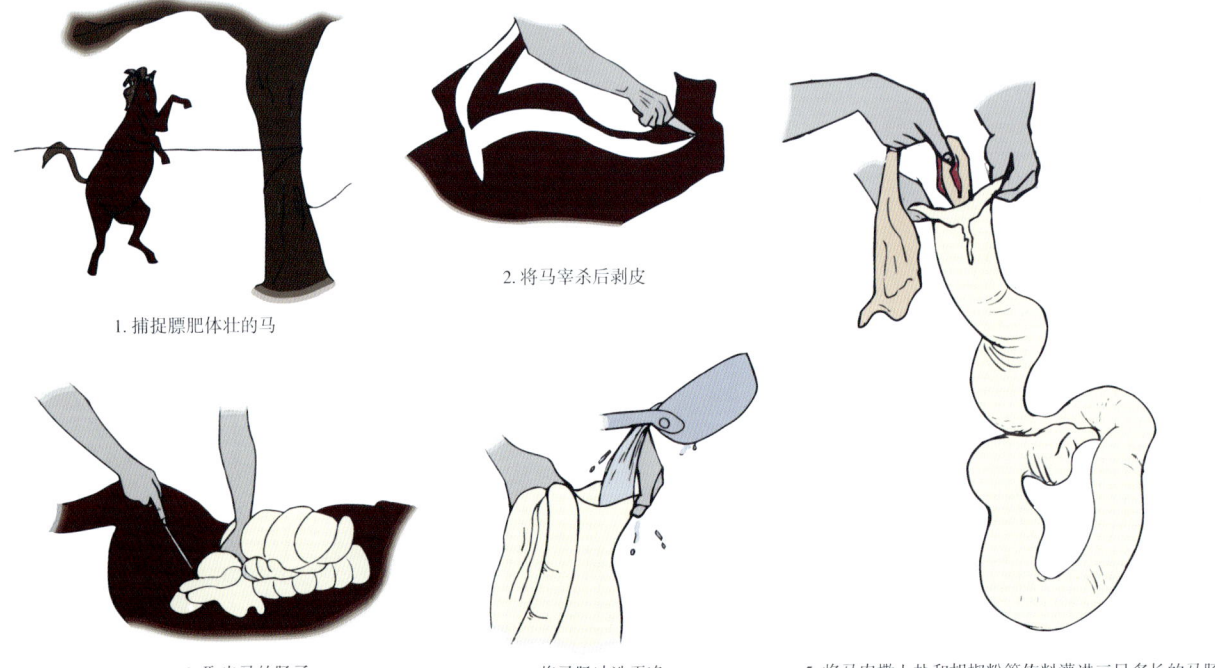

图三　柯尔克孜族马肠子加工步骤图

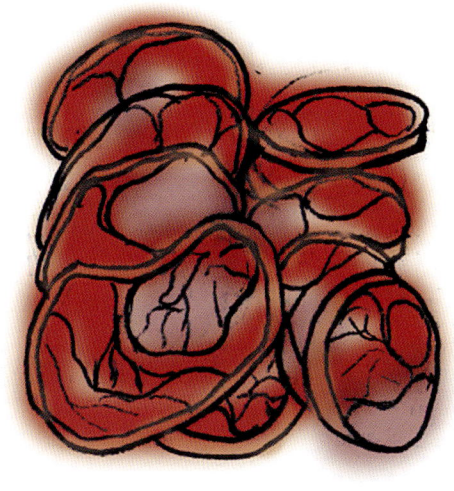

图四　柯尔克孜族马肠子食用示意图

图五　柯尔克孜族马肠子商业餐饮气氛图

柯尔克孜族奶疙瘩

图一　柯尔克孜族奶疙瘩主图

柯尔克孜族的饮食习惯及特点很大程度上取决于所从事生产的活动和所处的自然环境状况。牧民长时间在野外放牧时，都随身携带必备的食物以防不测。据史书记载，柯尔克孜族人"四季出行，惟逐水草，所食惟肉酪"，饮食品类仰仗牧养的牲畜所提供的肉和奶。特别是奶制品，是柯尔克孜族习食的美食之一。夏季是牧场产奶旺季，饮食中主要为鲜奶，并将多余的鲜奶制成奶酪，便于长时间储藏以备作零食或冬季食用。

奶疙瘩是用鲜奶发酵后制作的一种食物，也是柯尔克孜族群众普遍喜爱的一种食品。奶疙瘩的制作过程是，将鲜奶煮沸后加入乳酸杆菌发酵，待其发酵凝固后装入布袋并封口，在室外吊挂或绑吊在马背上进行过滤，滤掉水分后，打开布袋，用手捏成各种块状造型，放置在芨芨草编织的席子上晾晒，干后就凝固为奶疙瘩。奶疙瘩也是牧民外出放牧时充饥的干粮，可补充能量，抵御风寒，也可将其放入加满泉水的碗里饮用，既解渴又消暑，平时也可在喝茶时当点心吃，或者将奶疙瘩与面同煮做成酸奶面条。奶疙瘩为乳酸菌发酵食品，味甘酸，性平，具有健胃消食的作用，脂肪含量和热量较高，适于高寒牧区食用。除通常作为食物外也将其作为仪式中道具使用，如柯尔克孜族的摇篮仪式选择在孩子的第40天举行，被邀请的宾客需拿出40个奶疙瘩用新碗盛放，搁在婴儿的面前，以祝福婴儿健康长寿。柯尔克孜族的婚礼中有一个"恰西诺恰西德"的仪式，把用口袋包裹的奶疙瘩、糖果等食品用木杆顶到毡房天窗上，让其散开落下后供孩童们抢食，表示婚礼正式开始。

奶疙瘩是以游牧生活为主的柯尔克孜族最为熟悉的普通食品之一，是利用生物发酵原理设计制作的便于储藏携带的食品。整套设计程序体现了柯尔克孜族畜牧经济生产生活特点。制作过程中家庭成员共同参与，利于增进家庭成员间的感情交流，促进家庭和谐。其设计的科学性及便利的操作程式亦获得了民众的普遍认可与接受，成为民族饮食设计文化重要的组成部分。

图片来源
图一　陈述　摄影
图二至图四　黄慧君　摄影
图五　陈述、陈泽　制图
图六　黄慧君　制图

牛奶或羊奶

图二　柯尔克孜族奶疙瘩食材原料图

图三　柯尔克孜族奶疙瘩加工步骤图

图四　柯尔克孜族奶疙瘩食用方法示意图

图五 柯尔克孜族奶疙瘩制作示意图

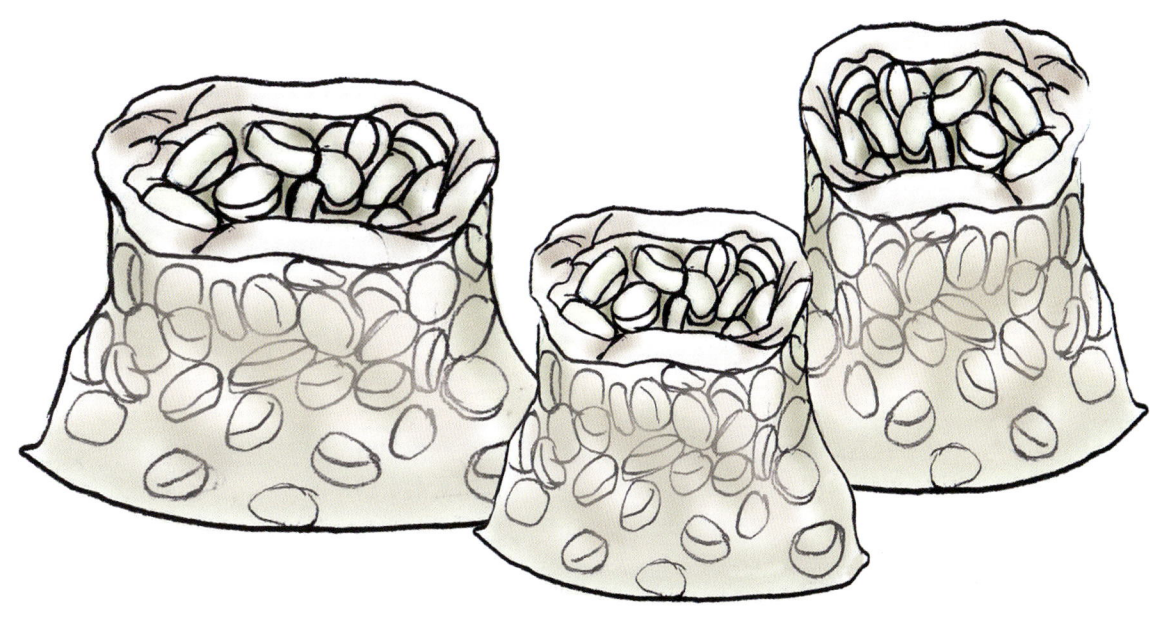

图六 柯尔克孜族奶疙瘩成品图

第三章 柯尔克孜族传统餐饮

柯尔克孜族馕

图一 柯尔克孜族馕主图

馕在以游牧和半游牧生活为主的柯尔克孜人饮食中占有很重要的位置。柯尔克孜族主要从事畜牧业，长年在野外转场放牧，馕制作便利，久存不坏，适于任何环境下的直接食用，遂成为柯尔克孜族最为常见的主食之一。

馕在新疆具有悠久的历史。现陈列于新疆维吾尔自治区博物馆由吐鲁番出土的馕就产于两千多年前。古代称之为"胡饼""炉饼"，白居易《寄胡饼与杨万州》诗："胡麻饼样学京都，面脆油香正出炉。寄予饥馋杨大使，尝看是以辅兴无。"《新唐书》记载，居住在叶尼塞河流域的柯尔克孜牧人早在唐代以前就已食用"饼饵"，即今天所称的馕。

馕是新疆多个少数民族共有的一种面食制品，制作程序及工艺大体相同，实质上仍有小的差别。柯尔克孜族馕的品种较多，有薄馕、"奥尔"馕、苞谷面馕、肉馕、油馕和甜馕等，其形状一般为圆形簸状，薄如扇。柯尔克孜族的馕主要用白面做，也有用苞谷面或苞谷面混合白面粉来做的。制作最一般的薄馕，是在面粉中加入少许的盐水和酵面，和均匀后揉打成型，稍微发酵，然后打在馕坑内壁上烤熟即可。住在城镇的柯尔克孜人家大都设有馕坑，多是用土坯砌成，成型的面坯就贴在馕坑内壁。而草原流动的柯尔克孜牧民则用平底锅或是铁锅烤馕。平底锅为两个，烤制时将发酵好的面团置于其中一口平底锅内，用另一口平底锅倒扣在盛有面团的平底锅上。因平底锅有1厘米以上的沿，易于密封，在平底锅上下堆置已燃的干牛粪或炭火，上下一齐烘烤，受热均匀熟得也快。烤制器具较轻，便于携带，很适合游动中的牧民使用，与馕坑烤制的馕也略有风味的不同。

和面过程中加入羊油烤制而成的叫油馕。柯尔克孜族烤馕制作精细，用料讲究，刚出炕的热馕酥脆喷香，多不放碱。由于馕含水分少，加上新疆干燥的气候，易存储。柯尔克孜牧民外出放牧时常将馕带在身边，肚子饿时拿出来就食用。家中有客人来时，馕也是招待客人的必备食品之一。有时在外出旅游或办公时都会带一摞馕。

馕的工艺流程及制作反映出柯尔克孜族的生产、生活特点。食馕过程也形成了社会伦理观念与习俗，如不能单手掰馕；馕不能背面朝上放置；摔到地上的馕要捡起来放到不易被人踩到的地方；或捡起来后连续吹三次就可以食用；在旅途中遇见馕就表示福运和顺畅等。

由于长年游牧于野外，以土坯制成的馕坑无法搬动，则使用两个圆形铁锅倒扣来烘烤，其原理与土制馕坑烤制类似，又基本保持了这种烤制方法的食用味道，满足了柯尔克孜族牧民的饮食习惯。燃料多取自晒干的牛粪或柴草，保证了制作中基本原料在自然环境中的收集与供给，其设计体现出民族的生产、生活，又一定程度满足了饮食的心理及情感需要。其便利的操作及携带是基于对这种生产、生活方式深刻的洞察与切身体验，体现民族饮食习惯特性的创造性活动，对当下的设计创意及构思具有一定的启迪及参考作用。

图片来源

图一　陈述　摄影
图二　刘卉　摄影
图三　陈述、刘卉　制图
图四至图六　秦俭　制图
图七　朱秋婷　制图

白面

苞谷面

图二　柯尔克孜族馕食材图

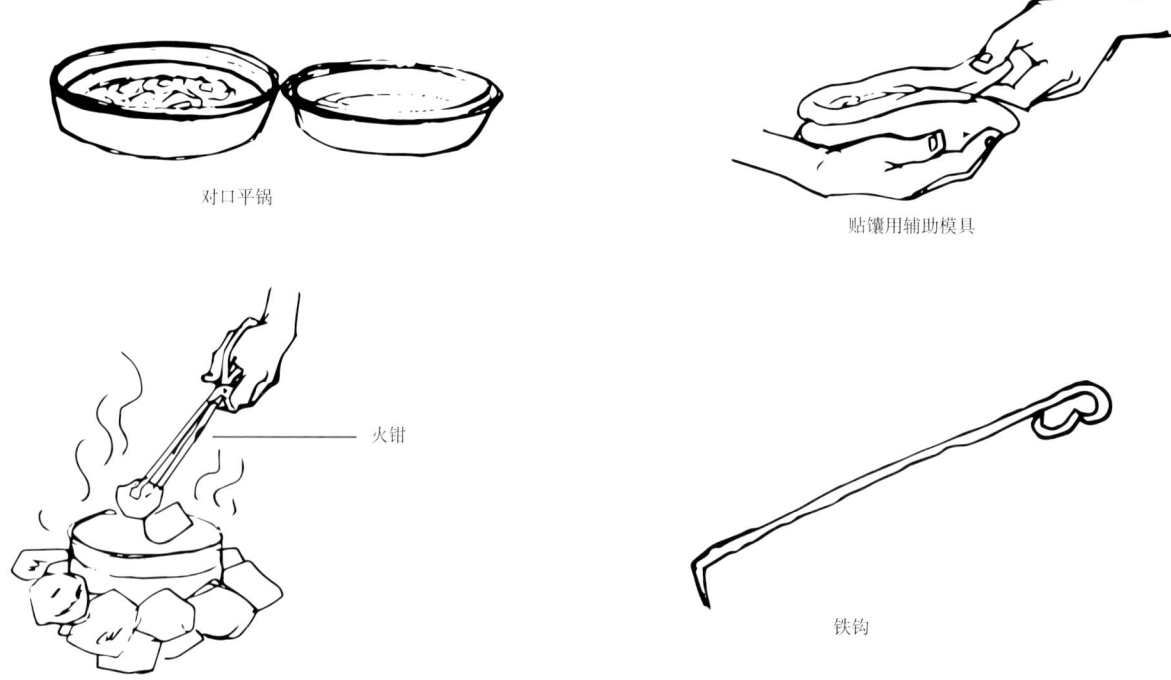

图三　柯尔克孜族馕饼烘烤工具图

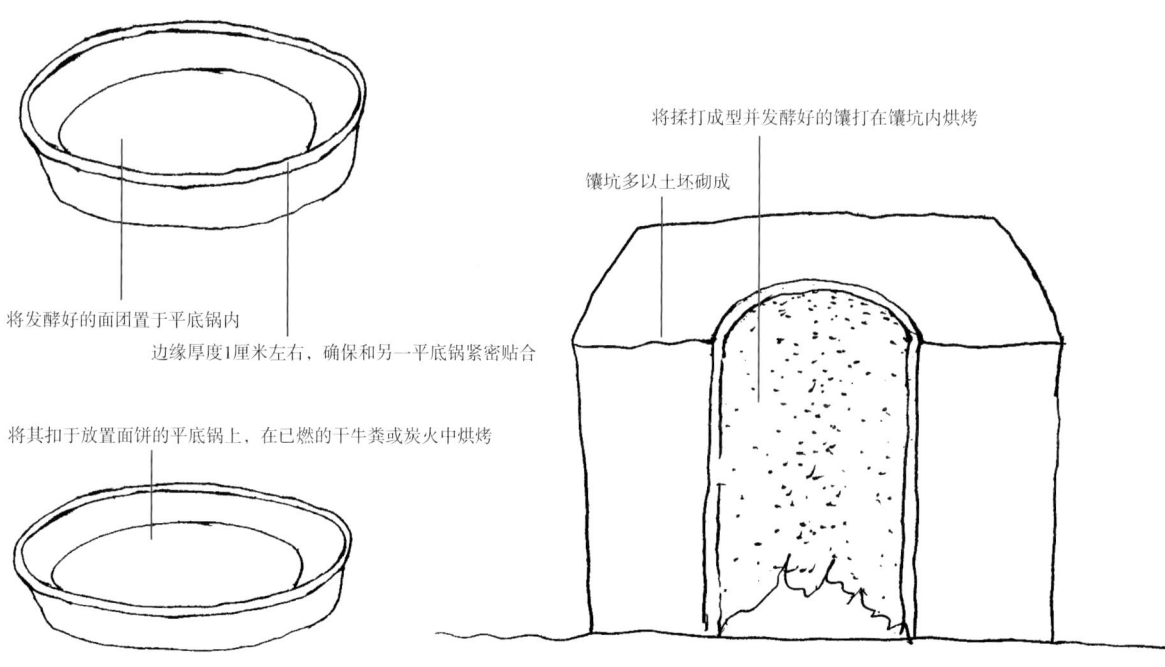

图四　柯尔克孜族馕饼烤制平底锅及馕坑分析图

面粉中加入少许盐水和酵面

和均匀,摆放至稍微发酵

制作肉馕可添加羊肉丁、孜然粉、胡椒粉、洋葱末等拌匀

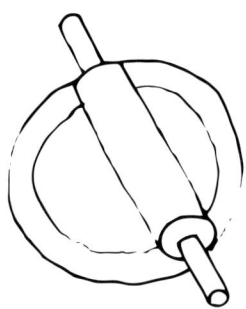
擀制成圆形面坯

将面坯放置于特制的工具上,用章子在面坯表面印出花纹

用手或其他工具将面坯打入馕坑

图五　柯尔克孜族馕饼制造工序(馕坑)图

面粉中加入少许盐水和酵面

和均匀,摆放至稍微发酵

制作肉馕可添加羊肉丁、孜然粉、胡椒粉、洋葱末等拌匀

用手将面团捏放于平底锅中

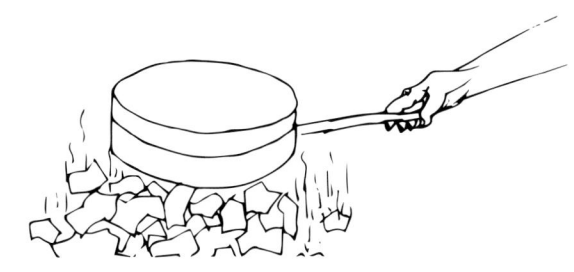
用另一平底锅盖于装有面坯的平底锅上在以牛粪、木材为原料的火堆上翻转烘烤

图六　柯尔克孜族馕饼制造工序(平底锅)图

图七　柯尔克孜族烤馕现场气氛图

柯尔克孜族奶油米饭"沙尔阔勒"

图一　柯尔克孜族"沙尔阔勒"主图

柯尔克孜语"沙尔阔勒"意为黄色的湖，实指由奶油和米制作的食物，也称"西仁古鲁西"，意为奶油甜米饭。柯尔克孜族是一个热情好客的民族，接待客人讲究礼数。奶油米饭（沙尔阔勒）是柯尔克孜族招待宾客的佳品。"沙尔阔勒"素食做法其原料为大米、牛奶和酥油，做法是用牛奶和大米做成黏饭放在椭圆形盘子上，并把黏饭四周做成起伏的山峦形状，中间做成低洼的盆地形状，然后把融化的黄灿灿的酥油放在中间，犹若金色的湖水。还有一种做法，把大米加水煮熟后，加入鲜奶和酥油共食；或把大米用水煮成半熟，再加入鲜奶煮，等煮成稠粥状，盛到盘内，上面再加入融化的酥油即可。牛奶做成的黏饭呈雪白色，饭粒中散发出来的热气恰似雪山顶上的白云，客人望见这般景色顿时会食欲大增。吃饭时用手抓，或拿勺子盛上饭再蘸上"湖中"的酥油，油而不腻，可口难忘。还有一种为荤食奶油米饭，"沙尔阔勒"做法：主要原料为大米、牛奶、奶油、羊肉、马肉和鸡鸭等禽类肉，再加胡萝卜、洋葱、食盐等。绿洲地区还加葡萄干、杏干、草果等。其做法是：先将大米洗净后与牛奶一起放入锅内，再加适量的食盐加洋葱焖制。盛在盘内堆成圆锥形，其上放入奶油、熟肉等即成，用木勺食用。奶油米饭中再放入洋葱片、胡萝卜丝、葡萄干或羊肉片，分别称作菜奶油饭、葡萄干奶油饭或肉片奶油饭。

柯尔克孜族奶油米饭"沙尔阔勒"所用

主材基本源于自身生活环境中可获取的食材，奶及奶油是草原游牧民族的主要食物之一，奶油通过将牛奶沸煮后提取，简易实用。奶油的脂肪比奶子要高20倍以上，富含维生素A和维生素B，一般人均可食用，益于在高寒地区补充体内热量。

奶油米饭"沙尔阔勒"以煮制为主的烹饪，其法适于高寒地区的柯尔克孜族食物加工条件，从食材的准备及加工都与柯尔克孜族的生产活动密切联系，因而具有很广泛普及性，深受柯尔克孜族群众喜爱，在实践中得到创新。

图片来源
图一　陈述　摄影
图二、图三　刘卉　摄影
图四、图五　陈述、刘卉　制图

图二　柯尔克孜族沙尔阔勒食材原料（荤）图

图三　柯尔克孜族沙尔阔勒食材原料（素）图

将大米洗干净

将大米倒入锅中并加入牛奶

加入适量的盐及洋葱

盖上锅盖焖制

盛在盆内并在中心挖出小坑

放入奶油即可

图四 柯尔克孜族沙尔阔勒酥油米饭制作示意图

倒入牛奶

将煮沸的牛奶浮油用勺捞起并盛入准备好的盆里

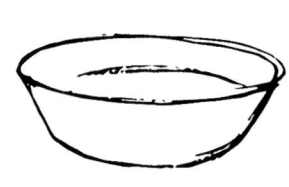
待凉后凝结，酥油的提取就算完成

图五 柯尔克孜族沙尔阔勒酥油提取过程图

柯尔克孜族稀粥"乌麻什"

图一　柯尔克孜族稀粥"乌麻什"主图

稀粥俗称糊糊，柯尔克孜族语为"乌麻什"。

公元前3世纪以前，居住在我国北方辽阔草原的古柯尔克孜人就已经从事农业，考古发现，唐代在柯尔克孜人居住的区域就已经有纵横交错的灌溉系统。《太平寰宇记·黠戛斯》记载，黠戛斯所居地区因较平坦的地势及丰沛的水源，整体呈现为定居农业的集体性生产生活。当时已使用来自中原汉族地区的铁犁头，种植大麦、小麦、青稞等。西迁天山及帕米尔高原后，柯尔克孜族主要从事畜牧业，兼营农业和狩猎，农作物主要有小麦、玉米、青稞、胡麻等。

稀粥通常使用玉米粉制作，操作方法很简单，首先将水烧开，将玉米粉均匀撒入锅中，并不断用勺搅动，便做成可食用的稀粥。柯尔克孜族人在做这种稀粥时也使用小麦面或青稞面。小麦是一种最为常见并广泛种植的植物，青稞俗称大麦，其生存力较强，种大而饱满，适宜高原地区种植。稀粥的制作，先用切好的洋葱炝锅，再放入切碎的肉末，并兑入羊肉汤，待汤烧开后，均匀撒入小麦或青稞粉即可。该食物一般为早餐，和烤馕及其他乳制品一起食用。羊肉汤具有温中散寒、化滞之功效。因地处高原地域，日夜温差悬殊，寒气较重，食用稀粥能暖和身子。

稀粥"乌麻什"为一种大众化的普通饮食设计，其食材原料选择与柯尔克孜族所处自然环境条件及生产活动直接相关，体现高山草原游牧民族的生活特点。将素食制作饮用与肉食食物搭配，更趋合理科学，制作程序简便易行。"乌麻什"无须咀嚼、入口顺畅、老少皆宜，便捷合理的食材组合、搭配与制作设计，体现制作者个体性的选择与需要，使普通常见的食材经设计而呈现丰富的变化，以适用不同味觉需要，扩展了人体所需能量提供的选择空间，成为营养丰富、味美可口的食物，对于今天的食物设计搭配创意具有很好的借鉴与参考价值。

图片来源

图一　陈述　摄影
图二　黄慧君　摄影
图三至图五　黄慧君　制图

小麦粉　　　　　　　　　　　青稞面

图二　柯尔克孜族稀粥"乌麻什"食材原料图

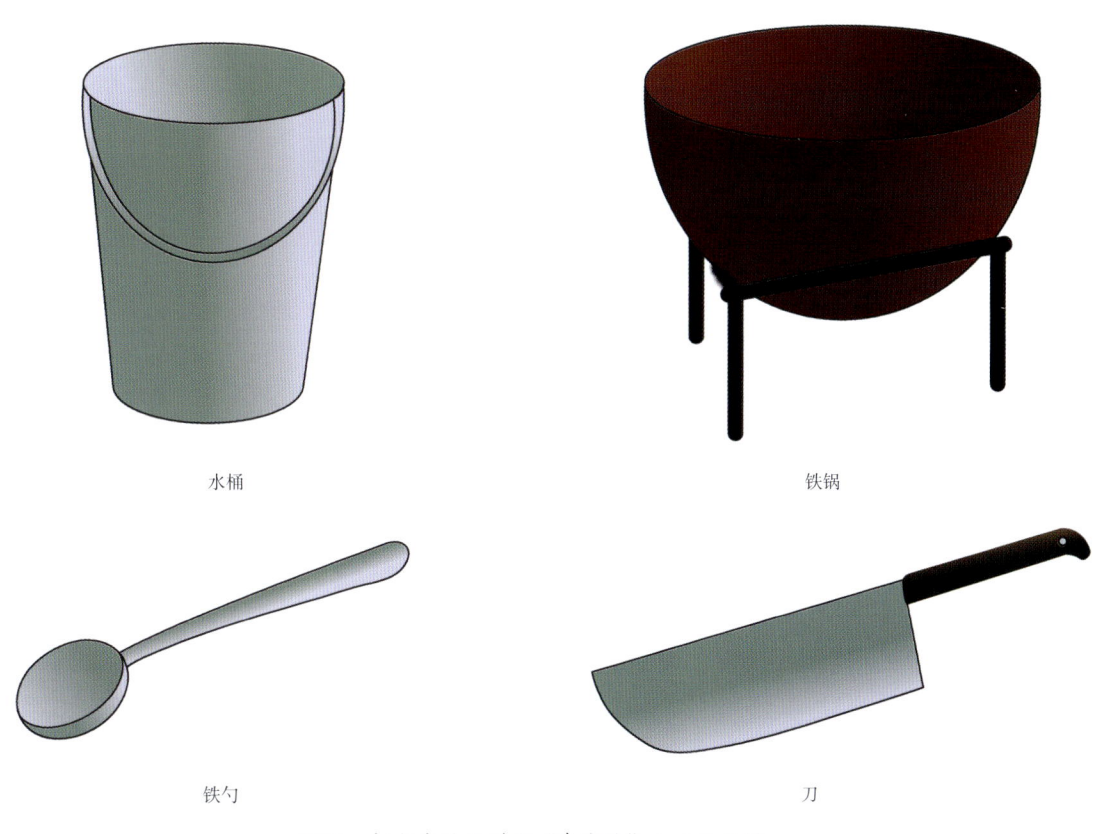

水桶　　　　　　　　　　　铁锅

铁勺　　　　　　　　　　　刀

图三　柯尔克孜族稀粥"乌麻什"加工工具图

1. 先用切好的洋葱炝锅，再放入切碎的肉末

2. 兑入羊肉汤，待汤烧开

3. 用手或碗将小麦或青稞粉均匀撒入锅中，并不断用勺搅动

4. 一碗美味又营养的乌麻什就做好了

图四　柯尔克孜族稀粥"乌麻什"制作工序图

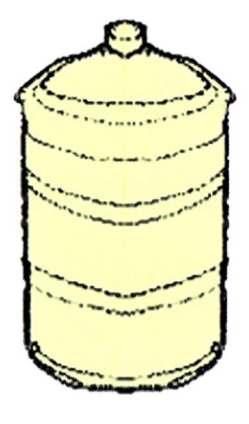

羊肉　　　　　　　　　　　　洋葱　　　　　　　　　　　　植物油

图五　柯尔克孜族稀粥"乌麻什"配料示意图

柯尔克孜族抓饭

图一 柯尔克孜族抓饭主图

抓饭是用肉、米、蔬菜、油制作的饭，为柯尔克孜族等少数民族的主食，因用手抓着吃，通称为抓饭。柯尔克孜族主要从事畜牧业生产，平日里相对较分散，难得见面，遇到节日、婚礼，大家聚集在一块庆贺便要做抓饭招待来宾，抓饭也成为节日的食品。

做抓饭，一般现场宰杀一只羊，用新鲜羊肉做抓饭。柯尔克孜族做抓饭的方法和维吾尔族的差不多，其原料主要有大米、胡萝卜、洋葱、羊肉等，但是由于条件的限制，牧区的抓饭和农区的抓饭有所不同。农区的抓饭花样多，有干果抓饭、羊肉抓饭、牛肉抓饭和鸡肉抓饭等，有时在抓饭里还放一些蔬菜。而牧区的抓饭大多只有羊肉、洋葱、大米，有时没有胡萝卜，不过羊肉放得多，味道同样鲜美。柯尔克孜族有时也用马肉做抓饭，这种抓饭别有一种风味。抓饭营养丰富，香气四溢，味道可口，从原料上看，羊肉性温，富含大量的动物蛋白、脂肪和氨基酸，具益肾补血之功效；胡萝卜富含维生素，有补气生血、生津止渴的作用；洋葱含维生素$B_1$$B_2$、钙、镁等。加上大米蔬菜等，营养很全面。

柯尔克孜族抓饭食材配置巧妙合理，营养全面，焖煮的方式利于胡萝卜营养被人体吸收。用抓饭招待宾客，用手抓食的方式也符合食前要洗手的传统礼俗。大家聚集一起用餐也易营造融洽的氛围，增进成员之间的情感。用马肉替羊肉，其案例本身具有的较强的再造性，一定程度反映出柯尔克孜族的

变通、灵活，对于当代食物设计创意活动有重要的参考价值。

图片来源
图一　陈述　摄影
图二　刘卉　摄影　黄慧君　制图
图三至图五　陈述、黄慧君　制图

| 大米 | 洋葱 |

| 羊肉 | 胡萝卜 |

图二　柯尔克孜族抓饭食材原料图

将胡萝卜、洋葱等配料洗净切好

将牛、羊肉放入锅中与配料一起翻炒

米饭倒入锅中与牛、羊肉、配菜一起翻炒

盛盘完成

图三　柯尔克孜族抓饭加工步骤图

图四 柯尔克孜族抓饭食用示意图

现场宰杀羊　　　　　　　　杏干　　　　　葡萄干

　　　　　　　　　　　　　　胡萝卜　　　　洋葱

　　　　　　　　　　　　　　　　基本配料

图五 柯尔克孜族抓饭食材采集图

第三章　柯尔克孜族传统餐饮

161

第四章 柯尔克孜族传统生活用具

柯尔克孜族便携式带盖木碗

图一 柯尔克孜族便携式带盖木碗主图

以游牧生活为主的柯尔克孜族在历史上就有使用木碗的习俗，木匠擅长制作各类木质手工生活用品。据考古资料显示，早在柯尔克孜族生活过南西伯利亚旷野的古墓发掘中就发现过半圆形木碗。柯族西迁天山、帕米尔高原后，依然沿袭传统的游牧生产生活方式，木勺、木碗这些基本生活用具一直延续，便携式带盖木碗是这类木制生活器具中制作精良、美观、考究的一款，可视为碗具的升级版。

便携式带盖木碗的制作木料主要使用桦木、榆木等，对于牧区生活环境来说材料易得。制作中根据预设中碗的形态大小，预先截取树干相应粗细的一段，晾晒干后使用砍砍子、刀具、木锉、剜刀等工具，采用挖、削、搓、刻、钻等工艺来完成带盖木碗的制作。便携式带盖木碗其主要特征在于碗盖与碗主体连在一起，形成一个可利用碗盖进行开合操作的盛装食物器具，碗盖与碗口间设有皮扣。用时左右旋转碗盖开启木碗，突出的部分为木柄把手，也是连接碗体固定碗盖的重要固件。有时在野外使用时可手握木柄转动碗盖用于舀水解渴，木把上外侧一端安装有一扣环，用于穿绳系挂携带。木碗及木盖上刻有植物装饰花纹，手柄上刻有象征雪山的纹饰。相对密闭防尘的便携式带盖木碗平时也可盛放固体食物，如奶疙瘩、熟肉等。便携式带盖木碗流畅的圆形弧线造型能有效地减轻骑行中因磕碰造成的损伤。

便携式带盖木碗在功能设计上体现出柯尔克孜族游牧生活的实际，是为适应所处的自然环境及社会生活极具创造想象力的设计表达，是实用性与审美性兼具的造物设计案例之一。

图片来源

图一　陈述　摄影
图二至图七　黄慧君　制图

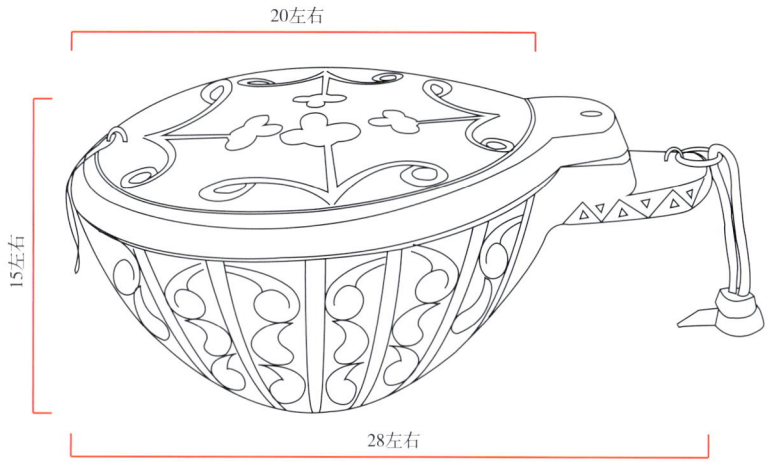

图二　柯尔克孜族便携式带盖木碗尺寸图（单位：cm）

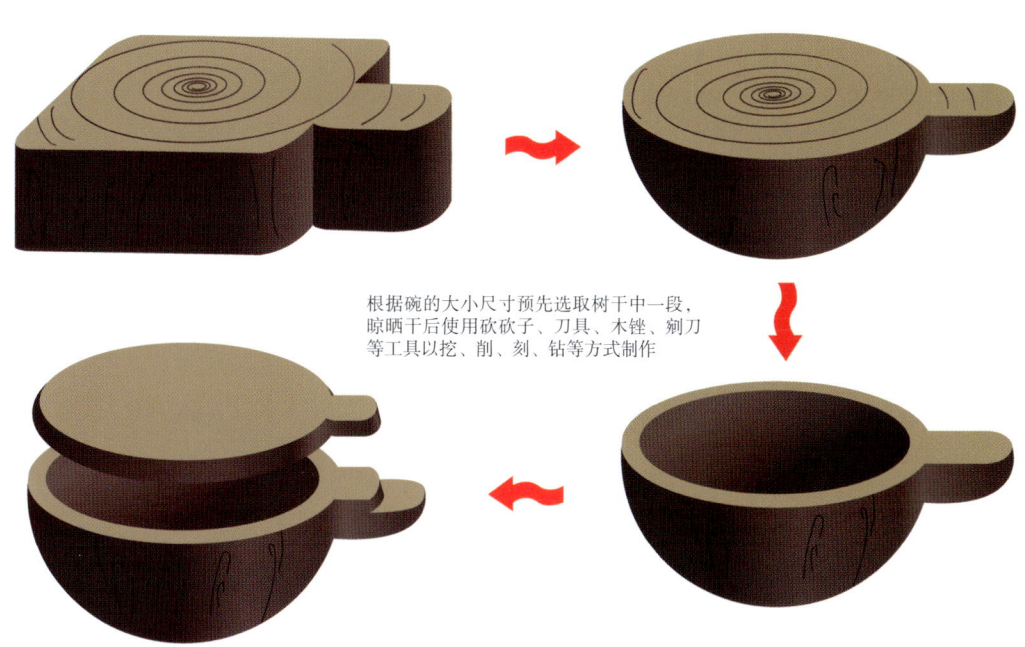

根据碗的大小尺寸预先选取树干中一段，晾晒干后使用砍砍子、刀具、木锉、剜刀等工具以挖、削、刻、钻等方式制作

图三　柯尔克孜族便携式带盖木碗工艺分析图

砍砍子　　　剜刀

木锉　　　刀

图四　柯尔克孜族便携式带盖木碗加工工具图

鹿皮条

鹿皮条

图五　柯尔克孜族便携式带盖木碗解构图

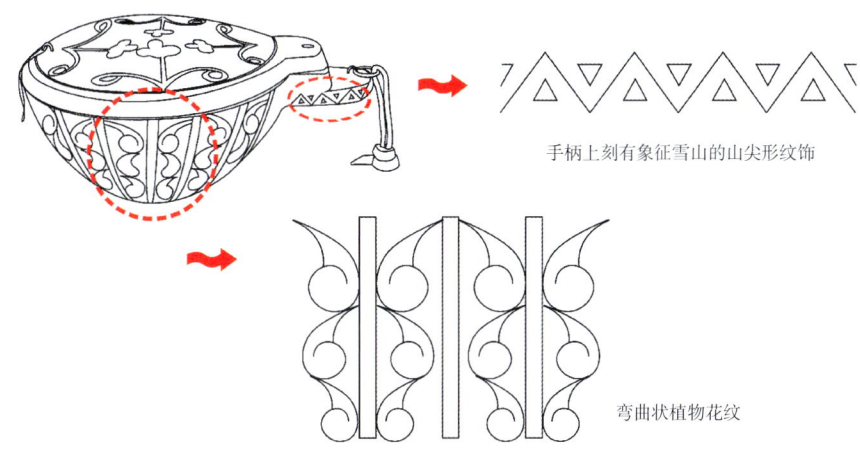

手柄上刻有象征雪山的山尖形纹饰

弯曲状植物花纹

图六 柯尔克孜族便携式带盖木碗纹样分析图

用时旋转碗盖，在野外手握木把用于舀水解渴

图七 柯尔克孜族便携式带盖木碗操作示意图

柯尔克孜族带盖木桶

木桶盖

木桶身

图一 柯尔克孜族带盖木桶主图

以游牧生产生活为主柯尔克孜族，习惯上以季节的变化来区分放牧的草场，由于天山山脉及帕米尔高原地形复杂，幅员辽阔，气候变化无常，四季不明显，牧民通常是以夏秋场——冬春场进行循环放牧安排，家人也因季节性草场畜牧的转移而跟随迁移，以使照顾家人、看护牲畜。为维持正常的生活基本需要，对所携带的粮食要进行储藏存放，同时依托于畜牧业不断进行食物的生产及加工，用以扩充食物品种，改善饮食结构，其中离不开重要的生活用具——木桶。木桶是可存放食物的容器，也是柯尔克孜族生活中经常使用的重要生活用具之一，木桶的主材是由木料构成，柯尔克孜族畜牧区域大多在处于边远的山区，广阔的山区均有成片状纯林或散生林分布，形成了山区天然林区，主要为云杉、圆柏或山杨等树种，其次是纵横河流谷地的，在河两岸及河滩地分布面积大小不同的河谷次生林，多为河柳、沙棘、水柏枝等树种，为木桶的制作提供了天然的条件。

木桶在日常生活中主要用来盛装食物，依据木桶的设计制作方法不同其使用功能也具不同，用于盛水、挤马奶、驼奶的木桶多为无缝削控式木桶，而带盖拼板木桶则主要用来储存粮食用，如白面、米等粮食作物。

带盖拼板木桶由底座向上沿口收缩呈梯形状，约由16块左右的木板拼接围合而成，外部上沿口边及下木桶腹部使用约5厘米宽的铁片环箍住，根据长时间使用情况可用铁丝进行加固以延长使用寿命，木桶上沿口突出的两块木板犹如木桶的两只耳朵，主要用于捆绑绳索便于提行，并借用两块突起的木板使木桶盖两端的豁口刚好嵌入，不会使木桶盖产生晃动，以致脱落，木桶下沿边长出的木板形成木桶的腿，主要起承重的作用，下沿线与地面留有3.2厘米左右的缝隙，一是便于透气，另一是搬运时易伸手将其抬起。

由此可以看出，带盖木桶的结构设计方式具有较好的承重性能，搬运时将粮食移入布袋后只需携带空桶便可，木桶的木盖设计可谓是巧妙而实用，其双耳插口设计在长途迁徙中不易使其晃动、脱落，并具良好的防尘作用，在使用时又便利使用。木桶的设计体现了其使用过程中的不同环节，具有综合性、功能性设计的特点，其设计构想是紧紧围绕特殊环境中民族生产生活的特点及实际需求而进行的，从不同的侧面都能窥视到柯尔克孜民族在与自然的关系中所闪现的设计智慧，值得当下的设计者回味与思索。

图片来源

图一　陈述　摄影

图二至图五　谈晨　制图

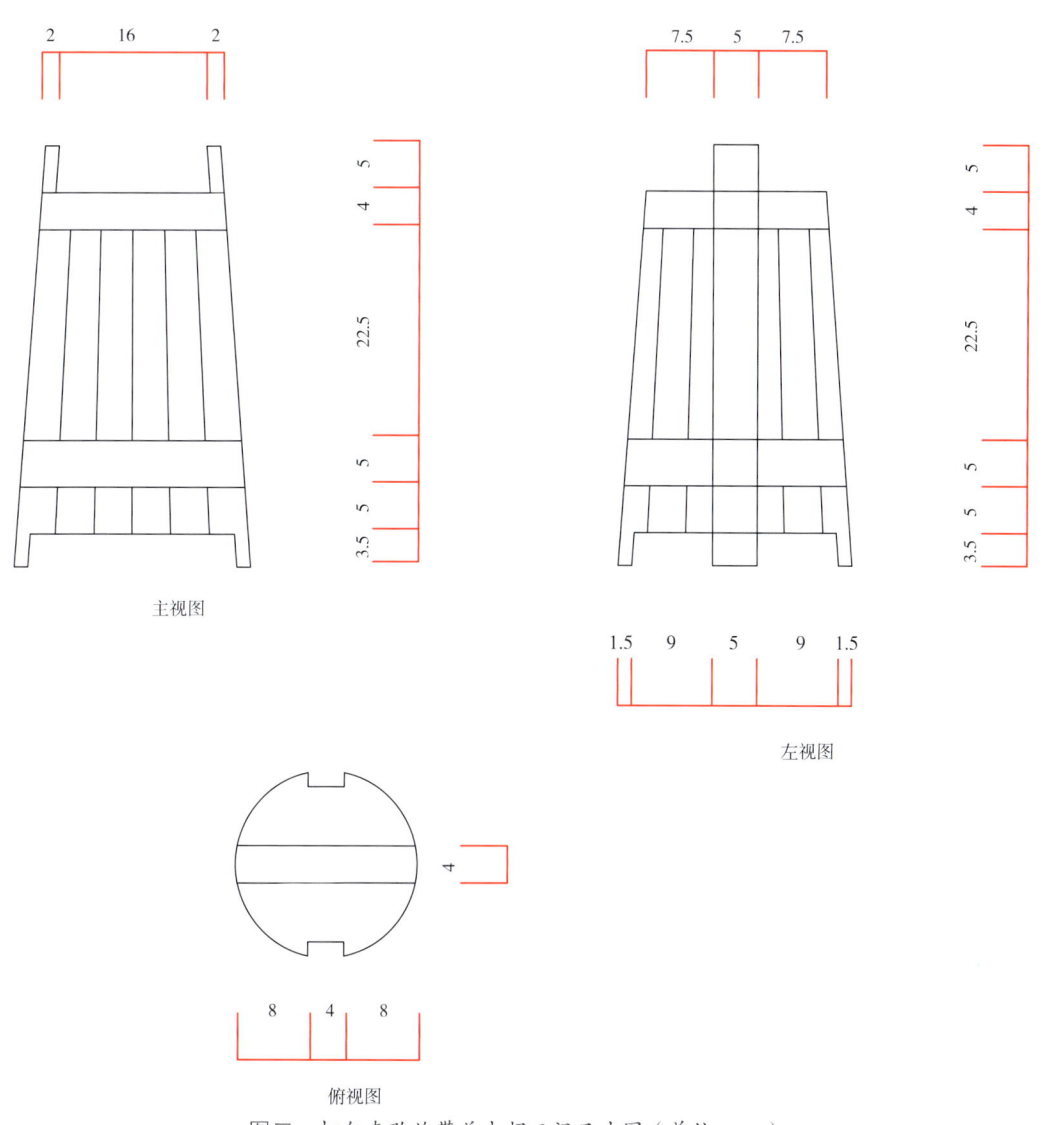

图二　柯尔克孜族带盖木桶三视尺寸图（单位：cm）

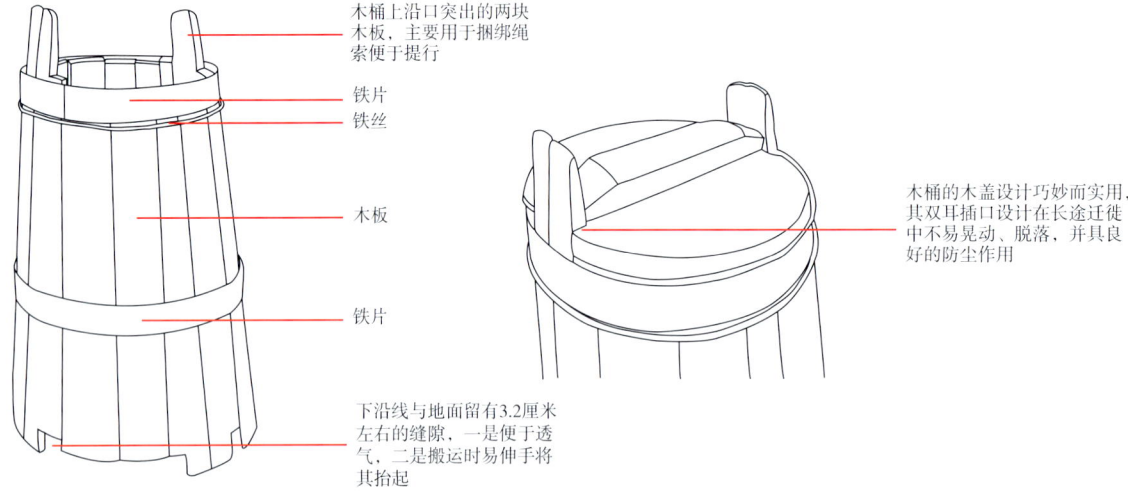

图三　柯尔克孜族带盖木桶名称图

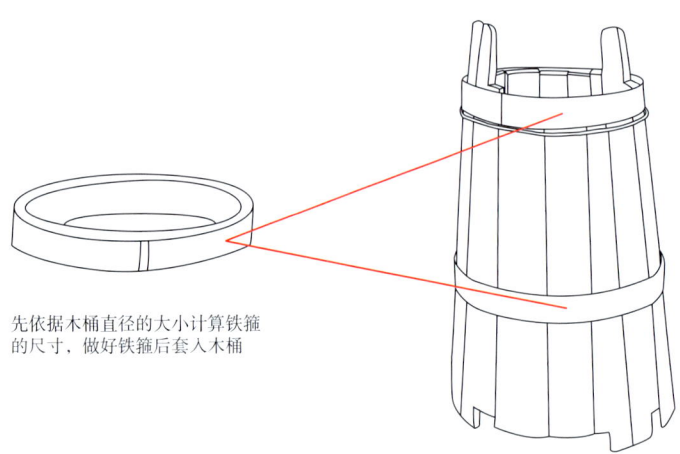

图四　柯尔克孜族带盖木桶加工方法图

带盖木桶的结构设计方式具有较好的承重性能，搬运时将粮食移入布袋后只需携带空桶便可，木桶的木盖设计可谓巧妙而实用，其双耳插口设计在长途迁徙中不易晃动、脱落，并具良好的防尘作用

图五　柯尔克孜族带盖木桶使用情境图

柯尔克孜族防烫毛织物手垫

图一　柯尔克孜族防烫毛织物手垫主图

柯尔克孜族在饮食方面非常的注重食物的营养与科学合理的搭配，生活在帕米尔高原的柯尔克孜族人因气候寒冷、冬季漫长，为抵御风寒喜食大量热性食物，主要为食肉和乳制品类的食物，大都需要经过高温烹制。柯尔克孜人在饮食上也借鉴吸收并融合其他民族的饮食文化，使本民族的饮食的文化更趋于丰富多元。食物制作主要以烧、烤、炖、煮、煎等烹制方式。夏季多使用三角形铁架炉在室外使用明火烹制，冬季则移至室内使用木材炭火铁炉烹制。烹制常使用铁壶、铁锅、烤锅等器具，圆形铁锅则是柯尔克孜族每户人家必备的食物烹制用器具之一，多为铁制带边耳的圆形铁锅。

烹制时需徒手捏住铁锅边耳移动。因移动时的安全需要，特设计制作了防烫毛织物手垫。防烫毛织物手垫主材为柔软的薄毡及毛绳等。羊毛擀制成的薄毡遇高温时不易形成熔融黏结，具有良好的隔热效果，很适宜为这种手垫的首选材料。采用套袋式的结构，使用极为便利简易。防烫毛织物手垫多为红色，具欢合喜庆之意，两垫之间用一毛绳连接，便于收纳及寻找。手垫底部饰有两个红穗，垫面绣有四瓣花卉及边饰图案，更增加了其装饰效果，体现了柯尔克孜族妇女的贤淑与聪慧。

防烫毛织物手垫为日常生活中的小件日用品设计，集实用性与装饰性为一体，设计不仅有效提高了烹制食物过程的安全性，使用的舒适程度及合理的结构是遵循人在使用过程中的生理结构适宜性需要设计的，综合图形及色彩的装饰形象反映出民族对待生活的态度及相关认识，体现为具安全、宜人为一体的设计效果。

图片来源

图一　陈述　摄影

图二至图六　黄慧君　制图

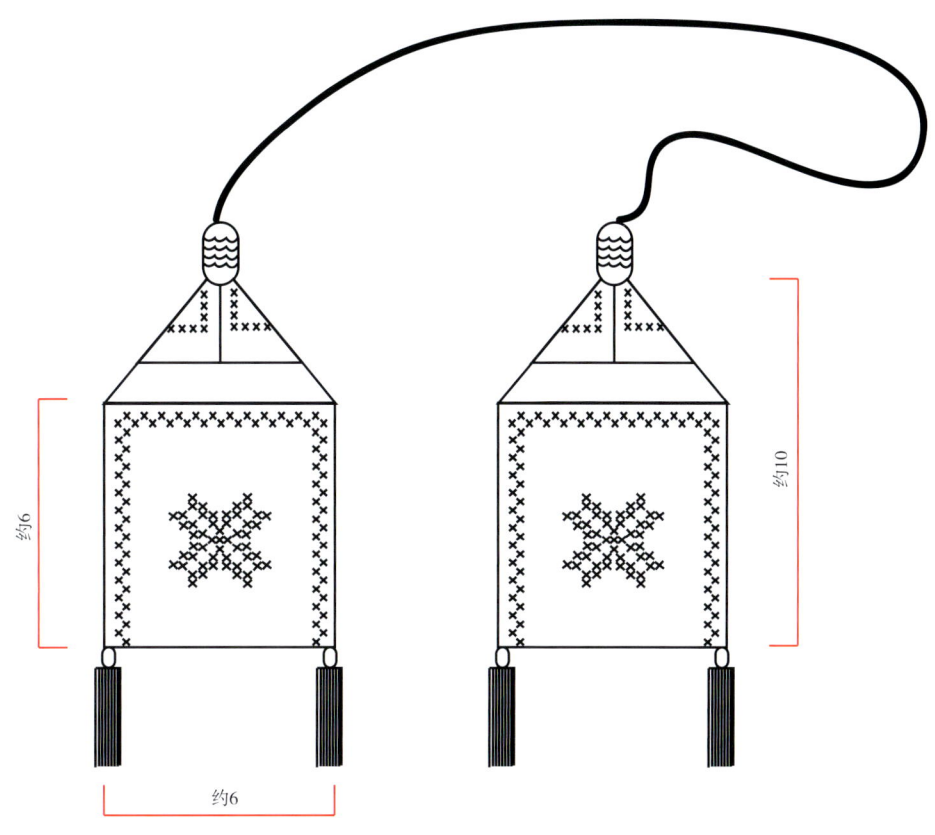

图二　柯尔克孜族防烫毛织物手垫尺寸图（单位：cm）

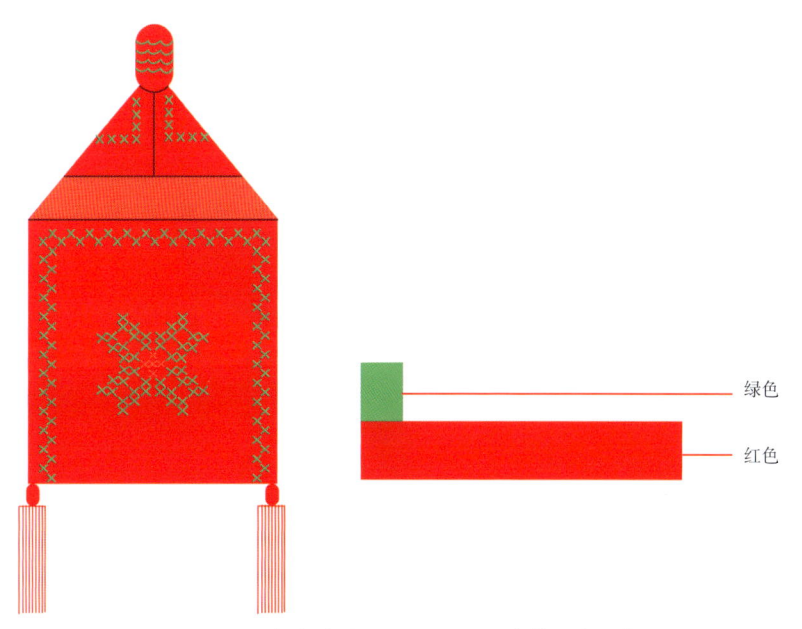

图三　柯尔克孜族防烫毛织物手垫设色分析图

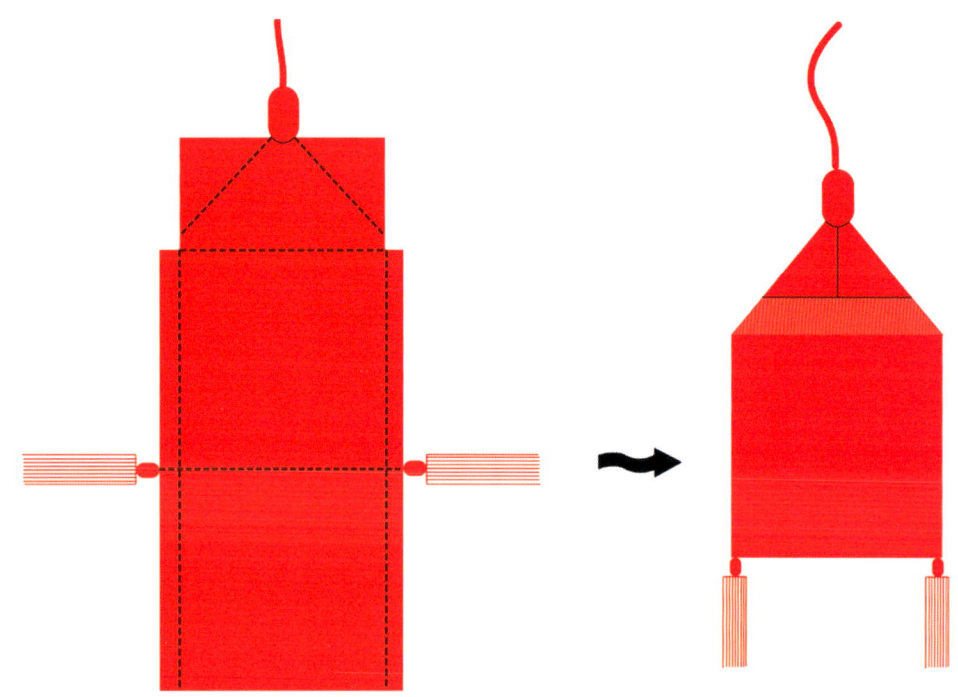

图四　柯尔克孜族防烫毛织物手垫工艺分析图

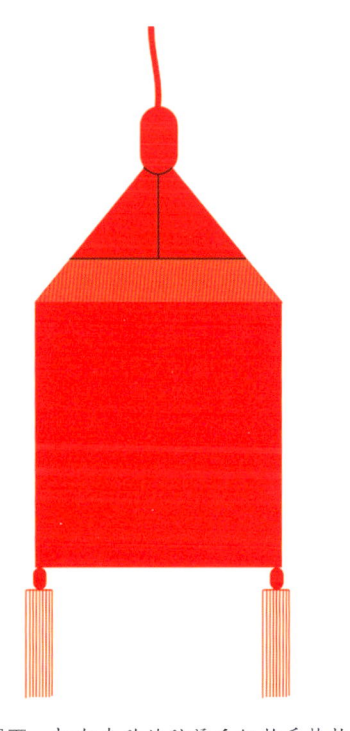

图五　柯尔克孜族防烫毛织物手垫构成分析图

图六　柯尔克孜族防烫毛织物手垫使用效果图

柯尔克孜族"柯亚克"

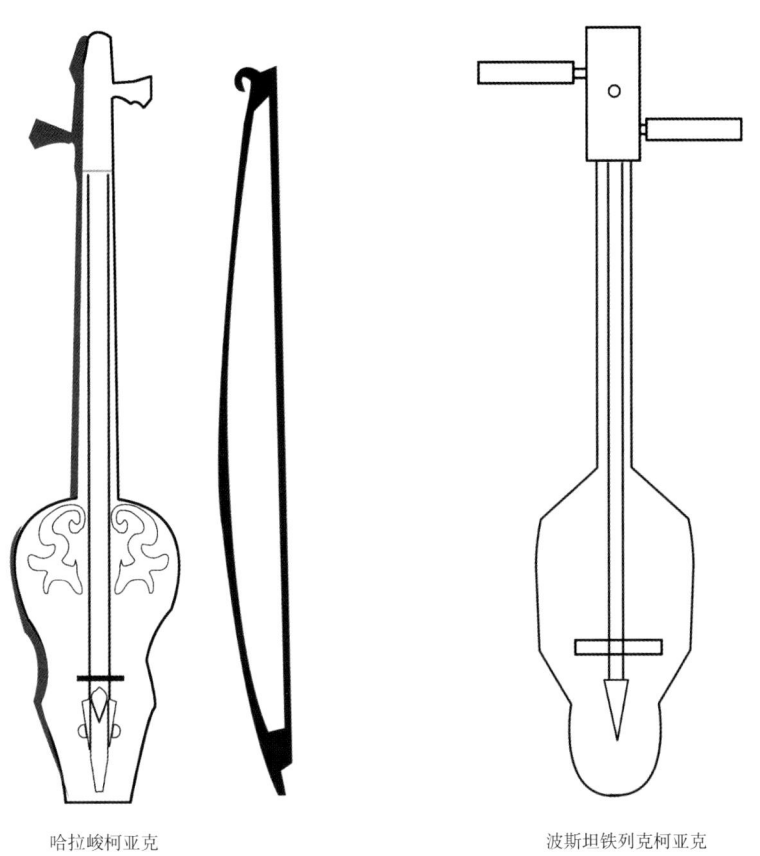

哈拉峻柯亚克　　　　波斯坦铁列克柯亚克

图一　柯尔克孜族"柯亚克"主图

"柯亚克"为柯尔克孜族语，意为一种双弦拉奏弦乐器，1954年以前被称为喀捷克。柯亚克主用于独奏或民歌伴奏（自拉自唱），曾流行于克孜勒苏柯尔克孜自治州。

柯亚克的制作材料一般为松木或者苹果木，依据器型大小选用一整段这样的木头挖制而成，外形与短把羹匙相似，全长约70厘米，共鸣箱上部宽于下部，呈倒梯形，内腔外露，下部蒙骆驼羔皮或羊皮。琴头古朴，左右各置一个弦轴，琴颈上窄下宽，正面抬板无品，张两束马尾弦。演奏时将琴箱夹于两膝间，左手持琴并按弦，右手持马尾弓，在弦外拉奏。琴声悠扬柔，犹如带弱音器的小号。柯亚克常用于独奏、合奏或叙事长诗及民歌伴奏，多为演奏者自拉自唱。依据柯亚克造型形制通常可分为三种：哈拉峻柯亚克、波斯坦铁列克柯亚克和低音柯亚克。哈拉峻柯亚克的琴首为方形，背后开弦槽，设置两个弦轸，左右各一个。琴颈短而无品。琴箱为半倒梨形状，挖凿而成，表面蒙马皮，张马尾束弦。哈拉峻柯亚克的音韵轻柔，音量较小。波斯坦铁列克柯亚克琴首为长方形，背后开弦槽，也设置有两个弦轸，左右各一个，琴颈短而无品。也有呈多边形的琴箱，由木头挖凿而成，蒙马皮，用马尾制弦。波斯坦铁列克柯亚克的演奏、音韵、记谱、定弦等与哈拉峻柯亚克相同。低音柯亚克为一种改制琴。琴首呈尖状，背后开弦槽，也设置两个弦轸，左右各一个。琴颈略长于哈拉峻柯亚克和波斯坦铁列克柯亚克。琴箱挖凿而成，蒙小牛皮。用牛筋弦或者金属弦。低音柯亚克演奏的音韵沉厚。演奏柯亚克时，把琴夹持在双膝之间，左手持琴并用手指按弦，右手操弓拉奏。

通常琴体使用整块木料挖制，无缝的共鸣箱利于发声，制作程序易于操控。使用皮革、木料、马尾或金属丝制作"柯亚克"已形成较稳定的设计制作模式。

图片来源
图一　仲晓芹　制图
图二至图六　秦岭　制图
图六　陈述　制图
图七　陈述、刘卉　制图

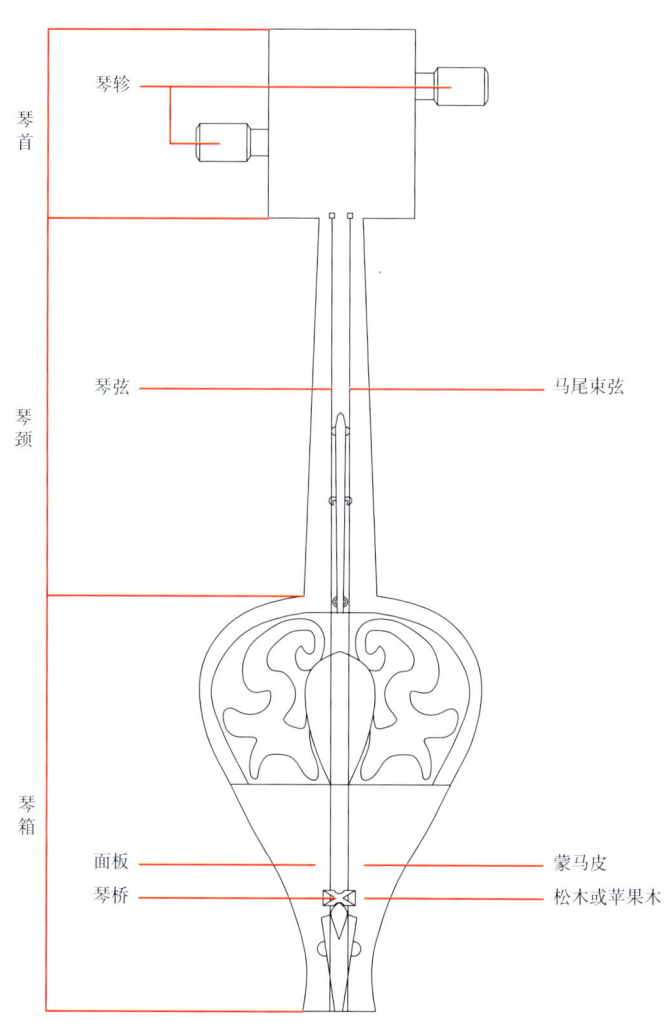

图二　柯尔克孜族哈拉峻柯亚克解构图

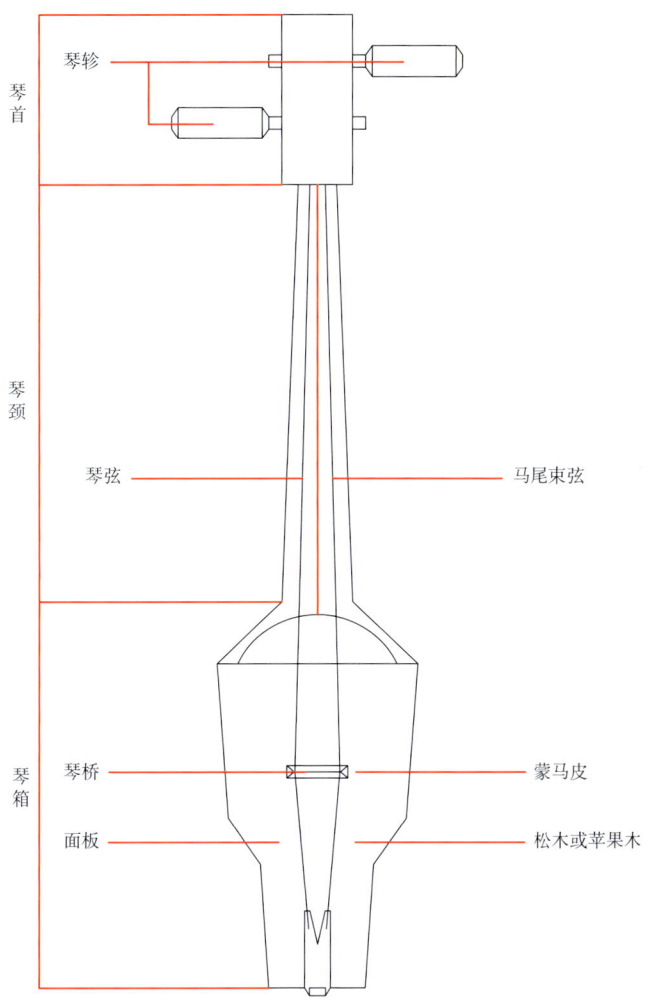

图三　柯尔克孜族波斯坦铁列克柯亚克解构名称图

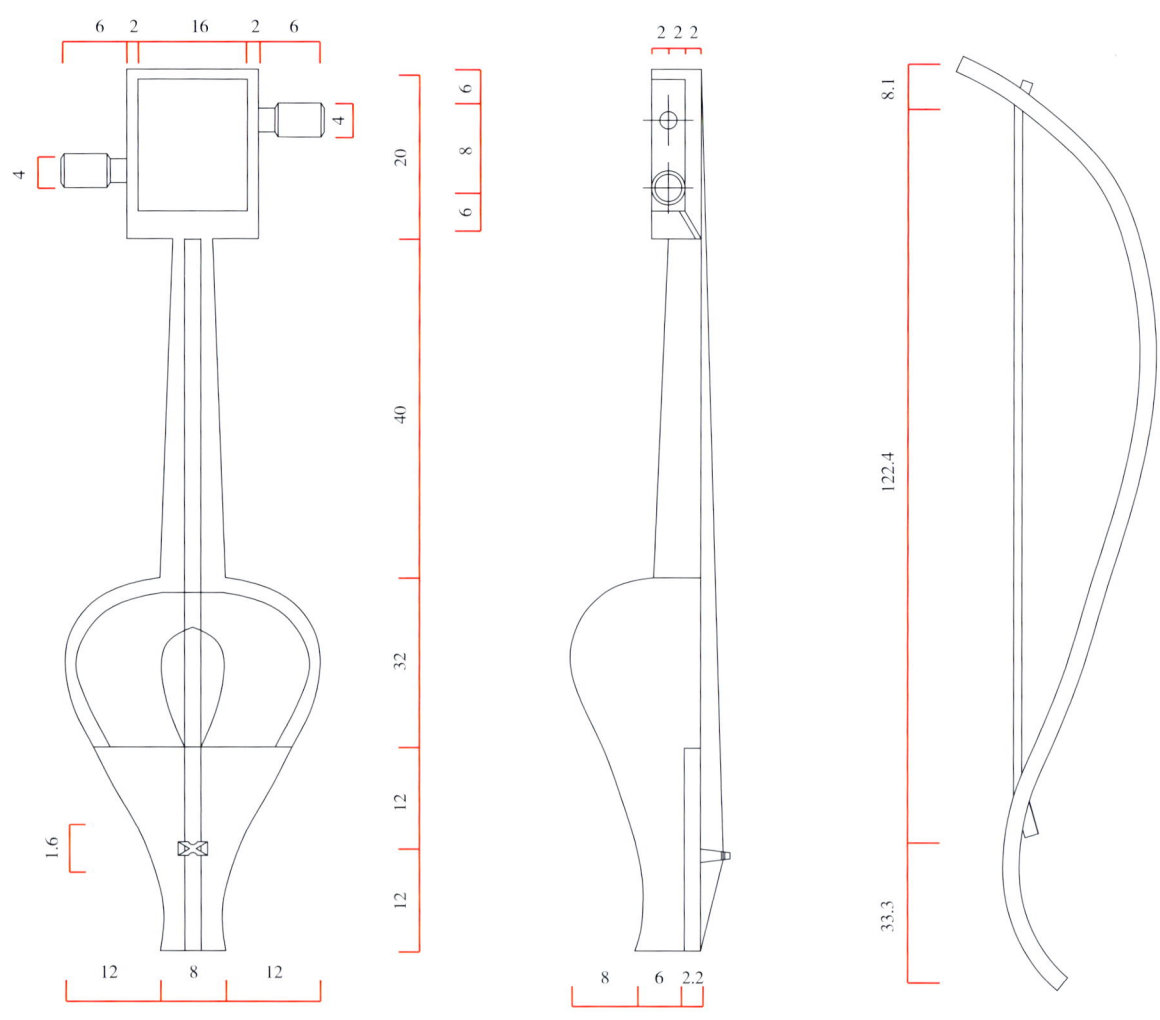

图四 柯尔克孜族哈拉峻柯亚克尺寸图（单位：cm）

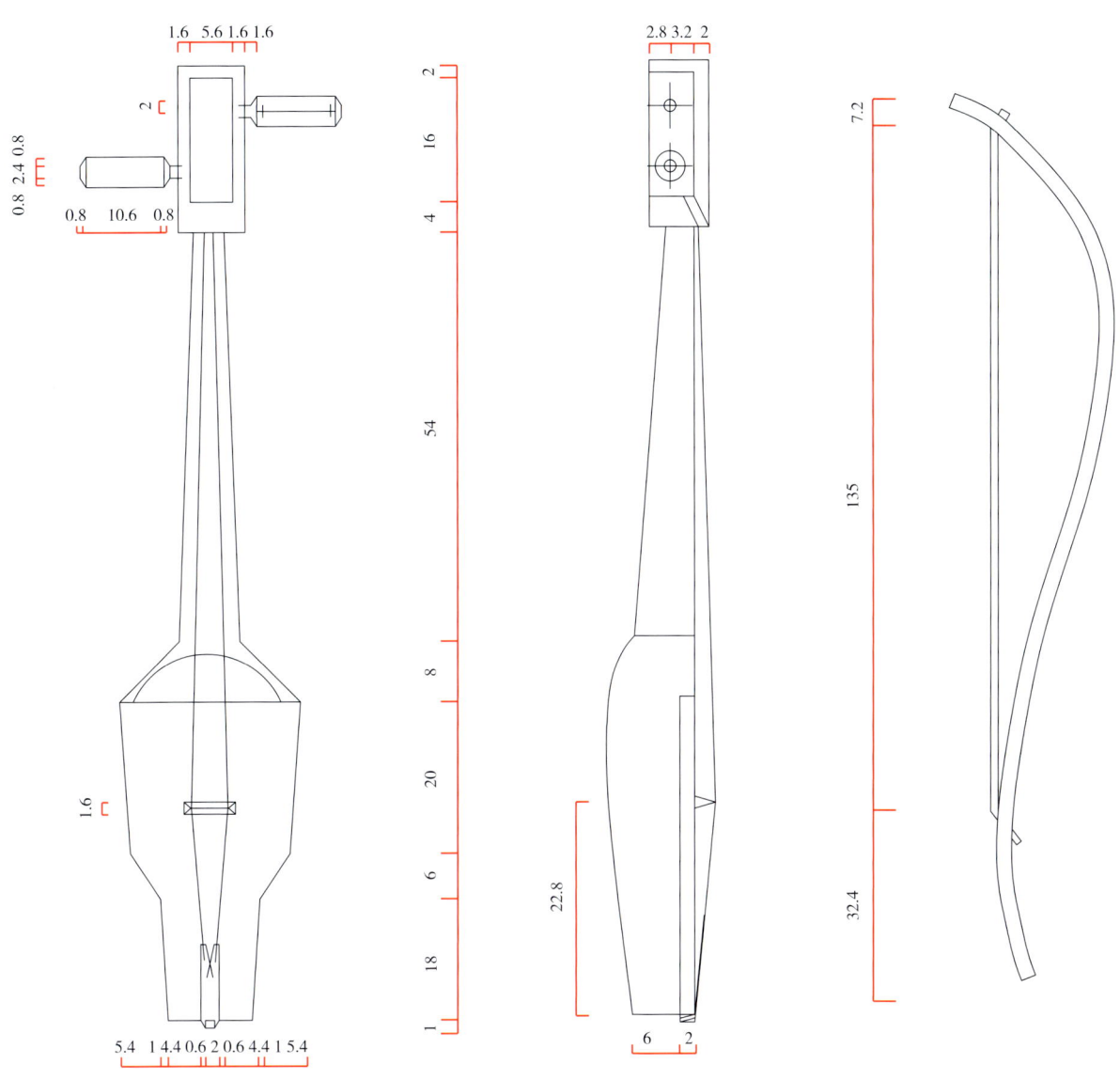

图五 柯尔克孜族波斯坦铁列克柯亚克尺寸图（单位：cm）

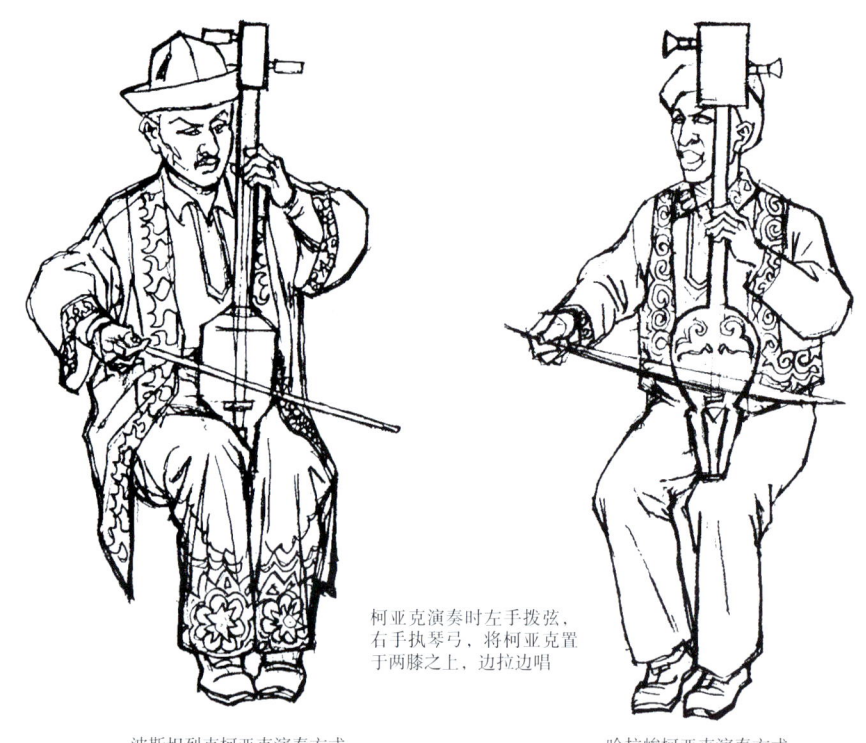

柯亚克演奏时左手拨弦，右手执琴弓，将柯亚克置于两膝之上，边拉边唱

波斯坦列克柯亚克演奏方式　　　　哈拉峻柯亚克演奏方式

图六　柯尔克孜族乐器"柯亚克"操作示意图

图七　柯尔克孜族乐器"柯亚克"使用气氛图

柯尔克孜族口琴奥孜库姆孜

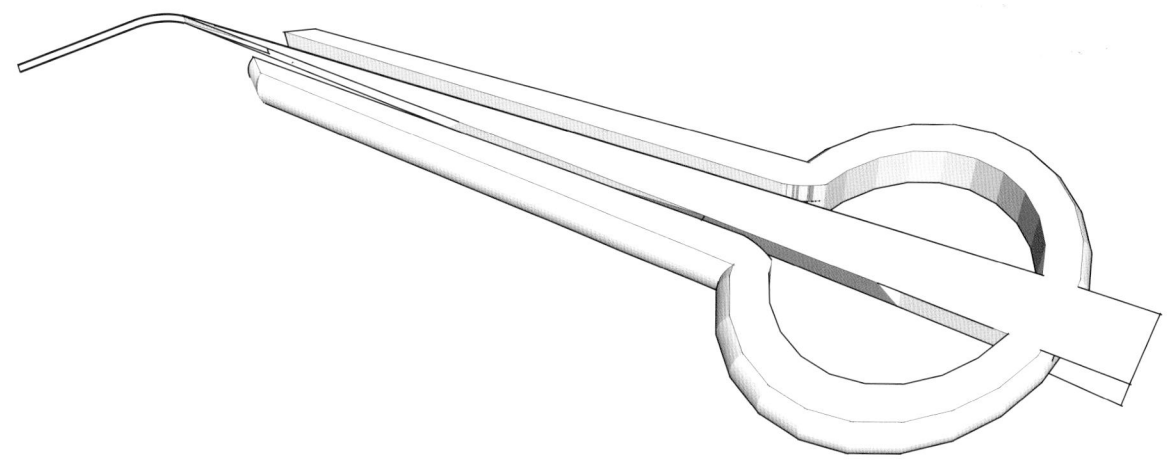

图一 柯尔克孜族口琴奥孜库姆孜主图

"奥孜"是柯尔克孜语音译，在柯尔克孜语中是口的意思。乐器柯尔克孜语通称为"库姆孜"。"奥孜库姆孜"意为含在口里的乐器或与口有关的乐器。

口弦出现很早，古时名"簧"。簧在古代与竽、笙等乐器相提并论，可见其重要性。据汉魏以来文献记载，簧用竹或铁制成，横在口中演奏，和口弦是同一类的乐器。口琴构造简单，携带方便，音色美妙，可以独奏、齐奏、合奏或为歌舞伴奏，经济实惠方便好用使得口琴在民间流传极广。

柯尔克孜口琴因为在演奏时要同时用嘴吹用手弹，故译作口琴（用口吹的琴）或口弦（在口中弹的琴）。演奏时，演奏者要用左手的拇指和食指夹住乐器的手柄，将簧舌部分放在两唇之间，用右手的拇指和食指来回拨动乐器的顶端，引起簧舌振动，发出明亮的声音。用丝线抽动口弦的演奏方法更为独特，演奏者在每个簧片的尖端系上一条丝线，把线头套在右手指上，用手指牵线使簧片振动而发音。另外，为了增加共鸣和音量的变化，演奏者在演奏口弦的时候，双唇向前突出，形成喇叭形筒状。同时，他们还能借助口型的变化和控制呼吸，演奏出音色多变的乐曲。

柯尔克孜口琴演奏方法别致，其形制和制作方法也具特色。"奥孜库姆孜"通常都为全铁制作，只有极少数以铜片作"簧"（也称弦），这种乐器类似普通柳树叶的大小，属乐器家族中微型乐器之一。演奏时将"奥孜库姆孜"置于门齿之间，用手指拨动簧柄（也可以将簧柄倒置口中，用舌尖拨动）运用呼吸发音。音量的大小，取决于呈喇叭形口腔大小及运气的强弱。

柯尔克孜口琴大多由妇女或儿童演奏，音量虽小，但音色动听。技巧好的演奏者运用气息的呼吸强弱节奏发出婉转悠扬的曲调。柯尔克孜口琴"奥孜库姆孜"演奏节奏比较自由，曲调开阔悠长，表现出特有的草原民族风格。口琴设计小巧，结构合理，携带方便，用于独奏或伴奏，可随时即兴演奏，很适于在遥远的放牧区演奏，以抒发对家乡及亲人的思念，表达对自然的赞美。这种口琴在柯尔克孜族中广为流传，为柯尔克孜族乐器设计成功的案例之一。

图片来源

图一、图五　陈述　摄影
图二至图四　黄慧君　制图

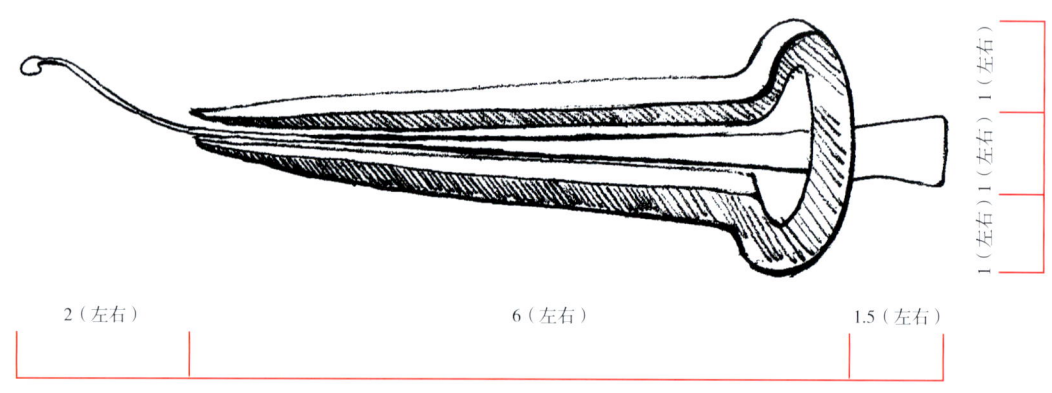

图二　柯尔克孜族口琴奥孜库姆孜尺寸图（单位：cm）

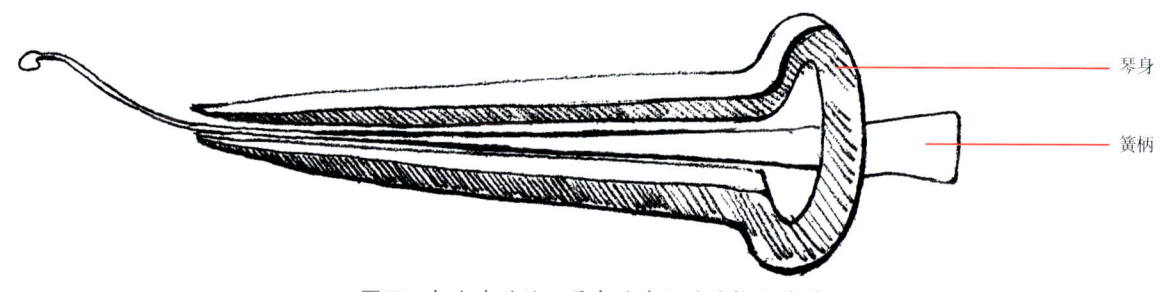

图三　柯尔克孜族口琴奥孜库姆孜结构名称图

制作"奥孜库姆孜"首先要选择优质的钢条

琴弦用钢丝制作，呈上部偏薄下部厚宽状

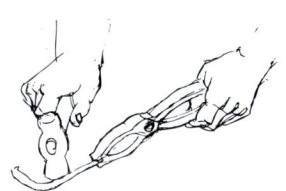

将选好的钢条加热后弯成类似桃状的弧形

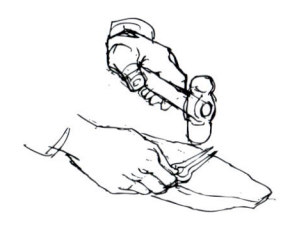

将制作好的琴丝嵌入事先准备的凹槽内

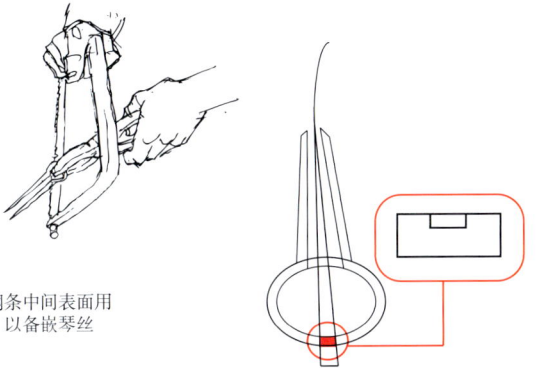

在桃状底部的钢条中间表面用钢锯锯出凹槽，以备嵌琴丝

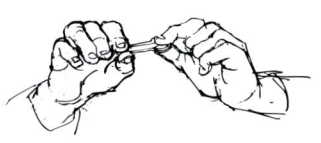

经过仔细调试，使其产生合乎要求的音质

图四　柯尔克孜族口琴奥孜库姆孜工艺分析图

图五　柯尔克孜族口琴奥孜库姆孜使用气氛图

柯尔克孜族库姆孜

图一 柯尔克孜族库姆孜主图

柯尔克孜民族乐器种类较多，但库姆孜琴无疑是民族最古老的一种弹拨乐器。正如柯尔克孜谚语所说：伴你生和死的，是一把库姆孜琴。孩子出生时，人们要弹起库姆孜以表祝贺，新生儿听到的第一个声音就是库姆孜琴声。老人逝去，人们弹起库姆孜，唱起丧歌，以示哀悼。还有一些人在新生儿的头边放上一把库姆孜琴，以示孩子长大成为一名好琴手。柯尔克孜族几乎家家都有一把库姆孜琴，人人会弹库姆孜琴，喜弹库姆孜琴。从这里可以看出，柯尔克孜人将自己一生的喜、怒、哀、乐情感表达都寄托在库姆孜琴弦上。

库姆孜很早就流传于生活在叶尼塞河流域的柯尔克孜族。据记载，库姆孜早在汉代以前就已传入匈奴。随着民族的交往，逐渐传入其他民族、地区以至国外。在汉文史籍中，库姆孜曾有过不同的译名，如"浑不似""胡拨四""虎拨思""琥珀词""和必斯""火不思"等。汉元帝竟宁元年（公元前33），王昭君远嫁匈奴时将库姆孜带回长安，当时人们问其名称时，王昭君回答说："浑不似。"据宋俞琰《席上腐谈》所记："王昭君琵琶坏，使胡人重造，而其形小。君笑曰浑不似，今讹为胡拨四。"

唐代时黠戛斯人将库姆孜作为贡品献给唐王朝，唐王朝又将库姆孜作为大唐乐器转赠给日本。《元史·礼乐志》载："火不思，制如琵琶，直颈，无品，有小槽，圆腹如半瓶，以皮为面，四弦皮，同一孤柱。"库姆孜演奏时用左手按弦，用右手拇指、食指弹拨琴弦，或用五指轮弹而奏之。元代传入云南纳西族地区，称"胡拨器"或"色古笃"。《大清会典图》载，清乾隆平定回部叛乱之后，布鲁特入朝贡给清廷的礼品中，就有两种库姆孜：三弦和四弦，三弦库姆孜长为63厘米，琴首呈扁平状；四弦库姆孜，长63.33厘米。故宫博物院藏画中，清乾隆年间的《塞宴四事图》之一的蒙古乐队演奏的《什榜》乐曲，其中就使用了四根弦的蒙革库姆孜。库姆孜在长期的流传过程中，不断得到改进。早期的库姆孜是蒙革的三弦琴，现代的库姆孜是一种全木质的乐器，通常使用松、杏、红木等硬质木材制成，制作工序有开料、加工、黏合、油漆等。琴体长80—100厘米，厚约5厘米左右，由琴箱、琴杆、弦轴、指板、音品及琴弦组成。琴箱稍扁，近似梨状，琴颈细长。古时用羊肠为弦，近代则用丝弦。演奏时将琴置于胸前，左手持琴颈，右手食指和拇指弹奏或五指轮奏。库姆孜音质分高中低三种，能够独奏、二重奏、合奏和伴奏。现代也存有一种铁制的"铁米尔库姆孜"。"铁米尔"系柯尔克孜语"铁"的意思，即铁制的三弦库姆孜。库姆孜除了用于舞台上演奏外，也广泛流行于民间演奏。民间艺人用它来弹奏古典曲目，又可作为即兴演奏的伴奏，是《玛纳斯》史诗演唱主要的伴奏乐器。库姆孜古典套曲流传下来的有上百部之多。

很明显，柯尔克孜人早在公元前几个世纪就已使用库姆孜了。关于库姆孜琴的发明创造，有这样一个古老而优美的传说：很早很早以前，有一个柯尔克孜汗王叫坎拜尔，他的女儿买克斯木爱上了一个奴隶，结果被赶出王宫。买克斯木便和自己的爱人来到一块高山草原，夫妻相亲相爱，共同劳动，过着勤劳幸福的生活。后来，买克斯木不幸病逝，她的爱人就用她生前亲手砍下的松枝，绷上她亲手理出的羊肠线做弦，制成了一把能发出奇妙之声的琴。小伙子拨动琴弦，诉说他对爱妻的怀念，苦诉愁肠，这就是第一把库姆孜琴，是现代库姆孜琴的发端。

图片来源
图一、图六　陈述　摄影
图二至图五　黄慧君　制图

红木

杏木

松木

图二　柯尔克孜族库姆孜选材示意图

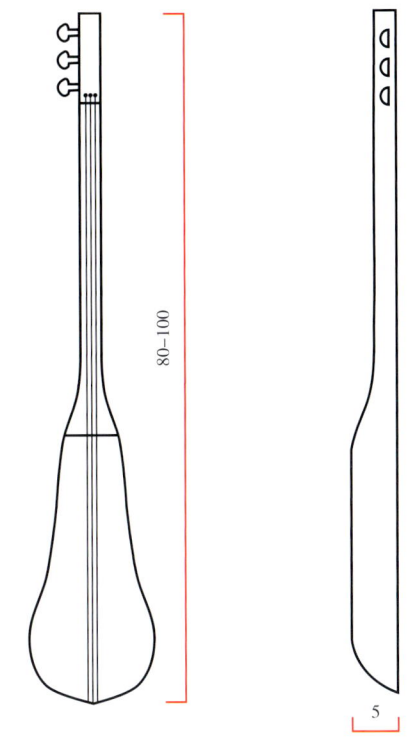

图三 柯尔克孜族库姆孜尺寸图（单位：cm）

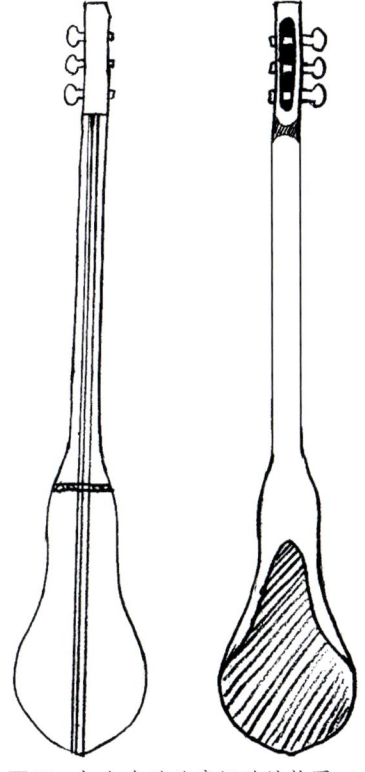

图四 柯尔克孜族库姆孜结构图

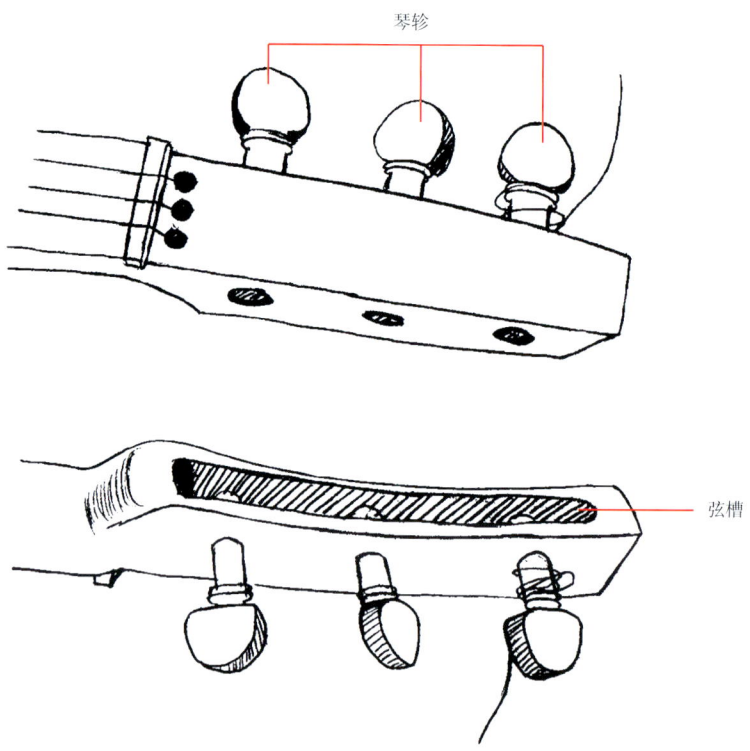

图五　柯尔克孜族库姆孜解构名称图

图六　柯尔克孜族库姆孜操作示意图

柯尔克孜族秋奥尔

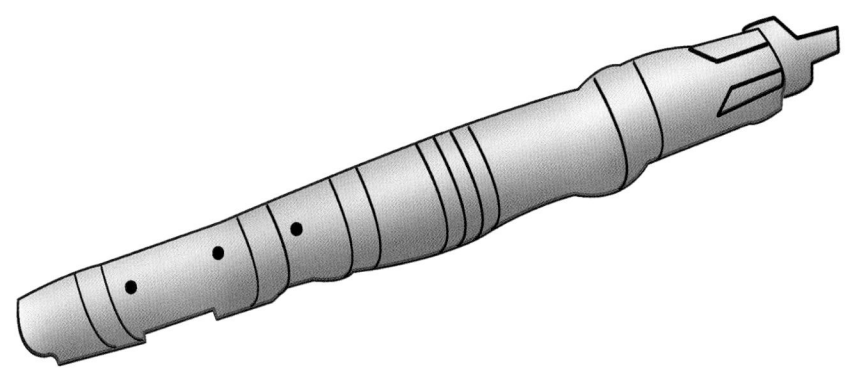

图一　柯尔克孜族秋奥尔主图

竖笛也称牧管，柯尔克孜语称之为"秋奥尔"，为四孔木管乐器，流行于新疆帕米尔高原的乌恰、阿图什、阿合奇等地，常用于独奏及与库姆孜合奏。以游牧生活为主的柯尔克孜族，长年迁徙于不同的草场间，音乐是情感交流与排解心中寂寞的最好方式之一。便于携带易演奏的竖笛遂成为柯尔克孜人最欢迎的乐器之一。

从制作材料看，竖笛"秋奥尔"可分为骨制和木制两种。骨制乐管多用飞鹰或秃鹫的翅骨，通常长二十多厘米，管口直径一到两厘米，管身较木制的短很多。柯尔克孜民间演奏中一般多使用柏木制作的乐管：将选好的两块柏木挖空、作哨、开孔后，用肠线或荆皮扎捆成一体。管端两口均为开口，管身开三孔，开孔位置位于管身下半段。演奏时双手执管下端，管口半含入口腔，用舌尖堵住管口的一大部分以形成气口。演奏时，左手拇指按另一端后孔，右手食、中、无名指按管壁上前三孔。常见的牧笛长约25厘米，发音尖而细，高亢明亮。这种乐器一般为牧羊少年吹奏使用，它既是乐器，又是牧羊者在深山密林中相互呼应、联络的一种响器。

柯尔克孜族是一个有音乐天赋的民族，誉称"美妙之口"。竖笛"秋奥尔"作为柯尔克孜族传统木制管乐，通过其有形的实体乐器设计制作，用以音乐表达内心的情感、排解旅途的寂寞与劳累。在材料的选择与工艺制作上也适应游牧民族社会生活的特性，依据使用功能要求合理选用材料，工艺制作体现对材料物性的把握与认识。其简洁而巧妙的结构设计及易于掌握的演奏技巧，具有了面向大众化的设计服务意识，自然深受牧民的认可与欢迎，成为颇具民族特点的造物设计案例之一。

图片来源
图一　仲晓芹　制图
图二至图五　谈晨　制图
图六　陈述、黄慧君　制图

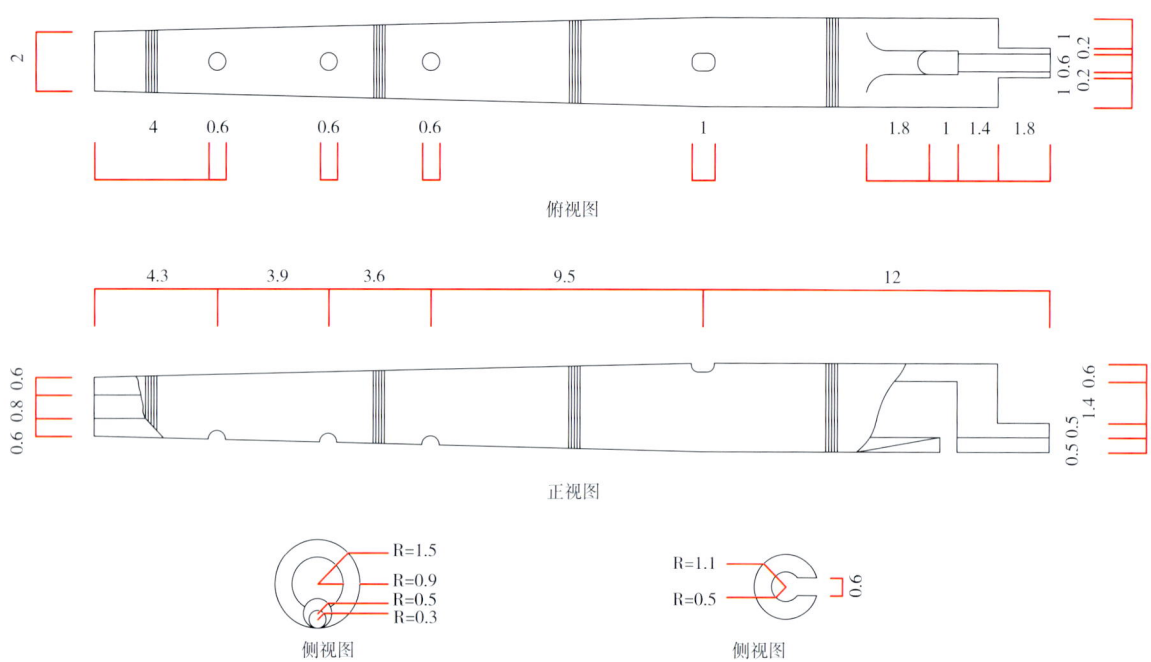

图二 柯尔克孜族秋奥尔尺寸图（单位：cm）

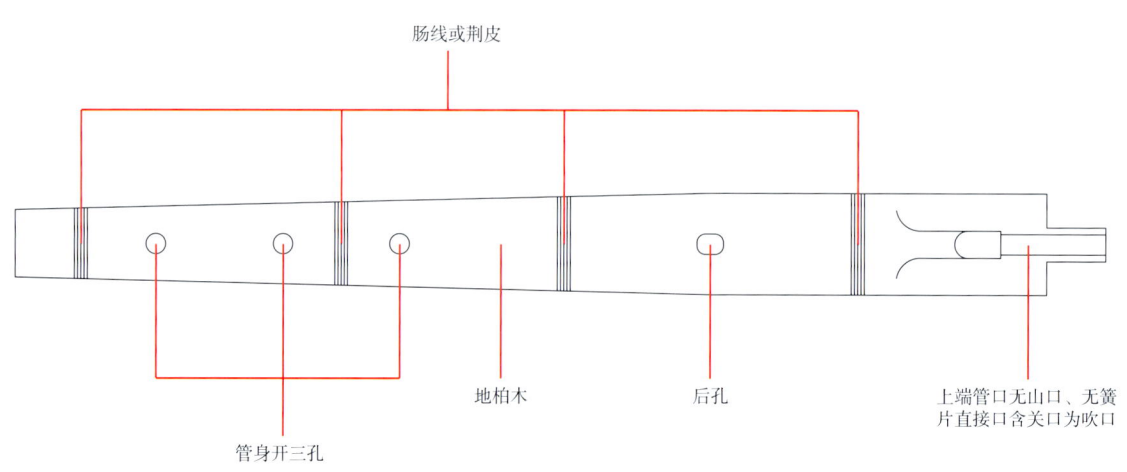

图三 柯尔克孜族秋奥尔解构图

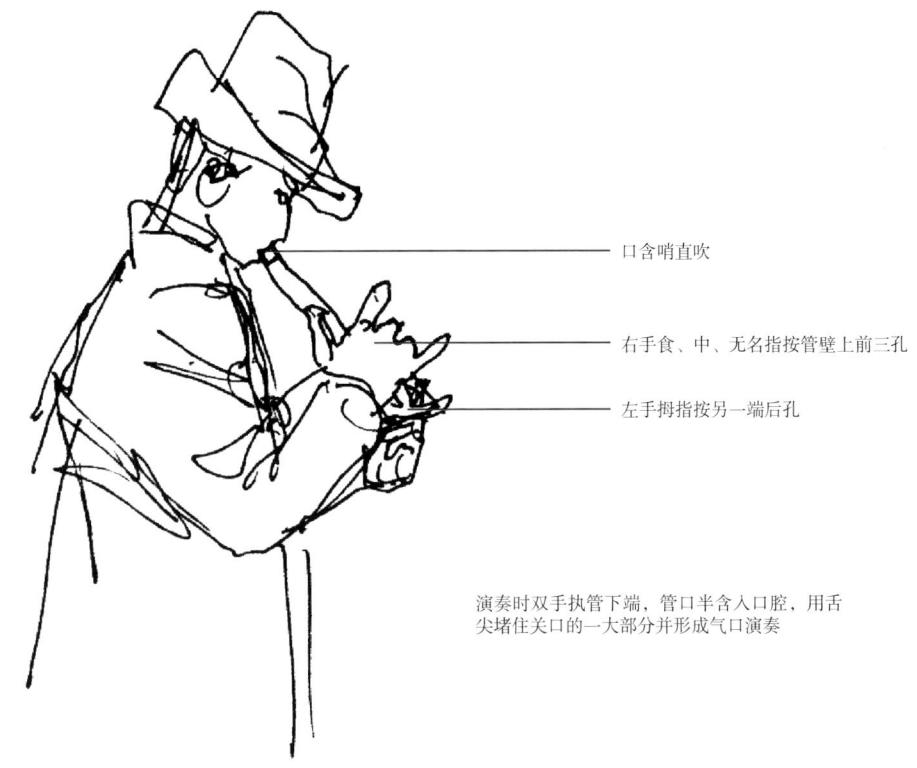

图四　柯尔克孜族秋奥尔操作分析图

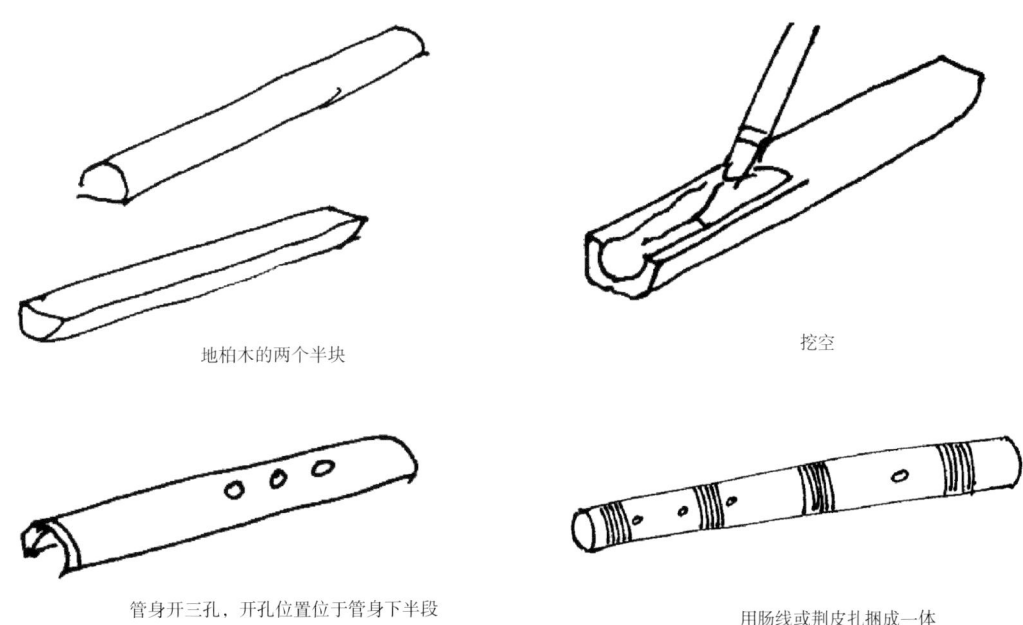

图五　柯尔克孜族秋奥尔工艺分析图

图六　柯尔克孜族秋奥尔使用气氛图

柯尔克孜族骆驼皮桶、皮壶

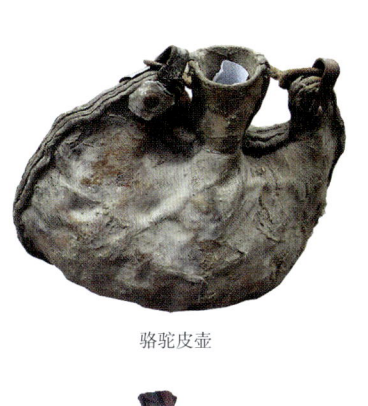
骆驼皮壶

骆驼皮壶

骆驼皮壶

骆驼皮桶

图一 柯尔克孜族骆驼皮桶皮壶主图

骆驼具有耐旱、耐饥、易饲养等优点，对于迁徙奔波于不同草场的牧民来说，它还是重要的交通运输工具。柯尔克孜族人的生活中几乎离不开骆驼。利用骆驼皮进行加工、制作日常生活用具方面，更是顺理成章，并形成民族自身鲜明的特色。

水桶、水壶是柯尔克孜族日常生活必备用具。根据骆驼皮不同部位的特点，可制成水桶、水壶、饭碗等，其材质具有重量轻、耐碰撞、携带方便的特点，非常适于游牧迁徙的生活。

骆驼皮桶，柯尔克孜语称为"库乃克"。通常柯尔克孜人选取骆驼颈部一段完整的皮毛，将外面的毛去掉，里面的油剔净，将一端简单缝合起来。然后，向皮筒内灌满沙子、捣实，撑为圆柱形，放通风处晾晒至半干，然后倒出沙子，再往皮里面抹上动物油脂，挂到毡房外晾晒。选用一块用牛粪熏制半年至一年的驼皮并剪成圆形做底，用牛筋或动物皮裁成的细线将选用的圆形骆驼皮缝制在桶底上，以不漏水为宜，圆柱形皮桶两侧钻眼，穿眼拴上皮绳用作提手，一个骆驼皮桶就算做好了。这样的桶一般可盛水或奶5—6公斤。

骆驼皮壶则是选用骆驼峰上的皮制成的盛水工具。先将驼峰外边的皮毛和里边的肉、油剔除，将其剪成上小下大中间带两个类似月牙形的垂耳状，之后把它们缝合在一起，往里装满沙子，撑成壶形。半年后，再将土碱、酸奶、掺和玉米面的混合物抹在皮上，使其变软。大约15—30天，把皮上的杂物刮掉，用牛筋线将两块已具壶形状的皮面密缝在一起，并在上面绣两道或四道条形图案，既可掩盖两块驼皮的接缝，又起到给皮壶增添花纹装饰的效果。此外，壶两侧中央再缝制两只对称的月牙形垂耳，在壶表面上绣有云气纹、水纹的图案。壶嘴上也绣一朵花卉。使皮壶平板单调的表面变得美观而具有生气，成为一件既实用又具观赏性的一件生活器具。柯尔克孜族人认为，这种水壶，是古柯尔克孜人出门和打仗时洗脸净手用的，由于坚固耐磨便于携带，是骑马骑驼者的理想用具。

骆驼皮桶、皮壶的设计与创意体现出明显的草原游牧民族生活特点，其材料的选择加工方式是与游牧生活密切相关的。材料的获取及加工工艺取决于对所选用材料物性规律的认识与把握，简洁、合理的制作工序契合于游牧生活条件及状况，受到牧民的认可而普及、推广，成为颇具民族特点的传统手工艺品。骆驼皮桶、皮壶不仅能满足日常生活的基本需要，其防碰撞、易收纳携带、耐磨等特点，又很好地适应游牧辗转迁徙的生活，成为柯尔克孜族牧民日常生活器具之一，体现出柯尔克孜人造物设计注重实际生活，强调物品功用与美观，遵从自然规律。小设计大智慧，一切均来源于生活。

图片来源

图一、图二　陈述　摄影
图三、图四　刘卉　制图
图五　陈述、刘卉　制图

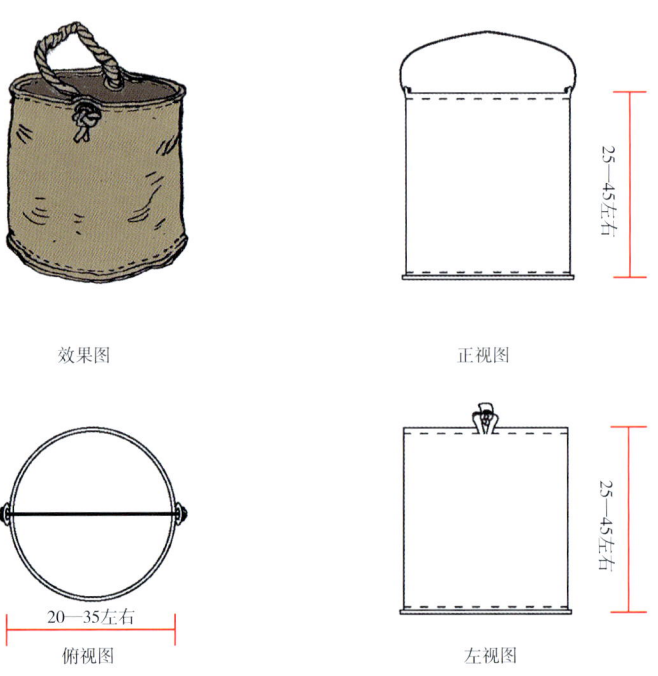

图二　柯尔克孜族骆驼皮桶尺寸图（单位：cm）

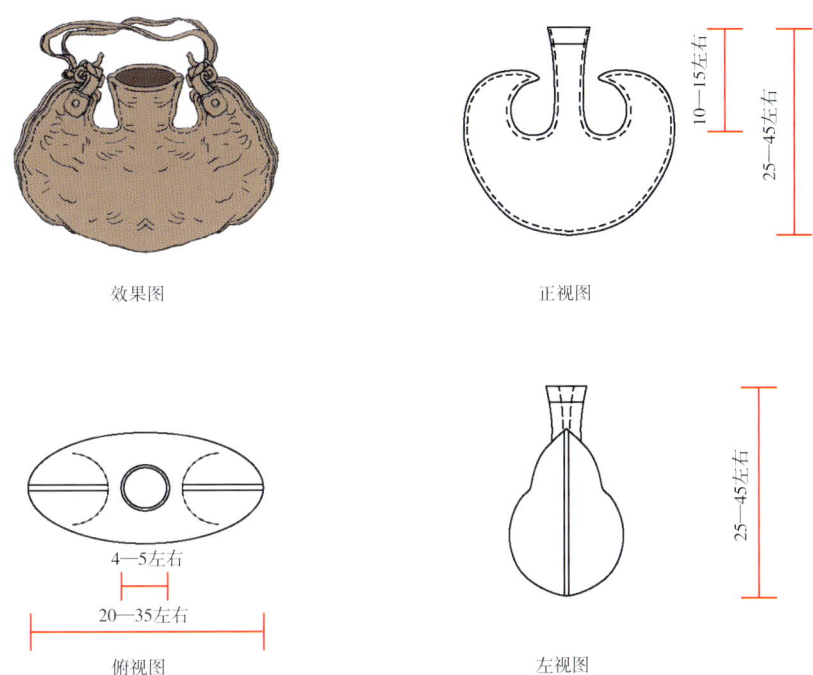

效果图　　　　　　　　正视图

俯视图　　　　　　　　左视图

图三　柯尔克孜族骆驼皮壶尺寸图（单位：cm）

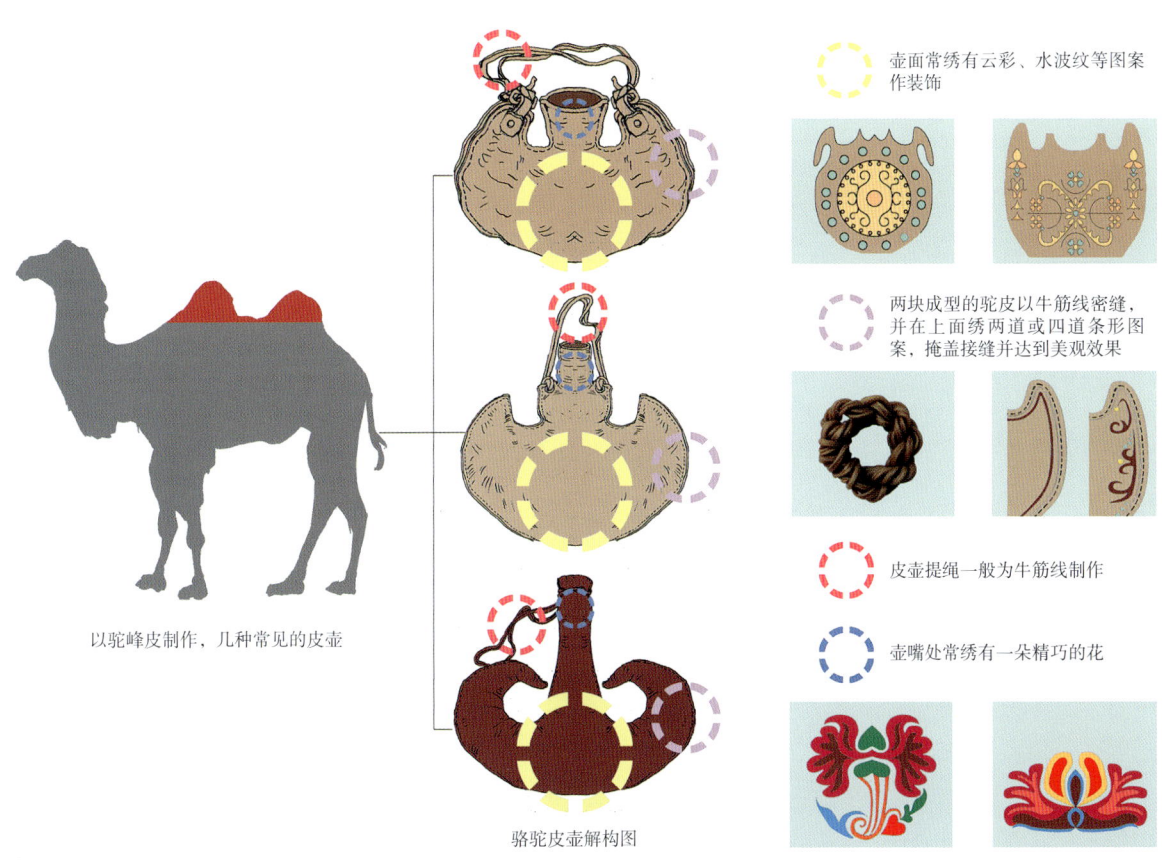

以驼峰皮制作，几种常见的皮壶

骆驼皮壶解构图

壶面常绣有云彩、水波纹等图案作装饰

两块成型的驼皮以牛筋线密缝，并在上面绣两道或四道条形图案，掩盖接缝并达到美观效果

皮壶提绳一般为牛筋线制作

壶嘴处常绣有一朵精巧的花

图四　柯尔克孜族骆驼皮壶皮桶结构图

第四章　柯尔克孜族传统生活用具

图五　柯尔克孜族骆驼皮桶工艺分析图

柯尔克孜族骆驼皮碗

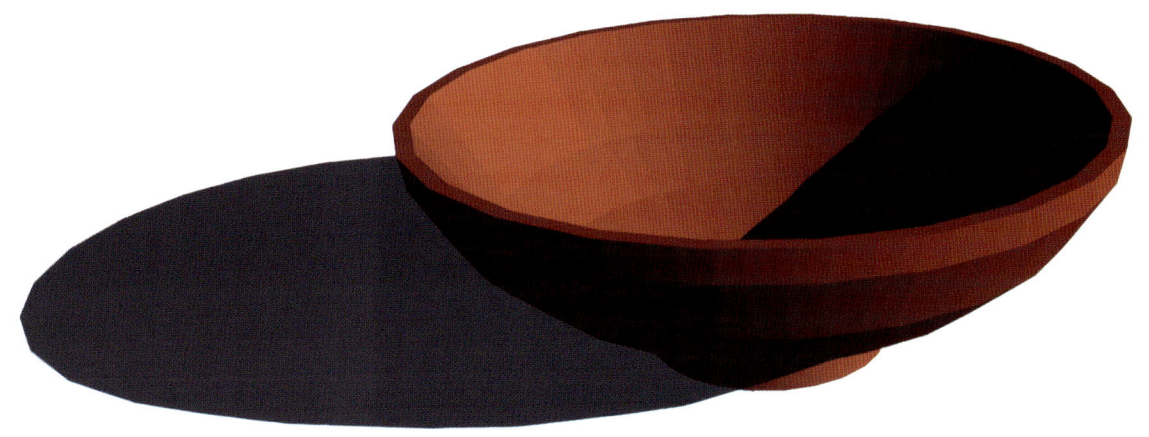

图一　柯尔克孜族骆驼皮碗主图

碗是人类发明的最为简洁、实用的饮食用具，主要用于盛装各种食物，也可作为一个基本的量化单位。碗的形状及造型基本趋于统一，其大小、形状要符合人体的结构功能，即符合人手的掌控及进食使用的便利性。

喝奶茶是新疆游牧民族重要的饮食风俗，奶茶也是柯尔克孜族不可缺少的饮料，一日三餐都离不开。碗自然也成为柯尔克孜族日常生活普通必备主要餐具之一。柯尔克孜人中流传有"宁可一日无饭，不可一日无茶"的说法。除此之外，喝马奶子、骆驼奶等都需要用碗，因而碗是柯尔克孜族日常生活饮食中不可缺少的重要餐具。

柯尔克孜骆驼皮碗是用骆驼皮张制作的碗，其具有很好的抗挤压抗摔打性能，其原材料来源于便于获取的骆驼皮张，很适于游牧迁徙辗转的生活。骆驼皮碗制作用料选用的是骆驼两膝的皮，刮去皮外面的毛后装入沙子并撑成圆形，待干后再加工成适度高矮并处理碗沿，用两块大小相同的厚皮缝在一起做碗底，里外用沙子打磨抛光后，再抹上酥油放在文火上熏烤数日，让油脂尽量渗入皮里，这样制作的皮碗坚硬、不易变形且光滑，表面呈金黄色，非常耐用。

骆驼皮与牛皮等其他皮张比较具有自己的特点。首先是骆驼皮表皮层厚，加工固化后不易变形，其表面呈现的凸凹不平可使用沙子打磨以求光滑；其次是骆驼皮中油脂含量低于牛皮，制作中无须脱脂，方便加工，且骆驼皮粒面层与网状层利于固化、持久耐用，不像牛皮那样经纬分明容易松面。

骆驼皮碗经济、耐用的特点符合游牧民族生产、生活的实际需要，其材料的加工制作也与所处的自然环境供给及社会生活方式相适宜、匹配，满足了日常饮食生活的基本需求，很好地体现其功能性。同时，注重其造型及质感美，展现出柯尔克孜人淳朴、真挚的性格特点及乐观进取的生活态度，集美观、实用于一体的设计表达方式为今天的餐具类产品设计创意提供了很好的范例。

图片来源
图一　陈述　摄影
图二　陈西木　制图
图四　秦俭、陈西木　制图
图五　秦俭　制图

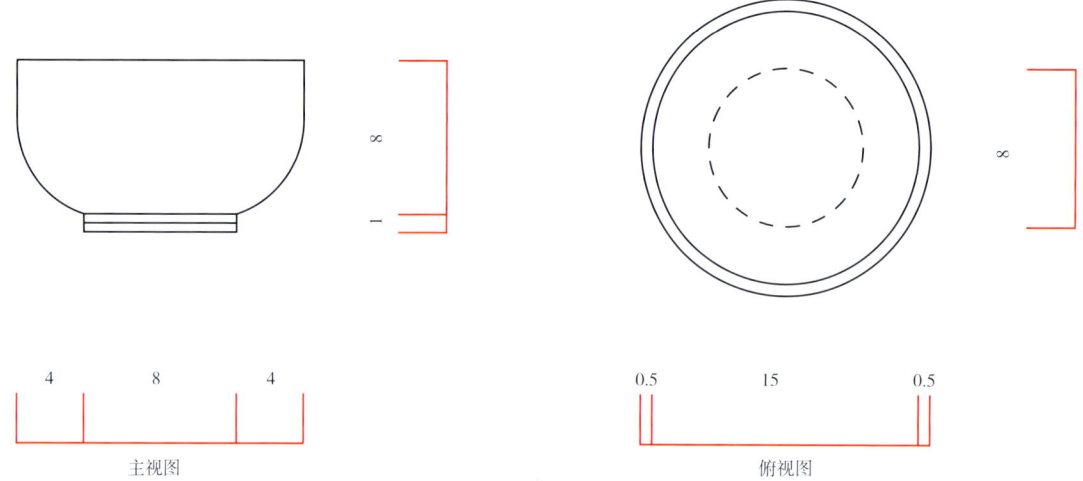

图二　柯尔克孜族骆驼皮碗尺寸图（单位：cm）

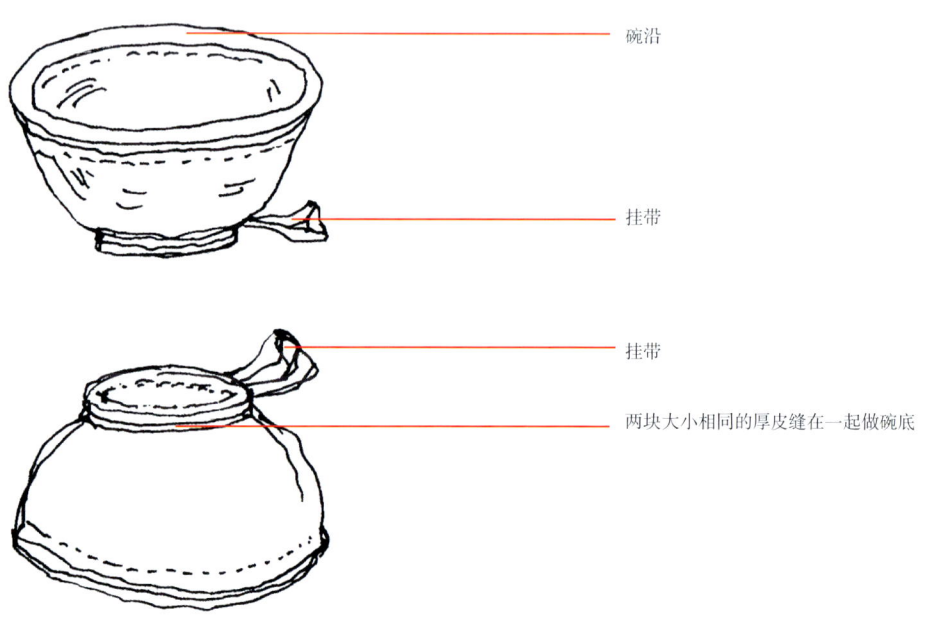

图三　柯尔克孜族骆驼皮碗解构名称图

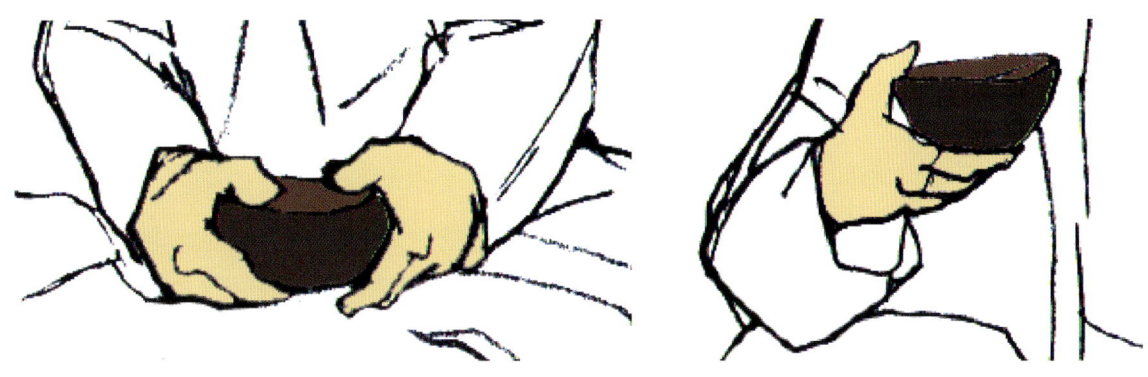

图四　柯尔克孜族骆驼皮碗操作分析图

用料为骆驼两膝的皮

刮去皮外面的毛

装入沙子并撑成圆形

用两块大小相同的厚皮缝在一起做碗底

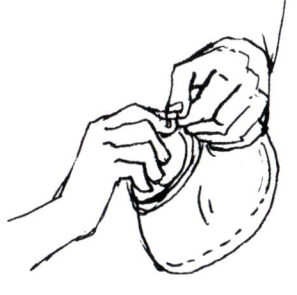

抹上酥油

放在文火上熏烤数日

图五　柯尔克孜族骆驼皮碗工艺分析图

第四章　柯尔克孜族传统生活用具

图六　柯尔克孜族骆驼皮碗使用气氛图

柯尔克孜族马鞍

图一 柯尔克孜族马鞍主图

作为游牧民族,马是柯尔克孜族男人的翅膀。好马须配好鞍,手工制作马鞍技艺与本民族的历史一样悠久,代代相传,也是日常生活和婚嫁活动中不可缺少的物品。

制马鞍的工具、材料及制作工艺相对较为复杂。柯尔克孜马鞍一般先用原木制成鞍模形状,在上面钉上驼、驴皮,鞍首部雕刻装饰图案,经铁匠锻打镶嵌而成,美观结实耐用。舍得把贵重的金属镶在马鞍上,象征着一个人的社会地位及身份。由于其为纯手工制作,马鞍制作工艺及装饰呈现个性化的特点。马鞍制作过程须由铁匠和木匠配合才能完成,即铁匠与木匠间需要建立协作关系。材料主要包括木料、皮革、金属等,程式化的制作工艺流程确保使用目的的同时也延续并维持本民族的特色及原生状态,成为柯尔克孜族家庭普遍使用的物品,是柯尔克孜族人游牧生产、生活过程中不可缺少的器具,伴随柯尔克孜人一生,是其他手工产品无可比拟的。

马鞍制作技艺的传承方式基本为父传,即以血缘关系为主的家庭作坊式传承。制作马鞍过程中针对不同的材料需要使用不同的工具,马鞍各构件主要使用皮条、金属铆钉固定连接,一般根据马背的结构尺度来设计制作马鞍,因木质较硬需在马鞍下座贴紧马背呈八字状的木板制内面上设置毡垫,用以减少长时间骑行对马背的磨损。马鞍前后翘起的木制扶靠,为消除因骑行中颠簸造成的磕碰及上下坡时不至滑落马背,马鞍前后靠设计采用的角度不同,马鞍后靠,角度稍平、较为平缓,利于骑行中减少后背的磕碰。马鞍头部前靠角度凸起,便于骑行中卡住身位及拉拽缰绳,从其结构形式就可以看出柯尔克孜族注重使用中的舒适度及合理性,即将马鞍结构形式服从于功能需要的同时,更加注重人、物之间的协调关系。

图片来源
图一　陈述　摄影
图二　谈晨、仲晓芹　制图
图三　陈述、黄君、仲晓芹　制图
图四、图六　陈述、黄慧君、仲晓芹　制图
图五　陈述、谈晨、仲晓芹　制图

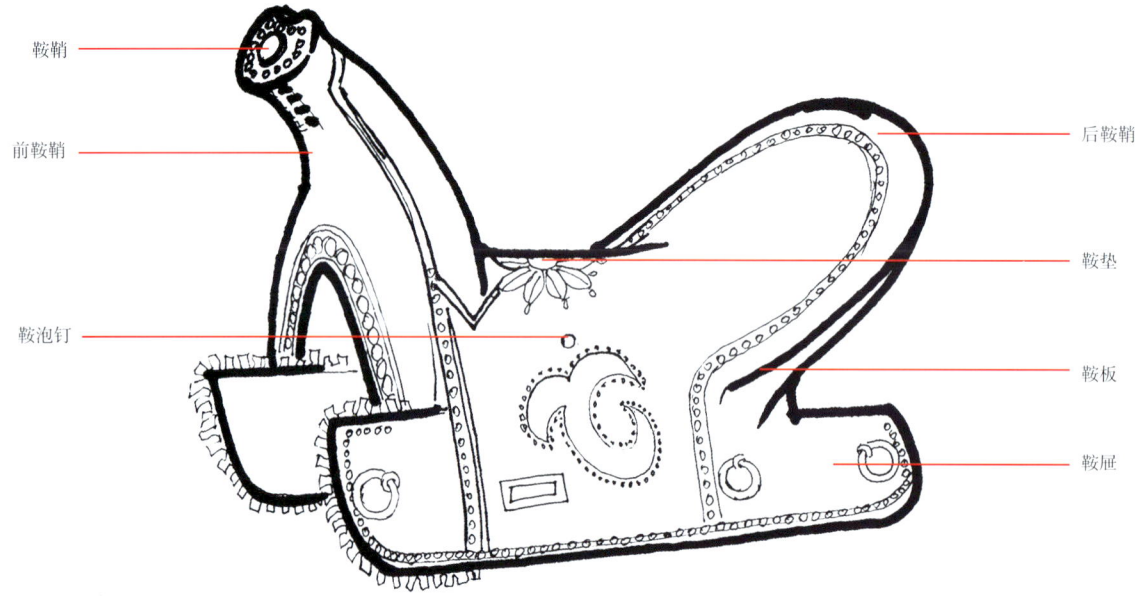

图二　柯尔克孜族马鞍结构名称图

图三　柯尔克孜族马鞍操作示意图

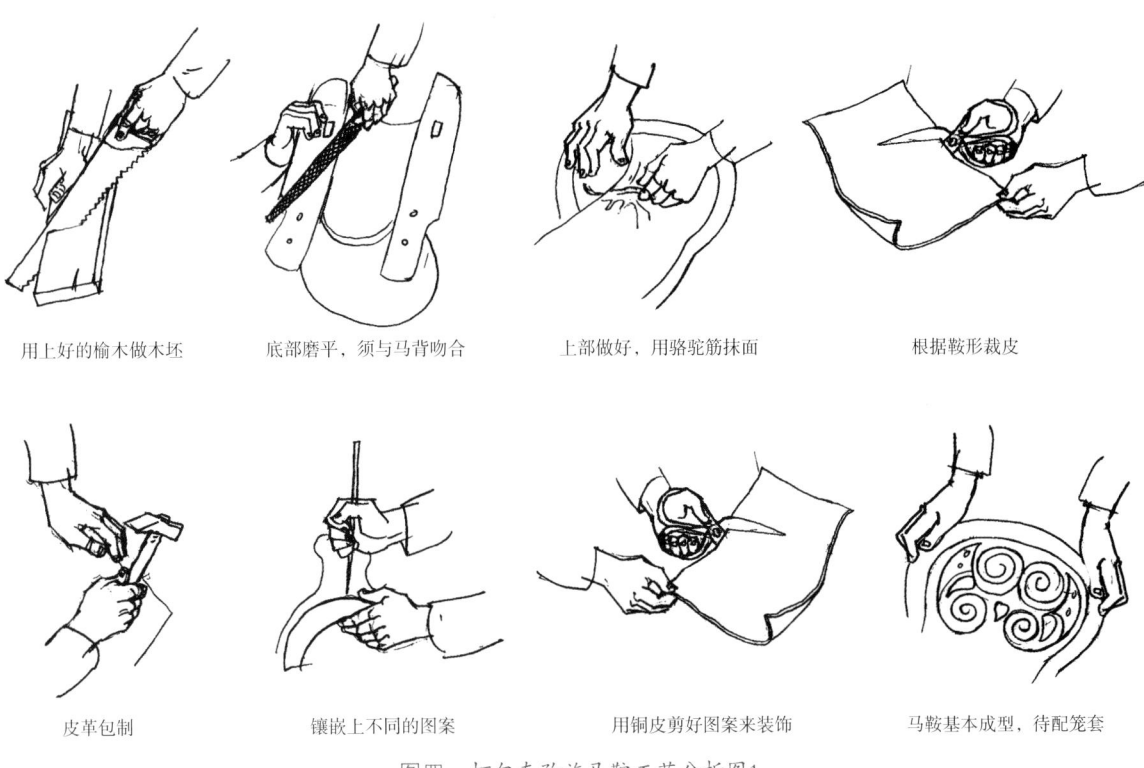

图四 柯尔克孜族马鞍工艺分析图1

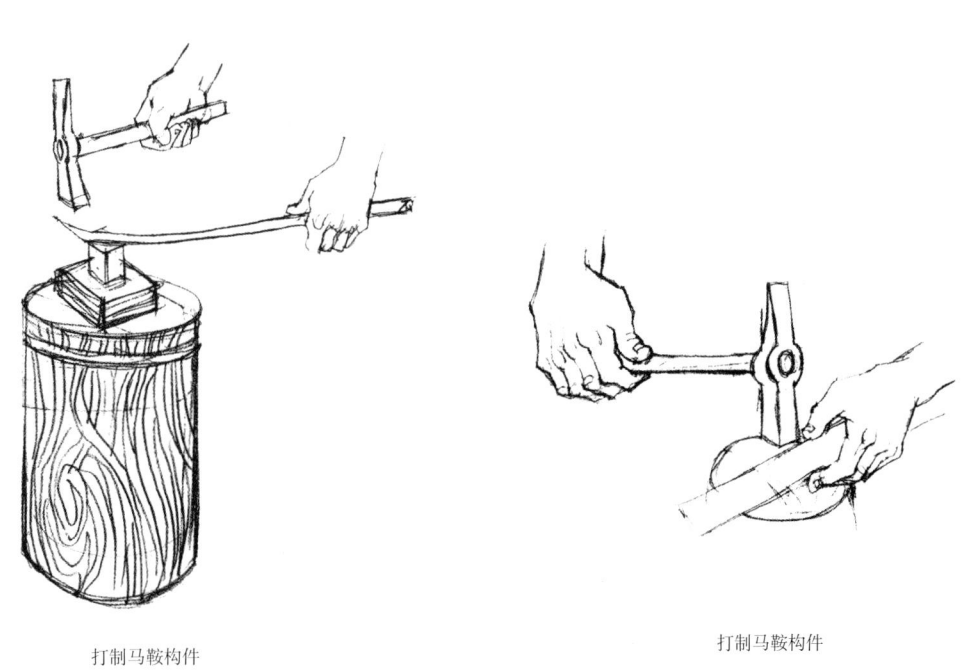

图五 柯尔克孜族马鞍工艺分析图2

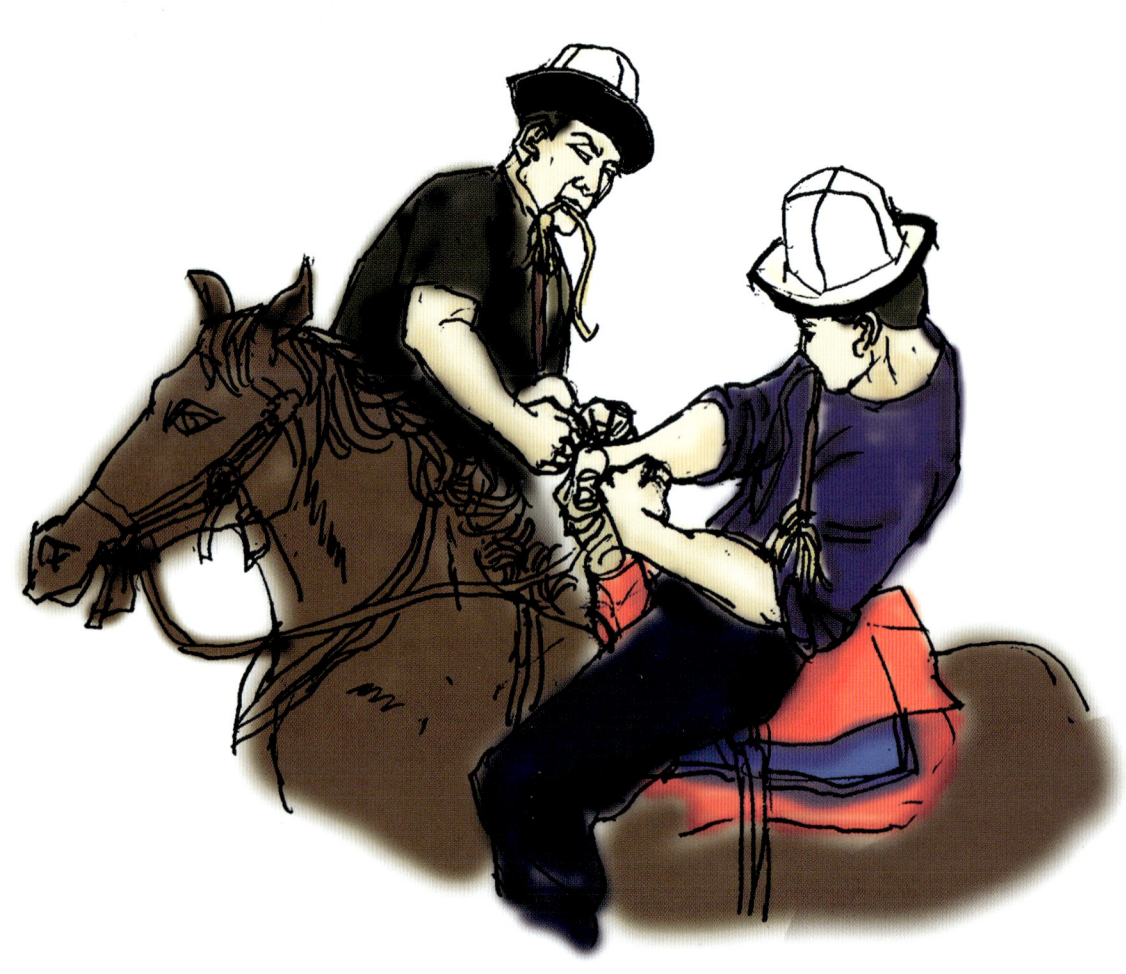

图六　柯尔克孜族马鞍使用气氛图

柯尔克孜族马鞍的固定物件及结构

图一　柯尔克孜族马鞍的固定物件及结构主图

长期居住于山区草原的柯尔克孜族牧民最需要解决的是因长途迁徙移动中所面临的交通难题。马鞍的发明，不仅减轻了骑乘带来的疲劳，也保障畜牧业生产持续进行。

安装在马背上的马鞍需要附加若干物件加以固定，马鞍固定件的设计须依据马匹的结构特点来进行，主要采用柔软、条带状的物件连接固定。马鞍的固定物件主要有马肚带、后鞦及马胸带。马肚带由生皮编织或扎制而成，表面常镶有银饰，宽约10厘米，两端设有连接的金扣环，将一端扣环上的生皮穿越马肚扣在另一端扣环上，用以稳固马鞍上的褥垫及马鞍。依据扣环的形状，银匠常在上面装饰图案纹样以增加其美观性。马肚带主要由两层皮和固定皮层的银、铁金属扣及牦牛皮编织的扁平宽带组成，厚度约各占一半，皮革及毛织的材料组合搭配具有较强的耐磨性，避免对马肚造成伤害。后鞦为封闭的一端夹于马尾巴下面延伸出，另一端叉开的两股绳分别系于马鞍后两侧的金属扣环上，可防止下坡时造成马鞍滑动。后鞦处于马尾部较显眼的位置，常使用银、铜制的扣环和链接带组成。系在马鞍两端的带子与夹于马尾巴的带子由三个扣环连接，前一个扣将系于马鞍后两侧的链带固定在一起，后接两个环则连接穿于马尾巴下的封闭状链带，在连接处常饰有流苏（稳子），在扣上饰有各种图案纹样。马胸带与后鞦的功能一样，上坡时防止马鞍向后滑动。马胸带是利用马的胸部来拖住马鞍，即用马胸带两端绕过马的胸部分别固定于马鞍前部两侧的扣环上。胸带的正中由铁、银或铜制的扣环和一条皮条组成，两侧胸带由皮革条编成扁平状，每三分之一处都有银及铜制的扣环装饰。

马鞍的固定物件是柯尔克孜人依据游牧生活安全的需要实施的设计，将骑行动态、固件结构及材料性能等因素进行综合的思考，所有细节均适宜于马匹结构与运动特点，最大限度保证骑行的安全与结构样式的美观。

图片来源
图一　陈述　摄影
图二、图五、图六　陈述、黄慧君　制图
图三、图四　黄慧君　制图
图六　陈述　制图

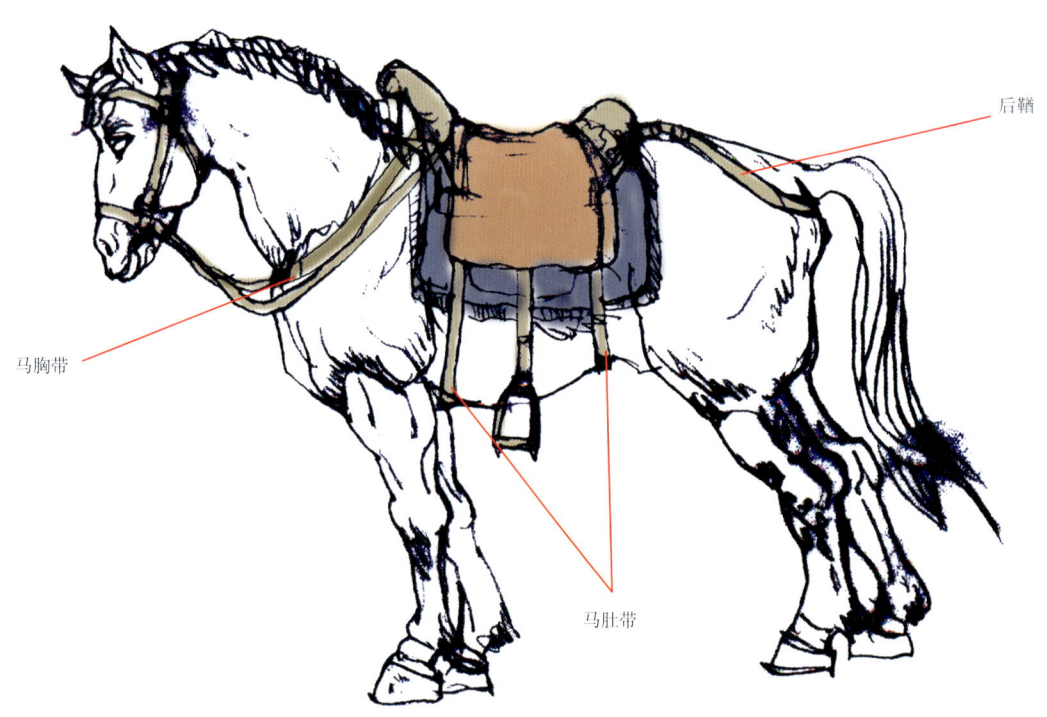

图二　柯尔克孜族马鞍的固定物件及结构名称图

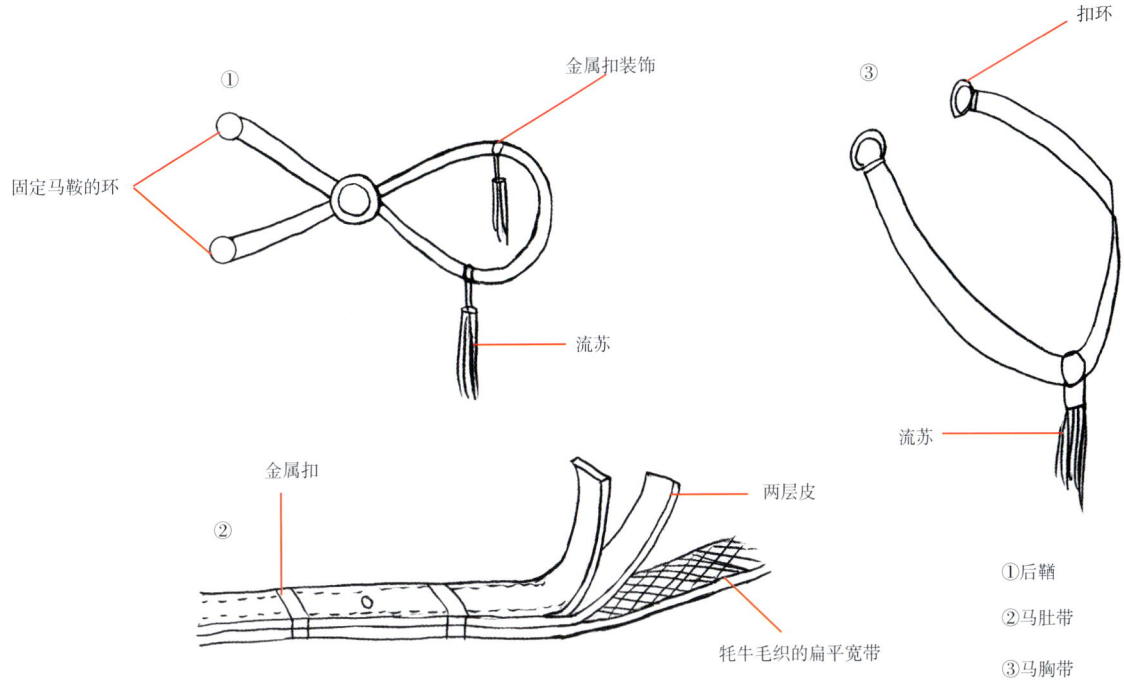

图三　柯尔克孜族马鞍的固定物件及解构名称图

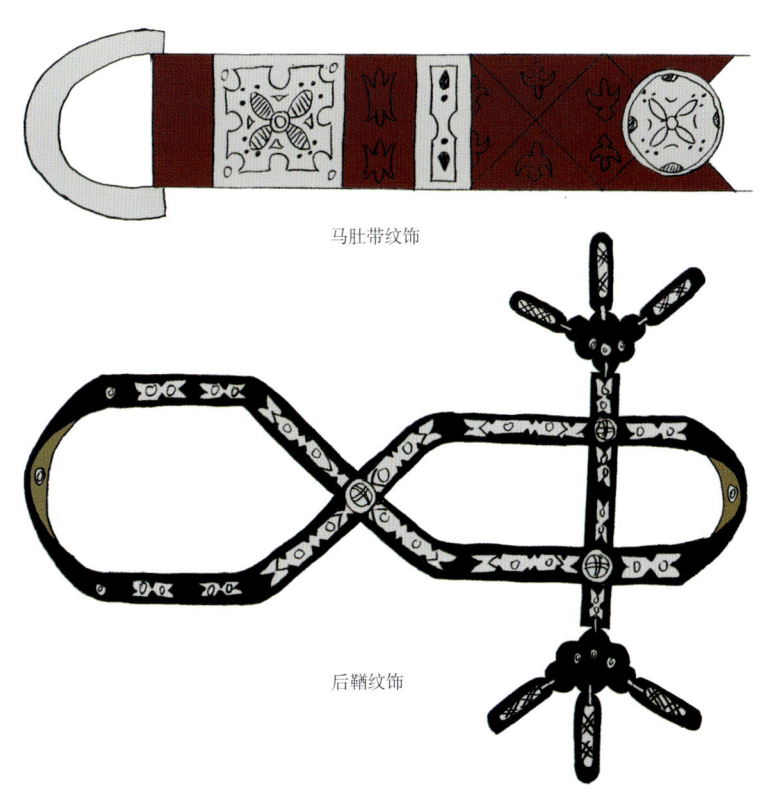

图四　柯尔克孜族马鞍的固定物件及结构解构图

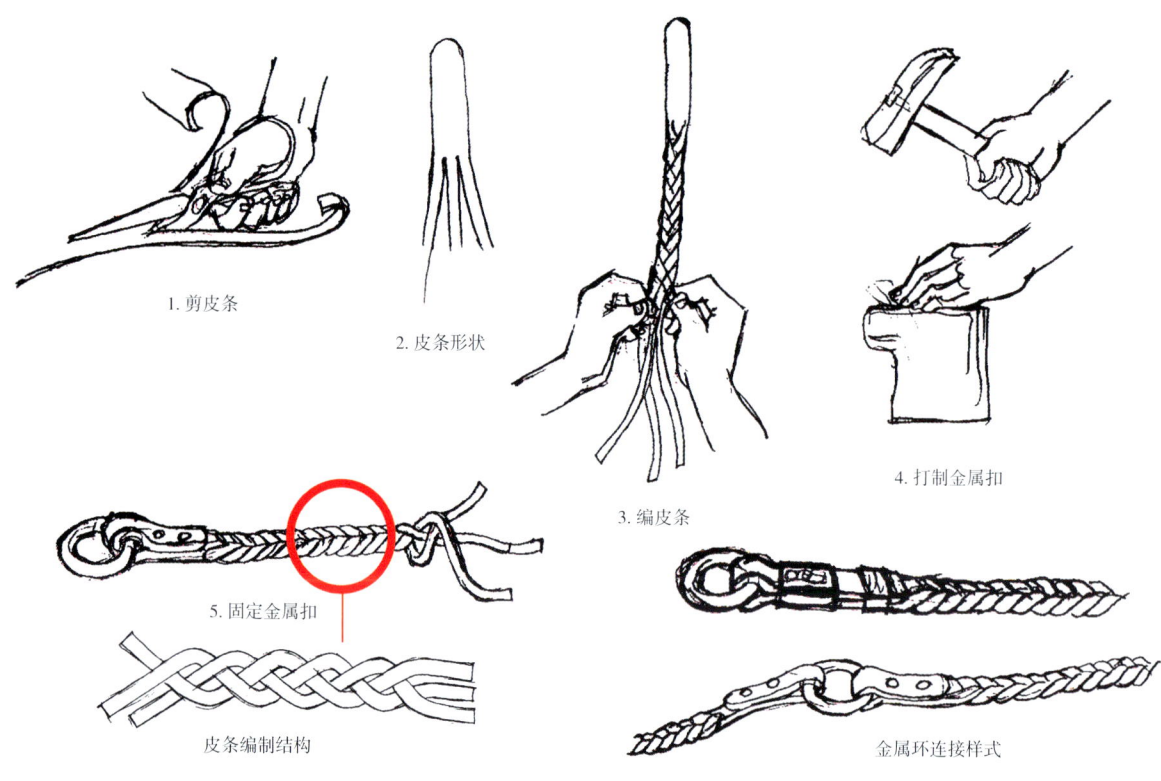

图五 柯尔克孜族马鞍的固定物件及结构工艺分析图

图六 柯尔克孜族马鞍的固定物件及结构使用气氛图

柯尔克孜族马鞭

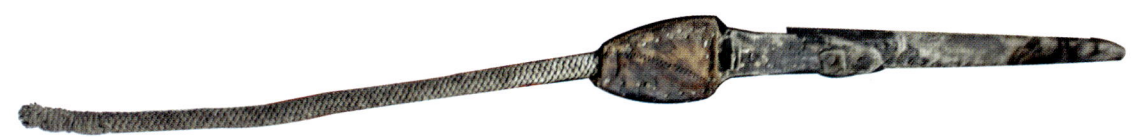

图一 柯尔克孜族马鞭主图

马鞭是牧人骑行当中使用率很高的辅助性工具，主要用于控制、调节马的行速及动作。

在柯尔克孜人的观念中，马鞭是一种神奇的用具，可作为姑娘的陪嫁，睡觉压在枕下还有辟邪的作用。马鞭平时的摆放形式也传递一定的信息：马鞭从鞭柄套手的皮条中垂挂下来，意味着鞭子的主人已经逝去，后人一般要将其折起来或挂在缰绳等处。不用马鞭时，可将其插在腰带上或鞭筒里，不能随便抛扔或踩踏。许愿或发誓时，往往把马鞭紧紧咬在嘴中，以示自己的真诚和坚定的决心。忌讳举着马鞭或拖着马鞭进入帐内室内，那是不尊和凶兆。在牧区，客人将马鞭交给主人，则表示在此住宿等。

马鞭主要由腕带、手柄、鞭托、鞭子等部分组成，历史上柯尔克孜族以部落的建制存在，每个部落都有做马鞭的人，故马鞭上所编的鞭纹及装饰工艺也不完全一样。鞭柄常采用桦木、红柳木、牛、羊角、骨等制作。有的鞭柄里还设计有藏刀处，其刀柄亦是马鞭的把手，刀鞭合一，上面多镶嵌银、铜、铁金属图案。有的在鞭柄中嵌入实心铁棍，以免鞭柄受外力重压被折，增强的硬度及适度的重量也使鞭柄成为有效的自卫武器。腕带多以结实耐用的皮条制成，方便牧民在骑行中把鞭子套挂在手腕上，防止马鞭脱落。鞭子部分是由切割成的4—16根皮条编织而成，有的使用32根皮条，其编制的方法可分为蛇肚式、挑编式等，而鞭子的粗细要依据其长度来定。马鞭也分为大鞭、小鞭、男士鞭、女式鞭，依据形式可分为敬（净、静）鞭、普通鞭等。一般来讲，蛇肚鞭有10、12、14、16根皮条鞭絮，牛鼻鞭为4、6、8根条鞭絮，有的在鞭把与鞭子的接头处设有一串铁环。

马鞭既是一种生产生活的工具，同时对于以游牧为主的柯尔克孜男人来讲也是一件炫耀的工具。每把马鞭上的皮质材料都选用同一块牛皮来制作，以保证其结实及耐用，精湛的装饰工艺及悠久的历史赋予其深厚的文化底蕴。马鞭在设计上不仅满足日常生产生活的实用性功能需求，同时也满足民族文化观念及情感、精神功能方面需求。在实际使用中充分考虑柯尔克孜人的传统生活习惯，将刀与鞭巧妙组合在一起，有效拓宽了使用范围，携带便易。设计组合是柯尔克孜人在造物过程中集体智慧的体现。

图片来源

图一 陈述 摄影 仲晓芹 制图
图二 陈述 制图
图三至图五 黄慧君 制图

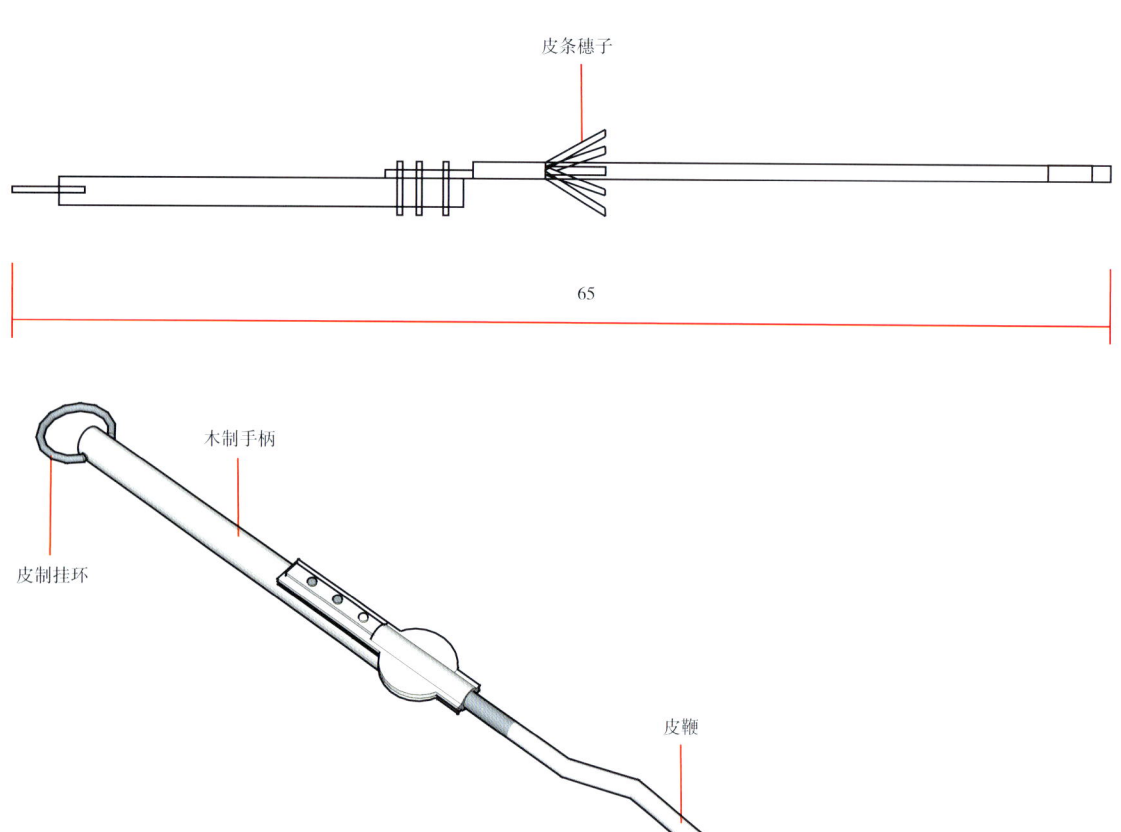

图二　柯尔克孜族马鞭尺寸名称图（单位：cm）

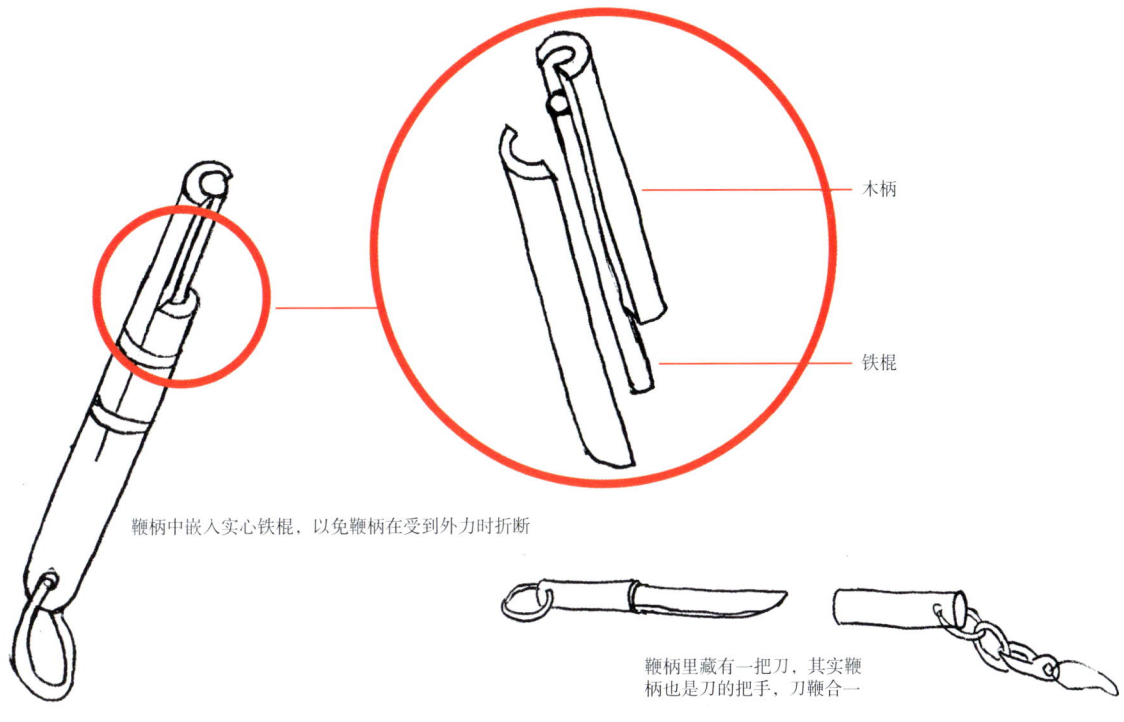

图三　柯尔克孜族马鞭解构图

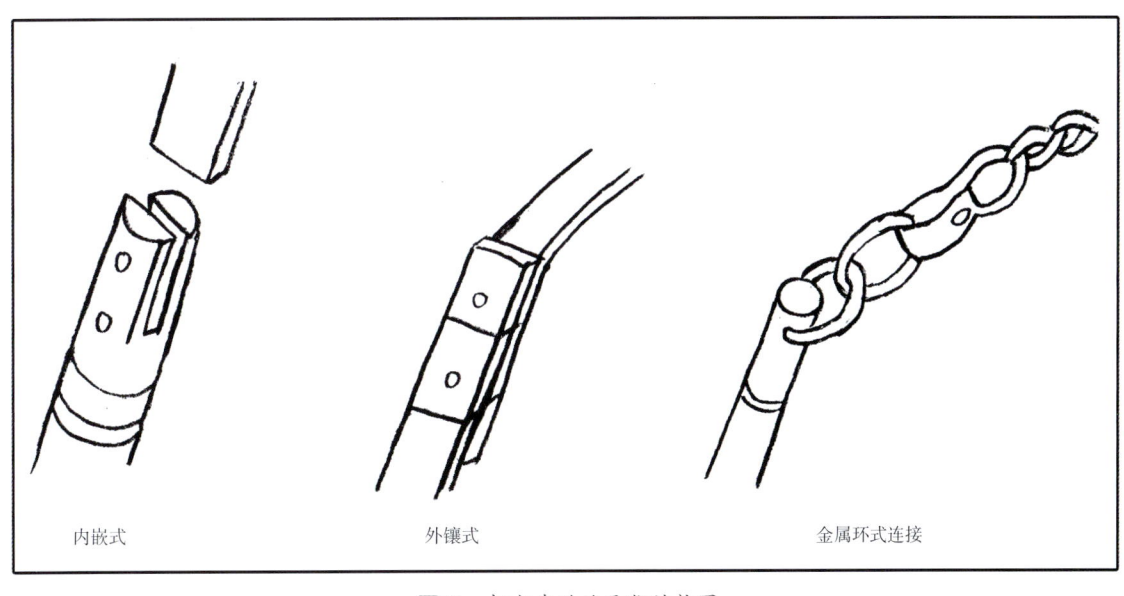

图四　柯尔克孜族马鞭结构图

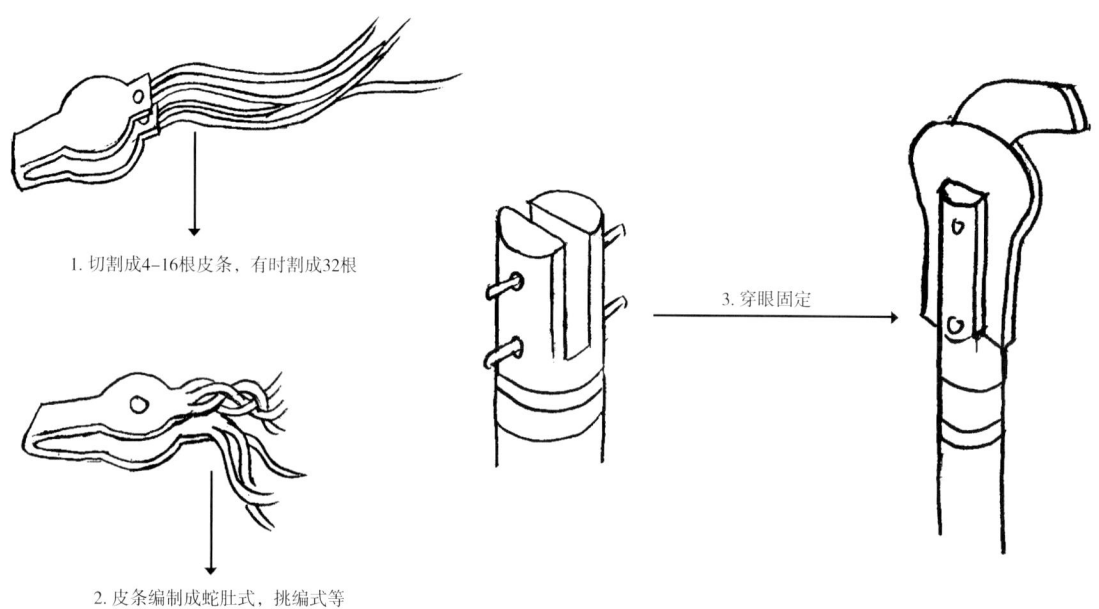

图五　柯尔克孜族马鞍工艺分析图

柯尔克孜族马镫

图一 柯尔克孜族马镫主图

马镫是骑行中用于固定双脚的物件，可减轻骑行途中腿脚的疲劳，通过踹蹬马镫控制速度、保持平衡以提高骑行安全，是游牧民族经常使用的重要马具之一。

马镫在上马时可用来当脚踏，单脚踩上；骑行过程当中两脚平均使力，可控制身体的平衡。比赛性质的骑行如柯尔克孜族常在节庆时举办的叼羊、赛马、猎鹰等活动中，要显示骑手的矫健身姿及马术水平，马镫作用更为重要和关键。

马镫主要由两部分组成，一是镫环，即脚踏的部分，另一是镫柄，主要用于穿行皮条悬挂于马鞍的两侧。以前的马镫是由生皮、绳子等非金属材料制成，后采用角、木头制作，现多采用铁、铜等金属材料，耐磨损，不易坏，坚固的硬质材料在使用上更得心应"脚"。

马镫是游牧民族一项重要的设计发明，被西方马文化研究界称为"中国鞋"。英国科技史学家怀特高度评价："很少有发明像马镫那样简单而又具有如此重大历史意义。马镫在短兵相接中，让骑兵与马结为一体。在没有鞍镫的时代，人们需要骑于裸马的背上，仅靠抓住缰绳或马鬃，并用腿夹紧马腹使自己在马匹飞驰的时候不至于摔落。马鞍的出现提供了纵向的稳定性，马镫通过固定双脚提供横向的稳定性，同时在马鞍的协助下将人和马结为整体，使骑兵利用马匹的速度进行正面冲锋达成可能……"马镫的设计发明不仅便于骑手骑行，同时也使马背上各种技能掌控得到安全保证。骑行舒适度自然也相应增加。

马镫垂悬于乘骑的两边，位置非常显眼，故而其造型及表面的装饰更为受到重视，要与马具的整体装饰设计风格相统一。马镫分女镫与男镫，女镫多为小巧的方形或菱形铜镫，表面上设有装饰纹样，男镫多为宽大的长方形铁镫，镫面多呈长方形，也有圆形。马镫踏面也刻有装饰纹样，镫子的外表錾花或镶宝石。

图片来源

图一、图五　陈述　摄影
图二、图四　黄慧君　制图
图三　陈述　黄慧君　制图

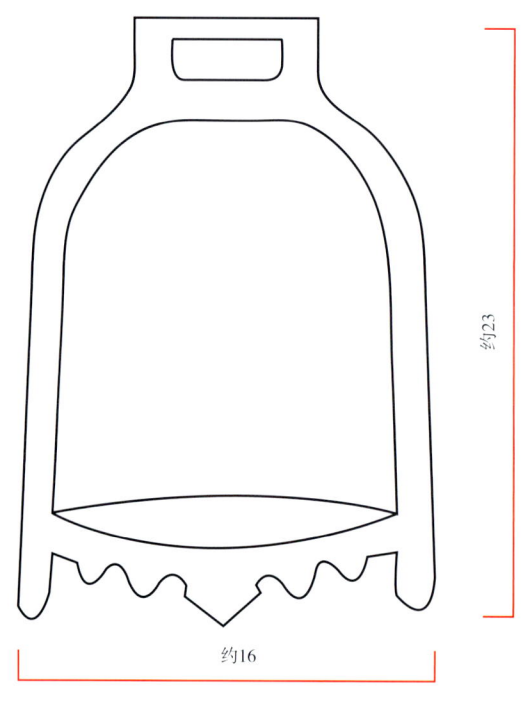

图二　柯尔克孜族马镫尺寸图（单位：cm）

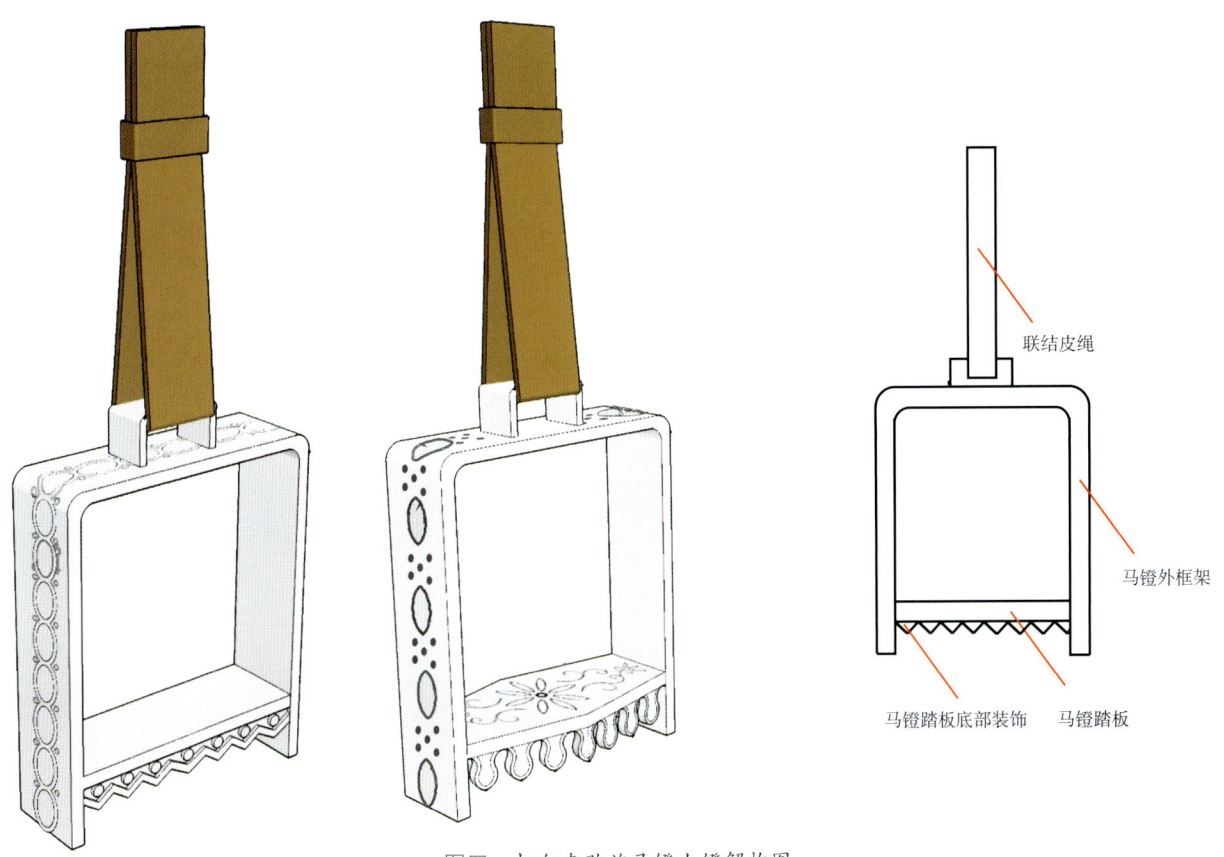

图三 柯尔克孜族马镫女镫解构图

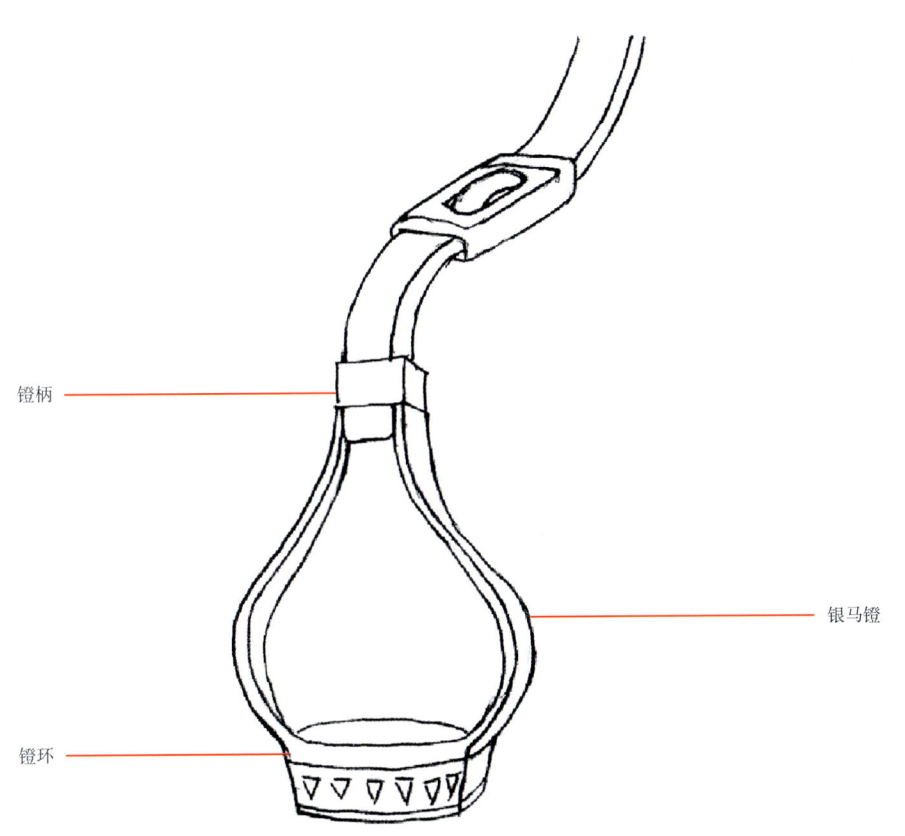

图四 柯尔克孜族马镫结构名称图

图五　柯尔克孜族马镫使用气氛图

柯尔克孜族马衣

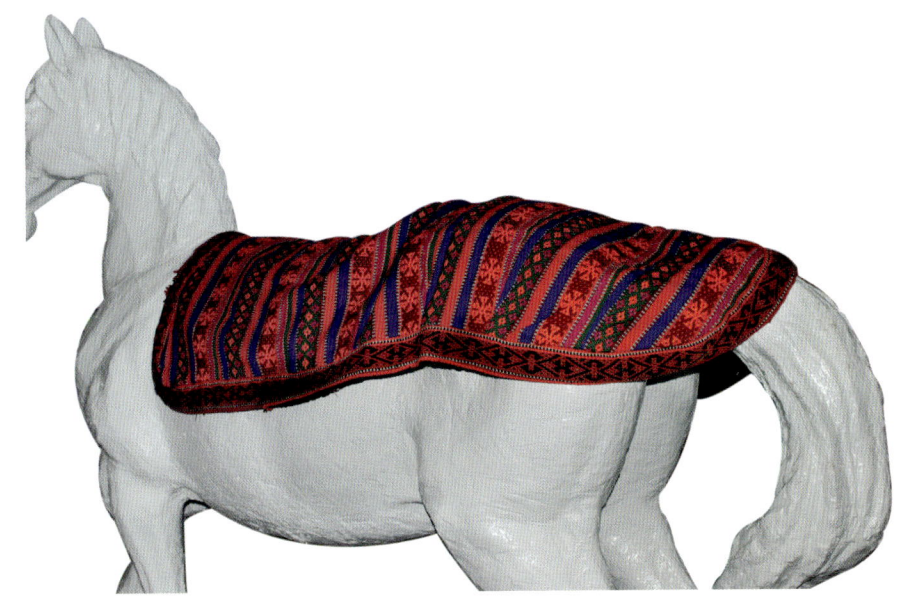

图一 柯尔克孜族马衣主图

柯尔克孜族视马为高贵的动物，家庭的成员，一般只供坐骑，不驱使其拉东西、耕地等。除给予充足的草料，着意装点和打扮爱马，配制各种马具之外，马衣也要精心制作。马衣是依据马躯体体量缝制的整块盖布，披在马背上，一是御寒，二可装饰。马衣因防护的目不同，其材料及制作也有很大的区别。唐代柯尔克孜族军中的战马就有用以抵御刀箭的木制或皮制马衣。

现代马衣通常使用毡子制作，将收集的驼绒或羊绒捻成线后，织成装饰性极强的编织物缝合到毡上，沿毡边用毛线织成网状"刘海"。因驼绒及羊绒质地轻，保暖性好，这样制作的马衣既保暖又美观。马衣在马背两边的下垂长度不超过马镫。还有一种马衣为用色彩鲜艳的色布缝制绣成的马形罩衣，套在马身上，只露出一双眼睛、鼻孔和嘴部，这种马衣十分华贵，保温性也较好，是有一定身份女子出嫁时的专用坐骑。

马鞍制作是柯尔克孜族男人的专利，马衣的制作主要由柯尔克孜族妇女来完成，因此马衣在设计制作上就凸显出妇女的精细与柔美，借马衣的制作不仅展现精湛技艺并凸显贤惠与聪颖，马衣的设计制作可为女性赢得部族的交口称赞。

马衣的设计制作不仅满足马匹御寒的基本功能，更能表达出柯尔克孜族人的勤劳与智慧。

图片来源
图一　陈述　摄影
图二、图四、图五　黄慧君　摹绘
图三　黄慧君　制图
图六　陈泽　摄影

马衣常见纹样

图二　柯尔克孜族马衣常见纹样图

多采用呈几何抽象的装饰纹样

对称

图三 柯尔克孜族马衣造型分析图

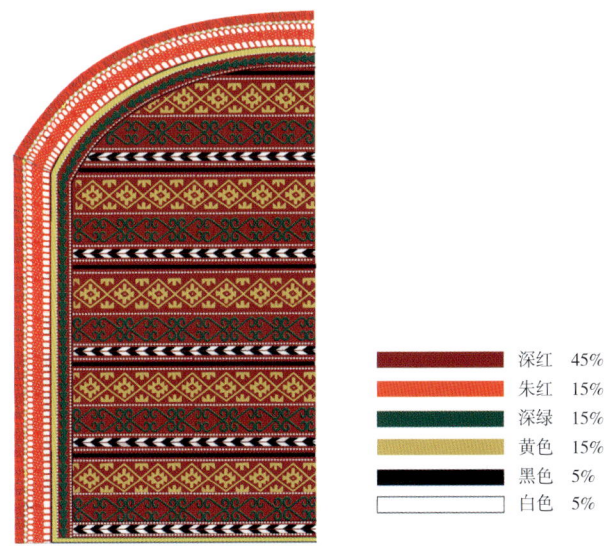

	深红	45%
	朱红	15%
	深绿	15%
	黄色	15%
	黑色	5%
	白色	5%

图四 柯尔克孜族马衣设色分析图

第四章 柯尔克孜族传统生活用具

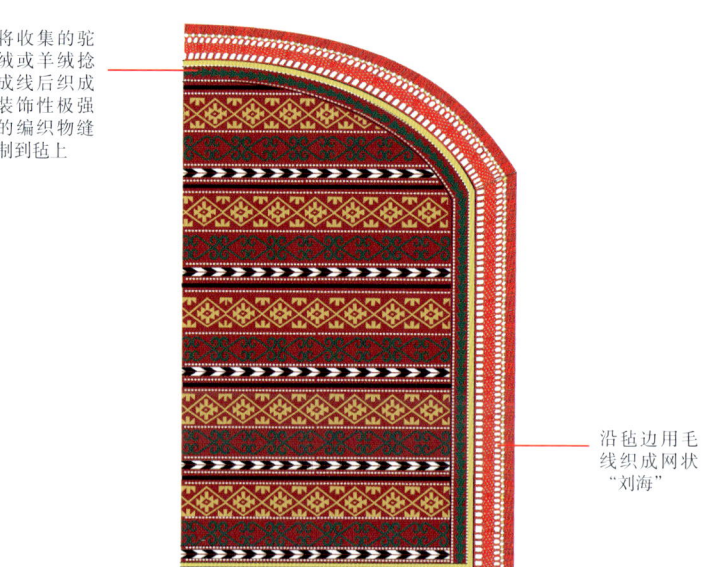

将收集的驼绒或羊绒捻成线后织成装饰性极强的编织物缝制到毡上

沿毡边用毛线织成网状"刘海"

图五　柯尔克孜族马衣工艺分析图

图六　柯尔克孜族马衣现场气氛图

柯尔克孜族铁马掌

图一　柯尔克孜族铁马掌主图

马是柯尔克孜族草原牧区重要的交通工具。长时间行走于各类复杂的地形环境中，常会造成马掌面损伤。安装弯形铁马掌可增强马掌耐磨度，有效保护马掌不受损伤。

马蹄掌与地面接触处有2—3厘米厚的坚硬角质及一层活体角质，在此角质上装铁制弯曲马掌既保护马掌，也利于马掌较牢地抓实地面。夏季与冬季用铁马掌存有差别，主要表现在铁马掌底面的处理上，夏季铁马掌底面为平面的，冬季铁马掌底面则装有突起的钉齿，方便马掌面接触冰雪表面时借重力将钉齿嵌入冰雪中，使马匹行进中不至滑倒。

铁马掌由铁匠打制，外形呈圆形扣，一般长约11厘米左右，宽约9.5厘米左右，两侧各留有三孔，用专制的铁马钉固定。马钉多呈楔形三角状，长约4—5厘米。钉铁马掌时，先须使用镰刀形的工具将马掌表层的老化角质除去，挑选大小合适的铁制马掌，用锤将铁马钉从预留的铁制马掌钉眼中斜钉入角质中，出头并敲击弯曲固定后以防脱落。

铁马掌是马脚掌的重要防护用具，它能减少马蹄磨损，并利于马匹长时间安全行走。铁马掌的制作、安装设计程序及使用目的，都体现出特定社会经济环境条件下的民族生活实际需要。

图片来源
图一　陈述　摄影
图二至图五　刘卉　制图

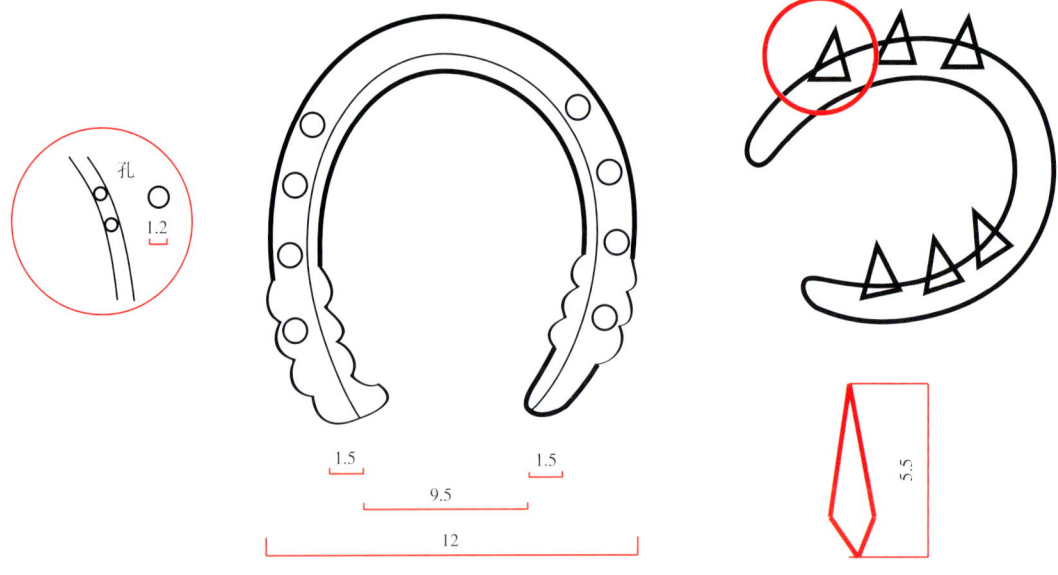

图二 柯尔克孜族铁马掌尺寸图(单位:cm)

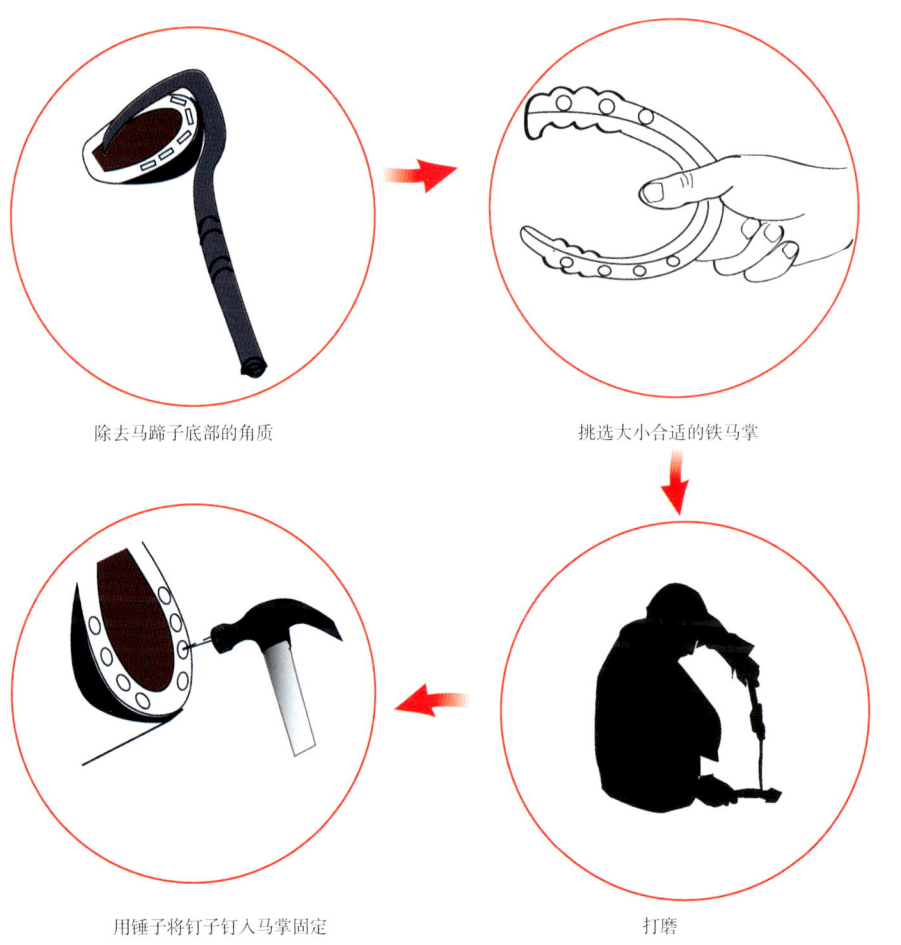

除去马蹄子底部的角质

挑选大小合适的铁马掌

用锤子将钉子钉入马掌固定

打磨

图三 柯尔克孜族铁马掌工艺分析图

图四 柯尔克孜族铁马掌应用工具图

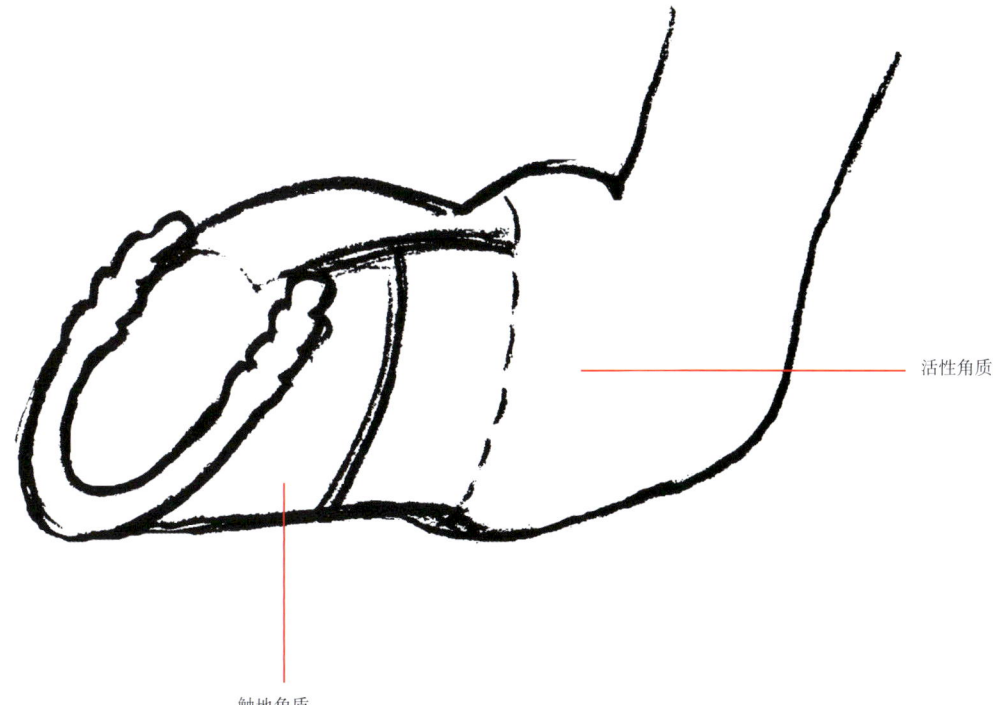

活性角质

触地角质
因为触地角质的存在，才使得马蹄子和铁马掌更好地匹配，在骑行中更加安全

图五 柯尔克孜族铁马掌细节分析图

第四章 柯尔克孜族传统生活用具

柯尔克孜族木勺

图一　柯尔克孜族木勺主图1

柯尔克孜人木器制造历史悠久。早在唐代，柯尔克孜人就已将木器制造工艺用于当时的生产及生活当中，家里使用的家具及器皿大多是木料制作。日常生活中，木制器具的使用更为普遍，《元史·地理志·西北地附录》记载，"民俗皆以杞柳为杯皿"，说明当时的柯尔克孜族普遍使用木制生活用品。柯尔克孜族历来未中断过游牧的生活，远离城镇，交通不便，许多生活用品须自己加工生产。由于生产多采用家庭个人手工加工方式，对以满足使用目的为主的材料选择也具有特殊的要求，木质的特殊材料性质为满足这一生活方式的相关造物活动提供了选择便利。在生活所处的自然环境中选取易于获得的木质材料，通过前期处理加工成制作所需要的材料，通过削、挖、刻、磨等技法进行制作，用以填补日常生活用具之匮乏。

木勺是用于进食的辅助工具，其使用也与柯尔克孜族的饮食习惯有很大的关联。以畜牧业为主的柯尔克孜族，其食物大都源于与畜牧业生产方式相关的食品。饮用食具多为小刀、木勺或者干脆手抓，食物中的"库鲁提苏依阿西"（酸奶疙瘩汤面条）、奶皮面片、乌麻什（一种用玉米做的糊糊）、酸奶等饮用时都需要使用木勺，给婴幼儿喂食也需借助木勺。因此，木勺是柯尔克孜族生活中普遍使用的器具之一。依据使用功能性特点的不同，木勺在造型设计上也各显不同，平常使用的是一种勺头部较大的普通木勺，也称之为汤勺；另一种勺头部横于勺把、勺头左侧有一横向导流槽的木勺则是给小孩喂食时使用。木勺材料多用榆木及桦木原料，使用刀、锉、锯等工具制作，并在塑造成形的木勺上雕饰有花纹图案。由于木材的物理导热属性，木勺食具不烫嘴、无异味，柔韧耐用。小孩使用的是横向式勺头，依据勺的结构造型，可通过调整勺柄来控制勺头部的倾斜度以控制进食食量的大小与快慢，操作上更具可控、安全与舒适性，其人性化的设计，至今仍具有借鉴的价值与意义。

图片来源

图一　仲晓芹、黄慧君　制图
图二至图五　谈晨　制图

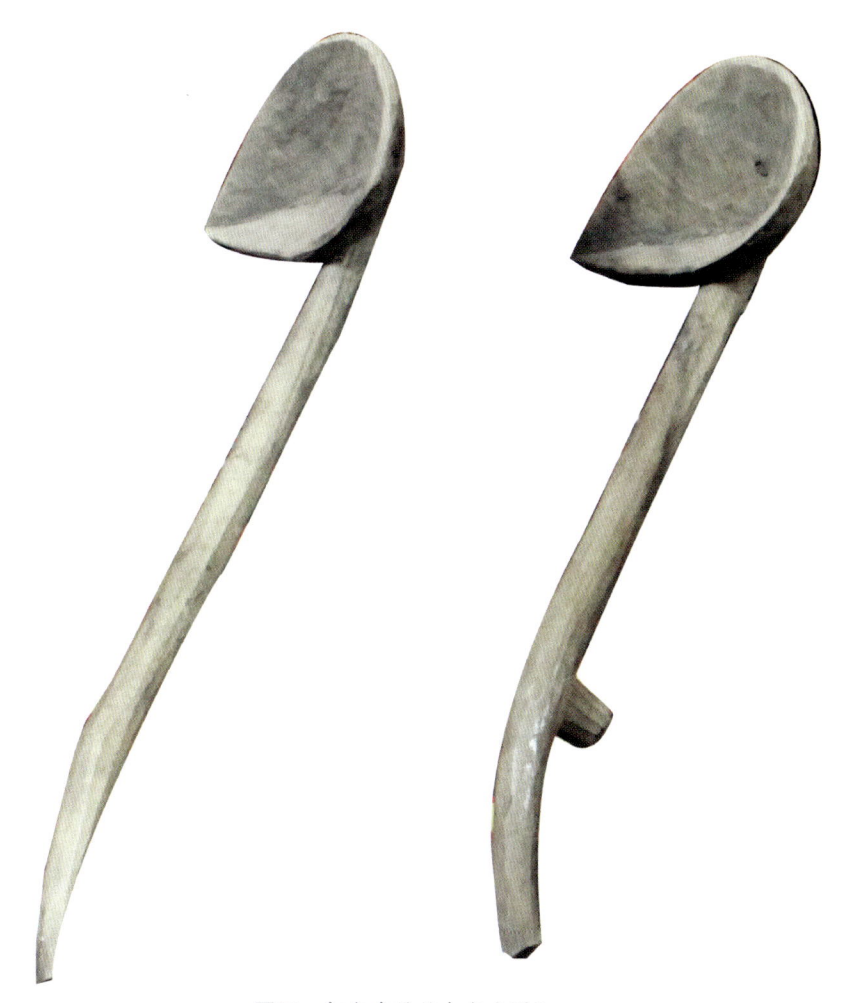

图二　柯尔克孜族木勺主图2

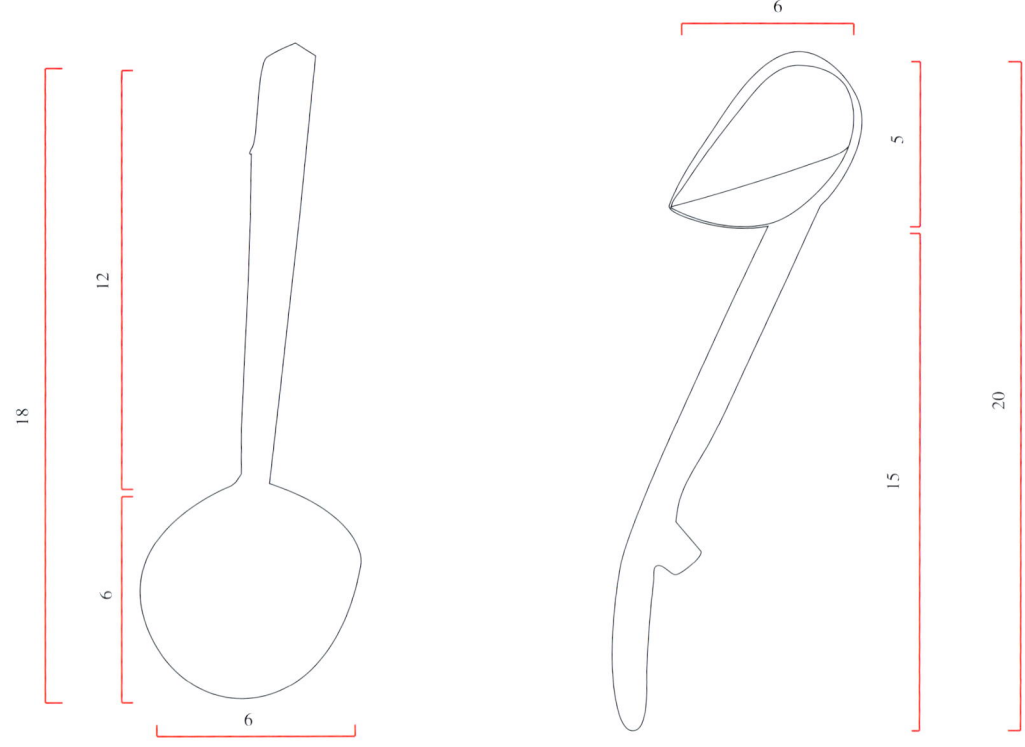

图三　柯尔克孜族木勺尺寸图（单位：cm）

太阳图案

装饰有太阳与植物图案，寓意万物生息不绝，阳光明媚，绿草茂盛，象征草原的生机勃勃

植物图案

勺头

尖嘴木勺适用于小孩，可以适度控制进食时食量的大小，使用中更具舒适性

弯把

图四　柯尔克孜族木勺细节分析图

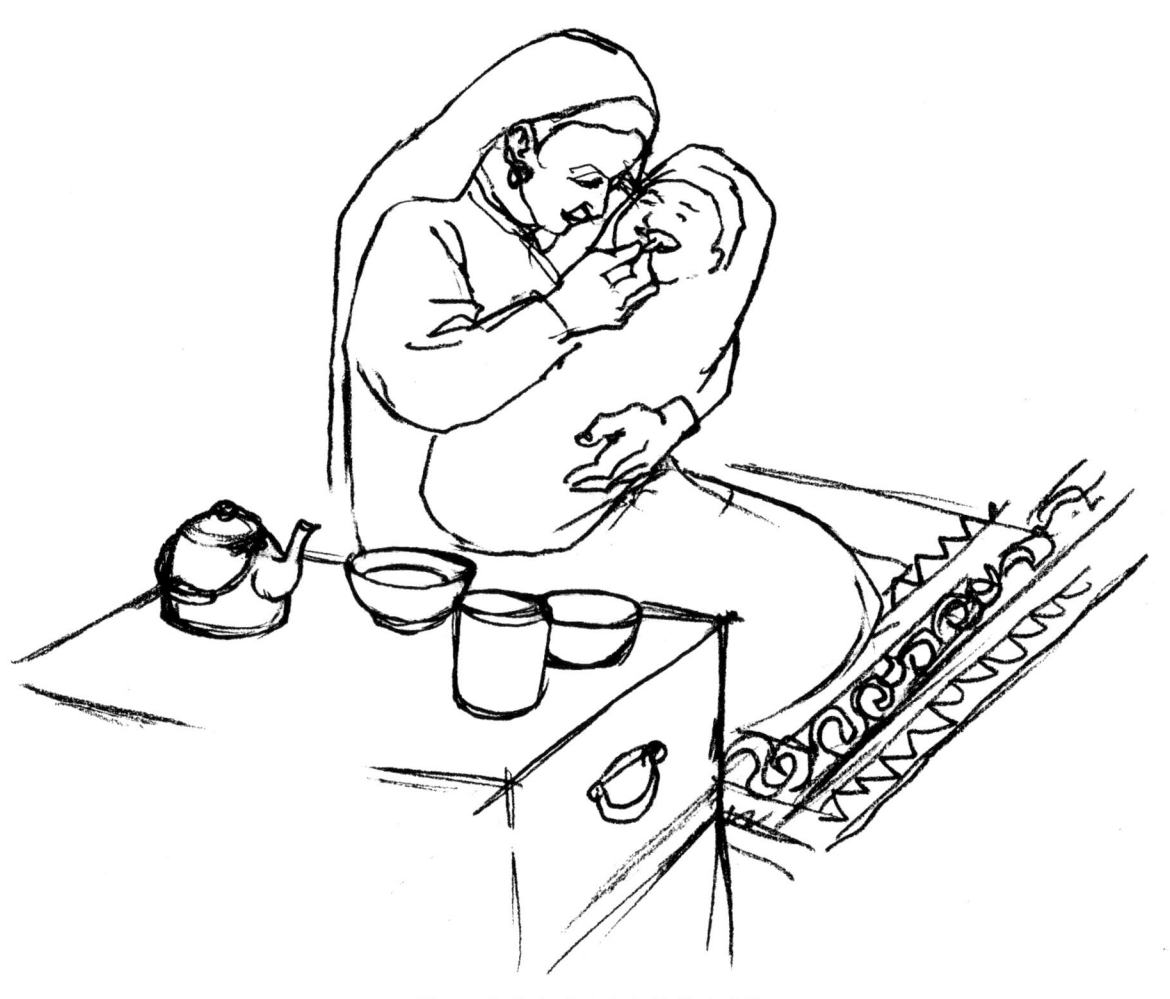

图五　柯尔克孜族木勺操作示意图

第四章　柯尔克孜族传统生活用具

柯尔克孜族木碗

上沿较薄　　　　　　　　　上沿较厚

图一　柯尔克孜族木碗主图

和木勺一样，木碗是日常生活中使用频率很高的一件物品，一日三餐都离不开碗。木碗不仅能满足于日常生活的需要，其木质材料的特性使其具有防碰撞、隔热、便携带、易于制作等特点，对于常年迁徙于不同草场的柯尔克孜游牧民来说非常实用。现代柯尔克孜人所使用的碗、盆等大多还为木制，在器型上也借鉴、吸收其他民族生活用具及现代工业生活器皿。碗的造型更趋于完美，线条形几何装饰也倾向于简洁、流畅，曲状重复的弧线更趋于饱满与节奏优美，表面处理更平滑。

柯尔克孜木碗制作多选用上好的整块柳木，选用的木料中没有树疤瘤，先使用工具根据所选木块及预设碗口直径及体量的大小初步砍挖出碗的大致形状，再用刀具细致修饰表面。为防止其变形裂开，制作上好的木碗要在盐水中浸泡、晾干，在碗内外涂抹酥油使其浸入木质缝隙以避免干燥时变形造成裂开。制作工序完成后，还需在碗的外沿壁镶嵌一个金属环扣，在环扣中穿皮绳便于骑行中悬挂携带。木碗的制作正是基于特殊的游牧生活环境的实际需要而进行的实用性、舒适性、美观性造物设计活动，为经典的民族木器生活用具设计案例之一。

图片来源
图一　陈述　摄影
图二至图六　谈晨　制图

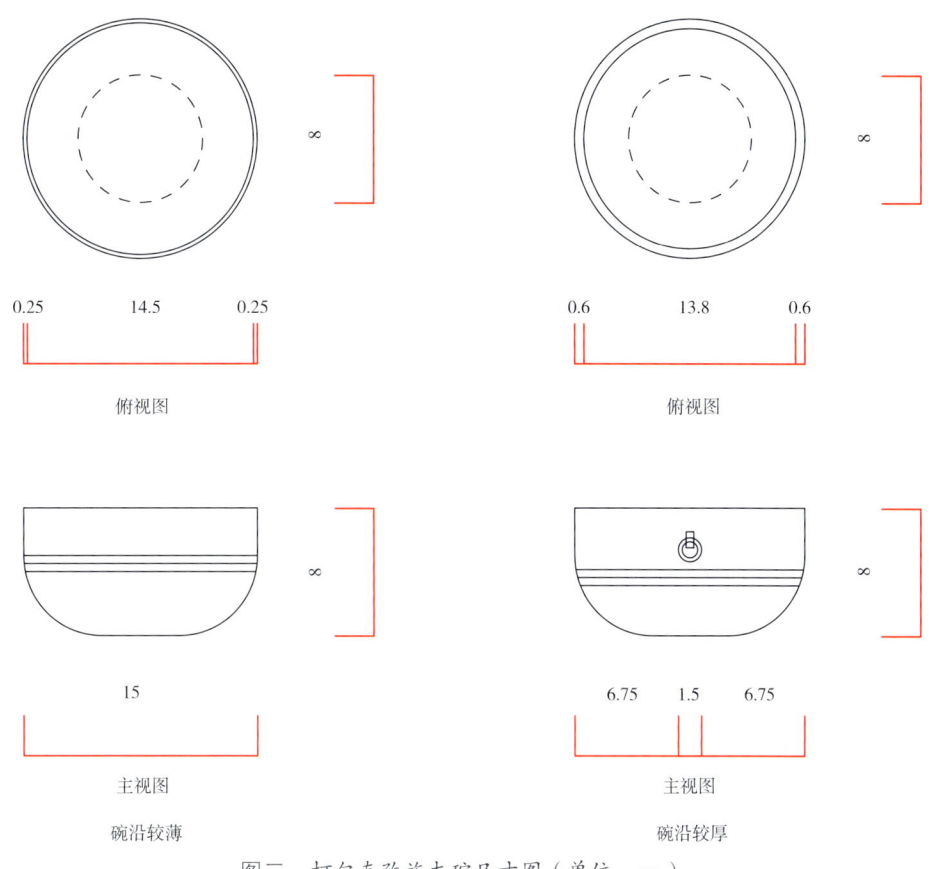

俯视图　　　　　　　　　　　　　　俯视图

主视图　　　　　　　　　　　　　　主视图

碗沿较薄　　　　　　　　　　　　　碗沿较厚

图二　柯尔克孜族木碗尺寸图（单位：cm）

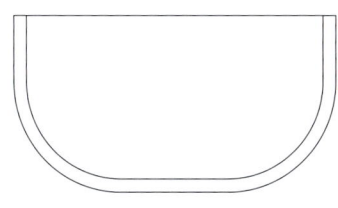

木碗上沿较薄约0.25cm，底部厚

木碗上沿较厚，厚度约0.6cm

图三　柯尔克孜族木碗解构图

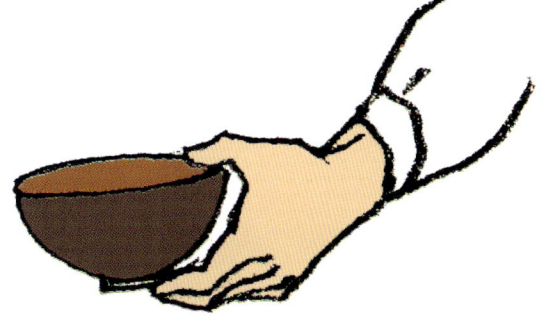

图四　柯尔克孜族木碗操作分析图

第四章　柯尔克孜族传统生活用具

229

| 用锯子锯下柳木 | 整块柳木 | 用砍砍子挖出碗的大形 | 用刀具修饰表面 |

| 为防止其裂开，制作好的木碗在盐水中浸泡后晾干 | 在内外涂抹酥油浸入木质中以避免因干燥而变形 | 在碗的外沿壁镶嵌一个金属环 | 便于骑行中悬挂携带 |

图五　柯尔克孜族木碗工艺分析图

图六　柯尔克孜族木碗使用气氛图

柯尔克孜族牛角哺乳器

图一 柯尔克孜族牛角哺乳器主图

柯尔克孜族常年在不同海拔高度的草场内迁徙，因而也被称为高山游牧民族。牧民放养的畜种主要有绵羊、山羊、牦牛等。绵羊与山羊的自然产羔期多在第二年的2月中旬左右，产羔期间环境气温大都在0℃左右。为提高成活率，除加强避风保暖措施，人工饲养料理是提高羔羊成活率的关键因素。人工方法哺乳就离不了牛角哺乳器。牛角哺乳器为内部掏空的储奶容器，尖头一端设有一孔用于套上皮制奶嘴，并用皮绳扎紧的人工奶嘴。使用时，将新鲜的乳汁倒入掏空的牛角骨容器里，皮制奶嘴表面涂抹新鲜乳汁用以诱引羔羊吸食，达到人工喂食的目的。

在极度缺少工业产品的游牧生活环境中，牛角哺乳器选用牛角作为储乳容器，以仿生学原理设计可供羔羊吸食的人工乳头，对失乳羔羊采用人工喂养，有效提高了羔羊成活率，以维持正常的畜牧业生产。呈喇叭状的牛角不仅利于乳汁导流，同时也便于清洗消毒，其坚固柔韧的骨角材质可保其不渗漏、耐摔、磨，取材便利，适于长期使用。合理、巧妙的现材再利用及创意设计，使牛角哺乳器更具实用性与经济性，解决了生产生活中遇到的器型制作瓶颈，极大节约了投入成本，并有效解决了人工喂养中存在的实际问题，值得当下的设计师体味与借鉴。

图片来源
图一 陈述 摄影
图二至图四 秦俭 制图
图五 陈述、刘卉 制图

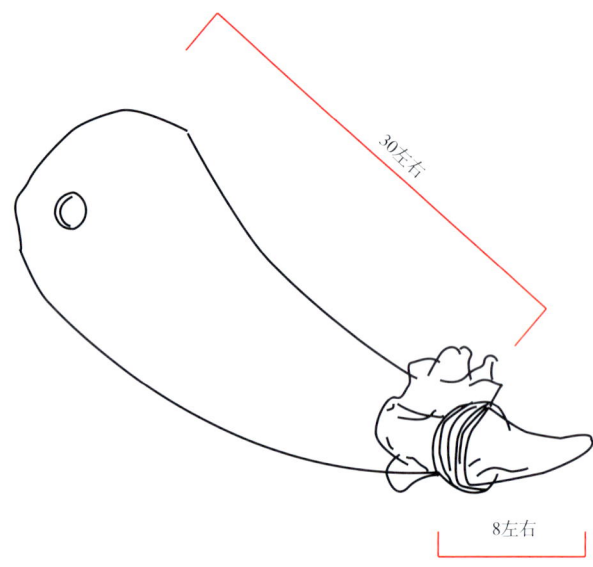

图二 柯尔克孜族牛角哺乳器尺寸图（单位：cm）

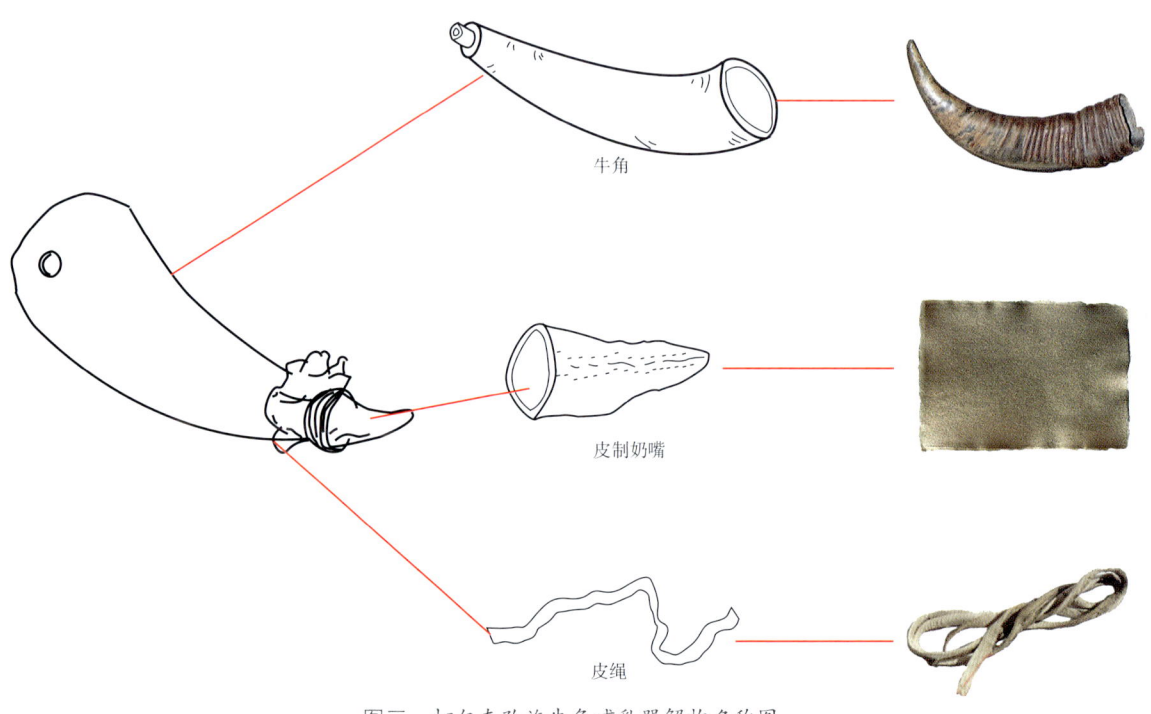

图三 柯尔克孜族牛角哺乳器解构名称图

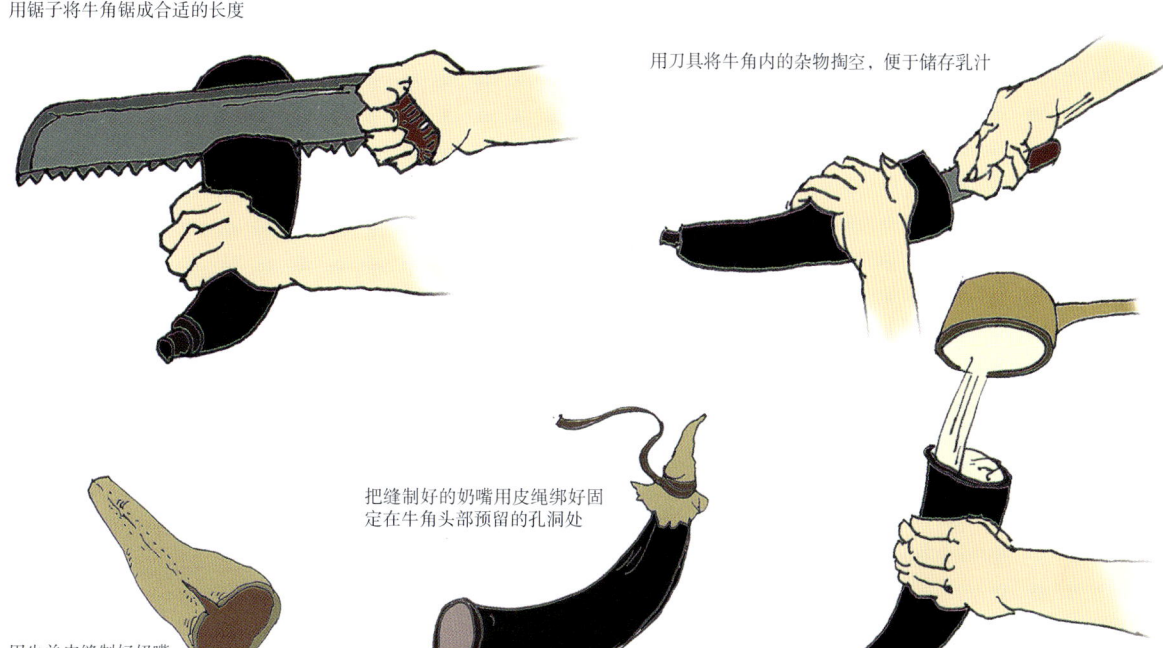

图四 柯尔克孜族牛角哺乳器工艺分析图

图五 柯尔克孜族牛角哺乳器使用气氛图

第四章 柯尔克孜族传统生活用具

233

柯尔克孜族皮制刀鞘

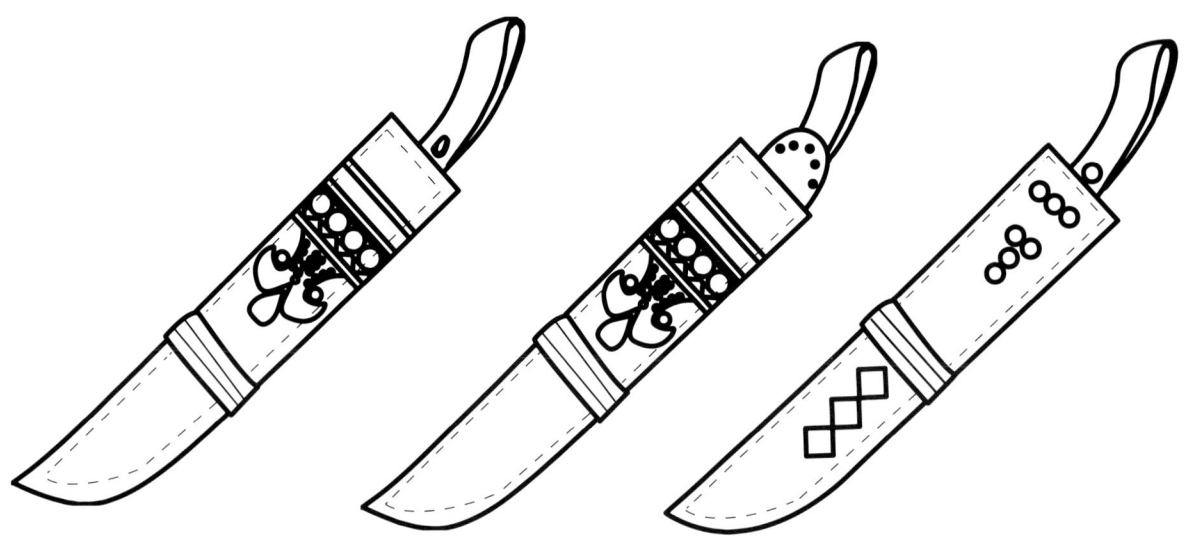

图一 柯尔克孜族皮制刀鞘主图

小刀是柯尔克孜族男人随身携带的生活常用品。以游牧生活为主的柯尔克孜族，常年骑行于山间河谷草地，行进中由于道路崎岖不平较为颠簸，进而使随身携带的小刀易造成安全上的隐患，皮制刀鞘则是这一问题极佳的设计解决方案。

皮革是柯尔克孜族服饰类制作的主要用料，汉以前古墓发掘资料显示，古代柯尔克孜族先民在服装、生产、交通等工具中，大量使用皮制品。当时皮革制品是他们主要的生活用品，其皮制品的加工已具相当高的水平。

刀鞘是使用动物皮制成的存放金属手柄短刀的护具。常使用马、牛、骆驼皮，但使用骆驼皮制成的刀鞘则比较坚固，定型后较为稳定不易变形，且不怕摔打与碰撞，刀具抽、插顺畅，为刀鞘制作用料的上佳材料。

一般讲制作刀鞘的用皮选定后先刮去所选皮张上的毛，并用小刀剔除皮里子上的肉或油块，依据刀头的形状裁好并置入木制刀具模具简单缝合，置于通风处吹晒至半干后用土碱、酸奶掺苞谷面抹在皮上使其发软，一个月后刮去皮上杂物并用牛筋或羊皮线精心缝合。其面上装饰有羊角纹及几何纹样图案，多为红色、紫红色。沿刀鞘尾端横截面上装饰有金属小环组合构成的星状图案，反映柯尔克孜族流行至今的星宿崇拜：柯尔克孜族人认为，天上每一颗星都代表地上的一个生命，每个人都有一颗星寄托个体的生命；天上陨落一颗星，就代表人间一人逝去。刀鞘的外形与刀具外形高度吻合。刀鞘的表面纹饰常用骨骼或铁做成的工具烫烙出线形状组合图案。曲式刀具的刀鞘通常系有皮条，用于固定刀鞘中放置的刀具使共不至于在骑奔中脱落。曲式刀鞘也比直式长，只露出曲式刀具呈弯曲的尾部。直式刀具刀柄裸露在刀鞘外，故在刀柄中部设置窄皮条固定于刀鞘挂带上，使携带的刀具在骑行中更加牢靠不易脱落。柯尔克孜族刀鞘是为安全方便携带金属制刀具所设计的一个实用美观的护具，其材料的选择加工及功能体现出游牧社会的生活特点，自给自足的制作与消费需求使产品更大程度带上了个性化的因素，部落地域的差异，使这种个性因素表现得更为明显，刀鞘的装饰设计上也更趋丰富与多样。刀鞘制作虽存在材料及工艺的差别，但刀鞘与刀具的组合设计意识以及为满足生活需要呈现的创意，对今人仍具有参考与借鉴的意义。

图片来源
图一　仲晓芹　摹绘
图二至图五　秦俭　制图

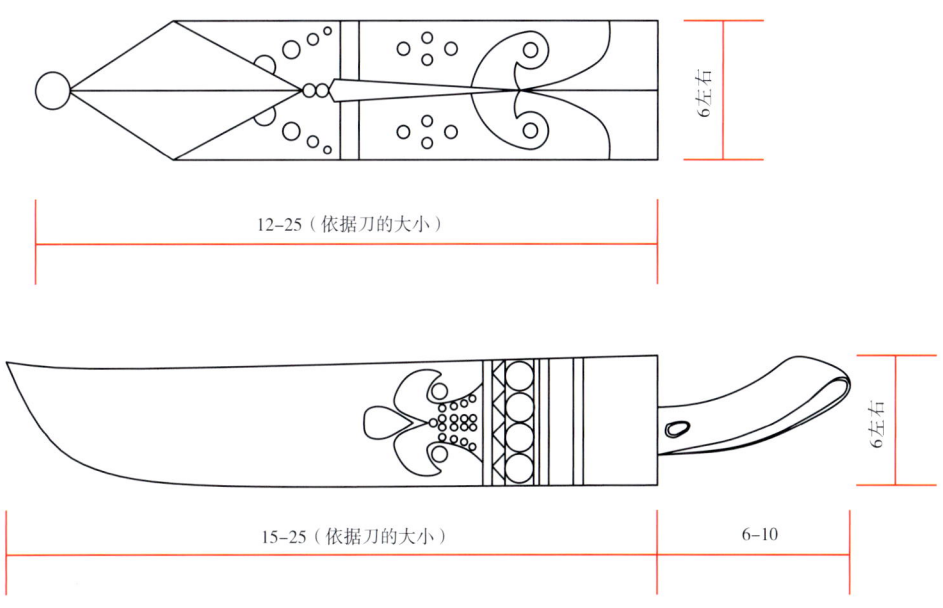

图二　柯尔克孜族皮制刀鞘尺寸图（单位：cm）

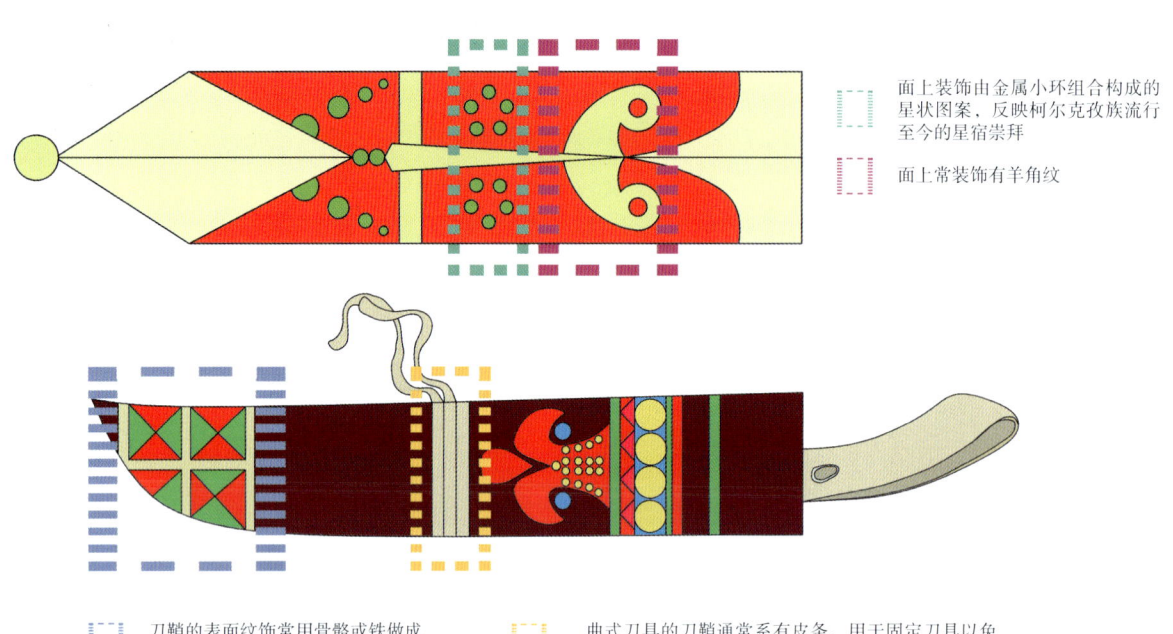

图三 柯尔克孜族皮制刀鞘解构图

图四 柯尔克孜族皮制刀鞘工艺分析图

图五 柯尔克孜族皮制刀鞘使用气氛图

柯尔克孜族小刀

图一　柯尔克孜族小刀主图

　　柯尔克孜族小刀主要为日常生活用具及劳动工具。柯尔克孜族常年游牧于山川峡谷中，生活需要依靠所携带的工具自我料理，刀具便是其中不可缺少的一件，野外游牧若遇到猛兽时，小刀也兼具自卫功能，其设计制作具有明显的游牧民族特征。

　　小刀分为刀柄及刀头两部分。小刀多为单面开刃，刀头形状不同，其功能性特点也不尽相同——按刀头造型通常可分为直式与弯式两种。弯式刀头刀尖位于刀片一端，高于刀背上沿。刀柄部分多以牛角及木料制作，直式刀刃的刀柄与刀刃连接处设有两头突起向后弯曲的护挡，用于平行直刺时对手部虎口的防护。弯式刀主要用于向下切割，故无直式刀刀柄护挡，但刀柄尾部常设为向下呈弯曲状的造型，主要考虑切割时前后拉动不易脱手。为保持刀具的锋利耐用，工匠常常选用优质不锈钢板加热后锤打成型，然后使用锉刀磨制，最后淬火处理。刀刃部分与刀柄常为一个整体，刀柄上用牛角、木料等镶嵌包裹。为增强美观性，在刀柄上镶有骨制材料及宝石。

　　小刀在柯尔克孜族的日常饮食中是一个重要的辅助用具。柯尔克孜族有很多食肉方面的礼仪。贵宾临门，主人一般要宰羊招待客人，而小刀就是宰羊、剥皮的工具。待大块熟肉上桌后，也常使用小刀来切割分片食用。

　　刀具是柯尔克孜族男人经常携带的重要工具，设计时的实用功能性考虑源于游牧民族实际生活的需要，并符合游牧环境下的生活礼仪要求。刀的尺寸及形制设计注重人使用时的生理及心理感受。刀具的尺寸体量上既能满足日常生活的实际需要，又便于随身携带，兼防身功能，为多用途的设计案例之一。

图片来源

图一　仲晓芹　制图

图二至图六　秦俭　制图

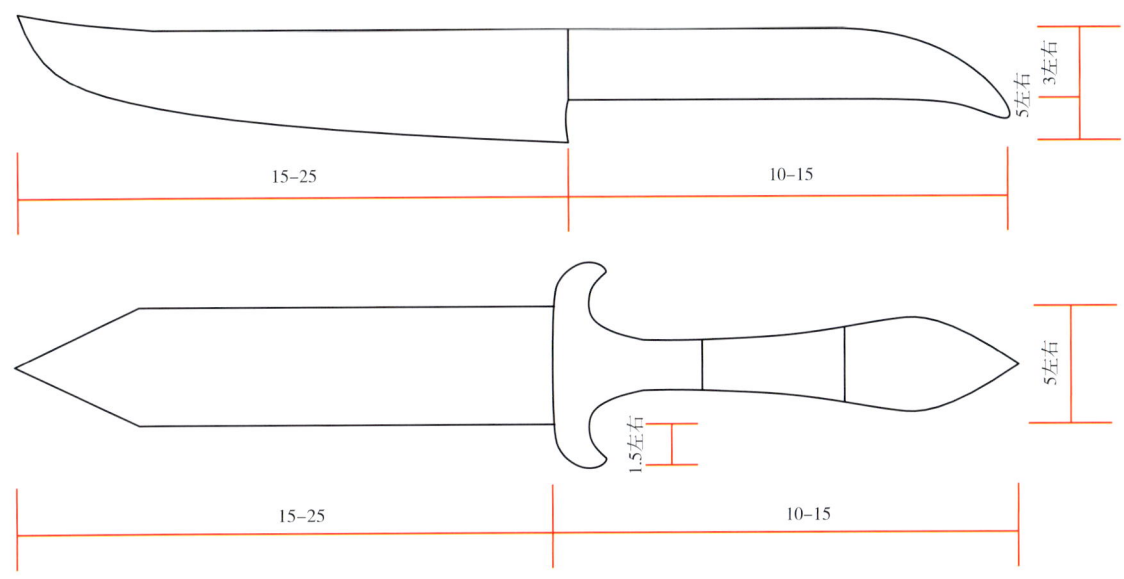

图二　柯尔克孜族小刀尺寸图（单位：cm）

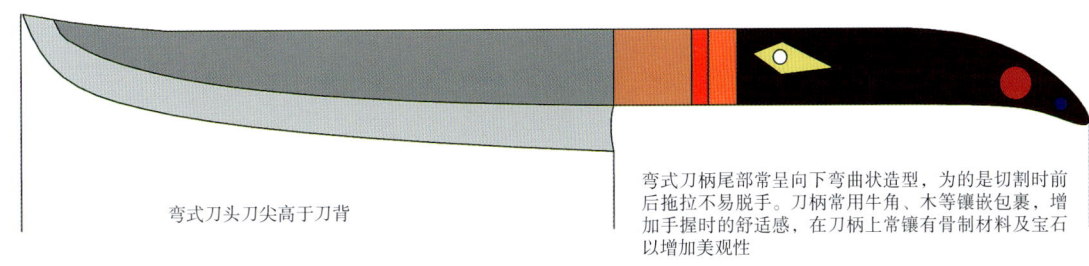

弯式刀头刀尖高于刀背

弯式刀柄尾部常呈向下弯曲状造型，为的是切割时前后拖拉不易脱手。刀柄常用牛角、木等镶嵌包裹，增加手握时的舒适感，在刀柄上常镶有骨制材料及宝石以增加美观性

图三　柯尔克孜族小刀解构图（弯式刀）

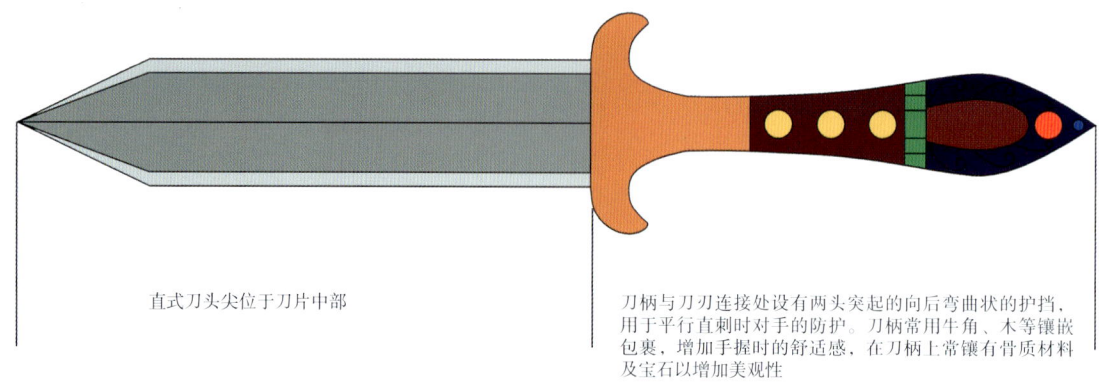

直式刀头尖位于刀片中部

刀柄与刀刃连接处设有两头突起的向后弯曲状的护挡，用于平行直刺时对手的防护。刀柄常用牛角、木等镶嵌包裹，增加手握时的舒适感，在刀柄上常镶有骨质材料及宝石以增加美观性

图四　柯尔克孜族解构图（直式刀）

选取优质的不锈钢板材

将选好的优质不锈钢放在火中煅烧

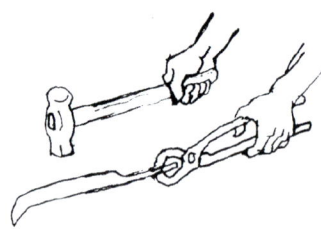

煅烧后的不锈钢打制成型

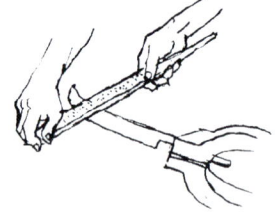

成型后的小刀放在专门的机器上打磨光滑

为保证手握时的舒适感，在刀柄上裹上牛角、木等，并镶嵌骨制饰品或宝石作装饰

图五　柯尔克孜族小刀工艺分析图

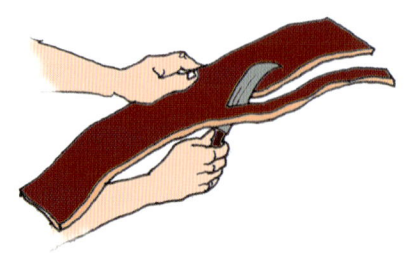

图六　柯尔克孜族小刀使用气氛图

柯尔克孜族三角铁锅支架

图一 柯尔克孜族三角铁锅支架主图

世代以游牧为主的柯尔克孜牧人因追逐水草而迁徙生活，常年奔波于山川大河之间，转场搬迁对于牧民来说早已习以为常，而转场过程中首要解决的是饮食的制作与加工问题。三角铁锅支架的设计，很好地解决了因迁徙流动时常处于野外环境加工食品遇到的问题。

三角铁锅支架看上去为一个呈等腰三角形的铁架，各角焊有一个垂直铁条，也可称之为三足式铁架，为一个由线型材料构成的空间主体骨架，四面上下通透，上面可直接架上铁锅，锅下三足内形成的空间可添置木材、干牛粪等燃烧物，利用燃烧的热能加工食物，便可在野外吃到现做的热气腾腾的饭菜。三足式铁架具较好的稳定性，利于在各种复杂环境下使用，具有便利的操作感。三角铁锅支架上部呈三角形的线型框架结构，易于将圆形的铁锅夹住不至于使其晃动，从而提高了做饭时的安全性，线型框架结构的轻巧特点便于运输与携带。

三角铁锅支架是柯尔克孜牧民野外牧羊时使用的生活用具之一，简易的线型框架结构设计减轻了重量，利于携带与运输；最大程度降低制作材料的损耗，经济性实用性并重。三足式的支架设计适应于在乱石堆的河边、溪边及高低不平的高地使用，使生活变得简单。

图片来源
图一　陈述　摄影
图二至图五　秦俭　制图

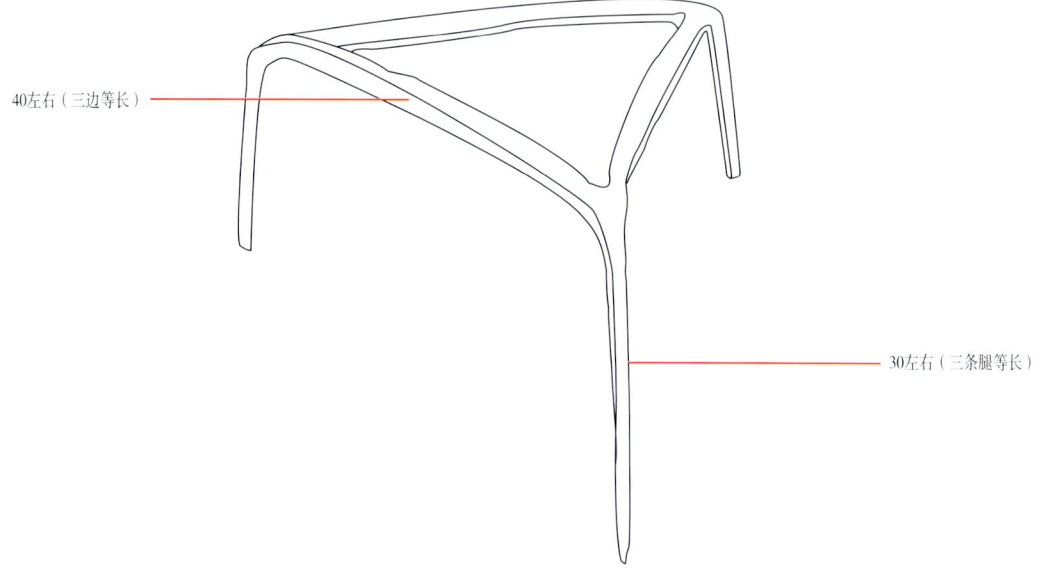

图二　柯尔克孜族三角铁锅支架尺寸图（单位：cm）

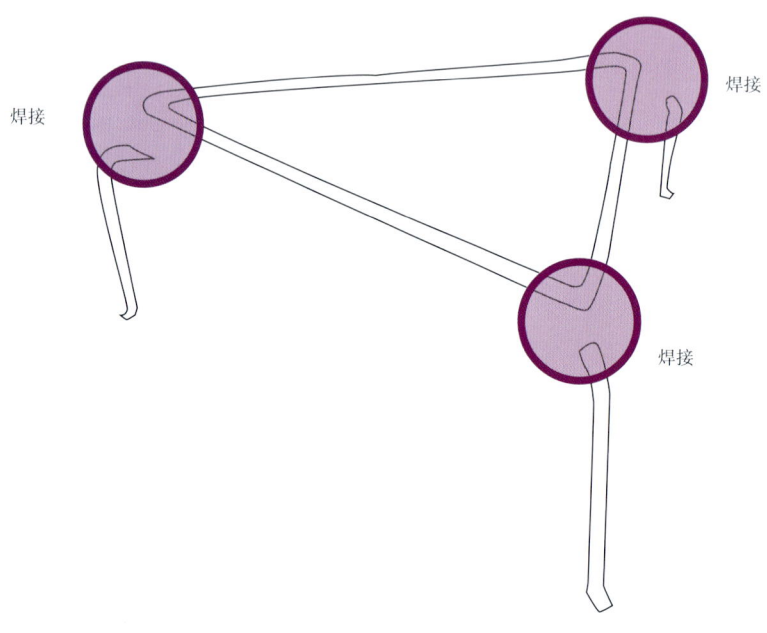

图三　柯尔克孜族三角铁锅支架解构图1

三角铁锅支架三条腿末端焊有一块伸出的铁块,以使三脚架放在不平的地面上时更加平稳

图四 柯尔克孜族三角铁锅支架解构图2

图五 柯尔克孜族三角铁锅支架使用气氛图

柯尔克孜族酸奶木桶

图一　柯尔克孜族酸奶木桶主图

酸奶木桶是牧区柯尔克孜族家庭常用的一件生活器具。以游牧业生产为主的柯尔克孜族喜食动物奶制品，酸奶即用鲜奶发酵制成，富含多种乳酸、维生素、氨基酸、矿物质等。对习惯食肉的柯尔克孜人来说具有开脾健胃、除热降火的作用。其次，将鲜奶通过这种发酵方式制成可长期保存的食品，便于储存携带。酸奶木桶则是将已制成的硬块状酸奶疙瘩，通过物理溶解的加工方法还原为液态的酸奶，便于待客及饮用。

酸奶木桶主要由两部分组成，木桶及长柄木杵。木桶的制作是将粗细大小适宜的树木选好后取其中的一段，使用类似手斧工具将其内部掏空围合制成木桶，长柄木杵在使用时可以用双手握其柄杆上留有的孔洞，紧握两侧的握柄用力上下循环提拉，以提高木杵撞击的力量及频率。使用时先将木桶置于毡房门前的草地上，将奶疙瘩放入木桶内并加适量水，随后用木杵在桶内反复捣击，40分钟左右就将木桶内硬质的奶疙瘩还原为白色的酸奶酪。酸奶木桶的直径一般为35厘米，高度在43厘米左右，多选用外观直圆的松木削皮加工，选料时要尽量避开树瘤、枝节。木杵分为上下两部分，上部为柄杆，柄杆上端挖空后连接的两侧削为圆状用于双手捣摇时提拉木杵的握柄，下部为圆状的捣头，木杵整体长度约90厘米左右。

酸奶木桶的设计及材料的选择、加工与使用，全面反映出以畜牧业经济为主的生活特点。此设计能很好化解生活难题方便使用，值得借鉴。

图片来源
图一　陈述　摄影
图二　黄慧君　制图

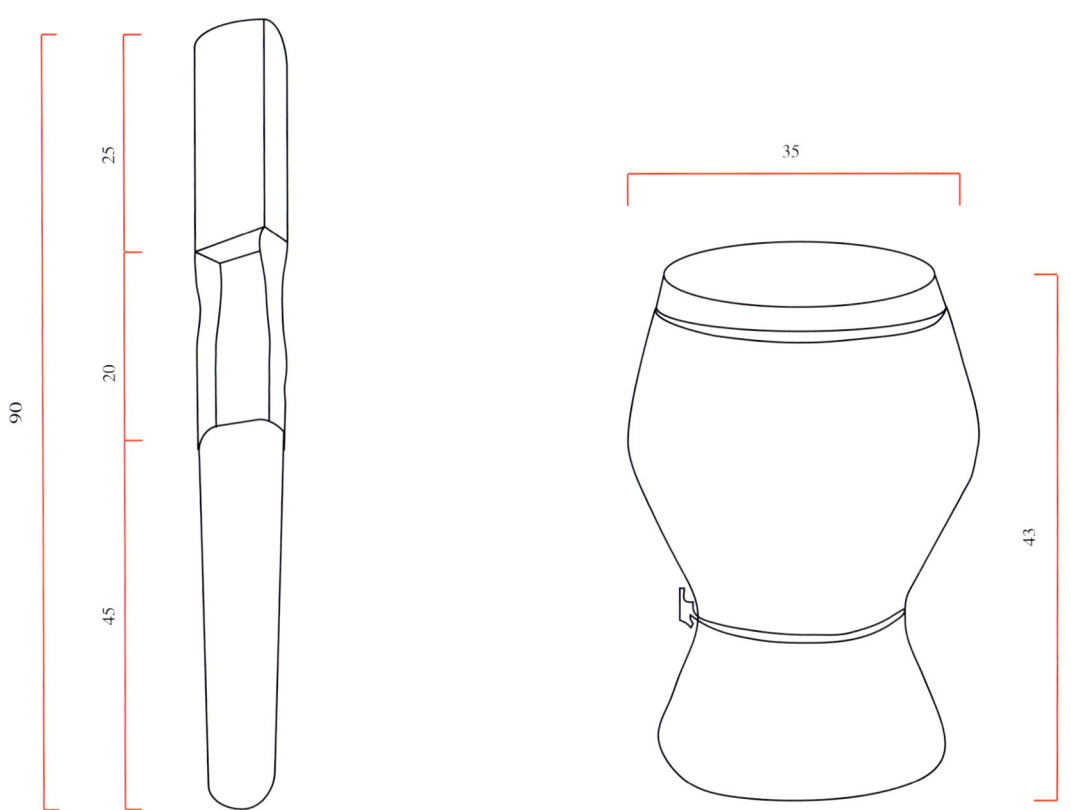

图二　柯尔克孜族酸奶木桶尺寸图（单位：cm）

图三　柯尔克孜族酸奶木桶细节分析图

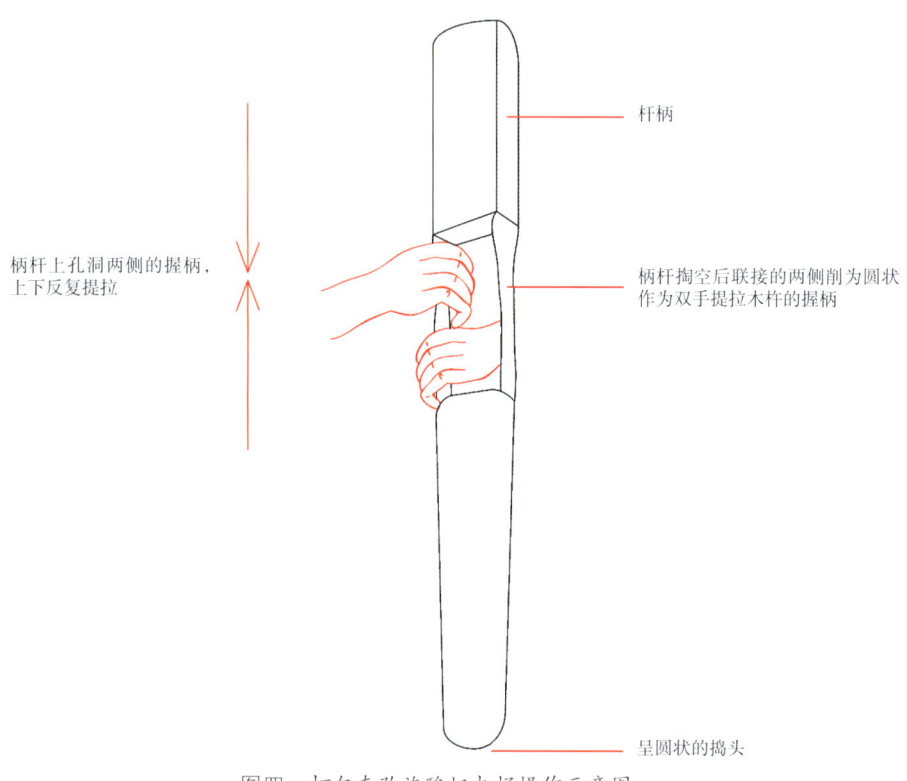

图四　柯尔克孜族酸奶木桶操作示意图

图五　柯尔克孜族酸奶木桶现场气氛图

第四章　柯尔克孜族传统生活用具

柯尔克孜族洗手铜壶

图一　柯尔克孜族洗手铜壶主图

柯尔克孜族传统的手工业具有悠久的历史，从早期生活在叶尼塞河上游的柯尔克孜族先民居住地的考古挖掘中就出土有许多手工金属制品，大多为青铜和铁质的劳动工具和兵器，说明柯尔克孜族当时就已有较成熟的金属加工制造技术。柯尔克孜族西迁至准噶尔盆地、阿尔泰山、帕米尔高原等地后，仍维持以畜牧业为主的生产生活，许多日常生活用品都为自己加工制作，其目的在于满足生活的需要。柯尔克孜族习于用手抓食，因此饮食前的净手行为成为日常生活行序不可缺少的一项内容，洗手用铜壶即为该行为活动用于盛水的容器，也是传统饮食行序中不可缺少的重要用具。

以游牧经济生产为主的柯尔克孜族，也因游牧生活的辗转迁徙使得传统的金属制作技术得以传播。并与其他民族的交往中得到改进与提高。柯尔克孜族能自制铁器、铜器、银器，制作原料大多来源于畜产品的交易，专门从事这类加工的工匠较少，主要以订制的方式加工生产。柯尔克孜传统观念中视铜为仅次于白银的贵重金属材料，也将其作为首饰加工的基本原料。铜材料受热打造的过程中具有较好的延展性，并且铜质材料与铁质品相比易擦洗、耐腐蚀、光亮度高等特点而深受柯尔克孜族牧民的喜爱。

铜壶的制作程序为：先将选择好的铜板加热，并弯曲成圆柱状的壶腹部与颈部，待做出大的形体后，以焊接的工艺进行连接，通过反复敲打修整局部形体，修整后在铜的内壁镀锡作防腐处理。然后加工制作出壶身上所需的配件，壶体表面的镂空雕饰纹样需单独制作。铜壶腹部及壶盖顶部的手执造型呈滴水状，在铜壶的颈部加装圆形颈圈，用以遮挡焊接口并增加美观性。铜壶的手柄、壶盖、壶嘴、壶底座等通常为装饰部位。如壶嘴呈禽首状，也有的设有禽首冠状饰物。弯曲的壶把如禽尾，整体呈昂首向上的姿态。

洗手铜壶在功能与装饰上有别于饮水用铜壶，饮水用铜壶其外形饱满，注重实用性，一般无过多的装饰；而洗手铜壶常使用于待客的公共场合，除了净手使用之外，其外表精美的装饰更凸显主人注重种礼仪及热情接待，符合传统的卫生习俗。柯尔克游牧生活的辗转迁移造就了民族具一定的开放性，在铜壶的设计制作中体现为对周邻民族相关技术的广泛吸收与借鉴。洗手铜壶在形态、功能及装饰等方面体现出民族浓厚的游牧生活特点，为当下的这类生活用具的创意设计提供了一个值得参考的案例。

图片来源
图一　陈述　摄影
图二至图五　谈晨　制图

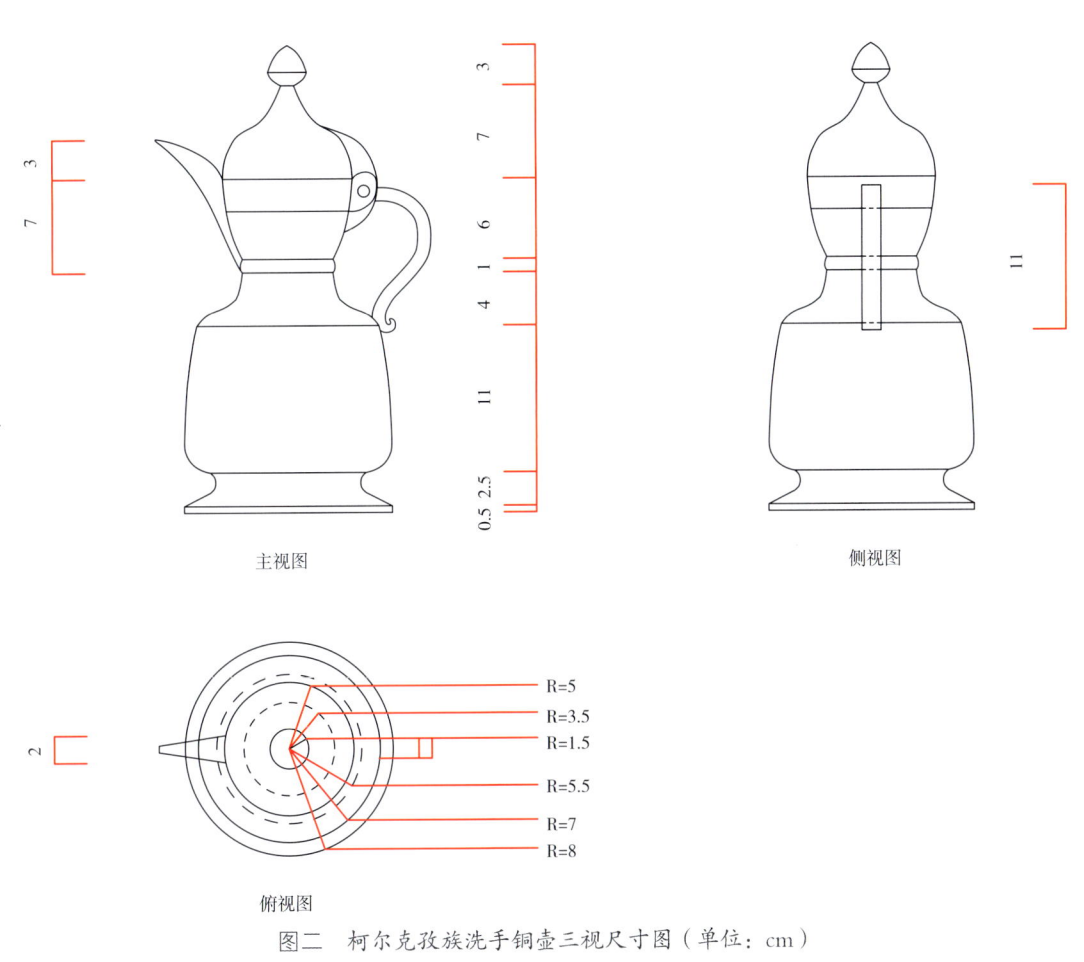

图二　柯尔克孜族洗手铜壶三视尺寸图（单位：cm）

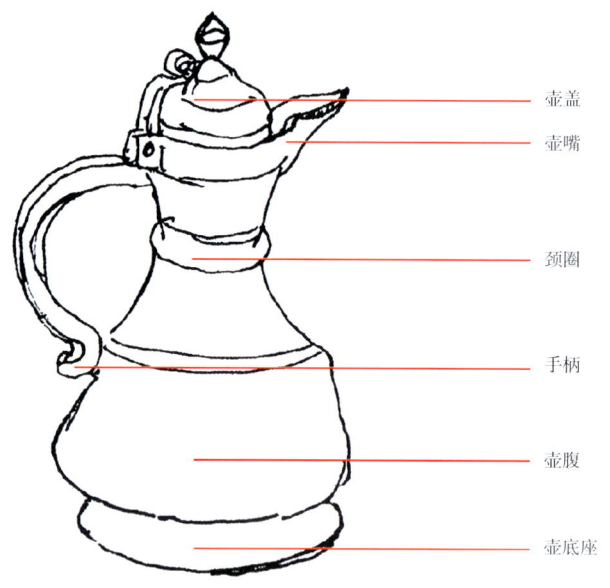

图三　柯尔克孜族洗手铜壶解构名称图

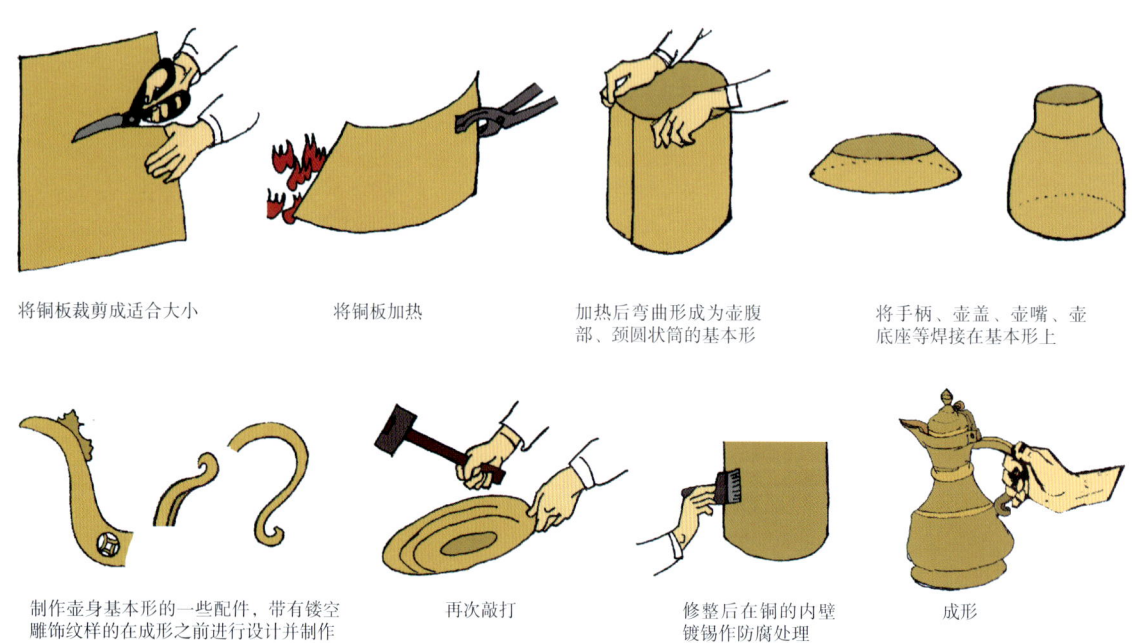

将铜板裁剪成适合大小　　将铜板加热　　加热后弯曲形成为壶腹部、颈圆状筒的基本形　　将手柄、壶盖、壶嘴、壶底座等焊接在基本形上

制作壶身基本形的一些配件，带有镂空雕饰纹样的在成形之前进行设计并制作　　再次敲打　　修整后在铜的内壁镀锡作防腐处理　　成形

图四　柯尔克孜族洗手铜壶工艺分析图

图五　柯尔克孜族洗手铜壶使用气氛图

柯尔克孜族摇床

图一　柯尔克孜族摇床主图

摇床是新疆少数民族重要的生活用具,是小孩出生后至学会走路之前专用的卧具。摇床由于触地的底边呈弓弧状,轻推便可左右摇晃,故称为摇床。以游牧生活为主的柯尔克孜族一年四季都在不同的草场间辗转迁徙,毡帐的居住环境及以牲畜驮运方式对摇床结构及功能方面都有相应的要求与限制。同时为满足幼童生活及视觉心理需要,摇床少不了其他附件的配合。

柯尔克孜族称生子为"拖热提"。据柯尔克孜习俗,出生的若是男孩,要在门外挂一副弓箭,寓意将来成为武士;如果是女孩,则在门外挂上用红布条做的飞鸟图案,并插上一根羽毛,寓意孩子将来远走高飞到更理想的环境,幸福伴终身。

婴儿四十天时,柯尔克孜族人要举办入摇床仪式:宰羊请客,把绵羊的左右腿双拐、斧子、刀子等搁到摇床前,祝愿孩子未来健康、勇敢与富足。然后才把婴儿放入摇床。入摇床仪式开始,先由一位年长的妇女诵经祝福孩子的摇床,然后由祖母或母亲把孩子洗干净穿上新衣服抱到来宾面前,由一位年长的妇女把婴儿放进摇床里,同时在孩子的枕头下面放一把小刀和抄有经文的护符以辟邪。女孩则是放入针线。过去在摇床的床头还雕饰有龙头和狼头,中间的木把提手恰巧可作为龙身,象征婴儿长大之后像龙一样有所作为。在床的四边还会刻有鼠、牛、虎、兔、龙、蛇、马、羊、猴、鸡、犬、猪十二生肖。同时还绘制有白羊、金牛、双子、巨蟹、狮子、室女、天秤、天蝎、人马、摩羯、宝瓶、双鱼十二宫彩色图像。把婴儿放入摇床后,再用手捏一下婴儿的鼻子,让婴儿发出笑声或哭声,一般认为孩子在摇床里大声哭闹,长大后才能朴实、勇敢。

摇床主要使用木料制作,以木榫连接。柯尔克孜摇床一般长1米多,宽50厘米左右，高约60厘米，这种摇床分床头和床尾，两头触地的床脚为弓弧形，床头顶是与床等长的雕花柱，上嵌彩珠及木制的圆圈等饰品，以吸引婴儿观看及触摸、摆弄。横置的花柱还可作为携带时的提手，如果在室内，则用毛绳把摇床吊在毡帐顶上，转场搬迁时就绑在驼背上。摇床上垫柔软的小褥子及盖被，并设有绑带及盖布，盖布搭在横向的花柱上，遮阳挡风。有时摇床木板上挖有一圈直径约1厘米的圆孔，母亲可一边做针线活一边轻摇摇床。

柯尔克孜摇床色彩搭配也展现出较为独特的审美观与色彩偏好。摇床床架一般用鲜艳的色彩涂饰，用红、黄、绿色间隔，鲜艳的色彩利于婴幼儿对色彩的直观感知。摇床的织物床罩、被褥、盖布的装饰纹样多使用传统的红、白及黑色搭配，寓意吉祥、健康与勇敢。红色是柯尔克孜族使用较为普遍的色彩，深受柯尔克孜民众的喜爱，并以此派生出暖色系列如橙色、枣红、紫红等，摇床有时也涂饰为深红色。

摇床上柱状的雕饰以立体几何形状组合，并施以不同色彩区分。摇床床板两边凸起的边上靠里一面具有向内倾斜的坡度，恰好在轻摇摇床时利于铺垫的床褥固定，使其不致移动或滑落。

摇床是柯尔克孜族婴幼儿专用卧具，其结构的功能性不仅很好适应于民族的生产、生活方式，其造型及装饰色彩设计也遵循婴幼儿这一特殊阶段的心理、情感及认知需要，将民族深藏于心底的情感与期盼以视觉符号的方式进行现实展现，摇床的设计被赋予了更多的精神内涵及文化意蕴，在人生初始阶段的美好世界里健康成长，预示婴儿代表着族群未来的希望。

图片来源
图一、图六 陈述 摄影
图二至图五 秦俭 制图

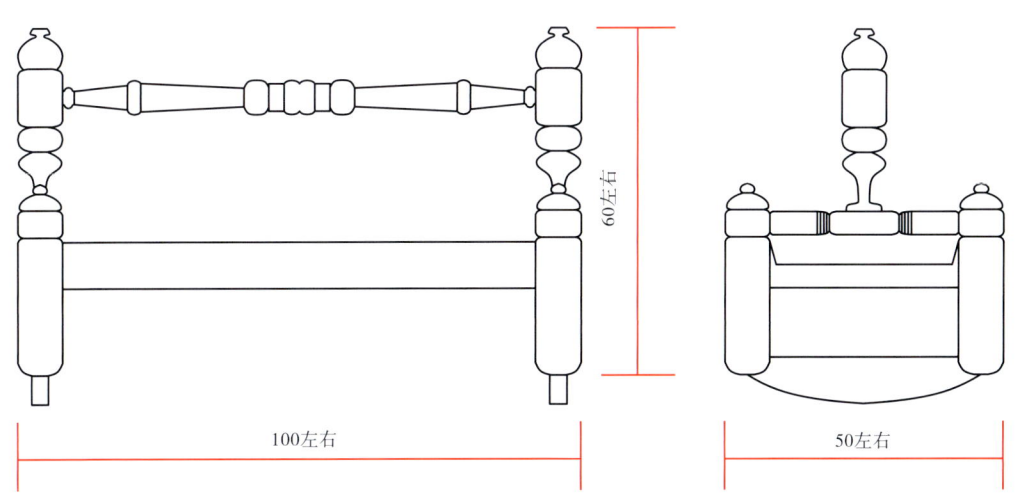

图二 柯尔克孜族摇床尺寸图（单位：cm）

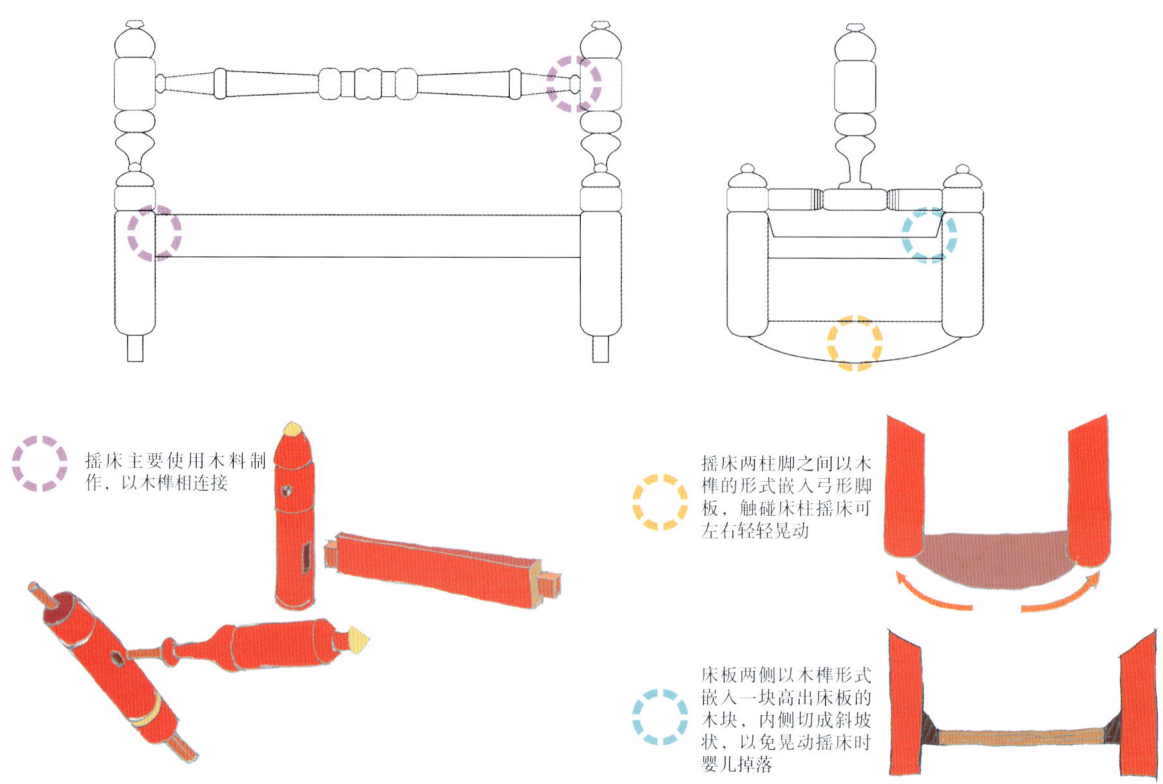

图三 柯尔克孜族摇床结构图

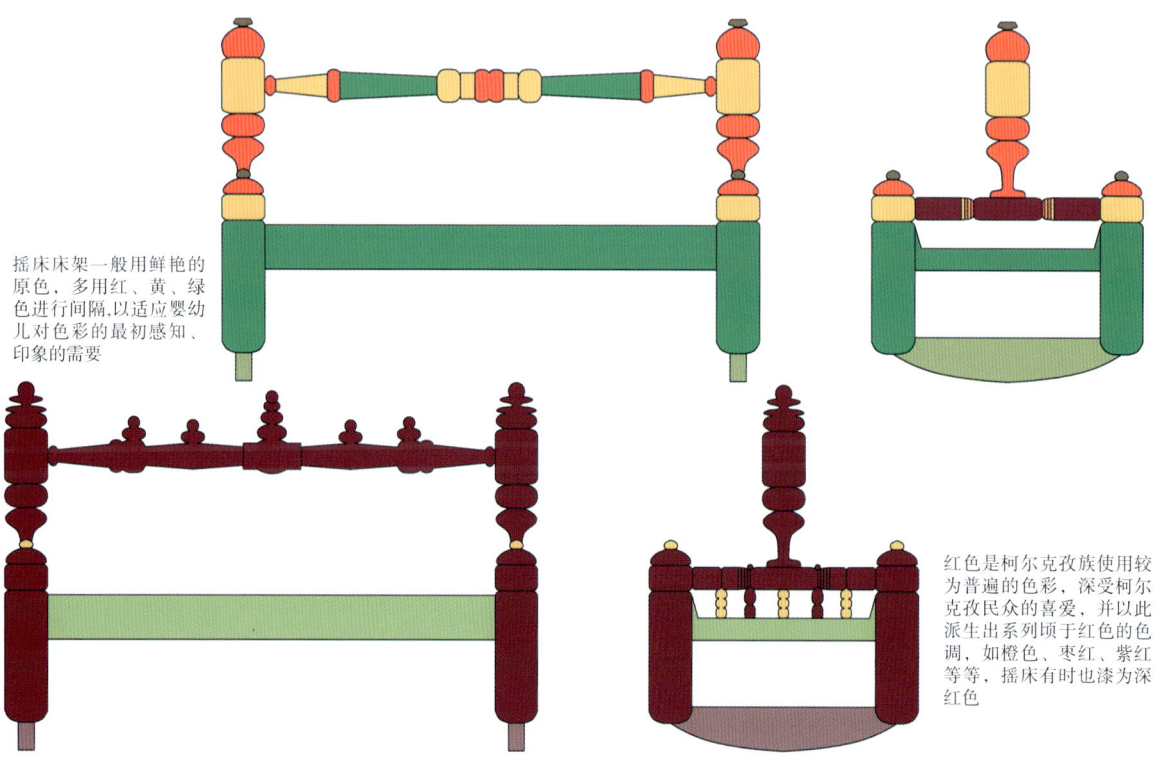

图四 柯尔克孜族摇床解构图（常见样式及色彩）

绑带：横向绑在婴儿的被褥上，防止在摇晃或搬运过程中婴儿掉落

盖布：盖布搭在横向的花柱上，既可遮阳又挡风，还可防止夏天蚊虫叮咬

图五　柯尔克孜族摇床解构图（摇床配套用品）

图六　柯尔克孜族摇床使用气氛图

第四章　柯尔克孜族传统生活用具

柯尔克孜族烤馕用印戳

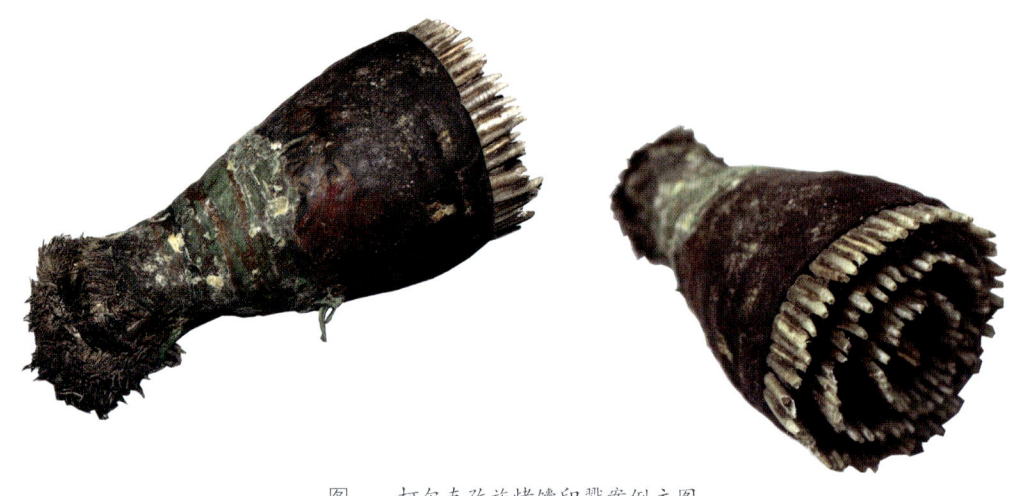

图一　柯尔克孜族烤馕印戳案例主图

柯尔克孜日常饮食生活中除肉、奶制品外，馕是离不开的主食，这缘于柯尔克孜族较早的农业经济活动及游牧的生活方式。馕便于携带、可长时间保存、即食即用等特点很适于牧民在各种极端气候条件下食用。

馕的制作中离不开一件主要的工具，即烤馕用印戳。每当用发酵面制作好圆形面坯后，需在上面戳印出点状圆形的花纹，重复、排列的点状圆形图案极具装饰性，客观上还使烤馕表面的焦黄色更为美观，口感薄而香脆，此举另一用处是，将做好的烤馕面坯紧贴馕坑墙壁烤制时，面坯上的孔洞能释放面坯内部受热膨胀聚拢的热气，防止面坯受热后表面鼓胀爆裂。

烤馕用印戳主要由羽毛管、木头、布条、线绳等材料制作。羽毛管呈套环状排列，圆心为削尖的木柱，羽毛围绕削尖的木柱圆心由里向外整齐排列，并用布条包裹缠绕羽毛以扎紧固定。圆柱表面每排列一圈羽毛就需扎紧固定，依此类推，最后用毛绳在外围缠绕捆绑固定。造型呈前粗后细，使用时形成反挤压力不易使羽毛管后缩，不至影响印戳的使用性功能并延长其使用寿命。

烤馕用印戳的材料使用及技艺具很强的应用与操作，适于简陋环境条件下的烤馕制作需要，是民族特定社会生产、生活背景下极具想象力的表达与体现。从实际生活出发，通过造物活动使被创造对象具备满足生活目的需要，巧妙解决出现的问题，值得借鉴与回味。

图片来源
图一　陈述　摄影
图二至图五　秦俭　制图

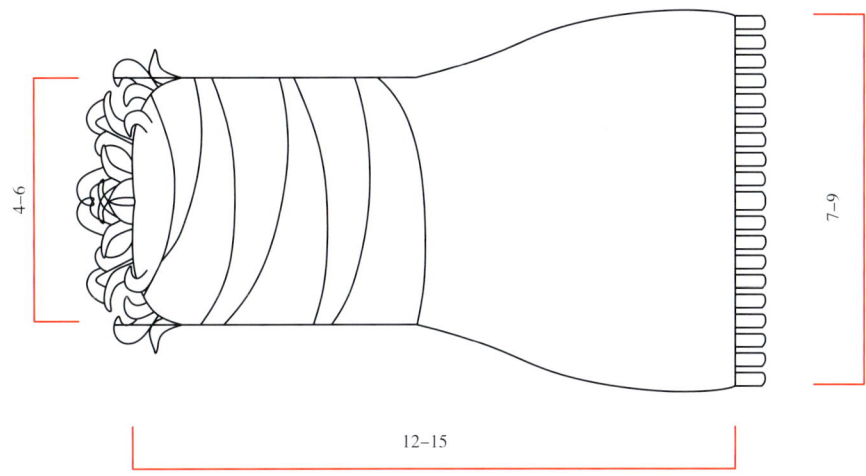

图二　柯尔克孜族烤馕印戳尺寸图（单位：cm）

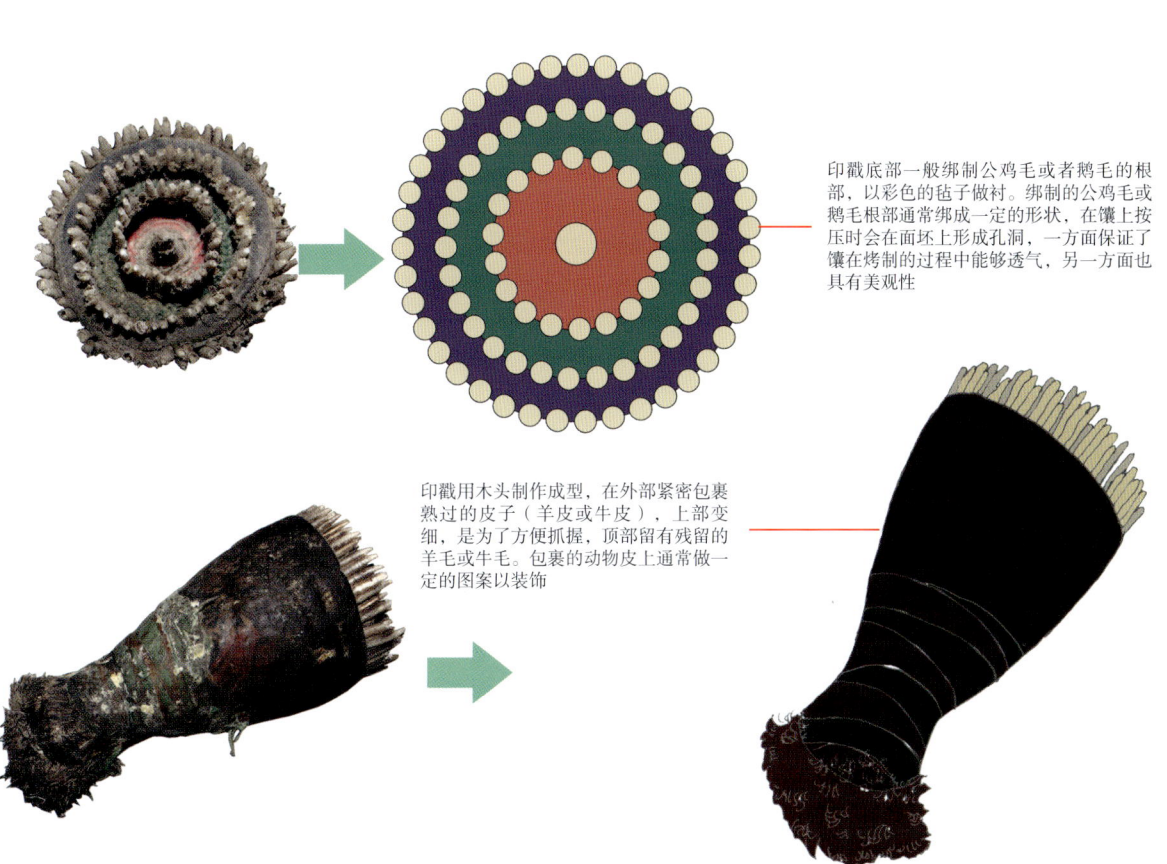

印戳底部一般绑制公鸡毛或者鹅毛的根部，以彩色的毡子做衬。绑制的公鸡毛或鹅毛根部通常绑成一定的形状，在馕上按压时会在面坯上形成孔洞，一方面保证了馕在烤制的过程中能够透气，另一方面也具有美观性

印戳用木头制作成型，在外部紧密包裹熟过的皮子（羊皮或牛皮），上部变细，是为了方便抓握，顶部留有残留的羊毛或牛毛。包裹的动物皮上通常做一定的图案以装饰

图三　柯尔克孜烤馕印戳解构图

第四章　柯尔克孜族传统生活用具

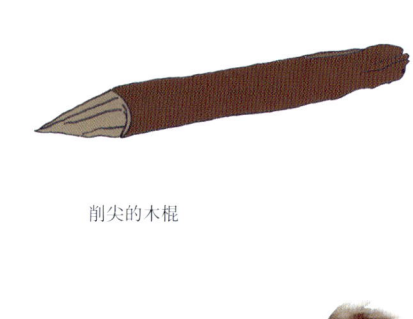
削尖的木棍

在木棍上缠绕皮条

围绕木棍排列剪去尾部的羽毛管

缠绕皮条

在缠绕一定厚度的皮条上再次排列羽毛管,用宽皮条缠绕

羽毛管缠绕好后,用宽皮条裹好,并用毛绳缠绕捆绑固定

图四　柯尔克孜族烤馕印戳制作工艺分析图

面坯做好之后放置于案板上,用印戳在上面盖印,形成有规律的图案,之后放入炉子内烤制

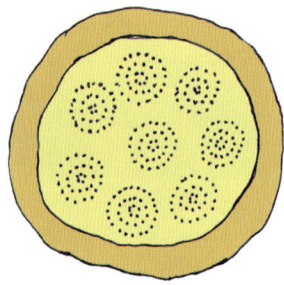

木戳在面坯上形成的空洞可保证在烤制的过程中透气,防止面坯膨胀,印戳上公鸡毛或鹅毛根部可根据需求绑成不一样的图案,以保证美观性

图五　柯尔克孜族烤馕印戳操作分析图

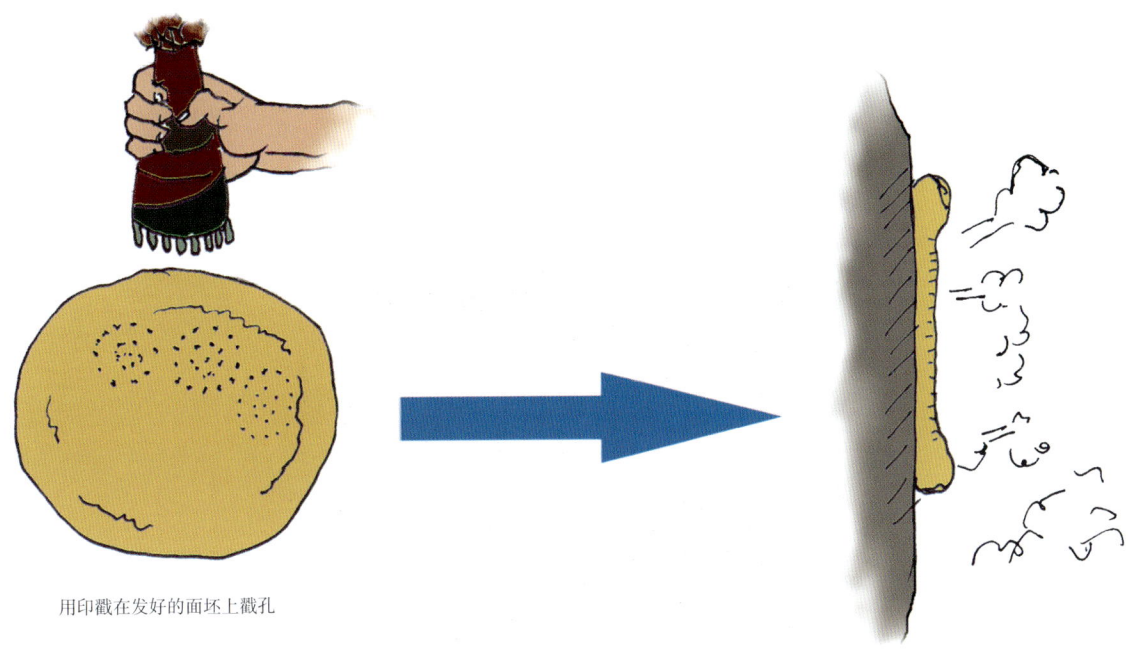

用印戳在发好的面坯上戳孔

戳出的孔洞利于馕在烤制中透气

图六　柯尔克孜族烤馕印戳作用原理图

图七　柯尔克孜烤馕印戳使用气氛图

第四章　柯尔克孜族传统生活用具

柯尔克孜族熨斗

图一 柯尔克孜族熨斗主图

柯尔克孜人在节日庆典及婚礼仪式中都要身着华丽的民族新服。婚礼中新娘的婚服由男方提供，女方则要为男方缝制新衣，并称其为"洁净衣领"，寓意吉祥与祝福。新服缝制完成后需使用熨斗除皱整理，让服饰更显挺拔庄重。

熨斗是利用热能对布料进行除皱，早在汉代就已成为家庭使用的工具，古代称为"火斗""金斗"。柯尔克孜族所使用的熨斗由铁、木材料组合，专设有可装炭火的炉膛，平滑的熨烫底板、换气通道、把手等。把手使用木柄，可有效阻止热能的传递，使用中不烫手。在把手与上炉壁之间装有一块叶片状的隔热铁片，使用中对手起到很好的隔热保护，同时又可延长使用时间。给炉内添加炭火时，只需用提手打开上炉盖、盖好，再按下构型锁扣锁住盖板，稍等片刻进行预热后就可使用了。

熨斗是柯尔克孜族家庭生活中妇女常用的一件工具，设计上十分注重使用过程中的安全性，炉膛一端朝向外的换气通道使炉内火炭燃烧时可获得足够的空气，致使炉内持续燃烧，延长使用时间并提高劳动效率。有时炉内也可加木炭、树枝、干牛粪等燃物，具很强的环境适应性。衣物的除皱处理使衣物表面更为平整，穿着时更显得体与美观，符合民族服饰在社会伦理及视觉审美等方面的需要，使设计在满足生活基本需要的同时，也符合社会礼仪实际需要。

图片来源
图一 陈述 摄影
图二至图五 谈晨、仲晓芹 制图

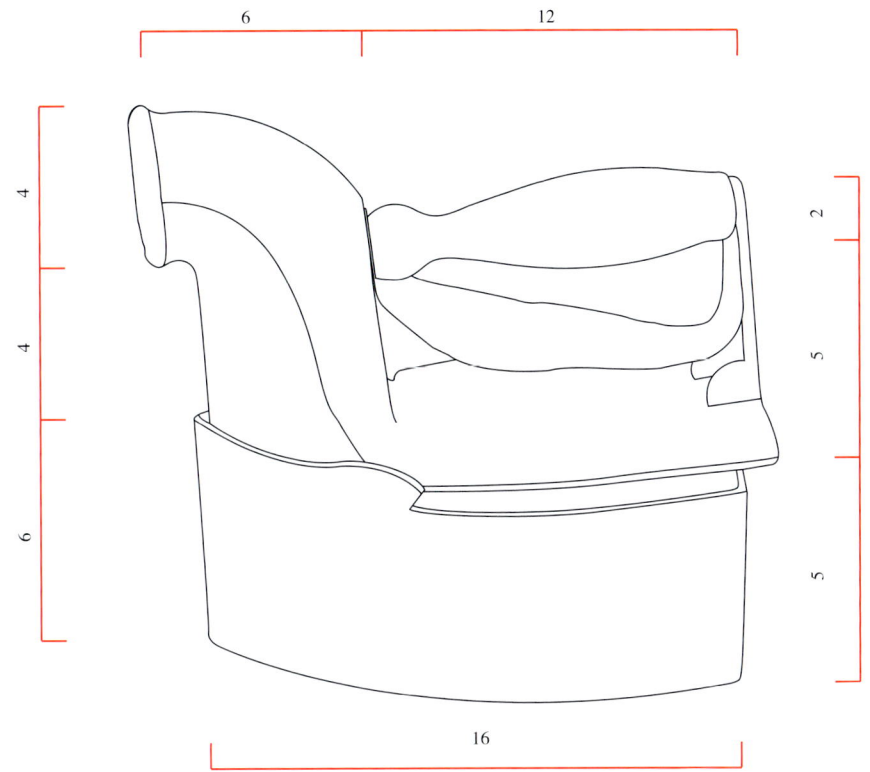

图二 柯尔克孜族熨斗尺寸图（单位：cm）

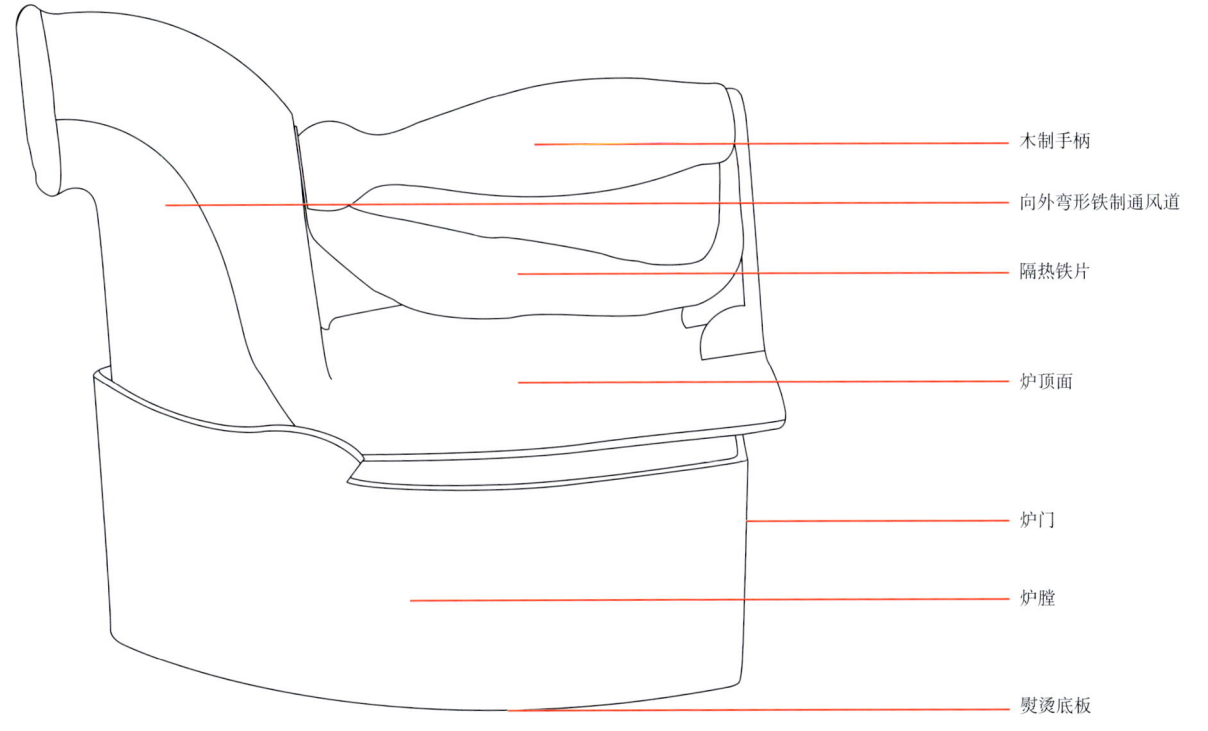

图三 柯尔克孜族熨斗解构名称图

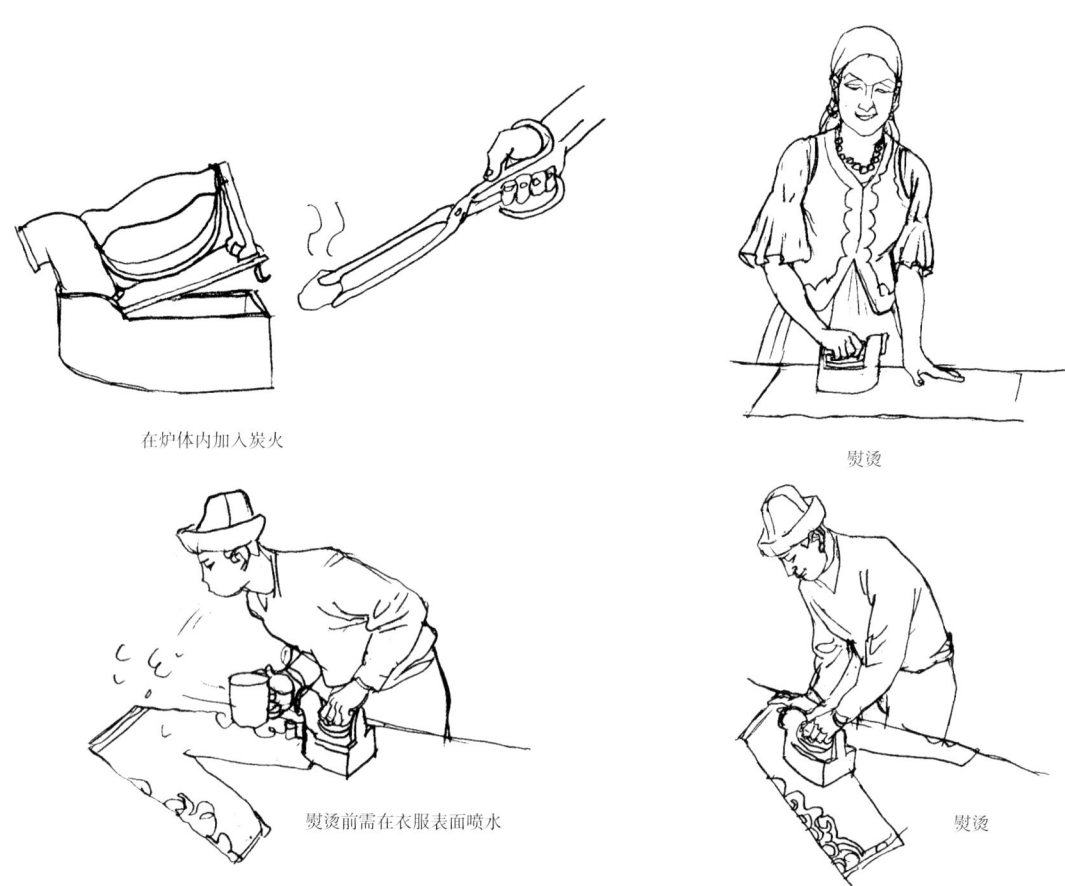

在炉体内加入炭火　　　　　熨烫

熨烫前需在衣服表面喷水　　　　　熨烫

图四　柯尔克孜族熨斗操作分析图

1. 用铁水浇筑炉烟道通气口　　　2. 打制盖板、炉体等铁制构件

竖向铁制木柄支撑件、上炉盖

防烫铁片

炉体

上炉盖挂扣

图五　柯尔克孜族熨斗制作工艺分析图

第五章 柯尔克孜族传统生产工具

柯尔克孜族斧子

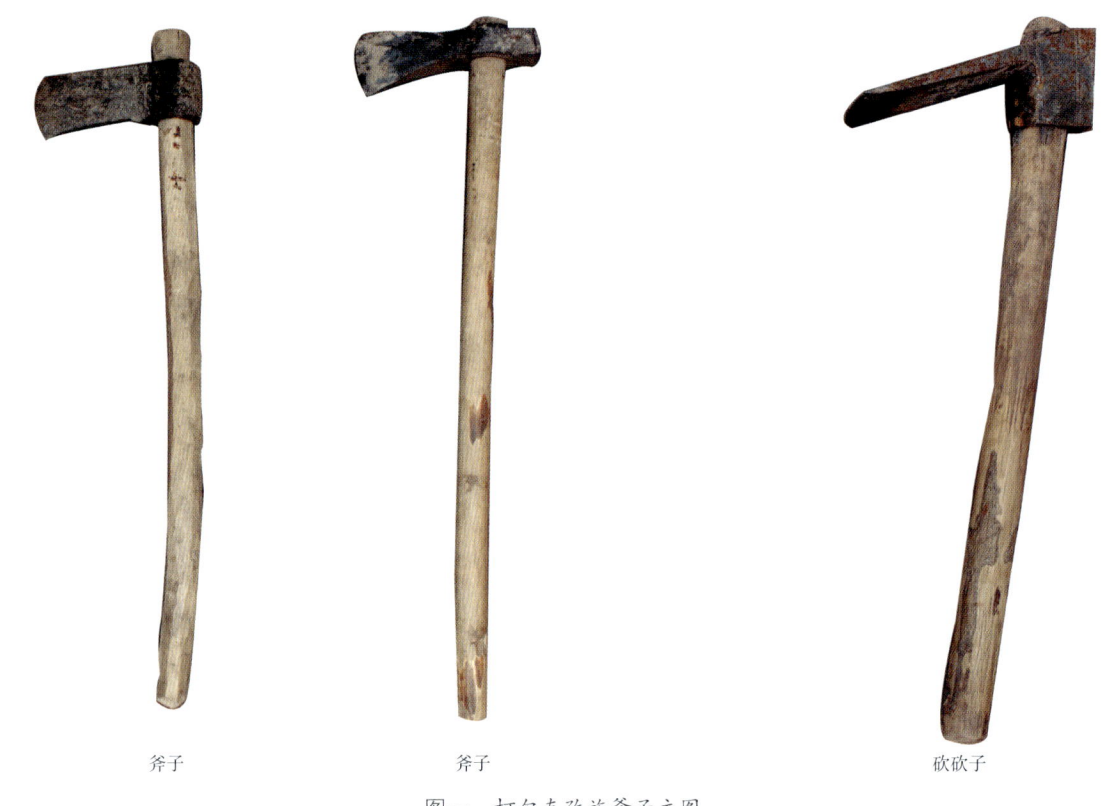

斧子　　　　　斧子　　　　　　　　　　砍砍子

图一　柯尔克孜族斧子主图

以游牧业经济为主的柯尔克孜人,男女在以家庭为单位的生产活动中有着明确的分工。男子主要从事放牧、种地、打柴等野外体力劳动,妇女主要承担做饭、挤奶、擀毡等任务。斧子便成为男子劳动生产的主要工具。毡房所用木制支架,日常生活中所用的木柴,牲畜棚圈的修建,拴马木桩的制作等等都离不开斧子。柯尔克孜族西迁歌词中唱道:"在四十棵长在山上的白桦树上,哪一棵没有留下柯尔克孜族的斧痕?"

斧子为一种金属制削砍工具,在柯尔克孜族人的日常生活中主要用于木材的削砍。

斧子依据结构大致可分为两部分:有一定厚度的金属开刃所制成的斧头和木柄。斧头一端为呈喇叭状开刃的斧头前部,另一端则为厚实有一定重量的后部。斧后部设有一孔用于插装木柄,根据实际使用需要决定斧柄的长短,短木柄斧一般用于小件木器的削砍,如毡帐的木骨架的砍、削、挖、雕等,木柄长度约为25厘米左右,斧头的开刃是平行状的,常被称为"砍砍子"。长柄斧主要用于劈砍大块的木料,木柄长一般为70厘米左右的木,斧头的刃口与木柄平行,用以修砍加工较大的木材及储备冬季生活用的木材燃料等。除斧头前部的开刃用于砍伐、削、挖木器外，斧头后部由于厚实的金属及重量利于锤击，为草地圆木地桩固定的最佳工具，用于修建木栅栏、牲畜棚圈、拴马桩等。

柯尔克孜斧子造型简易、实用，满足于游牧生活的客观实际需要，基本材料的获取及加工都与部落社会生活的经济技术相适应，具有携带、修理的便利性且耐用；其造型、体量尺寸与其所发挥的功能性目的相吻合；凸显游牧文化的特点使其设计创意具有了持久的生命力。

图片来源
图一　陈述　摄影
图二、图三　黄慧君　制图
图四至图六　黄慧君、陈诗雅　制图

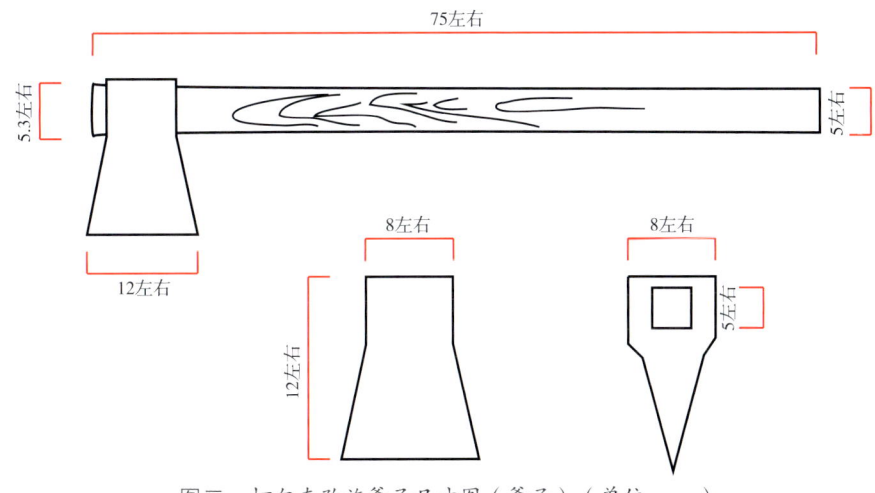

图二　柯尔克孜族斧子尺寸图（斧子）（单位：cm）

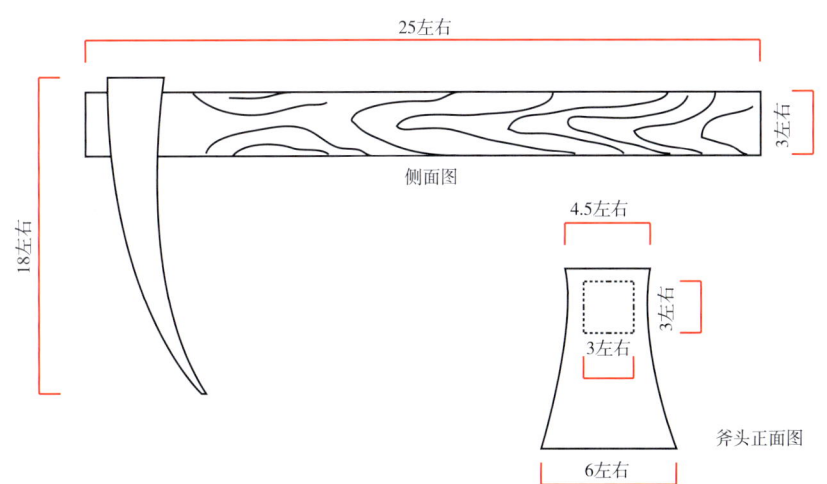

图三　柯尔克孜族斧子尺寸图（砍砍子）（单位：cm）

斧子木柄孔呈微喇叭状，在使用过程中由于用力抡砍，斧头的金属重量会向外侧产生一个抛力，在不断的使用过程中有利于斧头与斧柄更趋于稳固牢靠

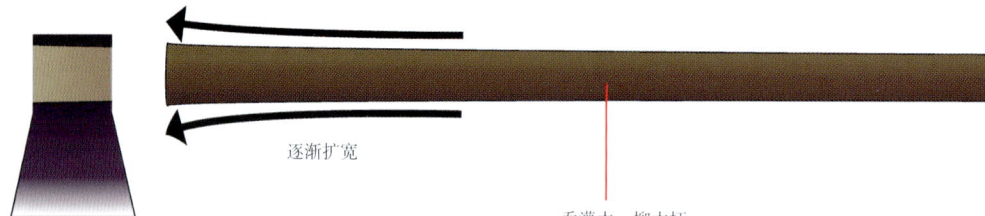

逐渐扩宽

乔灌木、柳木柄

图四　柯尔克孜族斧子解构图

斧柄制作

斧头制作

图五　柯尔克孜族斧子工艺分析图

图六　柯尔克孜族斧子使用气氛图

柯尔克孜族坎土曼"克提镘"

图一　柯尔克孜族坎土曼"克提镘"主图

坎土曼，柯尔克孜语称之为"克提镘"，是新疆柯尔克孜等少数民族特有的一种生产工具。

柯尔克孜族西迁天山帕米尔高原后，仍以畜牧业为主，兼营部分农业。由于生产技术落后，耕作粗放，管理松散，骑马散播，土地贫瘠，工具古老并且大都掌握在地主手中，造成农作物生产长期停滞不前，难以形成规模。1949年后农区进行土地改革，柯尔克孜农民有了自己的土地。政府无偿发放耕作用农具，农业生产得到发展。坎土曼就是农业生产活动中所使用的一种重要工具。

帕米尔高原特殊的自然环境条件，山地居多，面积有限，耕地多高低不平，呈散状分布，只适于人工耕作，坎土曼则发挥了很大的作用。

坎土曼主要由铁头、木柄两部分构成。铁头呈圆形，有刀面的一侧为铁头前部，留有装木柄孔的一侧为铁头后部。安装时将木柄插入铁头的孔洞中，用一头削尖的小木条塞入插有木柄的孔洞缝隙中，用铁锤敲击塞实，坎土曼的木柄就安装好了。在使用时，需双手前后紧握木柄，适度拉开双脚距离，高高举起后借铁头的重力用力砍向地面。翻地时，将木柄尾部稍许抬起后即可。需要挖沟甩移土块就可借此顺势用力提拉木柄，将挖出的土甩移身后。坎土曼是日常生产生活中使用的工具，引水、挖渠、培土、打埂、翻地、平整土地等都离不开坎土曼的使用。坎土曼的设计在功能上适于民族经济生产活动的实际需要，高效简化概括的结构及易操作的使用方法而深得民众的认可，并被广泛推崇，是值得借鉴的成功造物范例。

图片来源
图一　陈述　摄影
图二　秦俭　制图
图三、图四、图六　秦俭、陈诗雅　制图
图五　陈述、刘卉　制图

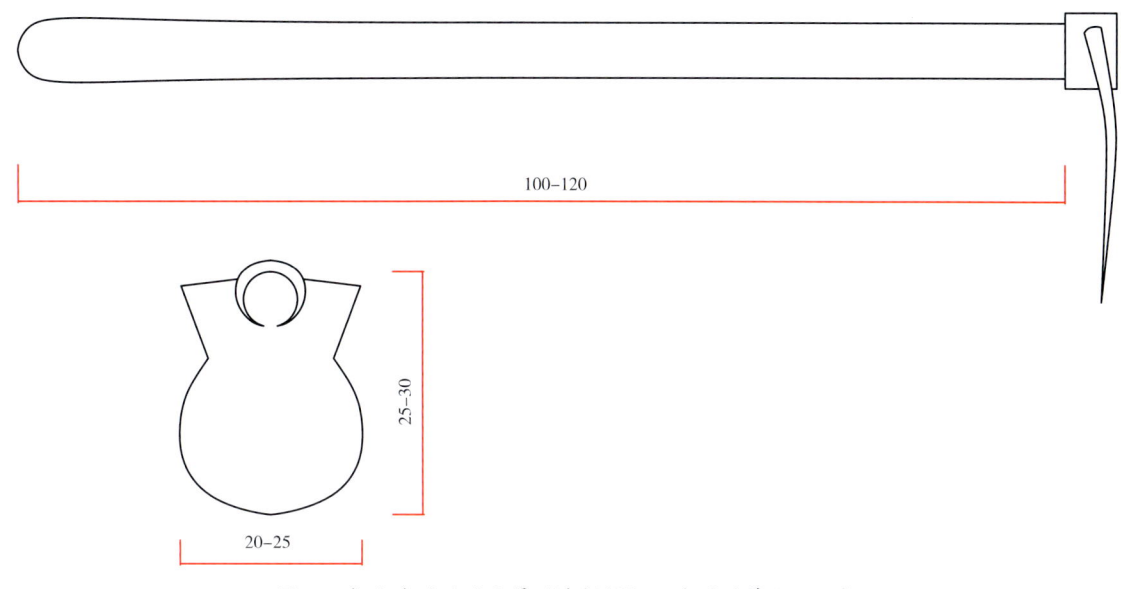

图二　柯尔克孜族坎土曼"克提镘"尺寸图（单位：cm）

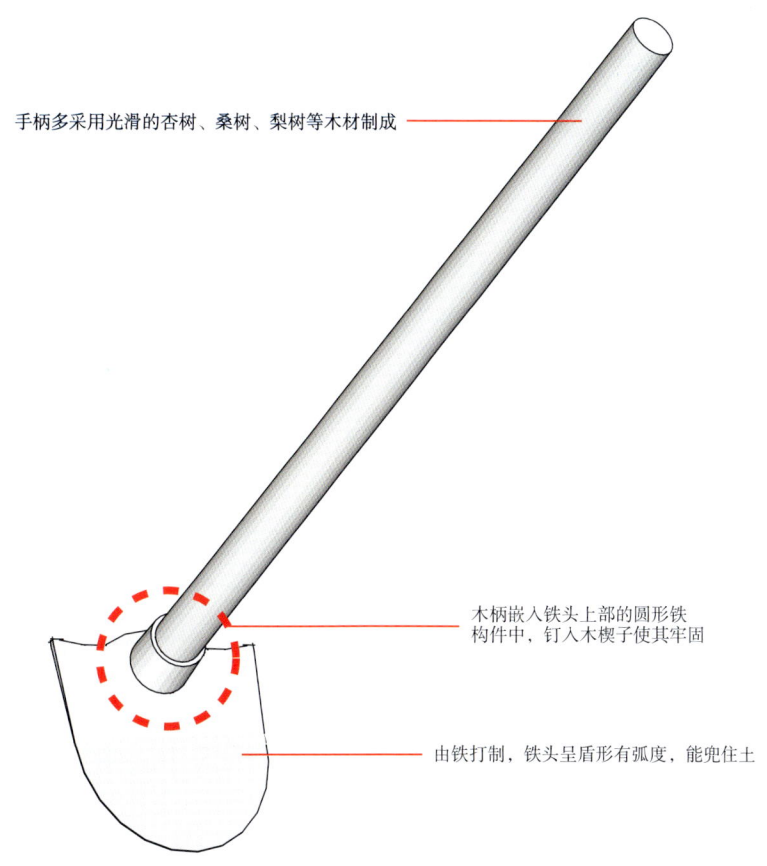

图三　柯尔克孜族坎土曼"克提镘"解构图1

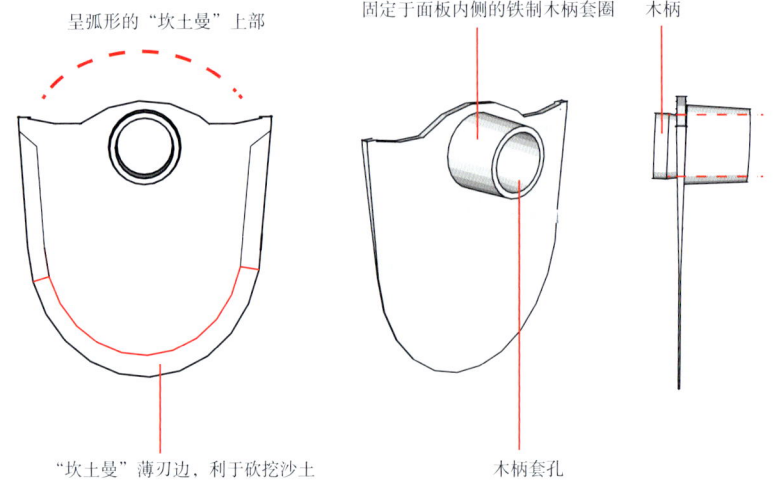

图四　柯尔克孜族坎土曼"克提镘"解构图2

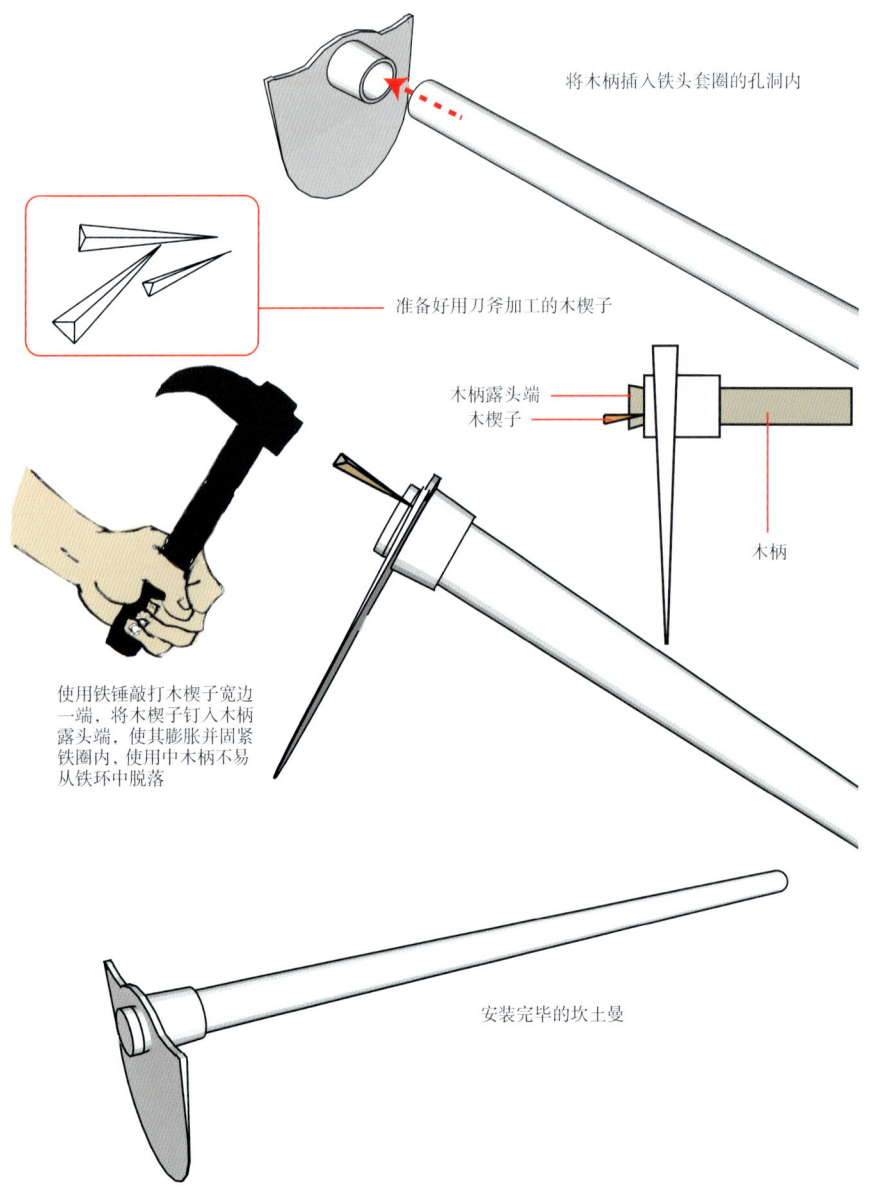

图五　柯尔克孜族坎土曼"克提镘"工艺分析图

挖举　　　　　挖撬　　　　　提甩

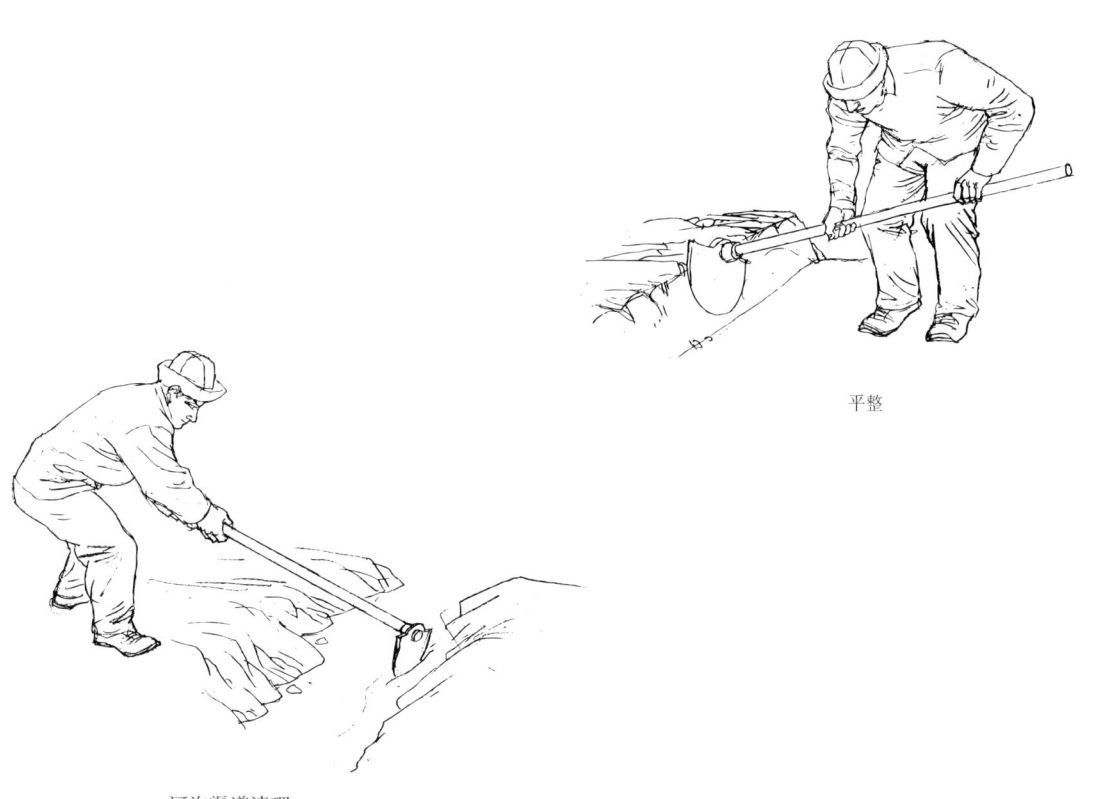

平整

河沟渠道清理

图六　柯尔克孜族坎土曼"克提镘"操作示意图

柯尔克孜族柳编筐

图一　柯尔克孜族柳编筐主图

黑龙江柯尔克孜族在与其他民族共同生活过程中逐渐形成了传统的小农经济社会，衣食住行等生活资料及家中日常生活用品等基本依靠自己设计并动手制作。物品制作所需，就地取材，所以其设计加工制作的生活用具都具有地域性特点。

柳编与杨编就是利用柳枝条与杨枝条编织的物品，柯尔克孜族东迁后多聚居于黑龙江富裕县，靠近乌裕尔河及嫩江，温差较大，四季变化明显，无霜期长达130天，有利于植物生长，柳树与杨树便是常见的树木种类，利用柳枝及杨枝编织生活所需要的器具是柯尔克孜族造物活动的一个主项，不仅满足日常生活需要，流畅的曲面及有序的编制纹路，成为精巧的技艺展示。

柯尔克孜编织的篮子、篓、筐等，除满足实用性功能外，也重视造型的美观。编筐的形状有圆形、扁圆形及花篮形等。从技术上看，其编织是通过"经纬线"的穿插交错，将线条的柳、杨树枝集结成面，进而实现围合，形成具实用性的空间。线型的不同方向交错排列编织直接作用于视觉外观编织纹路效果，实用性与美观性是其考虑的最基本要素。筐上的弯曲提手便于携带、移动。筐在日常生活中用途非常广，拾粪、撒肥、装种子、装柴草等等，也可作为运载工具使用。

柳编筐是生活中常见的器物，虽不起眼但能解决最基础的日常生活问题。编织是一个技术性操作过程，将线型的材料变为块面状的材料，通过手工技艺得到转化与实现，以达到功用的目的。呈弧形弯曲的筐提手造型设计注重提、挎时的便利及舒适度，体现质朴的关怀，可谓是小物件设计中透出的大智慧。

图片来源
图一、图二、图七、图八　陈述、刘卉　制图
图三至图六　陈述、陈诗雅　制图

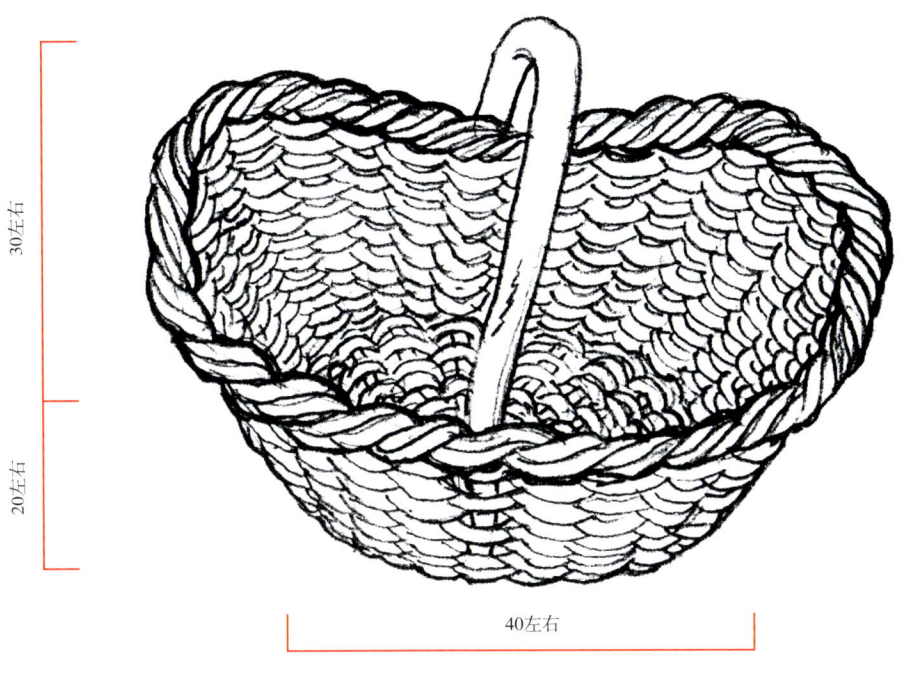

图二　柯尔克孜族柳编筐尺寸图（单位：cm）

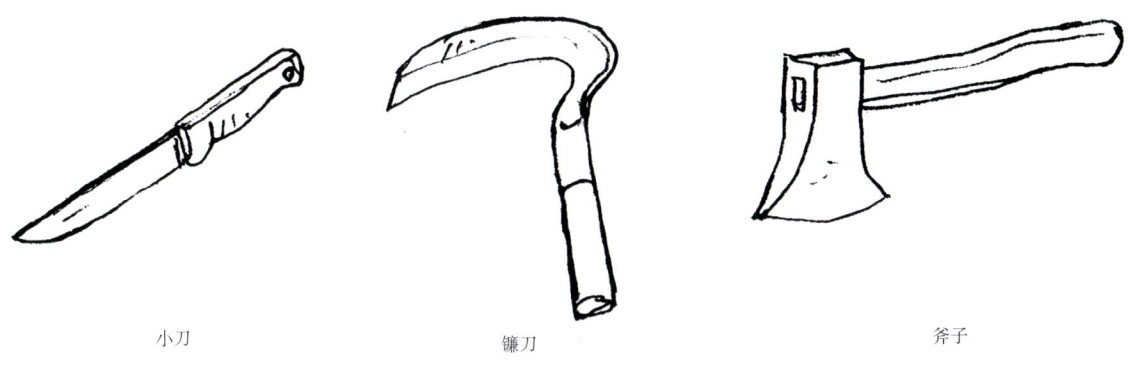

小刀　　　　　　　镰刀　　　　　　　斧子

图三　柯尔克孜族柳编筐制作工具图

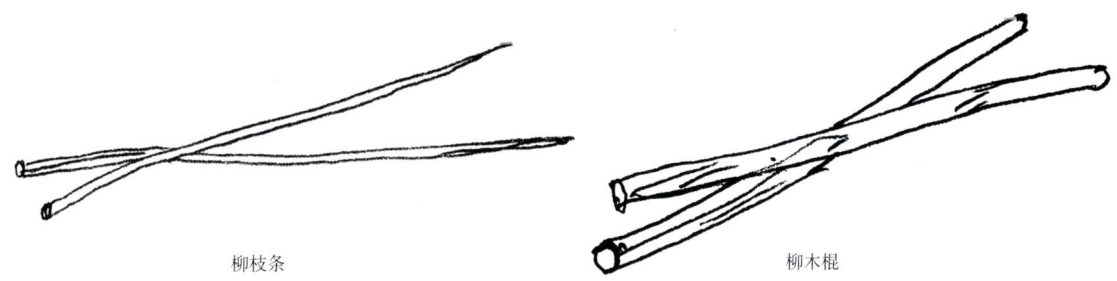

柳枝条　　　　　　　　　　柳木棍

图四　柯尔克孜族柳编筐选料示意图

图五 柯尔克孜族柳编筐工艺分析图1

图六 柯尔克孜族柳编筐工艺分析图2

图七　柯尔克孜族柳编筐使用气氛图

图八　柯尔克孜族柳编筐实物图

柯尔克孜族木犁、铁犁

图一　柯尔克孜族木犁、铁犁主图

柯尔克孜族是传统的游牧民族，据考在叶尼塞河上游流域居住时期，其农业已具一定的规模。考古发现了当地人造的铁犁头和带有笨重犁板的汉族式犁头。种植谷物有大麦、小麦及青稞等。

东迁至嫩江平原初期的柯尔克孜族农业生产非常原始，处于刀耕火种阶段。清朝时期，柯尔克孜族人开垦八旗人的"养生地"，先用火烧尽地面上的野草，大雨过后直接往地上撒种子，之后赶一群牛在撒过种子的土地上踩踏，任由粮食作物和杂草一同生长，名为"漫撒子"，当然也就"薄收成"了。直到19世纪70—80年代，犁开始回传入柯尔克孜族。

柯尔克孜族最初使用的是抬犁。抬犁制作较简单，取一根有两个杈的长木头，把其中一个杈砍去一段，削尖当犁头，另一个杈留作犁身。犁身前端钻一个孔，穿上皮绳，拴一根横木，在横木上套两头牛，犁身后端安装犁把，是为抬犁。

民国年间是柯尔克孜族农业发展较快的时期。清王朝覆灭，柯尔克孜族同外界的联系增多，外来文化如蒙古族、达斡尔族及汉族文化对柯尔克孜的影响越来越大，铁犁传入取代了原先的木犁。

铁犁构造与木犁相似，它分犁身和犁头两部分。犁身木制，只是犁头装有铁铧，柯尔克孜族的种植因此进入深翻垄种阶段：开垦荒地时，先起垄、耙平、撒种，再打垄压木碌子，各种作物种法基本都如此。铁犁的使用引起了柯尔克孜族农业生产的简单技术分工。自从使用犁耕，土地能够给人们提供稳定的粮食，农业在柯尔克孜族经济生活中的地位也逐步上升，同牧业、猎业并存，形成互补之势。

柯尔克孜族木犁、铁犁的使用改变了传统单一的游牧、渔猎生活，刀耕火种的原始农业逐步向精耕细作农业过渡，缓解了基本物质供给不足的矛盾，农业生产方式变化使得部族内成员需要进行不同的分工合作，广泛调动了部族成员的参与，使劳动力得到释放。木犁的出现缘于农耕的需要，其结构材料、功能及形态源于对其他兄弟民族的学习与借鉴。立足于自身的生活实际，通过物的简易设计改造使民族经济生活发生变化，柯尔克孜人经由犁这一器物的具体操作功能开发，解决了农耕播种环节面临的难题，提高了劳动效率，增加了收获，使农业经济生产生活的方式得以稳定与持续。

图片来源
图一　陈诗雅　摹绘
图二至图四、图六、图七　黄慧君　制图
图五　黄慧君、陈诗雅　制图

图二　柯尔克孜族木犁、铁犁尺寸图（单位：cm）

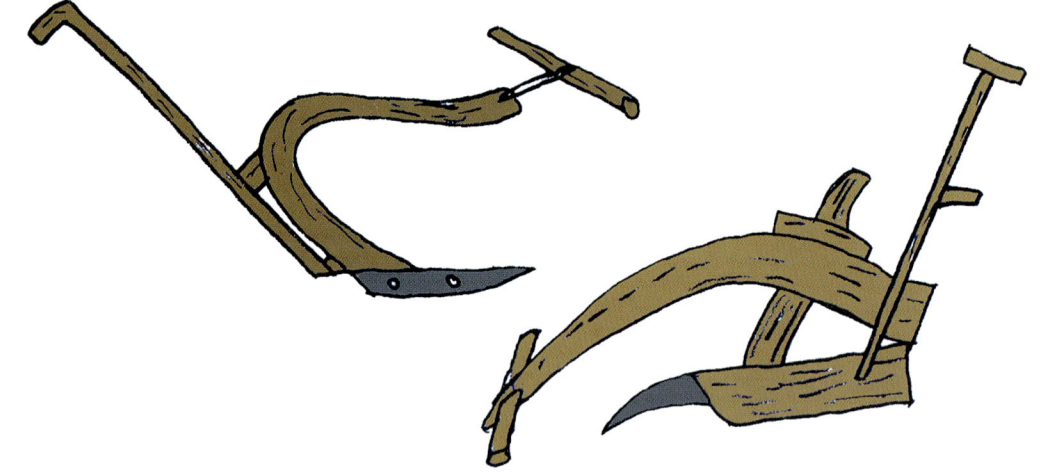

图三　柯尔克孜族木犁、铁犁示意图

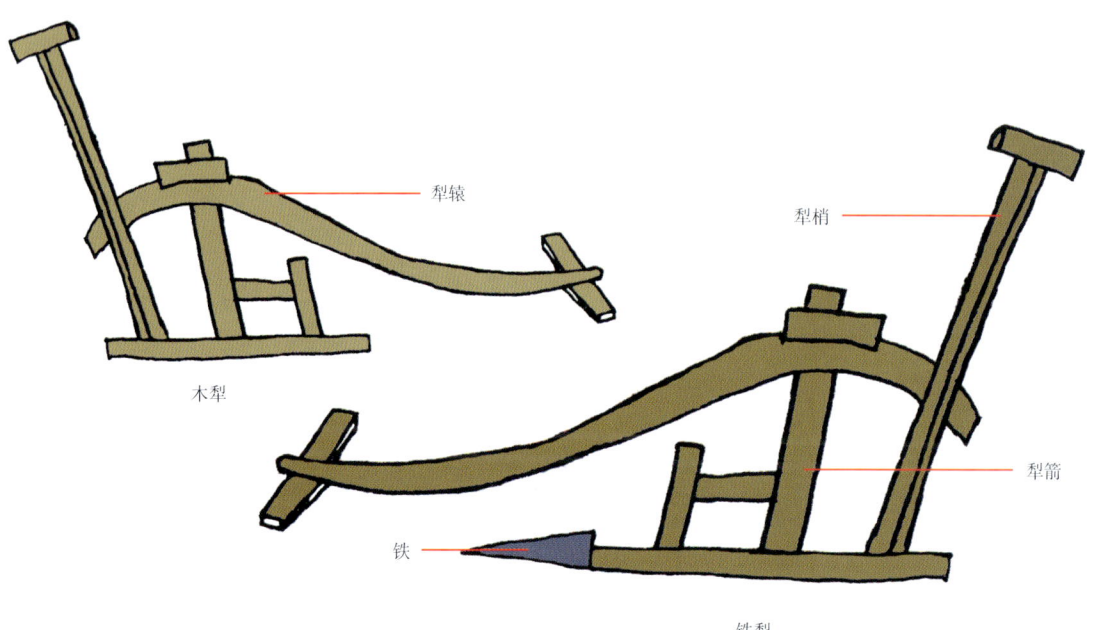

图四　柯尔克孜族木犁、铁犁解构名称图

1. 火烧光地上的草

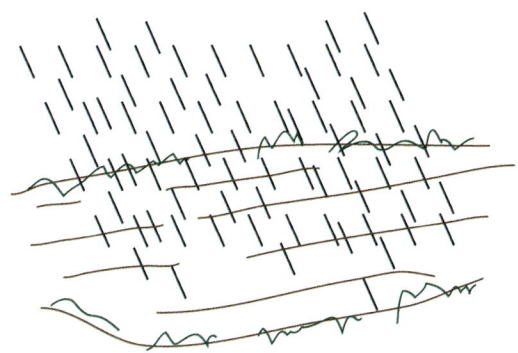

2. 大雨过后直接往地上撒种子

3. 赶一群牛在撒过种子的地上踩踏

图五　柯尔克孜族木犁、铁犁"漫撒子"

用一根有两个杈的长木头，把一个杈砍去一段，削尖当作犁头，另一个杈留为犁身。犁身前端钻一个孔，穿上皮绳，拴一根横木，在横木上拴套两头牛，犁身后端安装犁把，这就是二牛抬杠

图六　柯尔克孜族木犁、铁犁·二牛抬杠

图七　柯尔克孜族木犁使用情境图

柯尔克孜族牲畜饲料铡刀

图一　柯尔克孜族牲畜饲料铡刀主图

畜牧业是柯尔克孜族传统经济模式，汉文史籍早有记载。柯尔克孜族东迁至嫩江和乌裕尔河流域后，水草丰茂，牲畜基本是散牧。随着定居农业的发展，特别是农业使用犁以后，牲畜的喂养开始受到重视。另一方面，随着垦荒移民户的增加，草场面积相对缩减，为保证牲畜冬季的饲料及保证牛奶的产量，在喂养的饲料中重视添加营养成分，常以庄稼秸秆、羊草作基础饲料，还会添加一些营养高的玉米及专制的配料实行圈养。铡刀作为切割庄稼秸秆和羊草的专用工具，受到大家的重视。

铡刀由木料或金属构件组合。刀案用木料制成，长方形，中部挖有一条长于铡刀的缝隙供切割时铡刀刀体入内。铡刀的刀头固定在刀案一端，另一端为高于刀案的刀柄，手握住铡刀刀柄可随意提升、下降。提起后，把秸秆置于刀案上，用力按下刀柄进行裁切，在刀柄处安装一横杆即可供左右两人操作，可多放置秸秆裁切，明显提高劳动效率。切割后的草料与其他营养饲料搅拌喂养牲畜，利于提高牲畜圈养的经济效益，促进秸秆循环再利用，降低牲畜喂养的成本。裁切成碎末的秸秆和其他饲料混搭搅拌，便于牲畜入口咀嚼。铡刀在秸秆和饲草加工中起着关键性的作用，合理的结构及材料搭配促使制作成本降低，使秸秆回收加工成喂养牲畜的饲料，进而推进牲畜圈养的发展。

图片来源

图一　黄慧君　制图

图二至图五　谈晨　制图

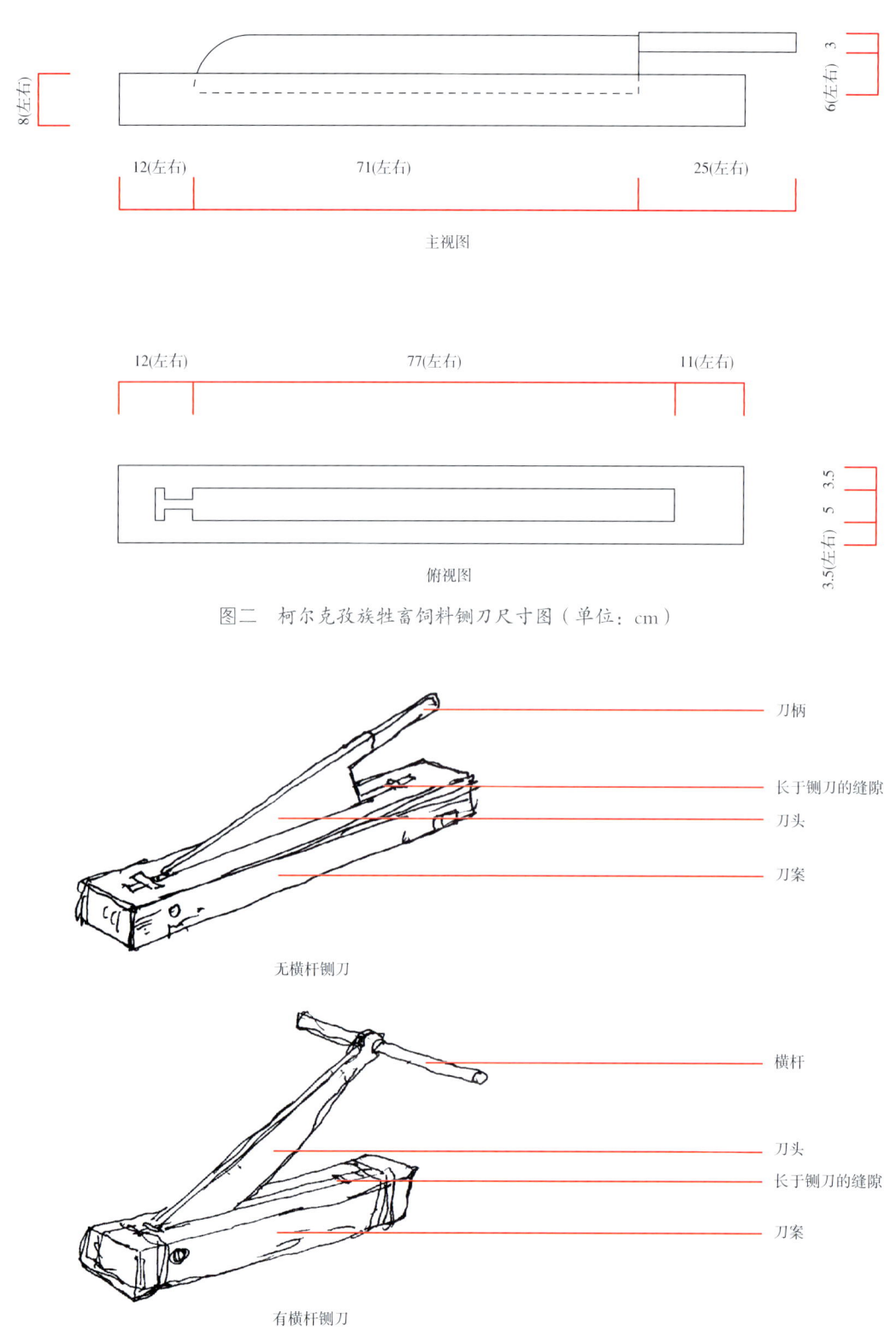

图二 柯尔克孜族牲畜饲料铡刀尺寸图（单位：cm）

图三 柯尔克孜族牲畜饲料铡刀解构名称图

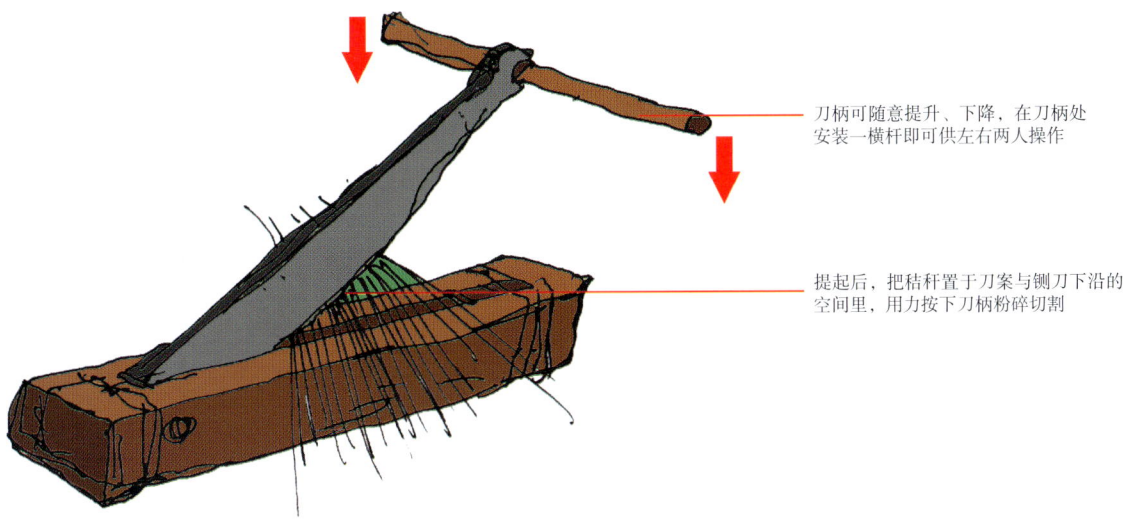

刀柄可随意提升、下降，在刀柄处安装一横杆即可供左右两人操作

提起后，把秸秆置于刀案与铡刀下沿的空间里，用力按下刀柄粉碎切割

图四　柯尔克孜族牲畜饲料铡刀操作分析图

图五　柯尔克孜族牲畜饲料铡刀使用气氛图

第五章　柯尔克孜族传统生产工具

283

柯尔克孜族镰刀"吾尔胡克"

图一 柯尔克孜族镰刀"吾尔胡克"主图

镰刀,柯尔克孜语称之为"吾尔胡克",为收割小麦的主要工具。

历史上以畜牧为主的柯尔克孜族也兼营农业,位于天山山脉、昆仑山脉及帕米尔高原地带,因高山环绕,远离海洋,同时也因南北地形差异形成了大陆高山半湿润寒温带气候及大陆性低山丘陵干旱中温带气候,年蒸发量大,降水稀少,干旱是影响该区域农牧业生产最直接的因素之一。农业耕地多分布于山间谷地。由于土质优良、蓄水保肥力强、阳光充足,具备生产小麦的良好条件,因此,农作物以种植小麦为主。

镰刀"吾尔胡克"是人工收割小麦的重要工具。镰刀主要由刀体及木把构成。刀体部分由部分铁制的刀片与弯把焊接组合构成。刀片使用的是角铁外立面平行的一侧,将边缘打磨锋利制成。弯曲的铁制弯把插入木制手柄中,便于紧握。整体造型呈"L"形,收割时右手持木柄,弯腰并伸向左手聚拢的麦秆下端平拉进行切割。由于高山环绕,农业耕地面积散落于山间谷地,加之农业所占社会整体经济比例较小,多为个体性种植,农作物的收割也只能使用镰刀。

镰刀"吾尔胡克"从功能上是为满足农作物收割的实际需要制作。铁制的镰刀尖头便于顺畅插入所收割的作物中,并延长工具的使用寿命,手持部位的木柄材料选择及尺寸大小充分考虑到手握紧后进行提、拉时的功用效率及舒适程度,避免收割过程中对手掌造成磨损与损伤。弯曲的镰刀铁套嵌入木柄中,以加强不同材料组合的牢固度,在当时艰苦环境条件下,造物活动中所体现出的人性化思考仍值得细品回味。

图片来源
图一 陈述 摄影
图二、图三、图五 刘卉 制图
图四、图六 秦俭、陈诗雅 制图
图七 陈述、刘卉、陈诗雅 制图

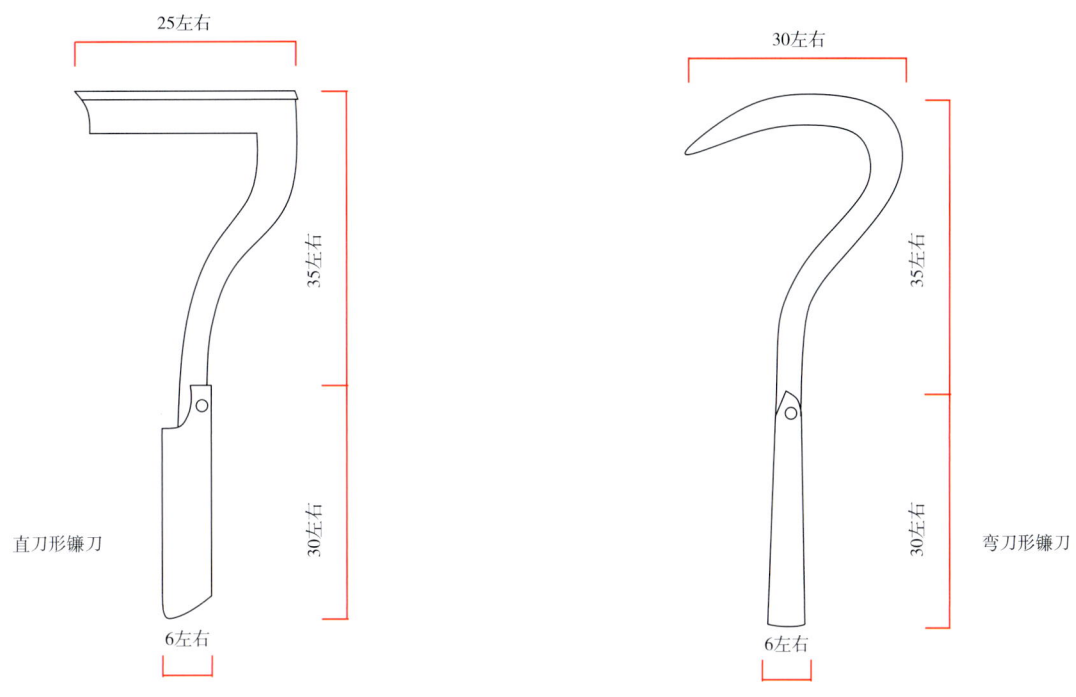

图二　柯尔克孜族镰刀"吾尔胡克"尺寸图（单位：cm）

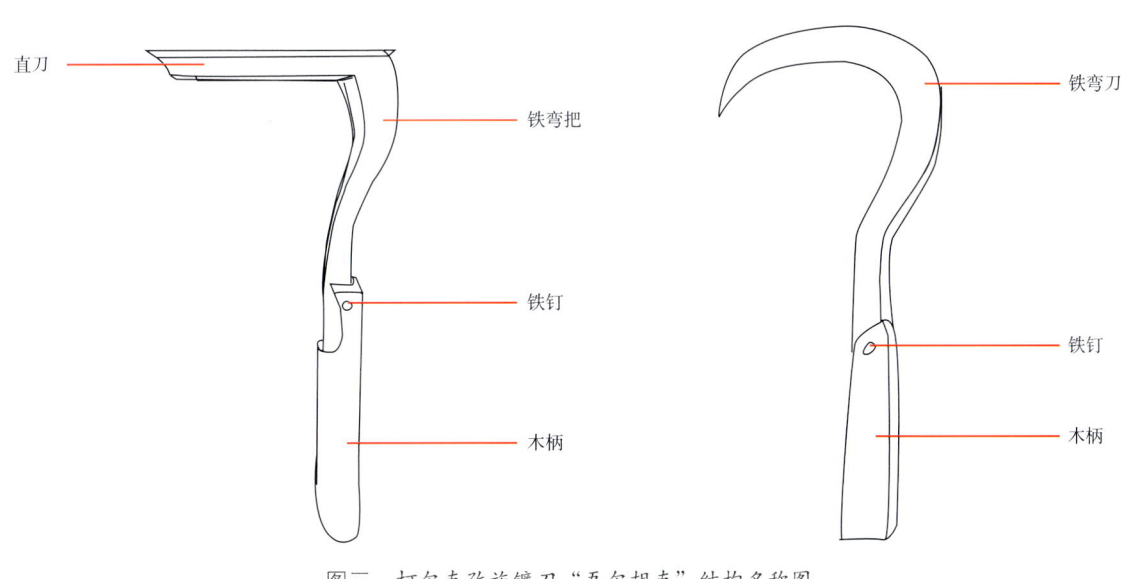

图三　柯尔克孜族镰刀"吾尔胡克"结构名称图

第五章　柯尔克孜族传统生产工具

木柄与铁制刀头部分用铁钉衔接

图四 柯尔克孜族镰刀"吾尔胡克"解构图

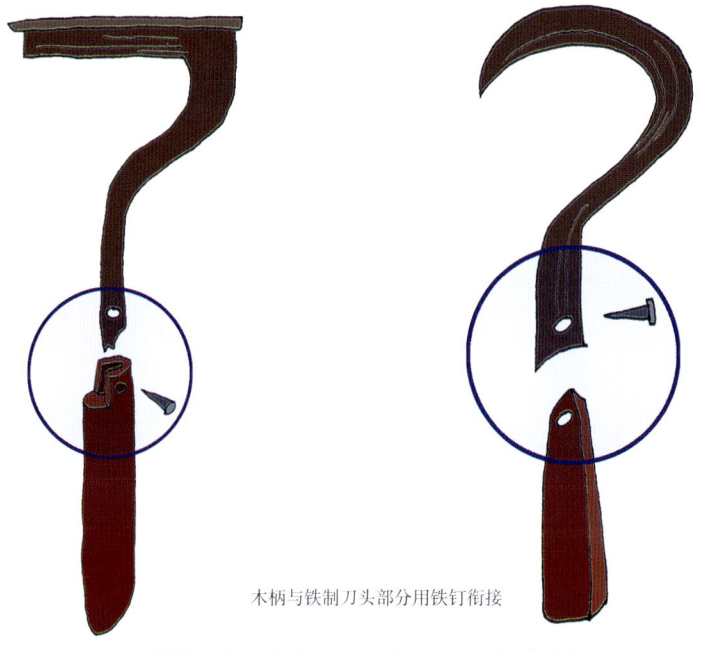

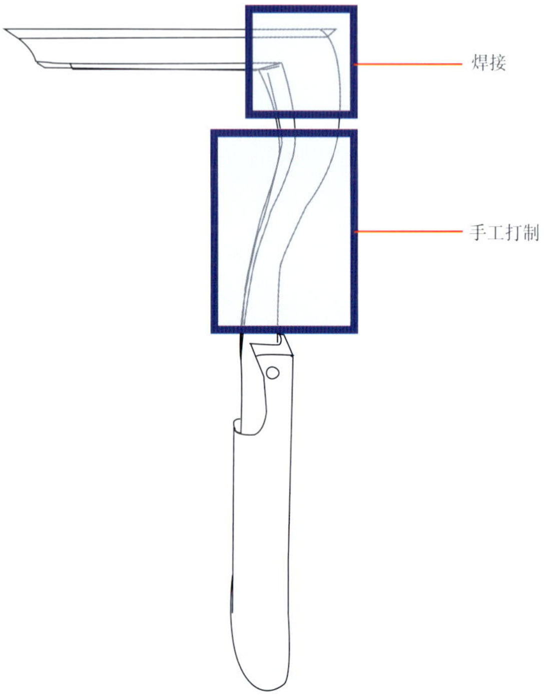

焊接

手工打制

图五 柯尔克孜族镰刀"吾尔胡克"工艺分析图

图六 柯尔克孜族镰刀"吾尔胡克"操作示意图

图七　柯尔克孜族镰刀"吾尔胡克"使用气氛图

第五章　柯尔克孜族传统生产工具

柯尔克孜族木杈"别西力克"

图一　柯尔克孜族木杈"别西力克"主图

木杈，柯尔克孜语称之为"别西力克"，是一种农牧用工具。克孜勒苏柯尔克孜自治州是柯尔克孜族生活的主要区域，该区域属中温带高原干旱性气候。其特征为夏季短冬季长且寒冷，每年10月至翌年2月为冰冻期，冻土层可深达1—1.07米，处于高山地带寒冷区域的夏季草场无霜期持续天数全年不足百天，山区入冬秋季期达两个月之久。因此牧民须准备充足的草料以备牲畜安全过冬，而草料运输中的装卸及牲畜喂食过程中离不开一件重要的工具——木杈，木杈也是小麦收割后拢场扬场的得力器具。

木杈制作主材为红柳枝，头部伸出的五齿形如五爪，装有长度1.5米左右的木把。红柳是高原上生长的一种普通的植物，为红柳科灌木，通长高达2—3米，为多分枝条生长结构。枝条呈紫红或棕红色。红柳枝茎秆具较强的韧性，不易折断，成为制作农牧工具的首选材料。

制作木杈五齿时，先用砍砍子将选好的枝条截成相同的长度，并将一头削尖、加热后稍做弯曲并固定好，待其晒干后固化。木把的一头需砍出一个呈凹陷状木杆造型，通过捆绑的方法用于固定五齿的尾部，并延伸到五齿间的横木。五齿间的横木主要起固定五齿间的距离间隙，用皮毛等材料制作的绳索进行捆绑固定。这样，一把农牧生产用工具就制作好了。

木杈是柯尔克孜族农牧生产活动中经常使用的一件普通工具。进入秋季牧民需将山坡的牧草用钐镰打好晒干后，再用木杈将其收拢装运回储备过冬。

围绕木杈功能性要求对材料进行选择与加工，依据红柳材质的柔韧性特点设置木杈的基本结构。这种既常见又普通的柳科灌木为木杈的主材供给提供保证。制作中所使用的辅材也都以现实环境中易于获得的物质为主，加工技艺相对简单，一定程度上降低了设计制作成本。木杈工具的使用使劳动效率明显提高，并降低劳动强度，木杈的结构原理及加工工艺易于牧民掌握，几乎家家都配备木杈工具，也使工具的加工制作与实用得以持续。

图片来源
图一　陈述　摄影
图二、图四　秦俭　制图
图三、图五　秦俭、陈诗雅　制图
图六　陈述、刘卉　制图

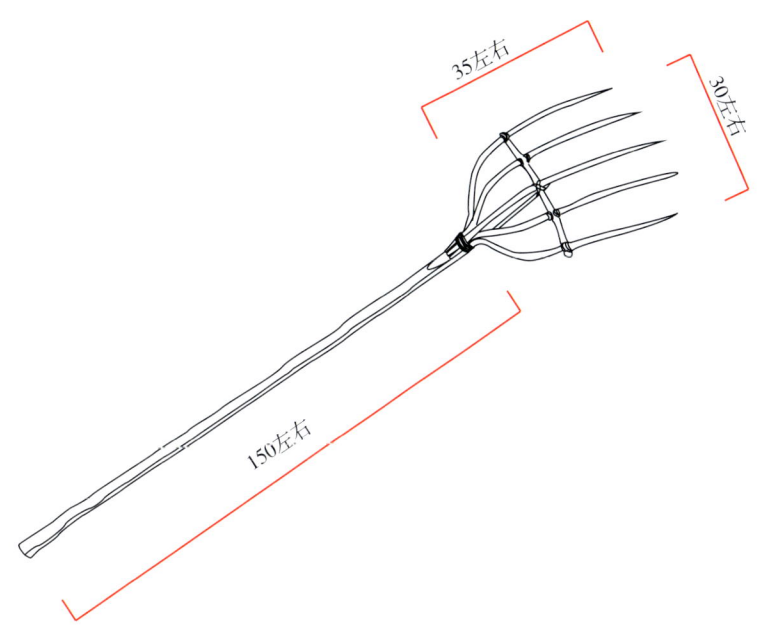

图二　柯尔克孜族木杈"别西力克"尺寸图（单位：cm）

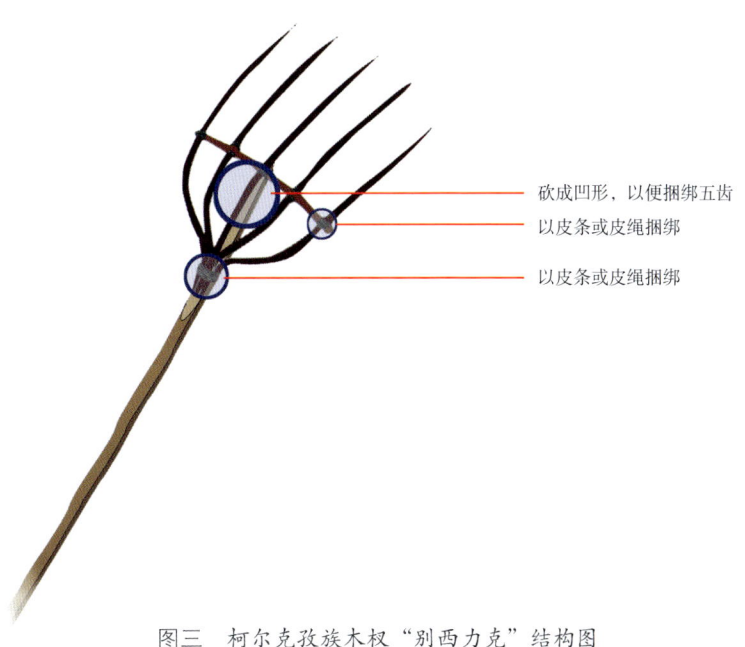

图三　柯尔克孜族木杈"别西力克"结构图

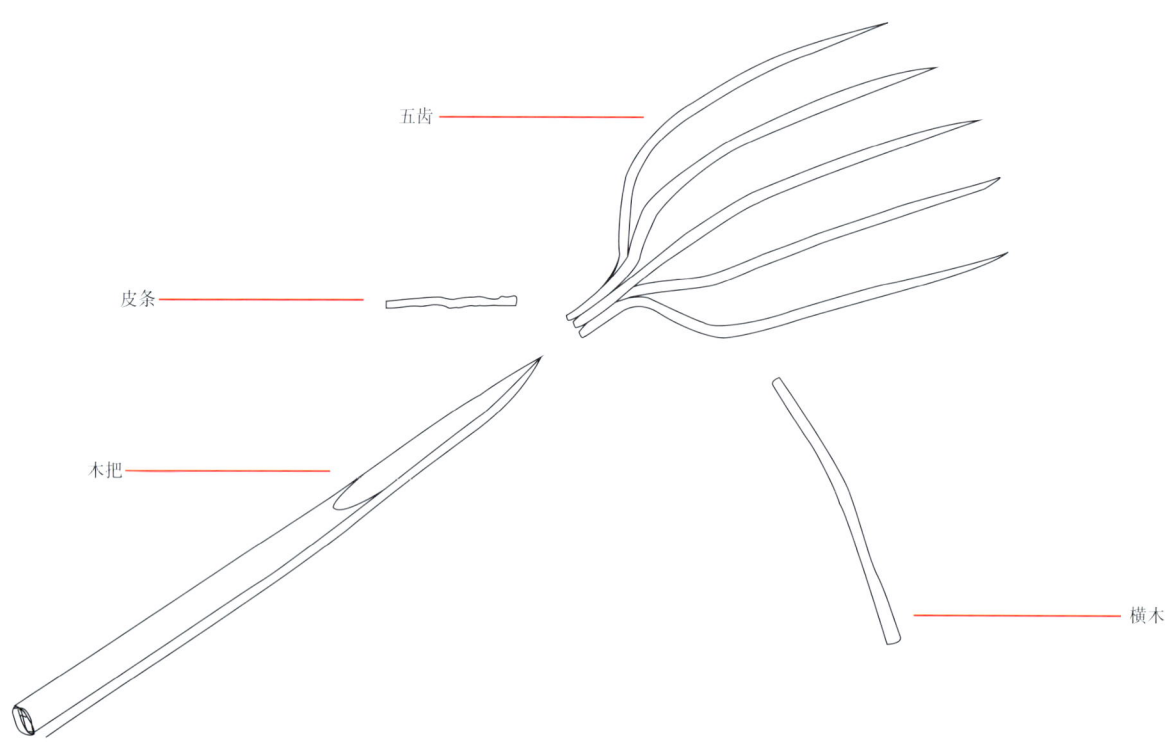

图四 柯尔克孜族木杈"别西力克"解构名称图

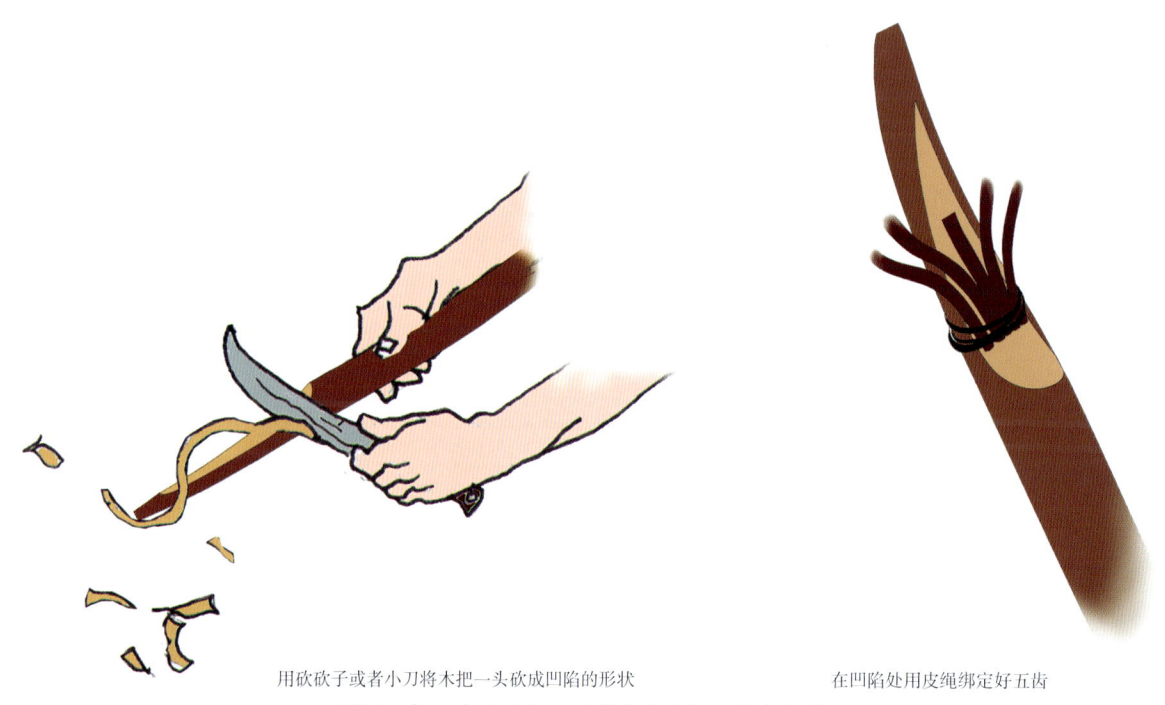

用砍砍子或者小刀将木把一头砍成凹陷的形状　　　　在凹陷处用皮绳绑定好五齿

图五 柯尔克孜族木杈"别西力克"工艺分析图

图六 柯尔克孜族木杈"别西力克"使用气氛图

柯尔克孜族褡裢"胡尔俊"

图一　柯尔克孜族褡裢"胡尔俊"主图

以游牧业为主的柯尔克孜族也被誉为马背民族。因长年迁徙于不同草场常需要举家搬迁，这种生产、生活决定了在迁徙、流动中需要对各种生活用品及零碎物件收纳的用具，"胡尔俊"即是这样一件经济实用又便于携带的用具。"胡尔俊"是柯尔克孜语，大意指杂物袋、行李袋，是柯尔克孜族妇女编织的生活必备用具。因其使用的多种功能性，而被柯尔克孜族人称为"万能的百宝囊"。

"胡尔俊"因使用用途不同可分为大小不等的尺寸，驮在骆驼背上的大"胡尔俊"主要用于存放家庭生活用品，一次可将被褥、衣物、食品等全装进去。而小"胡尔俊"可以小到手掌之大，男子用来装"莫合烟"（一种吸食的烟草），女子则用来装小镜子和画眉用的黑色炭条。编织"胡尔俊"的原材料为手工制作的羊毛线或驼绒线。羊毛或驼绒是游牧民族生产中易于获得的毛纤维原料，将其用作"胡尔俊"制作，具有经济、实用的特点，很适于草原游牧生活使用。

根据材料及工艺进行划分，"胡尔俊"大致可分以下几种：

1."苏鲁胡尔俊"。意为漂亮的"胡尔俊"。编织时经线统一用原色的驼绒线，纬线则用七色羊绒线，编出各种色彩艳丽的图案。由于使用驼绒线与羊绒线混合编织，增加了面料的强度与使用寿命。这样结实耐磨的"胡尔俊"常可供一个家庭两三代人持续使用。由于羊绒与驼绒产量有限，这种"胡尔俊"也只能是部落头领或富有者使用。

2."铁尔曼胡尔俊"。主要以纯羊绒线织成，用色线织出山水图案，较为典雅秀丽，这种"胡尔俊"为富有人家常用的生活用具。

3."克孜拉纳胡尔俊"。意为"装东西的胡尔俊"。主要以本色羊毛和一两种染色毛线织成，图案大多为简单的几何形状，具朴素、实用的特点。主要使用羊毛线编织，这种"胡尔俊"在过去也只能是有羊的家庭才能拥有,而对于被牧主雇用的牧工,只能用一种被称为"阿拉胡尔俊"。这种"胡尔俊"是牧工在牧羊过程中将羊钻树林和棘丛时挂落的粗毛收集起来,以黑、白分两色编织的"胡尔俊",简洁、质朴,平时行走时可搭在肩上,晚上可铺在地上隔潮,雨天可顶在头上挡雨,刮风下雨可裹在身上保暖,为牧工的"多功能用途用具"。

"胡尔俊"烙有鲜明的社会印记,成为区分贫富的标志之一。柯尔克孜人流传着这样一句话:不用问他家中的财产,只要看看他的"胡尔俊"就知道了。

1949年新疆和平解放后,随着人民生活水平的不断提高,"胡尔俊"已成为当地柯尔克孜族家庭必备的用具。柯尔克孜族妇女在"胡尔俊"上绣制装饰,一般为少妇出嫁时的嫁妆,渗透着对未来美好的憧憬。青年手上装"莫合烟"的小"胡尔俊",则是未婚妻所赠送的订婚信物。

"胡尔俊"是柯尔克孜族在特殊社会、自然环境下的设计产物。像其他生活物品的设计一样,功能使用上没有特别大的差别,但是材料的选用、工艺的复杂程度等却区别出不同社会阶层及经济状况,尤其是其工艺、装饰及尺寸,体现不同阶层的观念意识。"胡尔俊"对称的袋口可盛装重量基本相等的物体,牲畜驮运时可保持相对的平衡,皮绳封口,装卸方便。将诸多用途需求与游牧生活结合,体现出柯尔克孜族设计的变通与灵活,反映出以游牧生活为主的柯尔克孜族注重造物中的实用、经济与美观,可谓是极具民族特点的造物案例之一。

图片来源
图一　陈述　摄影
图二至图五　陈诗雅、秦俭　制图

"苏鲁胡尔俊",编织时经线统一用原色的驼绒线,纬线则用七色羊绒线,编出各种色彩艳丽的图案,由于羊绒与驼绒产量有限,"苏鲁胡尔俊"只能是部落头领人物或富有者所属

"克孜拉纳胡尔俊",意为装东西的"胡尔俊"。以本色羊毛和一两种染色毛线织成,图案大多为简单的几何形状,具朴素、实用的特点

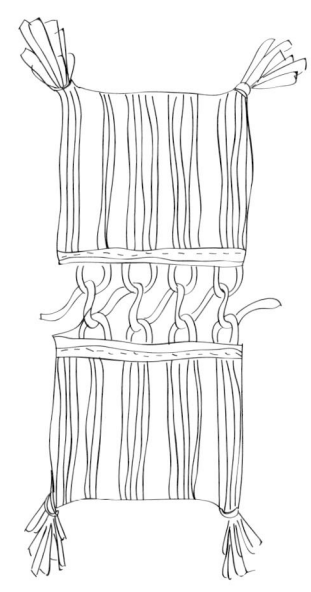

搭在肩上或骆驼、马、牛背上的胡尔俊,开口在中央,不用手提,沿边口留有绳扣

图二　柯尔克孜族褡裢"胡尔俊"造型分析图

图三 柯尔克孜族褡裢"胡尔俊"设色分析图

"克孜拉纳胡尔俊"一般原料为本色羊毛线和染色毛线

"苏鲁胡尔俊"一般材料为原色羊绒线和七彩羊绒线

本色羊毛线　七彩羊毛线

原色驼绒线　染色毛线

"铁尔曼胡尔俊"一般原料为纯羊绒线

搭在骆驼、马背、羊背上的胡尔俊沿边口绳扣材料：毛绳

沿边口绳扣连接方式

图四 柯尔克孜族褡裢"胡尔俊"工艺分析图

图五 柯尔克孜族褡裢"胡尔俊"现场气氛图

第五章 柯尔克孜族传统生产工具

柯尔克孜族牦牛载运

图一　柯尔克孜族牦牛载运主图

牦牛，柯尔克孜语称之为"胡塔孜"，意为生活在高原的动物。牦牛是世界上生活在海拔最高处的哺乳动物，素有"高原之舟"的美称。生活在帕米尔高原的柯尔克孜人，因恶劣的自然气候条件及高山峡谷，加之游牧为主的生活方式需要，长年在不同的草场间往返迁徙，崎岖险峻的路途上，牦牛是最重要的运输工具。

柯尔克孜人的饮食以动物奶、肉为主。牦牛的肉食提供优于其他家畜，牦牛产奶期长、奶脂肪含量高、繁殖力强、易于饲养，因而深受牧民的欢迎。早年生活于叶尼塞河流域的柯尔克孜族先民曾视牛为图腾。

柯尔克孜族西迁至帕米尔高原后，在特殊的自然环境中渐渐改变了原有的习惯。牦牛除提供食物外，还是高原上主要的载运工具。通常一头成年牦牛可负重100公斤左右。

牦牛外形如水牛，体长2—3米，尾长40厘米左右，体重约1吨，颈短头大，四肢短粗，毛色以棕黑色居多。雌雄均有长角，一般栖息于海拔3000米的高原地区，最高可到海拔6000多米。正是牦牛所具有的特性被认识及有效利用，极大地解决了高原环境下的运输困难。

利用对牦牛的饲养与驯化，解决高原环境中面临的运输难题，游牧民族采用效用最佳、成本最小、安全有保障的设计方式解决现实生活中存在的难题，值得参考与借鉴。

图片来源

图一　刘卉　制图
图二　秦俭　制图
图三至图五　秦俭、陈诗雅　制图

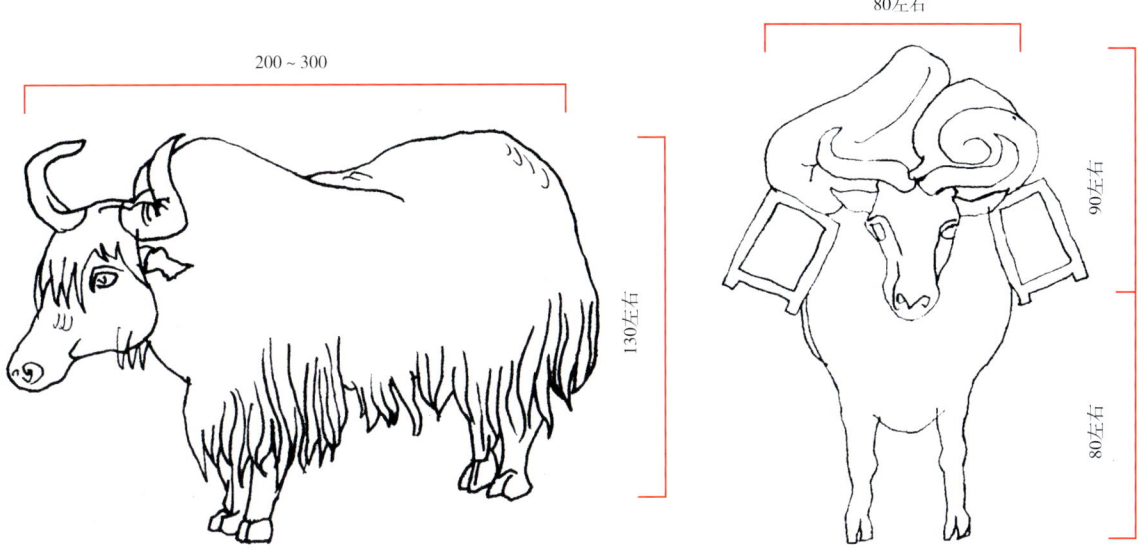

图二 柯尔克孜族牦牛载运尺寸图(单位：cm)

图三 柯尔克孜族牦牛载运结构图

图四　柯尔克孜族牦牛载运操作示意图

海拔6000米

海拔3000米

图五　柯尔克孜族牦牛载运气氛图

柯尔克孜族三连式手摇毛绳制作架

图一　柯尔克孜族三连式手摇毛绳制作架主图

柯尔克孜族人常年游走迁徙于高山、河谷地带，毡房的搬运、搭建以及生活用具的携带等都少不了对各种绳索的使用。毡房木网结构的各种连接固定都是以结构捆绑为特点的，包括篷毡及围毡的固定、骑行中马鞍的固定、马缰绳的牵引等都要借助于绳索来实施、完成，绳索可谓是柯尔克孜族日常生活中不可或缺的重要生活用具之一。

绳索的制作具有悠久的历史，最初为徒手搓捻，后借助机械进行制作，效率得到明显提高。木柄手摇式毛绳机是专门制绳用机械，手摇式毛绳制作架的设计是利用旋转把牲畜毛扭结成绳，采用木结构手摇的方式转动铁轴，利用旋转一次将三股细绳合为一股大绳，可同时进行四人三绳的配合操作，这样制作出的毛绳更匀称，且结实耐用。毛绳的基本原料为羊毛、牛毛、驼毛，制绳所需原料都源于畜牧业生产。

毛绳制作工具主体为一台人工木制结构的机械装置，手摇柄呈"Z"字状的实心铁管件，同时装有三个"Z"字形弯状手摇铁柄，三个柄尾统一连装在一块横向的方形长木条中，即手摇木柄，用时需双手抓住木条两侧，顺时针摇动木柄即可。摇动木柄可旋转三支被固定于木柄上的"Z"形状实心铁管件。毛绳制作架的木制框架主要采用榫套口连接及铁丝捆绑的加固方式，则弓呈直角三角形状，木架上部的横梁中部穿三孔让手摇铁柄穿过，孔洞与地面的高度约为50厘米，底部为木条联结所形成的面，木制长条状手摇木柄摇旋转摇时最低处约为55厘米，最高处为95厘米，工作时每个铁管头一侧所固定的毛绳前站一人，边退边撕、拆手里拽着的牛、羊毛进行制绳。一人摇动长条木柄可同时供三人同时制绳。

三连式手摇毛绳制作架的设计，巧妙借助机械联动旋转原理有效提高了劳动效率，降低了劳动成本，制作的毛绳均匀，耐磨，趋于标准化，不仅满足日益扩大的畜牧生产规模对绳索的需求，也为市场提供该产品的交易可能，以增加非畜牧业生产收入。

设计中根据绳索的结构来设计制绳机械，借助机械原理实现制绳目标，不仅降低了劳动强度、提升效率，解决因社会经济发展带来的绳索供给失衡问题，将互为协作的工作流程与机械原理操作的生产加工组合，有效提升了器具的使用效率，客观上关注到人在生产过程中的便利性与适应性，为当下的这类设计创意提供参考与借鉴。

图片来源
图一　陈述　摄影
图二　陈述、陈诗雅　制图
图三、图四　刘卉　制图
图五　刘卉、陈诗雅　制图

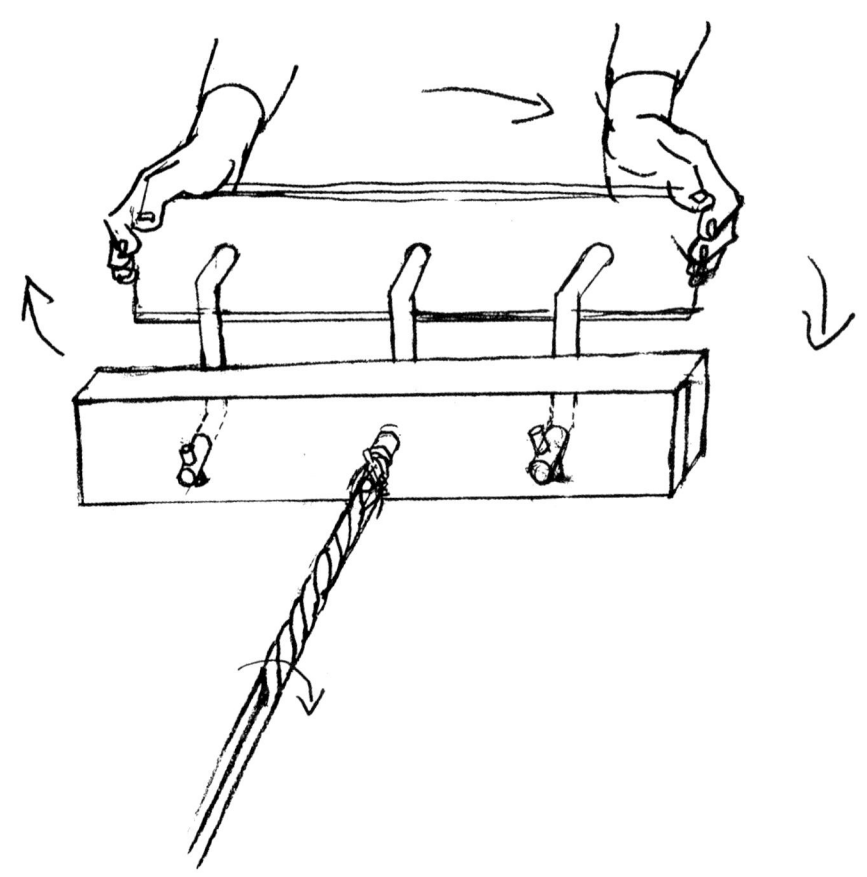

图二　柯尔克孜族三连式手摇毛绳制作架操作示意图

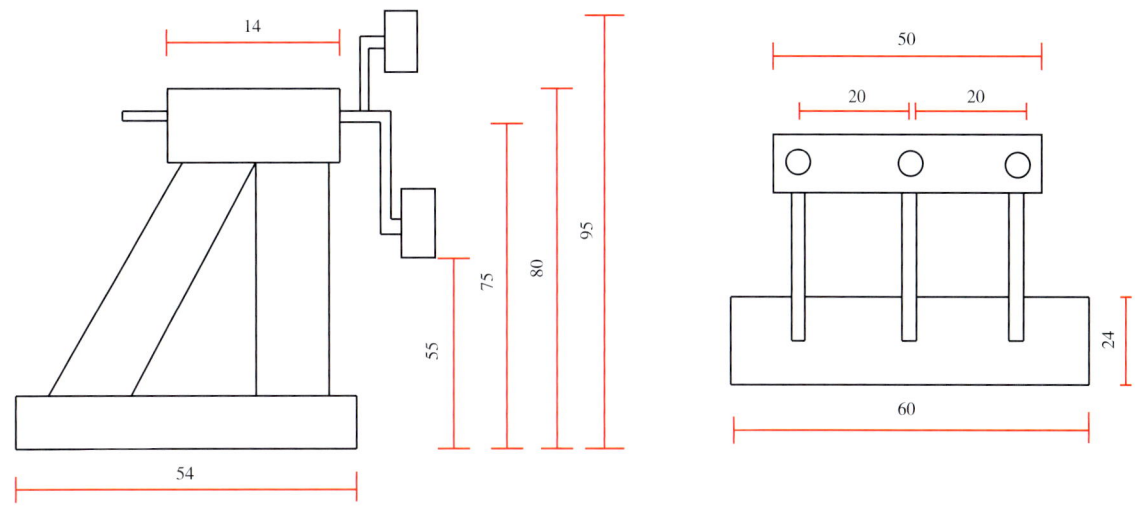

图三　柯尔克孜族三连式手摇毛绳制作架尺寸图（单位：cm）

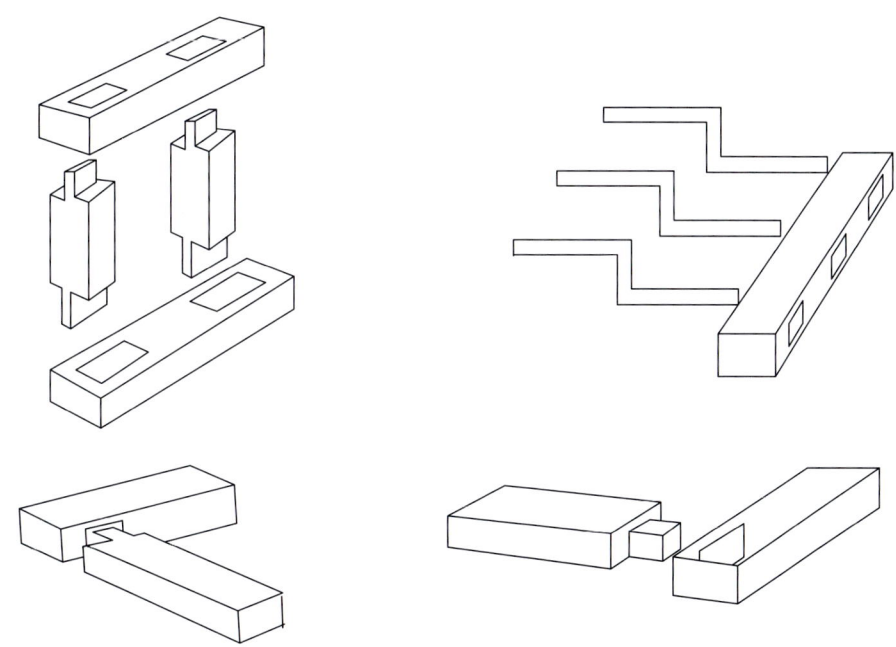

图四　柯尔克孜族三连式手摇毛绳制作架解构图

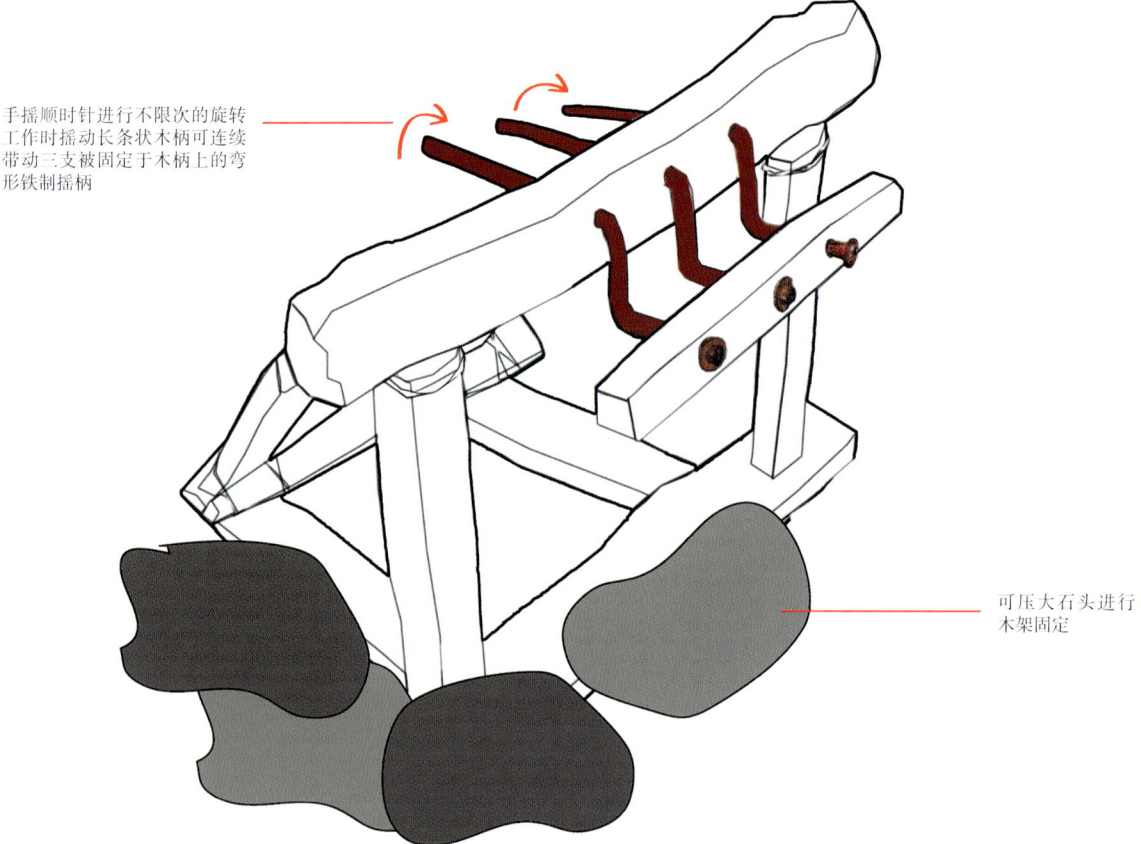

图五 柯尔克孜族三连式手摇毛绳制作架细节分析图

手摇顺时针进行不限次的旋转工作时摇动长条状木柄可连续带动三支被固定于木柄上的弯形铁制摇柄

可压大石头进行木架固定

柯尔克孜族手工毛线器

图一　柯尔克孜族手工毛线器主图

羊毛是畜牧业经济的附带产品。一年中，羊毛夏、秋各剪一次。夏季一般在5月中下旬开剪，这时段的羊毛产量最高，质量也最好。羊毛除了进行商贸交易以换取必要的生活用品外，其余部分则主要用于纺线，传统上为个体利用闲暇纺线。纺线就要用到纺线用器具——毛线器，柯尔克孜人手工纺线都离不开毛线器，而毛线器这种小巧灵活的器具不受时间、场地的限制，纺线可随即开始或结束，进而有效降低了制作成本，提升时间的利用率。

毛线器造型呈"T"状，结构简洁，主要由垂直立杆及杆下部的圆形底座构成。垂直立杆多选用去皮柳木及杨木枝条。将垂直木杆一头削尖，在杆尾穿孔并横穿小木楔用以固定圆形底座，有木制底座，也有石质底座。圆形的木制底座中心钻有一孔洞，可将木杆插入圆形底座孔洞中并塞入木楔加以固定，一个简易实用的纺线用毛线器就做成了。

使用时，木杆朝上，底座下垂，左手提杆，右手拇指及食指捏紧直立木杆上端两侧，转动木杆促使毛线器旋转进行纺线，将捻好的毛线缠绕于直立的木杆上，提起后用右手拇指与食指继续搓动直杆旋转，反复类推。待毛线器旋转时用双手撕扯手掌中的羊毛，木杆旋转带动手中撕扯后的羊毛均匀地被拧成粗细一致的毛线，再将旋拧好的毛线缠绕在直立的木杆壁上积聚，便获得用于编织所需的毛线。

毛线器是最简易的手工毛线制作工具。毛线器的发明，利用器具旋转进行纺线加工，有效提升了质量及了效率。毛线器结构简洁合理，操作简便，易于上手，毛线器装置容易制作，携带方便，可随时进行操作，充分利用日常闲暇零碎时间。毛线器的设计体现了游牧社会生活基于自给自足经济模式下的思考方式，通过就地取材的简易实用工具进行纺线来满足生活所需，小的设计发明解决了涉及生活需要面临的难题，其影响及价值迄今仍具有借鉴意义。

图片来源
图一、图五　陈述　摄影
图二至图四　黄慧君　制图

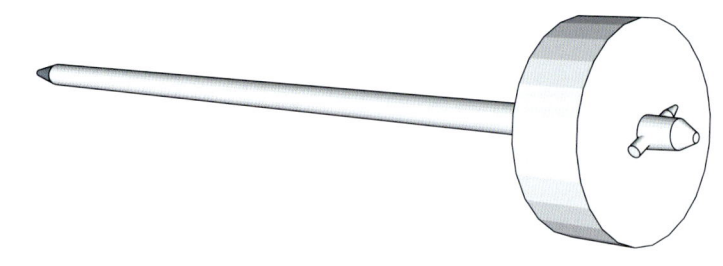

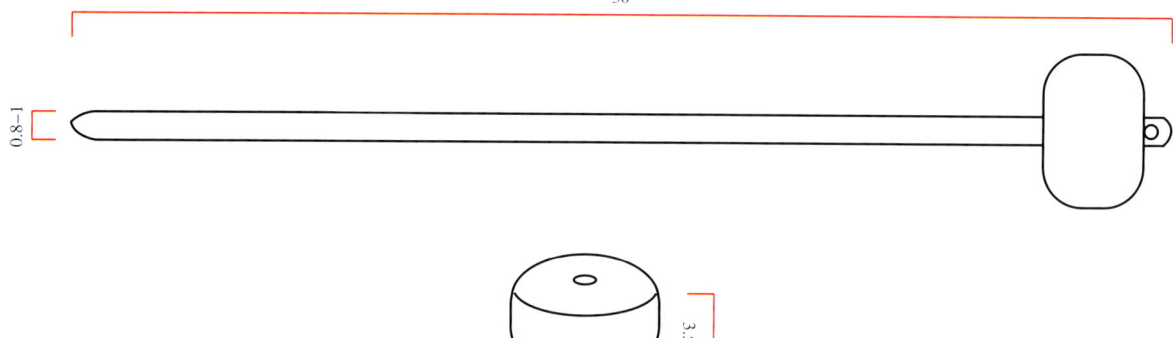

图二 柯尔克孜族手工毛线器尺寸图（单位：cm）

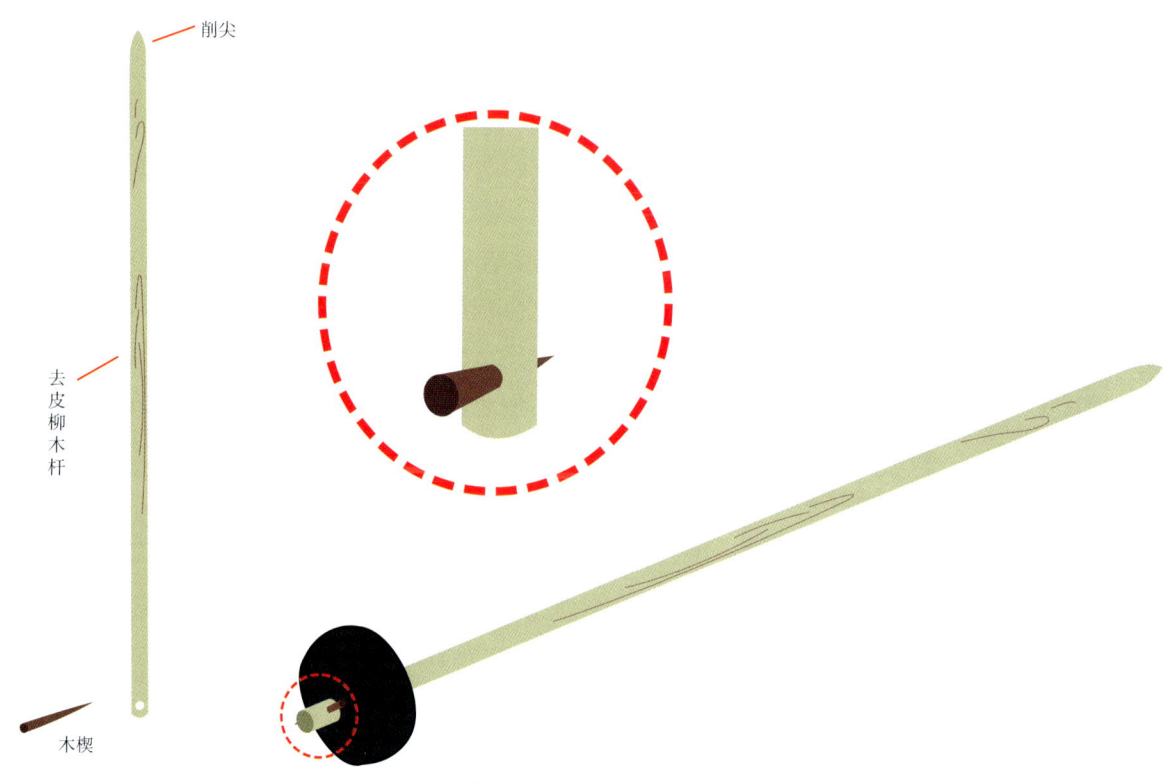

图三 柯尔克孜族手工毛线器解构图

  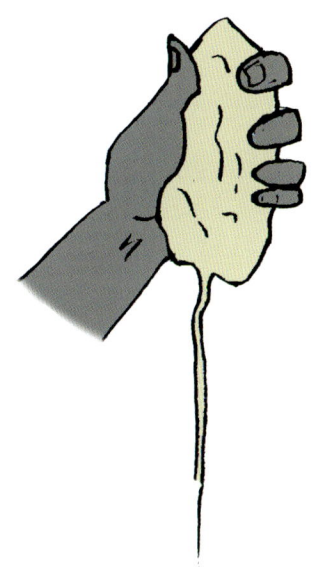

提起用右手拇指与食指搓动旋转线杆　　　　撕扯左手掌中的羊毛

图四　柯尔克孜族手工毛线器操作示意图

图五　柯尔克孜族手工毛线器使用气氛图

第五章　柯尔克孜族传统生产工具

柯尔克孜族手磨"加尔合力恰克"

图一 柯尔克孜族手磨"加尔合力恰克"主图

手磨，柯尔克孜语称为"加尔合力恰克"，是一种石制的磨面工具。公元前3世纪前，居住于北部大草原的柯尔克孜人已从事农业，唐代黠戛斯人已使用铁犁头耕种，种植的作物主要有小麦、大麦、青稞等，而且已使用水磨磨面。柯尔克孜人西迁入天山、帕米尔高原后，经济生活以畜牧业为主兼营农业，由于牧业的流动性及远离城镇、交通不便等因素，其农业生产与加工主要表现为以家庭为单位的自营模式，规模有限，基本处于自给自足的加工水平上。

手磨是粮食加工必要的工具，手掌紧握磨盘上突起的木柄用臂力推动磨盘旋转，置于磨扇间的作物颗粒在上下磨盘挤压摩擦下变成粉状，即加工成日常生活用面粉。

手磨"加尔合力恰克"惯常由上下两块圆形片状石块（磨扇）组成，石块厚度4—5厘米，直径约25厘米，上下磨扇的接触磨面上都刻有阴线纹，作物颗粒从上层石块中心的孔洞放入，旋转石磨时自然漏入两磨扇中间的扇面里，磨扇自重的压力和旋转摩擦作用，作物颗粒被碾碎并沿磨面上的阴刻线向外移动溢出。手磨上层圆形石块边装置有供手掌抓握的木制手柄，用臂力推动上磨盘旋转；上磨扇中间的孔洞与下磨扇正中间的圆木相套合，除漏入作物颗粒外，同时可固定磨盘，防止旋转时发生偏移。

手磨基本材料都源自生活的自然环境，花岗岩石块、木材等，具有低成本制作的特点，采用钻孔打眼的方法来装置手柄，中间木柱连接固定上下磨盘，结构简洁、合理，可随时拆装组合。使用上依据人的臂力来确定手磨的体量尺寸大小，满足游牧迁徙生活搬运携带，简化了拆装组合操作，契合草原游牧的生活，因而被广泛认可与接受。

图片来源
图一　陈述　摄影
图二至图五　谈晨　制图

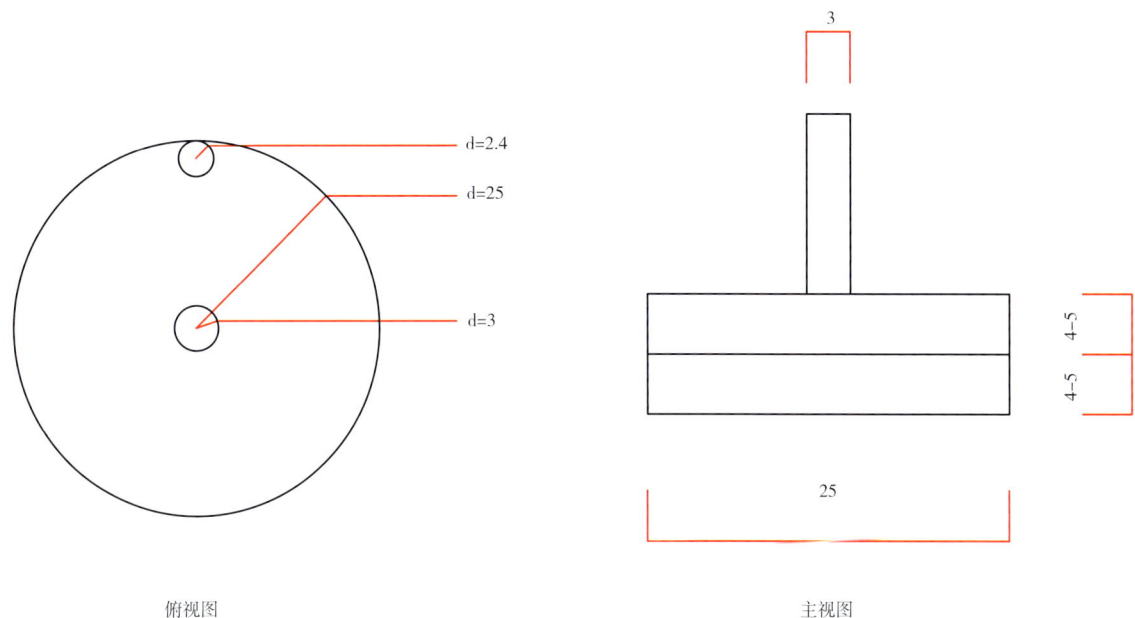

图二　柯尔克孜族手磨"加尔合力恰克"尺寸图（单位：cm）

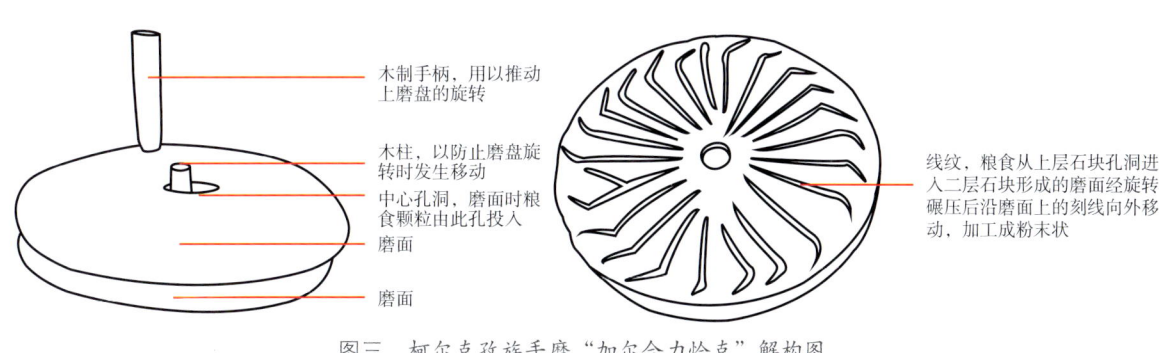

图三　柯尔克孜族手磨"加尔合力恰克"解构图

1. 先铺一张皮制垫，上放置手磨木盆粮食等

2. 粮食从上层石块孔洞进入两层石块形成的摩擦面，经旋转碾压，沿摩擦面上的刻线向外移动，挤磨成粉末状

3. 手磨上层圆形石块边缘安装木制手柄，用以推动上磨盘的旋转，中央设一孔洞，装在底磨中心的木柱由此伸出可防止磨盘旋转时发生移动

4. 将磨好的粮食盛入碗中

图四　柯尔克孜族手磨"加尔合力恰克"操作分析图

1. 凿石块摩擦面：手磨主要由上下两块呈圆形片状的石块组成，圆形石块厚度4—5cm，直径约25cm，上下两层石块接触面因刻制的线纹而形成摩擦

2. 装置木制手柄：手磨上层圆形石块边装置有木制手柄，用以推动上磨盘的旋转，中央设一孔洞，装在底磨中心的木柱由此伸出用以防止磨盘旋转时发生移动，磨面时粮食颗粒也由此孔投入

图五 柯尔克孜族手磨"加尔合力恰克"工艺分析图

柯尔克孜族狩猎铁夹

图一　柯尔克孜族狩猎铁夹主图

狩猎伴随游牧成为柯尔克孜一项历史悠久的副业。柯尔克孜族狩猎活动中少不了铁夹这种工具。铁夹狩猎对象是中小型动物如狐狸、雪鸡、野兔等。猎人依据经验，将铁夹设置于动物出没的地方，根据季节的不同而采用不同的伪装。冬季多埋于雪中，上面撒上雪鸡喜食的麦粒等食物为诱饵，夏季则用杂草遮蔽。

铁夹主要由铁夹条、弹力钢片、锁扣、铁链等组成。使用时先用双脚将左右呈U字形的钢片踩下，打开两边呈半圆形的夹条，再用横向条锁扣住向上的半圆形夹条，锁条扣连于中间所设的踏板，只要碰触踏板便能解开锁扣使两边半圆形夹条向上迅速合并，生成夹力将猎物牢牢夹住。连接铁夹的铁链在设伏时常固定于树干，使用小锤或石块将铁链一头铁钉钉入树干上或用较重的石块压住，以防被捕获的猎物将铁夹拖走。

铁夹是柯尔克孜人习用的猎具之一，其特点是设置好后不用猎人长时间守候，一定程度减轻了狩猎的劳动强度，特别适宜捕获昼伏夜出的猎物。铁夹设计结构简洁，构造合理，具很强的实用性。夹力来自弯形钢片，使用双脚踩踏的方式安装设埋，操作简易、安全，适宜在多种复杂的环境条件下使用。

图片来源
图一　陈述　摄影
图二至图五　谈晨　制图

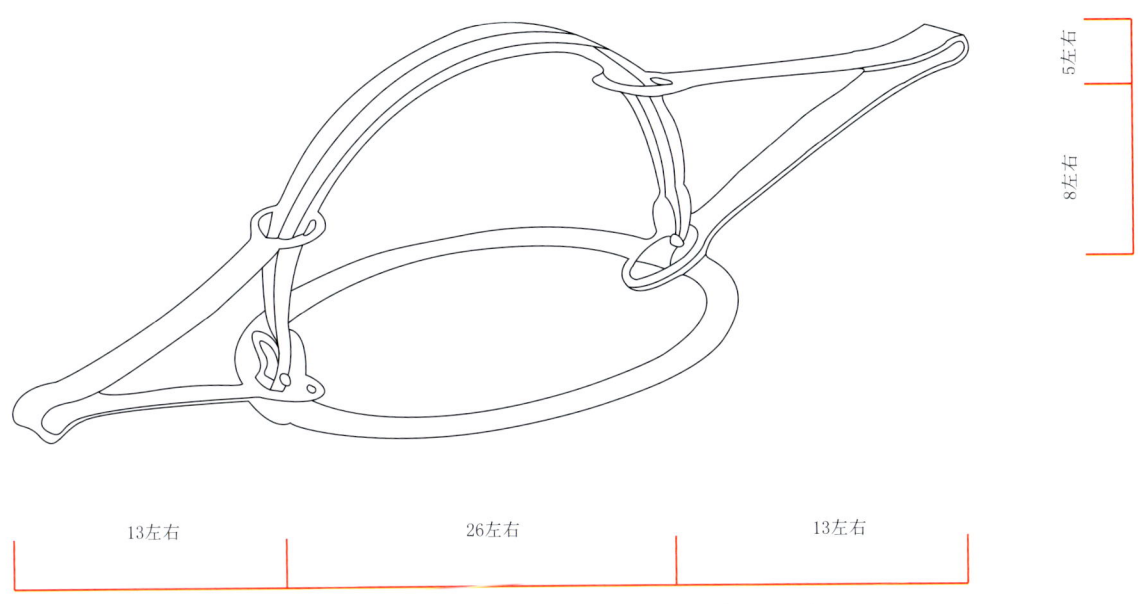

图二　柯尔克孜族狩猎铁夹尺寸图（单位：cm）

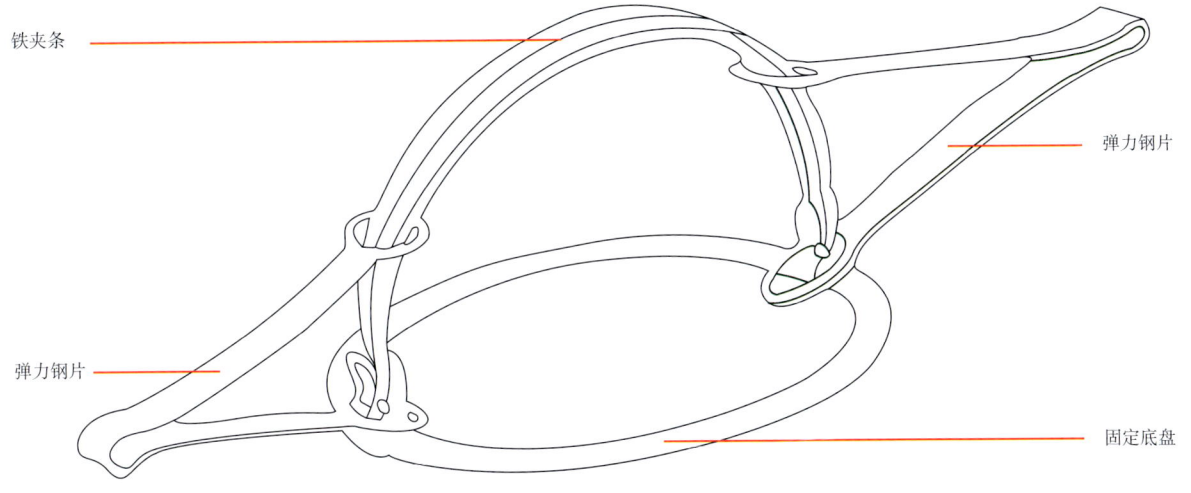

图三　柯尔克孜族狩猎铁夹解构名称图

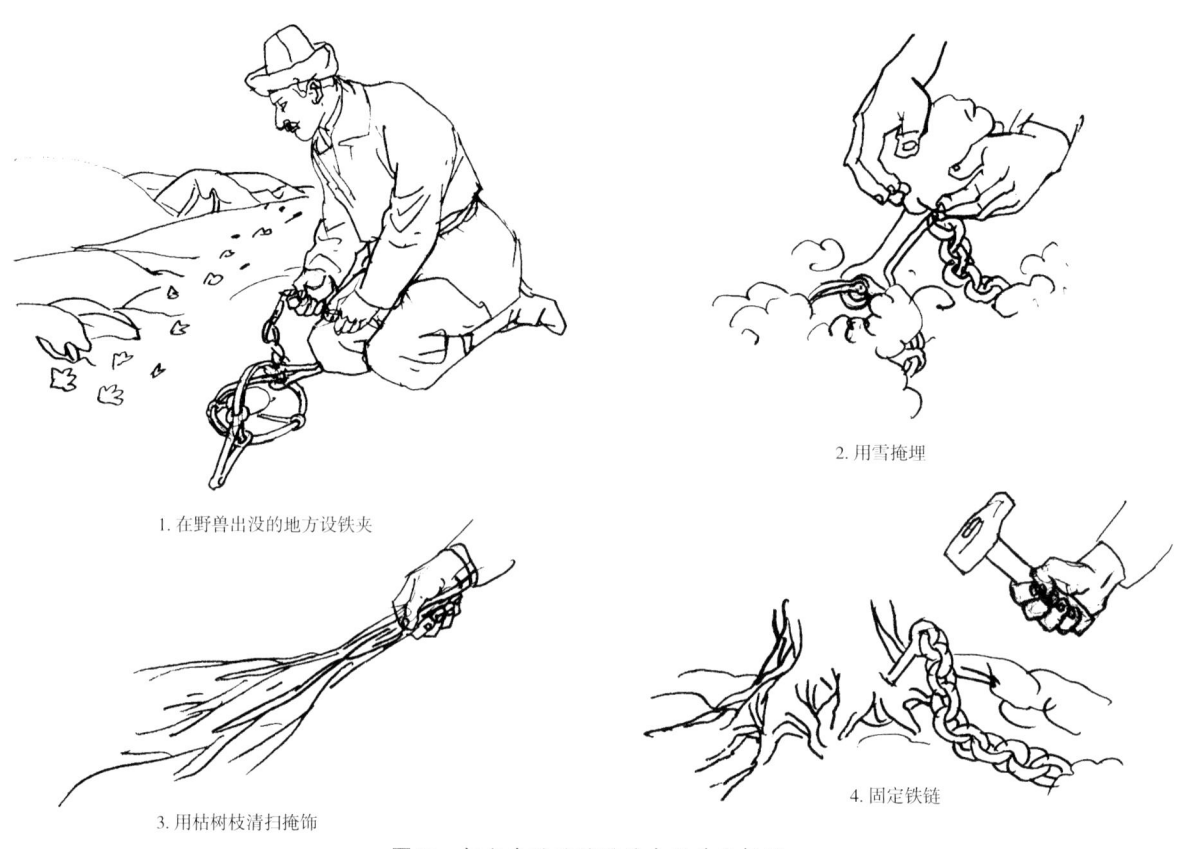

1. 在野兽出没的地方设铁夹
2. 用雪掩埋
3. 用枯树枝清扫掩饰
4. 固定铁链

图四 柯尔克孜族狩猎铁夹操作分析图

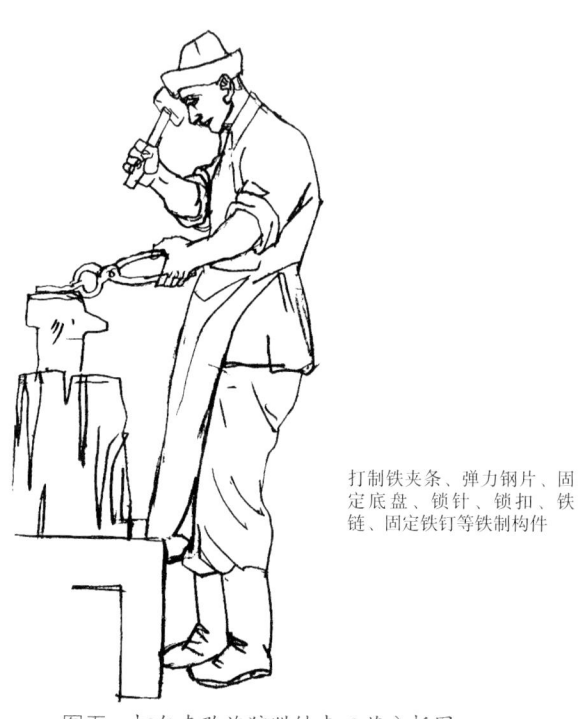

打制铁夹条、弹力钢片、固定底盘、锁针、锁扣、铁链、固定铁钉等铁制构件

图五 柯尔克孜族狩猎铁夹工艺分析图

柯尔克孜族鹰猎

图一　柯尔克孜族鹰猎主图

柯尔克孜族先民历史上曾生活于西伯利亚叶尼塞河上游地区，史书记载他们"逐水草，事游牧"。西迁天山、帕米尔高原后，新疆特殊的自然地理因素，有水草丰盛的天然草场及原始森林，为野生动物的生存繁衍提供了良好的环境。据90年代初调查，新疆境内的野生动物多达580余种。高原上气候干燥，日照时间长，空气透明度高，为鹰的翱翔、猎食提供了良好的视觉条件。使用鹰狩猎自然成为游牧经济的一项重要补充，鹰猎兼具生产性、娱乐性，更能激起参与者的兴致。

柯尔克孜人从事鹰猎活动已有千余年历史，对于游牧狩猎的柯尔克孜人来说，鹰便是其最好的助手，每到大雪覆盖山川湖河的冬季，猎狗、马匹行动受阻，猎鹰具有无可替代的优势。鹰为食肉性动物，具有非常好的视力，一副强壮的利爪可擒获黄羊、野兔、狐狸等。捕猎时，先由猎手及猎犬惊扰躲藏在暗处的猎物，然后放飞猎鹰抓获。骑手快速赶上并取下猎鹰爪下的猎物，并及时喂食猎鹰，这是对猎鹰行为的"奖赏"，目的在于通过条件反射加强对猎鹰的控制与驯化。

猎鹰性情凶悍，桀骜不驯，对幼鹰的捕获及驯养需要付出极大的耐心和精力。柯尔克孜族一般只诱捕2—3岁的雄鹰加以驯养，通常是把野兔、鸽子放在马尾织成的捕网中诱捕鹰。为消除鹰的野性，一般使用"熬鹰"法：给鹰戴上眼罩，放在一根悬空的木棍上来回晃动，训练鹰在木棍上的平衡站立，持续数十天。之后还要连续饿鹰，一般为10—12天，只喂点盐水或茶水，以削减鹰多余的脂肪，使之身手更敏捷，还使用皮革裹肉喂鹰，"皮裹肉"不能消化，最终会吐出，可以此来达到"瘦身"目的。"驯鹰"是由驯鹰人将肉放在手臂的皮套上让鹰啄食，必须是鲜肉，每次不能喂饱，并逐渐拉开喂食的距离反复进行，使鹰能飞起来啄食，并能追逐拖于奔马后的"野兔"（模拟物）。一般猎鹰为主人服役5年后，猎人都将其放归自然。

柯尔克孜族的鹰猎行序设计与其特殊的社会生产、生活及所处的自然环境有着密切的联系，借助于自然环境中物种特性来达到捕猎的目的与要求。这种驯化过程及效果在实践中被证明是卓有成效的，它解决了在极其复杂的自然环境条件下狩猎活动所面临的难题，包括枪支弹药的短缺及狩猎中捕获所需速度等问题。同时鹰还是看护游牧牲畜的得力助手。鹰在柯尔克孜族传统的观念中被视为圣物，其虽在游牧生活中所占的比重并不突出，但鹰猎驯化中所体现的精神已融入民族血脉中，是民族精神、愿望及情感的体现，鹰猎因之成为民族标志性活动。

图片来源

图一　黄慧君　制图
图二至图四　谈晨　制图
图五　冯国强　摄影

图二　柯尔克孜族猎鹰尺寸图（单位：cm）

1. 打鹰：柯尔克孜人一般只诱捕两三岁的雄性鹰加以驯养。以马尾织成网，以野兔、鸽子为诱饵，等鹰撞入网中时将其捕获

2. 熬鹰：给鹰戴上眼罩，放在一根横吊在空中的木棍上并来回晃动，使鹰在木棍上保持平衡站立，并持续数十天，之后还要使用连续饿鹰的方法，一般为10—12天，只给喂点盐水或茶水，以削减鹰多余的脂肪，使之身手更加敏捷，并使用皮革裹肉喂食鹰，使之不能消化反吐，以达到"瘦身"目的

3. 驯鹰：驯鹰人将鲜肉放在戴皮套的手臂上让鹰啄食，每次不能喂饱，逐渐拉开喂食的时间间隔，反复进行，使鹰能飞起来啄食，并能追逐拖于马后奔跑的"野兔"模拟物

图三　柯尔克孜族驯鹰操作分析图

携鹰　　　　　　　　　观察　　　　　　　　　放鹰

寻找猎捕物　　　　　　　　　猎捕

图四　柯尔克孜族鹰猎操作分析图

图五　柯尔克孜族鹰猎气氛图

柯尔克孜族鹰猎护臂长筒皮手套

图一　柯尔克孜族鹰猎护臂长筒皮手套主图

生活在帕米尔高原上的柯尔克孜族人主要从鹰、隼、雕等曲喙飞禽中择优训练猎鹰。鹰长有一双坚硬锋利的爪，体格硕大，重约12公斤，并且鹰性情孤烈，在驯鹰及捕猎时，猎人需戴上护臂长筒皮手套自我防护，以免被猎鹰利爪抓伤。

护臂长筒皮手套是鹰猎活动中必不可少的重要护具，无论是驯鹰过程还是骑行的途中都要使用这种自制的护臂长筒皮手套，才可近距离摸鹰，使鹰感受到主人的气息以便逐步建立相互间更为亲近的关系。驯鹰时每次要将新鲜的肉切成条并用清水洗净后攥在护臂长筒皮手套里，露出一部分让鹰去啄，这时的皮具防护就十分必要，也因此在皮制手套设计上必须分离出拇指与食指，便于拿捏食物及牵住鹰腿部的皮制拴绳。骑行时需将猎鹰放在已穿戴好护臂长筒皮手套的右手臂上，臂下托以支架，骑行中的晃动、颠簸使鹰爪像铁钳一样紧抓在护臂长筒手套前段的套筒上，抓力很大，需厚实的皮面手套作防护。

长筒手套一般选用马背上厚实耐磨不易破裂的皮制作。护臂长筒皮手套是针对鹰猎这一特定的捕猎活动专项的设计，从材料的选用及结构功能的考量上，都应紧紧围绕驯鹰、鹰猎活动展开。简易实用的护臂长筒皮手套不失为一件鹰猎活动中具很高实用价值的护具。

图片来源
图一、图六　陈述　摄影
图二至图五　黄慧君　制图

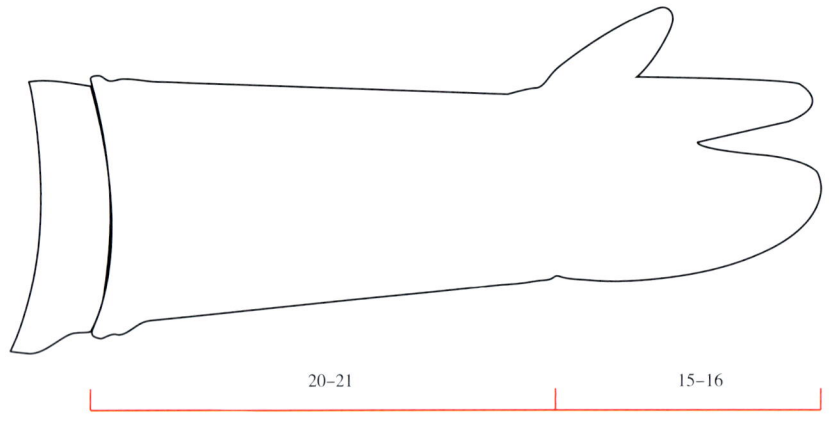

图二　柯尔克孜族鹰猎护臂长筒皮手套尺寸图（单位：cm）

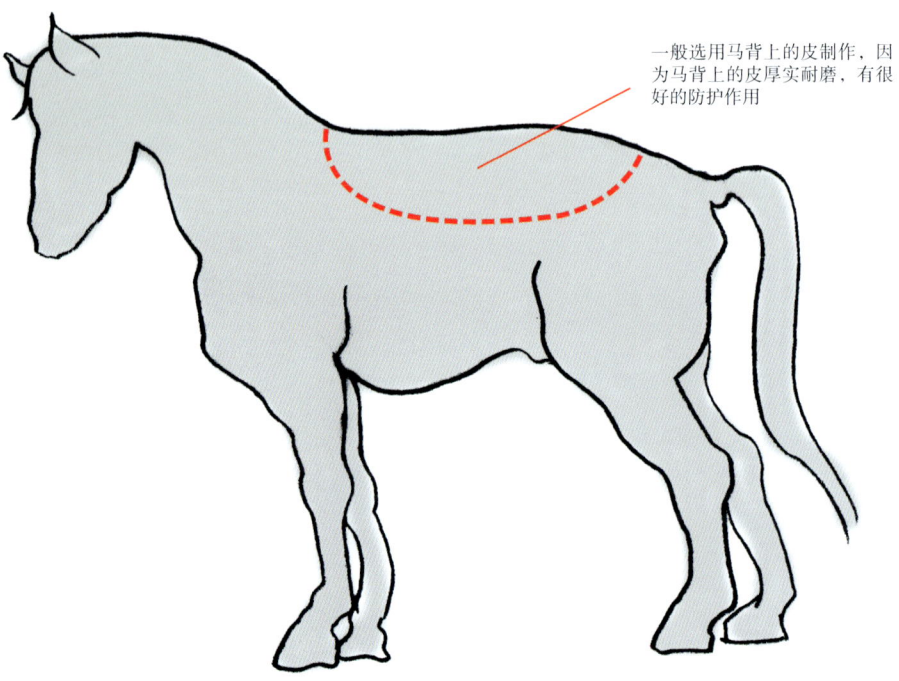

一般选用马背上的皮制作，因为马背上的皮厚实耐磨，有很好的防护作用

图三　柯尔克孜族鹰猎护臂长筒皮手套选料图

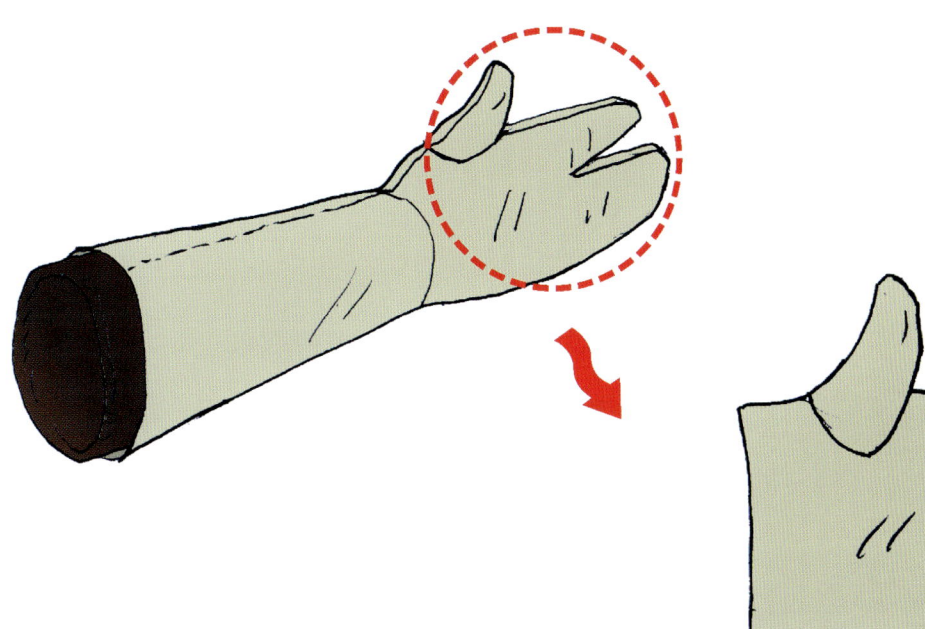

皮制手套必须要分离出拇指与食指，便于拿捏食物及牵住鹰腿部的皮制拴绳

图四　柯尔克孜族鹰猎护臂长筒皮手套开片图

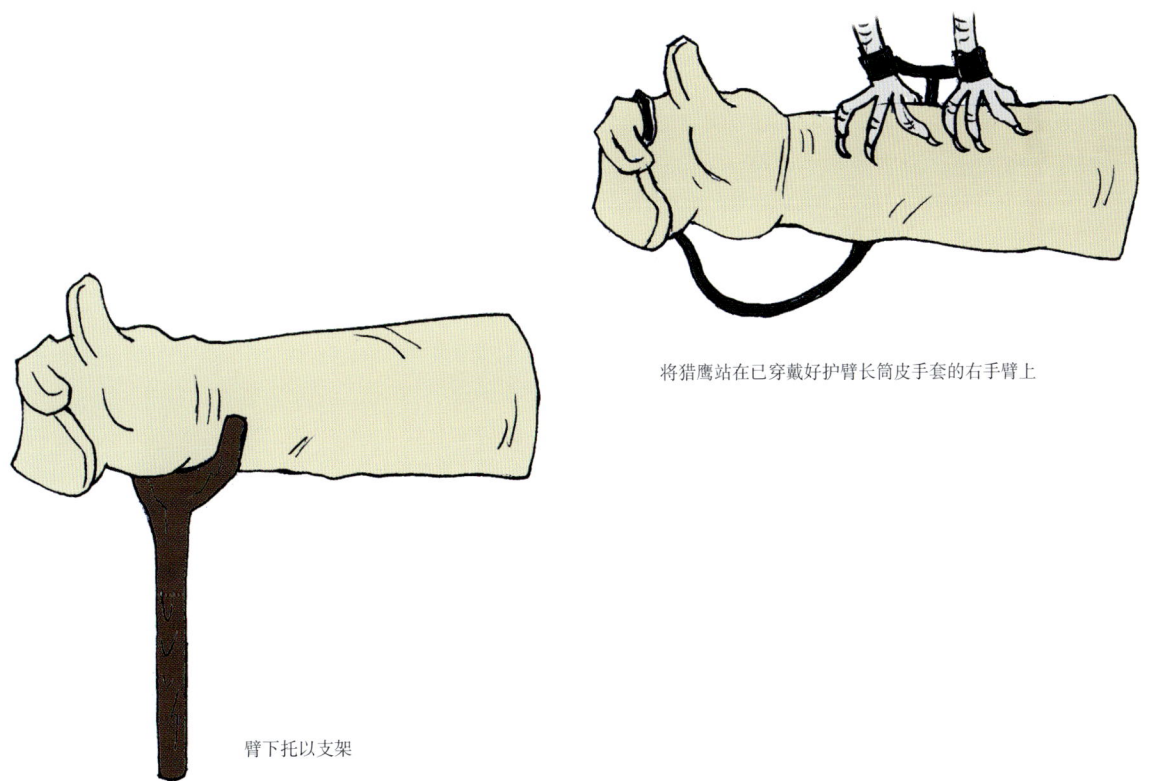

将猎鹰站在已穿戴好护臂长筒皮手套的右手臂上

臂下托以支架

图五　柯尔克孜族鹰猎护臂长筒皮手套操作分析图

第五章　柯尔克孜族传统生产工具

319

图六 柯尔克孜族鹰猎护臂长筒皮手套使用效果图

柯尔克孜族鹰帽

图一　柯尔克孜族鹰帽主图

猎鹰有着极强的视力，在上千米的高空就能观察到地面移动的猎物，并激起鹰的野性实施对目标的攻击与抓捕。在对鹰猎的饲养与训练过程中，鹰帽用来遮挡鹰的视线，避免造成对家禽的伤害，也是驯化过程中所采取的一种必要手段。

鹰帽是戴在猎鹰头部的皮制小帽，主要功能是遮蔽猎鹰的双眼。鹰帽常选用马、牛背部皮张，依据木制模型手工裁剪与缝制。鹰帽主要由帽、眼罩、帽带三部分组成。帽的顶部常饰以向上竖起的皮条或红色彩穗，帽前部分的眼罩皮张由里向外隆起，须留有足够的空间以免造成对凸起的鹰眼造成伤害。帽下端的皮制条带则用来固定鹰帽，避免移动颠簸造成移位及脱落。

猎鹰的驯化过程及狩猎行进途中都需戴上鹰帽，以减少外界对鹰视线的干扰，只有在狩猎放飞时才将鹰帽取下。设计中除了满足功能性的要求之外，也非常重视鹰帽装饰造型的美观。鹰帽顶端凸起的部分象征鹰的无畏与力量，是借装饰造型表达观念。鹰帽的设计建立在对猎鹰头部生物性形体结构及功能性认识基础上，同时在材料的选择、制作与游牧的生产、生活相吻合。鹰帽是柯尔克孜人实践认识、积累的结果，是充满睿智、极具魅力的设计表达。

图片来源
图一、图九　陈述　摄影
图二、图四至图八　陈述　制图
图三　谈晨　制图

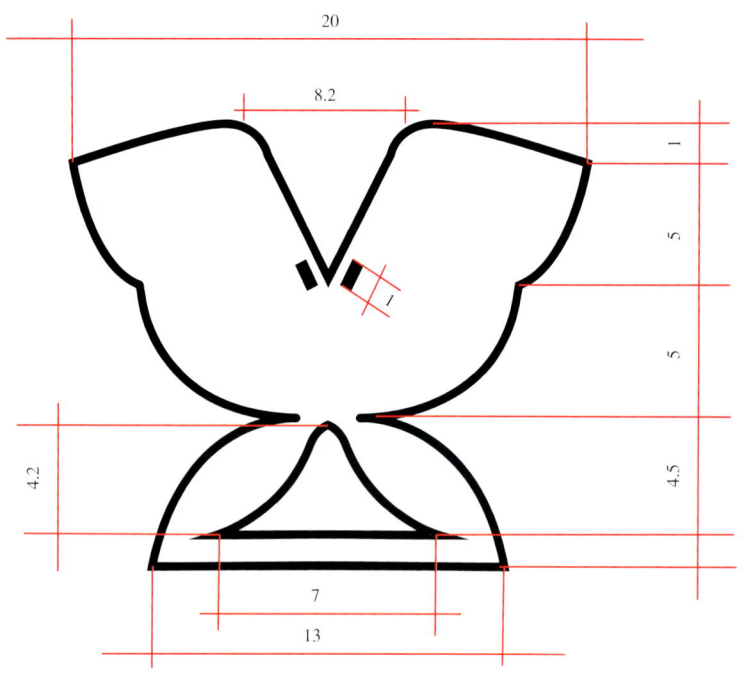

图二 柯尔克孜族鹰帽尺寸图（单位：cm）

图三 柯尔克孜族鹰帽部件功能示意图

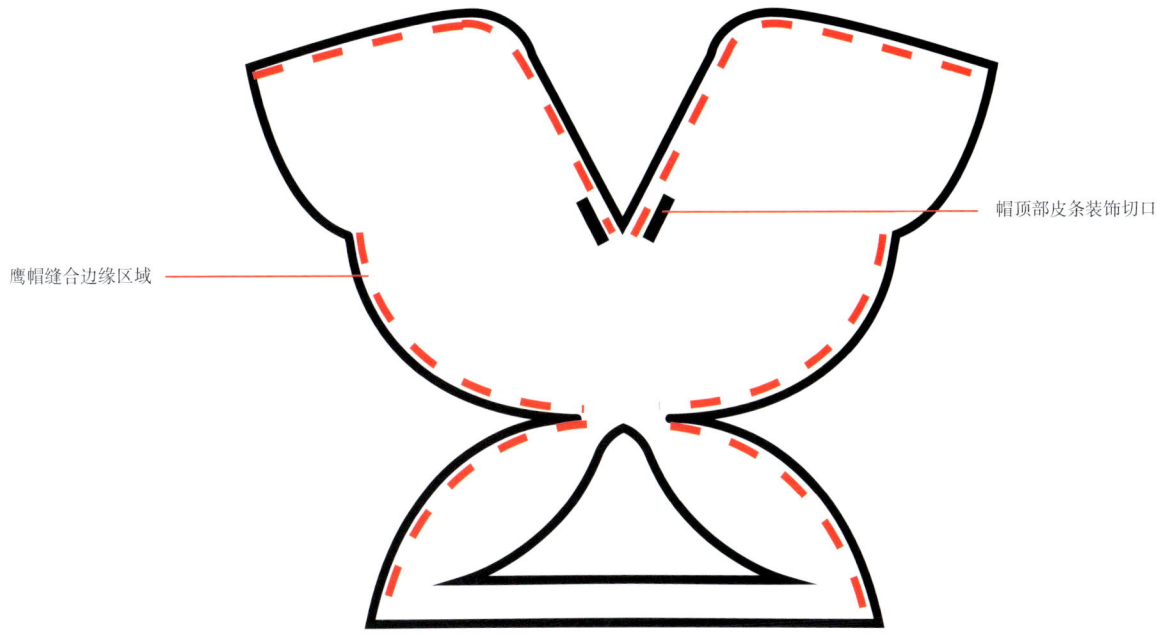

图四 柯尔克孜族鹰帽裁剪缝制工艺图

鹰帽缝合边缘区域
帽顶部皮条装饰切口

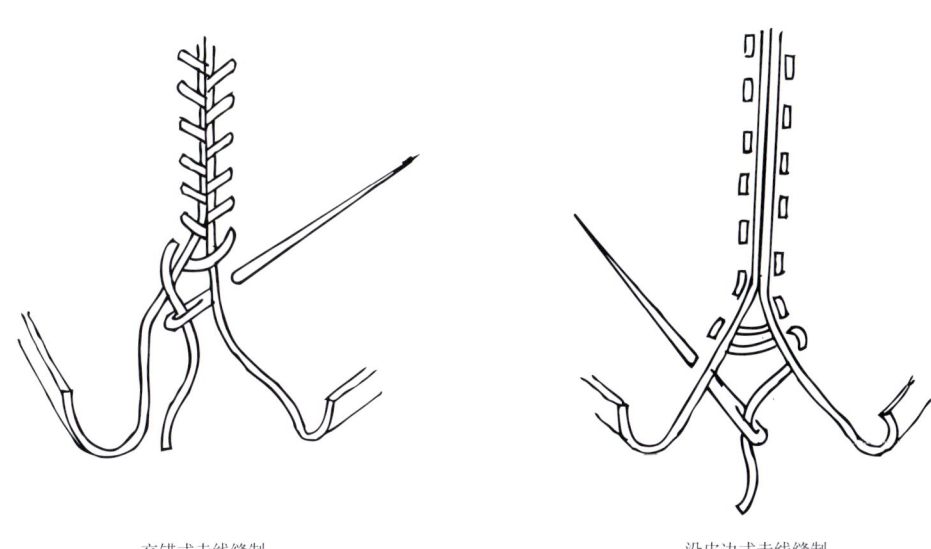

交错式走线缝制　　　　　沿皮边式走线缝制

图五 柯尔克孜族鹰帽缝制手法

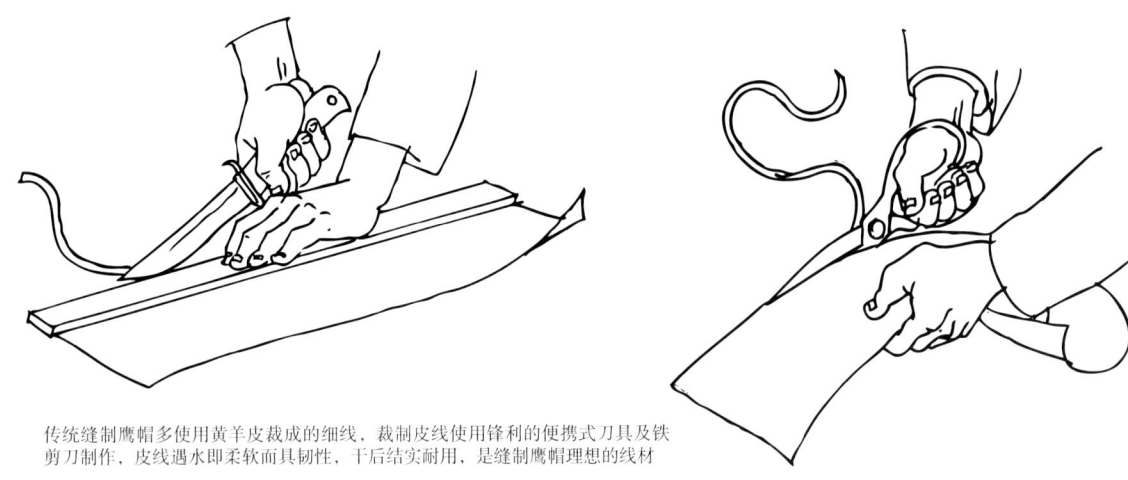

传统缝制鹰帽多使用黄羊皮裁成的细线，裁制皮线使用锋利的便携式刀具及铁剪刀制作，皮线遇水即柔软而具韧性，干后结实耐用，是缝制鹰帽理想的线材

图六　柯尔克孜族鹰帽皮线制作

鹰帽主要用于遮蔽鹰的视线，以减少外界对鹰造成的刺激与干扰，利于骑行中对鹰的携带，只有进入狩猎区域时才会脱掉鹰帽，让鹰在群山沟壑中穿行并发挥其飞行捕猎的特性

图七　柯尔克孜族鹰帽功能分析

鹰帽上的皮质璎珞可用于骑行中衔在嘴里，去戴操作时形成向上的拉力

鹰帽下部环状皮扣中装饰有红色绸绳，给鹰戴帽时便于用手拉住下沿套入鹰的头部

拉住鹰帽上下给鹰戴帽

图八　柯尔克孜族鹰帽操作使用图

图九　柯尔克孜族鹰帽使用效果图

柯尔克孜族固马桩

图一 柯尔克孜族固马桩主图

固马桩是用于束缚马匹方便钉马掌的"U"形圆木装置。柯尔克孜人十分爱护自己的坐骑，自然对马的保护也十分到位。换钉铁马掌是对马蹄实施具体保护的重要举措，直接关系到马蹄底面的防护以避免受伤。钉掌时需对马加以束缚，避免马匹钉掌时乱动造成伤害，这便有了专用的固马桩。

固马桩用三根圆木组成一个类似"U"形的结构，高2.5米、宽2.7米左右，圆木直径为20厘米左右。两根埋于地面的木桩深度约为一米左右，挖坑后置木桩再填充大小石块，最后填土整平，如此木桩不易松动。有时为防止木头腐烂还可在埋入的一截圆木上涂抹一层加热后熔化的黑色沥青。横木与竖木一般为木榫结构，接头也可使用U形铁钉连接加固。

固定马匹主要用毛绳捆绑方式进行，总体为两纵一横，即沿上横梁悬挂两股毛绳，沿前肋及后腰部绕过马腹部以兜起钉掌时处于失重状态的马的重量，使其不致跌倒。马腹部下垫一块毛毡，可防马腹受伤。横向的毛绳与纵向毛绳连接并沿马胸及大腿膝部与马颈部绳索连接，主要用于锁住马使其不左右晃动，毛绳固定于圆木桩上，以保证钉马掌的顺利实施。

固马桩设计遵循实用、经济、合理的原则，所用材料易于获得，物美价廉。通过木与绳的组合，达到功用的目的，且充分考虑到绑绳结构实施中不对马匹造成伤害。垂下的两股绳索借顶部的横梁托起马匹重量，简约、合理、实用，没有多余的修饰与附加。两纵一横的毛绳捆绑结构体现了对马匹肢体结构的认知与把握，其设计方法值得关注与借鉴。

图片来源
图一　陈述　摄影
图二至图四　秦俭　制图
图五、图六　秦俭、陈诗雅　制图

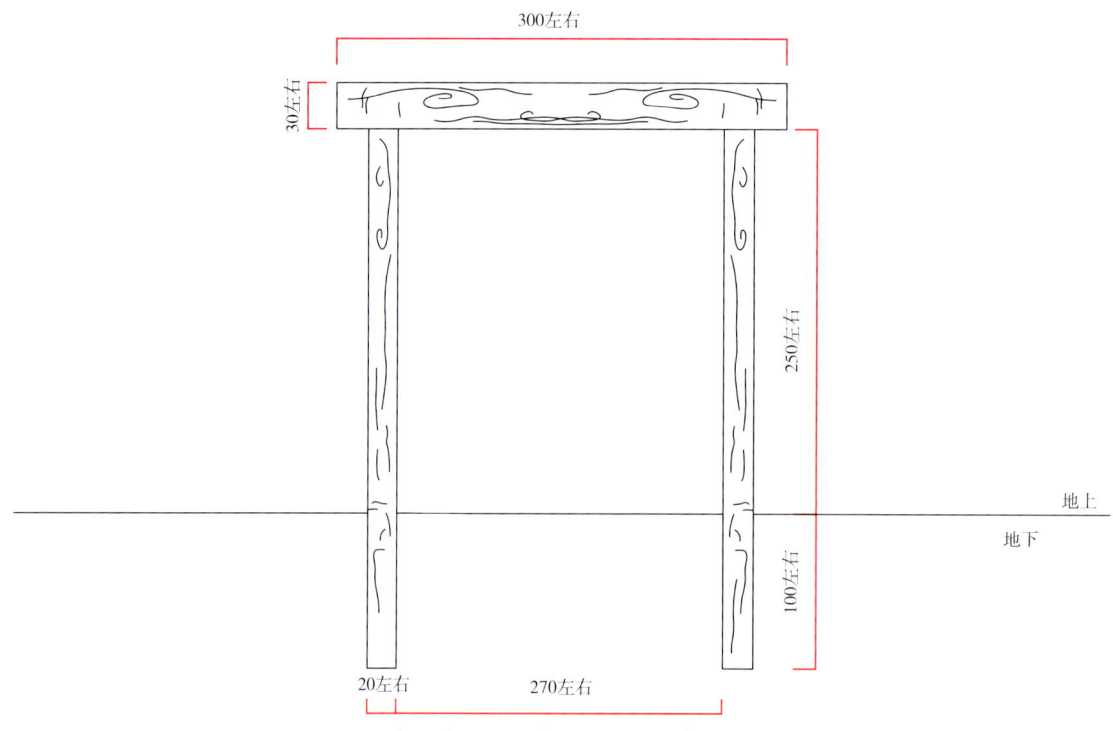

图二　柯尔克孜族固马桩尺寸图（单位：cm）

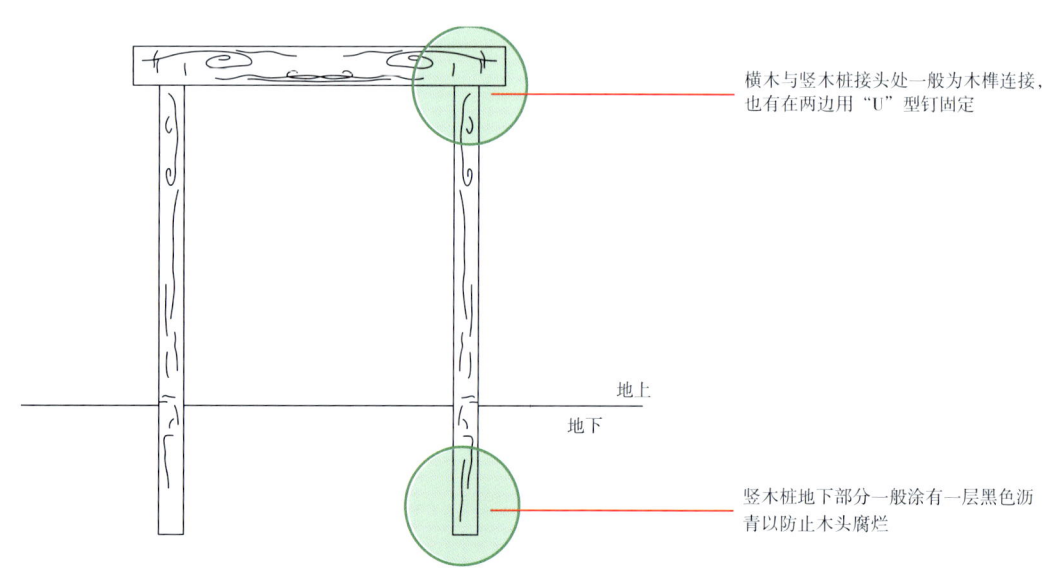

图三　柯尔克孜族固马桩结构图

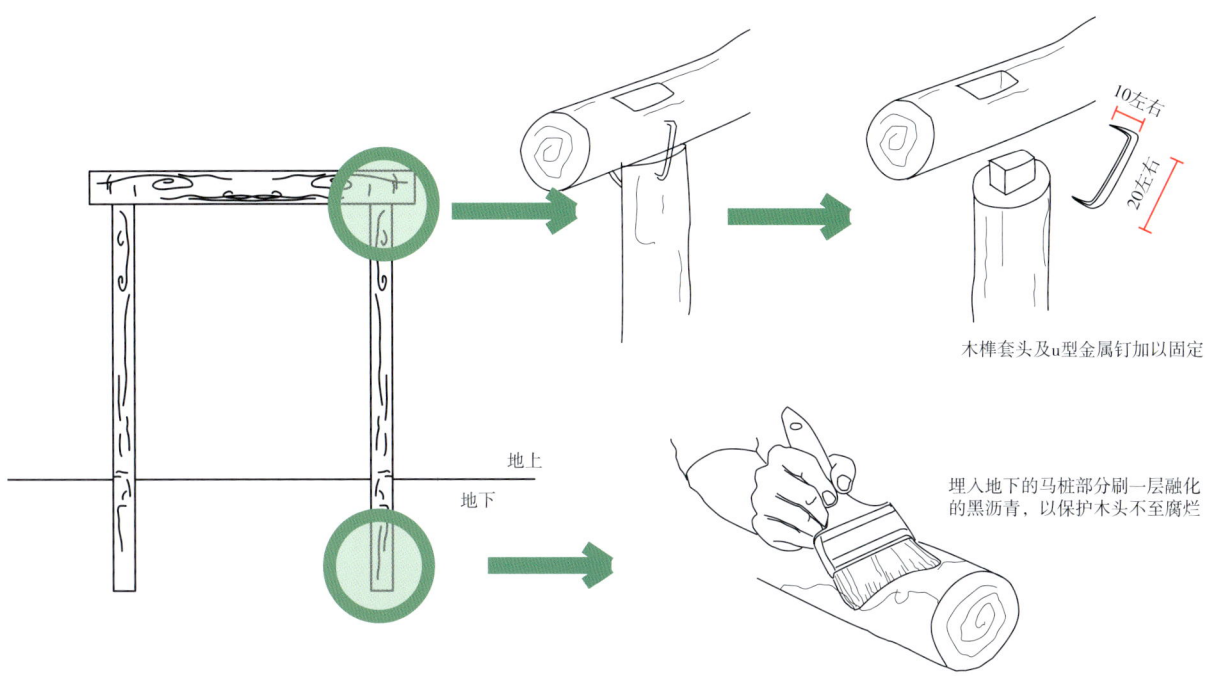

木榫套头及u型金属钉加以固定

埋入地下的马桩部分刷一层融化的黑沥青,以保护木头不至腐烂

图四 柯尔克孜族固马桩施工工艺图(单位:cm)

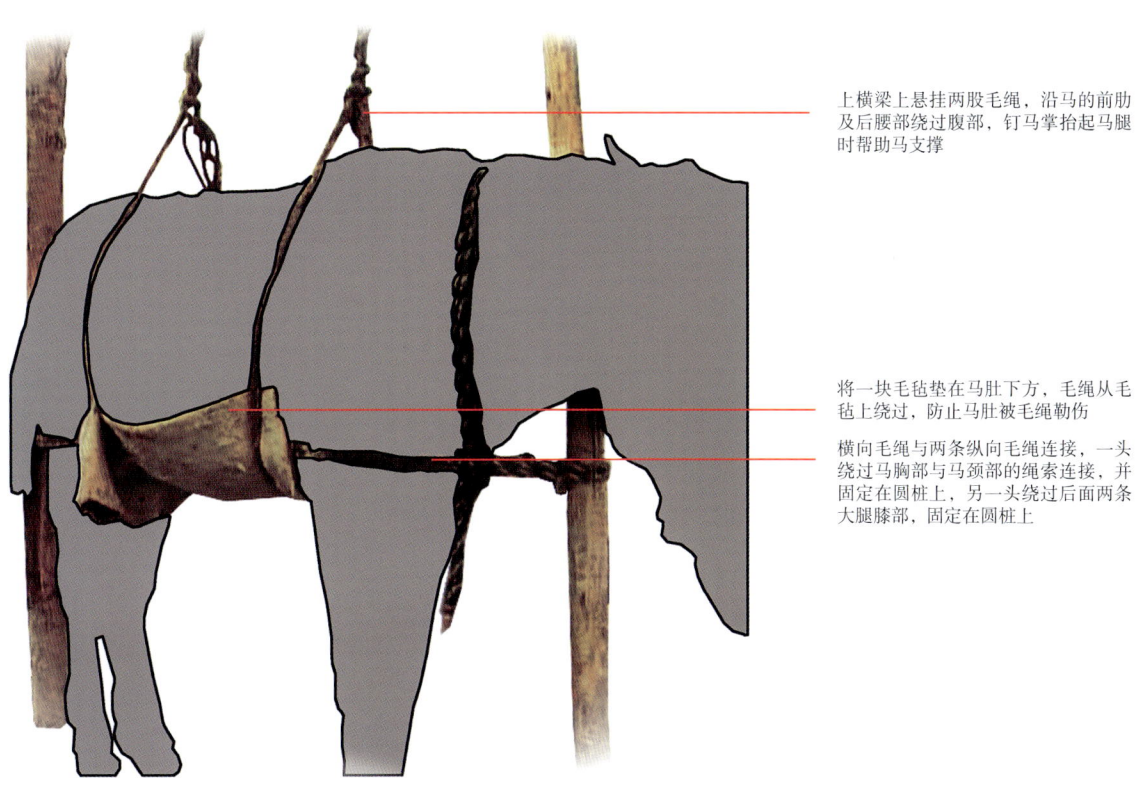

上横梁上悬挂两股毛绳,沿马的前肋及后腰部绕过腹部,钉马掌抬起马腿时帮助马支撑

将一块毛毡垫在马肚下方,毛绳从毛毡上绕过,防止马被毛绳勒伤

横向毛绳与两条纵向毛绳连接,一头绕过马胸部与马颈部的绳索连接,并固定在圆桩上,另一头绕过后面两条大腿膝部,固定在圆桩上

图五 柯尔克孜族固马桩操作示意图

第五章 柯尔克孜族传统生产工具

图六　柯尔克孜族固马桩现场气氛图

第六章 柯尔克孜族传统手工艺

柯尔克孜族"百纳"装饰

图一 柯尔克孜族"百纳"装饰主图

柯尔克孜族日常生活中,男主外,从事野外放牧、狩猎;女主内,料理生活、纺织、刺绣等。在漫长的历史中,妇女们发展出具有草原民族文化特点的装饰工艺——百纳(kurak),并将这种工艺运用于生活的方方面面。

"百纳"工艺是将多种织物依据事先设计好的装饰纹样、色彩作拼贴、缝制,要点在利用不同的废旧小块织物碎片以重组的方式构成新的视觉感受,多采用对称、连续性几何图形组合,大到毡帐使用的花毡、褥垫、壁挂,小到枕头套、盖布、坐垫等,集使用功能和艺术装饰于一体。

柯尔克孜族传统百纳的制作可分为缝绣法、擀轧法、叠绉法,其制作加工技法依织物不同质地而变化。缝绣法是"百纳"中使用最普遍的一种方法,以布料、自制毛毡、皮革为主材,依据图样通过修剪的方式进行拼合、缝制。擀轧法是游牧民族最为原始的制作,将收集的羊毛清洗干净,分别染色、晾干备用,然后在芨芨草编制的席子上铺一层做擀轧毡的底色,后将染过的各色羊毛依据图案分类摆放，洒上热水并卷起芨芨草席擀轧，使摆放不同染色的羊毛连为一体。叠绗法，先在选好的深色底布上用盐水绘制好图形，再选定所需的各色面料修剪成大小不一、形状不同的布块，经折叠、熨烫后依据图形进行排列叠放、绗缝连成一体，其装饰效果强烈，视觉立体感强。

"百纳"是柯尔克孜民族颇具特色的装饰工艺，其材料选择、工艺方法等都具有鲜明的游牧民族文化特征。"百纳"的"拼接"之法，充分利用废旧小块的毛毡、布料、皮革等进行重组与再构，旧物新生，体现了柯尔克孜人的节俭观念，及在物资相对匮乏时的的灵活智慧。

图片来源
图一、图五　陈述　摄影
图二至图四　陈诗雅　制图

图二　柯尔克孜族"百纳"装饰造型分析图

图三　柯尔克孜族"百纳"装饰设色分析图

缝绣法是"百纳"中使用最为普遍的一种方法，常用于毡毯表面装饰，设计中依织物的材质不同区分，依据图样通过裁剪后再拼合、缝制。图案纹样较为规整、细致，装饰感强

擀轧法一般用来制作底毡，制作方便简便，图案形态较为粗糙

叠绗法是最能体现柯尔克孜族妇女灵巧手艺的一种工艺制作，图案纹样较为细致，装饰效果强烈，视觉立体感强

图四　柯尔克孜族"百纳"装饰构成分析图

图五 柯尔克孜族"百纳"装饰现场气氛图

柯尔克孜族壁挂"吐什都克"

图一　柯尔克孜族壁挂"吐什都克"主图

"吐什都克"为柯尔克孜语发音，意为美丽好看的壁挂，也称为"帷幔"，在名目繁多的刺绣工艺品中，"吐什都克"独特的表现形式被视为具有柯尔克孜族装饰特点的墙上生活用品。柯尔克孜族固定民居多为土木建筑结构，为适应高原山区寒冷的气候，卧室墙面常以壁挂的方式装点，具有美观、隔潮、保暖的作用，壁挂的装饰纹样复杂多样，装饰内容及表现手法丰富，制作基本由家庭妇女动手制作完成，个性化表现特征较为浓厚。通常选用深色底色，装饰画面用色鲜艳，对比强烈，可营造烘托欢快、热烈的室内氛围。

以制作材料不同，其种类可分为丝绒壁毯、绸缎壁毯、天鹅绒壁毯等，材质表面质感柔软。

通常壁挂面积约为4.5平方米，其左右两边各镶一道宽约20—30厘米的绣有卷线条装饰的花边。壁毯上部在宽约25—35厘米的边中绣有卷草、漩涡、松树叶、群山、花冠、月牙、鸟翼等图案。壁挂中部以类似毡帐的块面造型为主，不做任何装饰，符合游牧民族生活场景的视觉形式表达，给人以想象的空间。

柯尔克孜族制作壁挂的材料主要有棉布、丝绒、绸缎和天鹅绒等，装饰主要集中于下垂的倒三角形中，倒三角的边缘可以有许多变化。下垂三角形对角两边坠饰以彩穗，以植物形象为主。壁挂装饰的部位主要为上、左、右三边，左右基本对称。柯尔克孜族壁挂以辫针绣、植绒绣为主，其中辫针绣较为普及，多使用自制的木柄钩针，适用于圆形、三角形、菱形、方形等规则形状的制作，具有极强的装饰效果。

壁挂是柯尔克孜人家必不可缺少的室内装饰，也是柯尔克孜族审美情趣、文化认同的标志性饰物之一。壁挂较多描绘了与游牧相关的文化内容，善于借鉴、吸收相邻的兄弟民族装饰表现形式。纹样多采用重复、对称的方式构成，占据客厅及卧室土炕以上整个墙面。壁挂也是柯尔克孜族姑娘珍贵的嫁妆，一副壁挂往往需要一个人绣几个月时间。婆家人对未来媳妇的满意程度很大一部分取决于她的绣功，也被视为贤惠、善良的依据。壁挂为卧室内墙面较大的设计物品，集实用、装饰性于一体，在满足基本生活需要的同时，充分展现柯尔克孜族崇尚英雄、赞美自然的精神向往。"吐什都克"壁挂具有相对稳定固化的装饰表现形式，因设计制作都由家庭个体成员完成，装饰纹样图形、表现手法趋于丰富变化，将象征性、寓意性、写实性与抽象性的表现融为一体，以暖色调为主，并能很好烘托热烈、欢快的氛围，充满了对生活的热爱与美好憧憬。

图片来源
图一、图六　陈述　摄影
图二、图三、图五　黄慧君　制图
图四　朱秋婷　制图

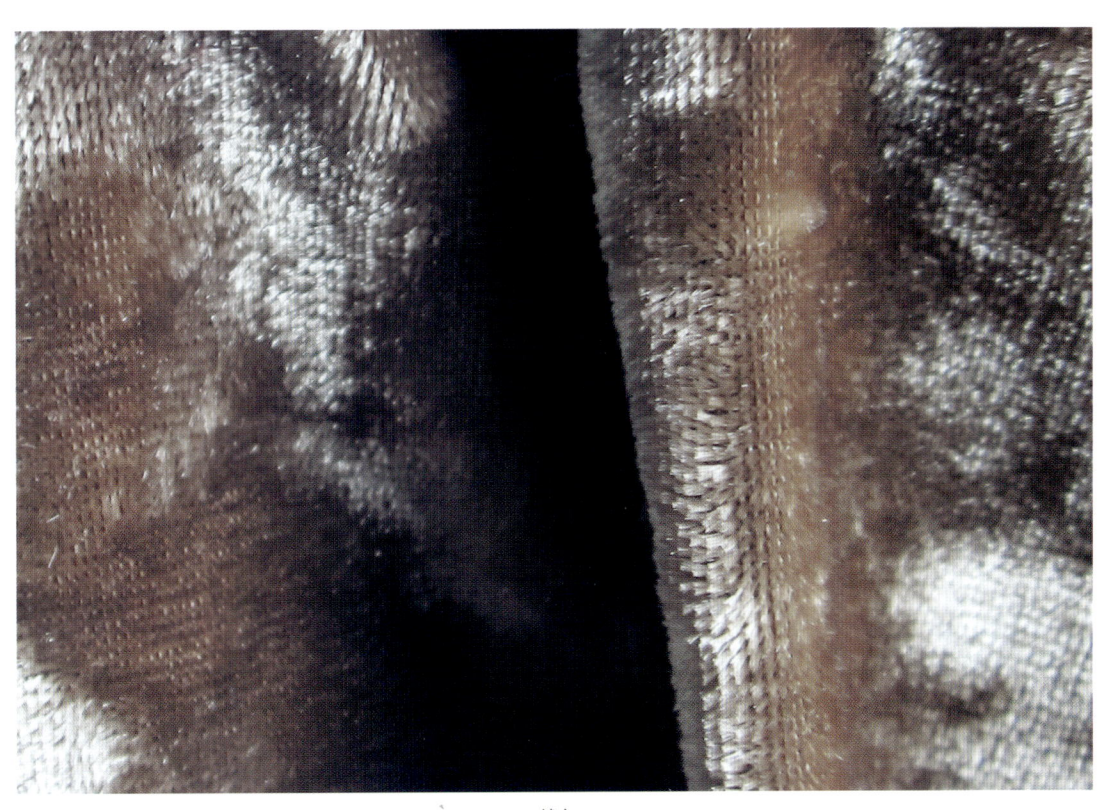

绒布

图二　柯尔克孜族壁挂"吐什都克"材料图

吐什都克制作面积为4.5平方米左右

图三 柯尔克孜族壁挂"吐什都克"尺寸图（单位：cm）

图四　柯尔克孜族壁挂"吐什都克"图案分析图

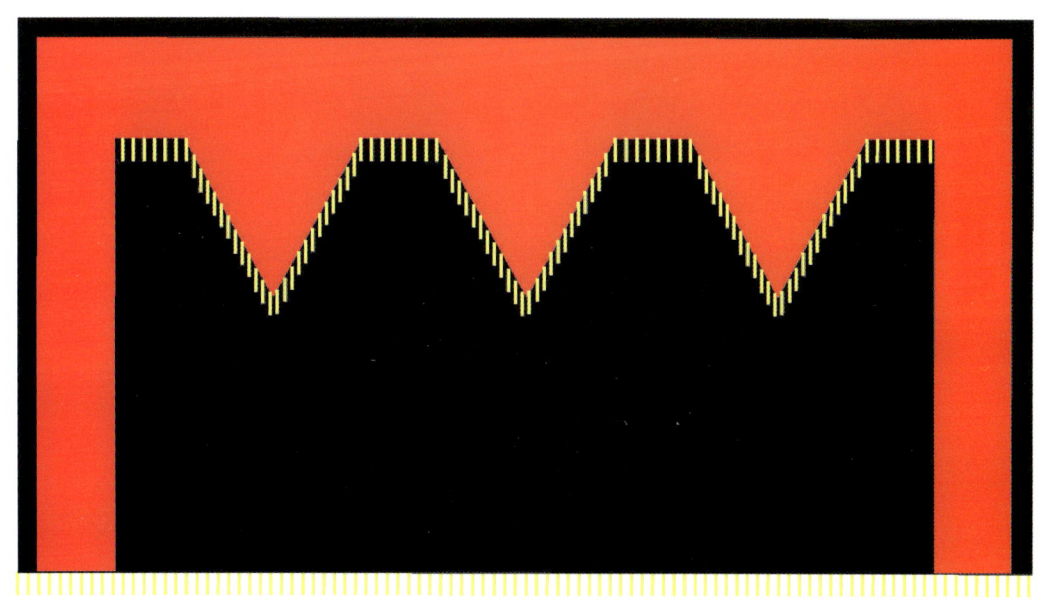

图五　柯尔克孜族壁挂"吐什都克"构成分析图

柯尔克孜族补花毡毯

图一　柯尔克孜族补花毡毯主图

毡毯是柯尔克孜游牧生活中必备的日常生活用品,常铺设于毡帐室内的地面上,其具有隔潮、保暖、舒适的功效,也兼具美观和室内装饰。柯尔克孜族历来热情好客、注重礼仪,邀客人在其精美的毡毯上休息、用餐,是主人最高诚意的体现,其本身就是一种礼仪象征。若遇举办婚事则更加热情,邻里及族人均参与并隆重举办相关仪式。毡毯作为人们坐卧、聚餐或举办相关仪式中不可缺少的重要物品,其精美的图案及斑斓的色彩不仅能营造氛围,还带给人们艺术的享受,其装饰设计的象征性表达也易唤起民族情感的共鸣。

补花毡毯也叫补贴花毡,柯尔克孜语称为"西尔达克"或"鄂勃采"。一般依据室内的面积来制作,是柯尔克孜族生活中具有多种用途的物品之一。

补花毡毯的制作:将已染好两色(色彩为鲜艳、对比强烈的红、绿、黄等)以上的毯块依据事先画好的纹样用剪刀修剪,将剪好的图样重新拼接缝制。图样画好后将两层不同色彩的羊毛毡重叠裁剪,这样就获得上下两层不同色彩的一套纹样,然后利用上下不同色彩相间填充图样及图底,这样就可获得两套图底色彩不同的同款图式,将色彩不同的图底纹样拼贴于事先选好的整块黑色底垫毯上,用针线缝制连接并沿毡毯四周锁边,一张精美的补花毡毯就制作完成了。

由于补花毡毯制作中主要使用剪刀裁剪,图形呈粗犷、简洁特征。柯尔克孜族补花毡毯所用材料基本都源于游牧生产、生活。补花毡毯将已有的毯片经染色后重新拼接组合，这种设计组合方式是旧毡毯的再利用，符合节俭原则，但其设计用心，还说明生活中任何一件物品的产生，在保证其功能性之外，还可以将精力更多倾注于审美及精神追求。在当今力主高效、环保、节约的社会观念中，增益美观与文化内容的设计创意，仍是极为时尚的思路。

图片来源

图一、图五　陈述　摄影
图二至图四　陈诗雅　制图

图二　柯尔克孜族补花毡毯尺寸图（单位：cm）

柯尔克孜族的补花毡毯纹饰布局多样，一般是四周有框式大花边，中间有主体适合纹样
用纯白色花毡剪贴的齿牙纹（也称锯齿纹）做边框和纹饰边缘的隔离纹样，在整个柯尔克孜族补花毡毯中是一个主要手法
补花毡毯的最大特色在于它的纹样阴阳交错配置，形成静中有动的幻影效果，图案纹样达到纹饰相同而色彩不同
用菱格（有两个菱格乃至数十个菱格）作为骨架在菱格内用多个单独纹样进行装饰。也是柯尔克孜族补花毡毯惯用的方法

图三　柯尔克孜族补花毡毯造型分析图

图四 柯尔克孜族补花毡毯设色分析图

图五 柯尔克孜族补花毡毯现场气氛图

柯尔克孜族刺绣

刺绣杂物袋

刺绣靠垫

图一　柯尔克孜族刺绣主图

　　刺绣是柯尔克孜族妇女普遍具有的手工技能。刺绣涉及日常生活的服饰、鞋、帽、枕巾、枕头、床罩、被单、手巾、衣兜、门帘、盖被、壁围等，也是民族习俗中看待新娘是否贤惠、善良的依据之一。

　　手工刺绣所使用的工具主要有绣绷、绣架、绣剪及绣针。绣绷一般分为三种，大、中型绣绷，多为长方形木框，上附绷布、绷线及绷钉，小型绣绷多为铁制或竹质双圈环套，内圈直径一般为30厘米左右，外圈设有闩眼，可以随时调节内外圈的绣面。绣针主要使用尾部带线眼的针、木柄针、木柄针头带眼的针，绣剪、绣料多使用黑色平绒布和普通白布。绣线有丝绒棉线、较结实的细毛线，刺绣是依据布面事先画好的图形纹样进行。

　　柯尔克孜族妇女用木笔蘸盐水在黑色平绒布面直接绘制图案，白布上则多使用色粉笔绘制刺绣底纹。在内容上主要围绕游牧、狩猎相关主题进行表现。植物、花卉、动物局部特写与变形、夸张，日月星辰、雪花、水波浪花等等，生活中常使用的器物，如壶、瓶、铃、钟等。柯尔克孜族传统刺绣中主要有锁绣、齐针绣和铺纹绣（绒绣）。锁绣主要使用木柄钩针，多使用于弧线状的纹样图案，再用锁绣排列的方式填补所余空白。锁绣针法在柯尔克孜族中使用较为广泛，大至壁挂、墙围，小到钱包等。齐针绣为柯尔克孜族古老的针法之一，主要为小件的物品刺绣，如手帕、衣架帘、枕头套等，使用小绣绷，较细的绣针，以各色丝绒及棉线在白底布料上刺绣。铺纹绣（绒绣）起源可追溯到我国隋唐时期，主要使用丝线，采用针法以形成色彩渐变，具有立体感，且运针上依据对表现对象的理解可变化，效果明显，该绣法主要用于大幅物件刺绣，如壁挂等。

柯尔克孜刺绣的内容大多围绕游牧生活所熟知的形象，也表现日常生活中所使用的器具，通过对实用性软质材料物的刺绣工艺装饰表现，充分展示柯尔克孜妇女的贤良、聪颖与灵巧，将审美与实用完美结合在一起。

图片来源
图一　陈述、陈泽　摄影
图二、图四　刘卉　制图
图三　陈述、刘卉　制图
图五　陈述　摄影

图二　柯尔克孜族刺绣造型分析图

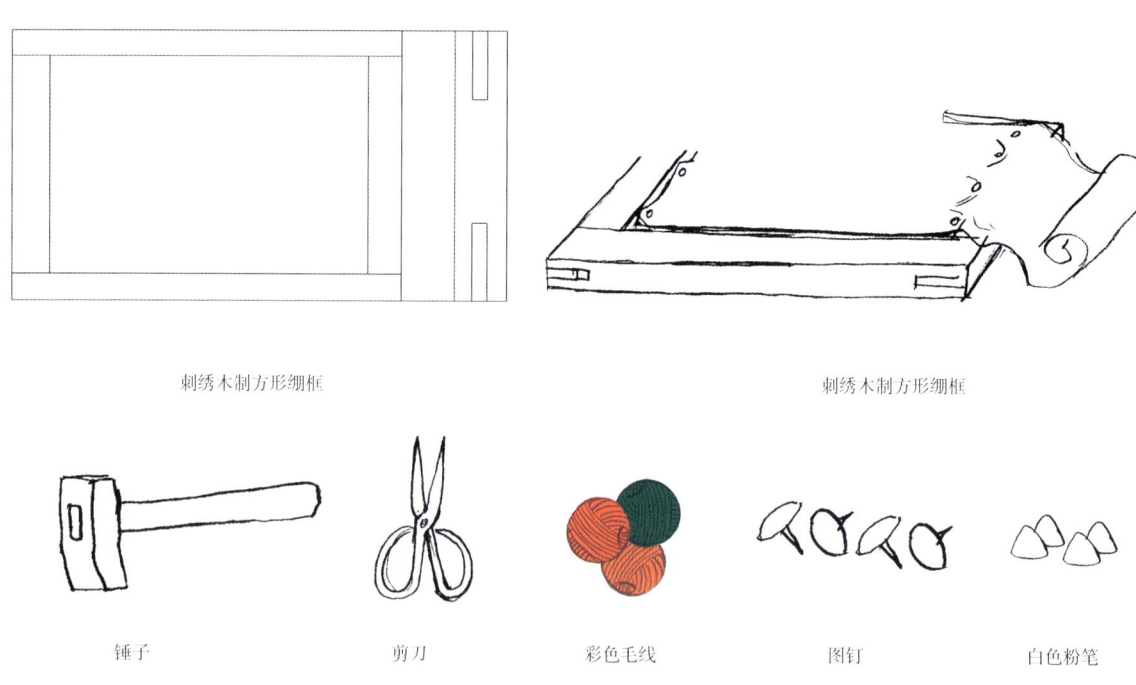

刺绣木制方形绷框　　　　　　　　　　　刺绣木制方形绷框

锤子　　　剪刀　　　彩色毛线　　　图钉　　　白色粉笔

图三　柯尔克孜族刺绣工具分析图

锁针绣　　　　　　　　　　　锁针绣

齐针绣　　　　　　　　　　　铺纹绣

图四　柯尔克孜族刺绣现场气氛图

图五　柯尔克孜族刺绣使用气氛图

柯尔克孜族压花毡毯"阿拉克依孜"

图一 柯尔克孜族压花毡毯"阿拉克依孜"主图

毡是以畜牧业为主的柯尔克孜族生活中常用的物品。毡可以用来做毡房建筑材料及床垫、马鞍垫、毡鞋、毡袜等，也可作为装饰品张挂在墙上营造环境氛围。制作毡的材料来自畜牧生产中易获取的动物毛。压花毡是通过特定的设计制作过程制作的毡，具很强的实用性及装饰效果，表明柯尔克孜族造物活动中强调物的功能性同时也重视审美体验与表达。

"阿拉克依孜"是汉译柯尔克孜语，即擀毡（擀制的压花毡毯）。擀制的压花毡毯用原色和染色的羊毛制成，而毡房、毡帽、毡袜多使用原白色羊毛擀制的毡毯，马鞍垫、衣服内垫等多使用原黑色羊毛擀制的毡毯。

擀制压花毡毯，先把剪下的羊毛洗净、染色、晾干，然后用细棍在毛上敲打使其蓬松。擀制压花毡毯时需多人协作。把已设置好的纹样色彩依样描在芨芨草席子上，再将分色羊毛依据芨芨草席上的描样分铺于对应的位置，铺好后需在蓬松的羊毛上洒热水，几分钟后大家跪在地上，一起用力把铺好羊毛垫底的芨芨草席卷曲成圆筒状。如果是较厚的毡子，则用绳子捆扎结实，几个人一起用胳膊下压并朝一个方向滚动擀揉，参与者相互协调，有节奏地用力按压、滚动裹着羊毛的芨芨草席圆筒，也可站姿用脚反复蹬踩。过会儿，展开席筒，重新喷洒热水，再卷再压，反复多次。最后芨芨草席圆筒打开后，还需将已成型的毛毯单独卷起来，反复滚压擀制，最后一道工序是将已成型的毛毯反向卷曲，滚压擀制。一般约需2小时左右才能完成，制作完后将其覆盖于小荆棘丛上晾干。

擀制的压花毡毯大致可分为两种：一种是将先前处理干净的白色羊毛根据装饰图形的色彩要求人工染色后备用，在铺垫好的芨芨草帘上先用羊毛摆好花毡的四周边框，然后将染好的彩色羊毛揉搓成彩色毛长条，依据纹样在毡框内进行摆放。待条状毛条依据图案纹样摆放完，再在毛条间隔的空余处填充底毡羊毛，使其形成一个平面，待全部摆放完后再在上铺一层深色羊毛作为底毡。另一种方式是依据事先设计好的纹样及色彩，先将白色羊毛擀制成若干张白色的毛毡，然后将其分别染成所需要的颜色，晾干后，剪成条状备用，依据纹样及色彩将准备好的条状毛料拼接，再将染好的散毛分块填充，填充中依据图案要求对花朵、枝叶作有序摆放。填补平整后再在纹饰上均匀铺盖一层深色羊毛作为底毡，最后擀制。

柯尔克孜族擀毡装饰颇具新意。从备料、制作到晾晒，工序安排合理紧凑；集体参与、人际互助，与传统协作的社会伦理观念相吻合；成品工艺独特、色彩艳丽、对比强烈，纹样造型质朴；制作程序简练、合理，适于游牧社会生活以大家庭为基础的自给自足式加工生产与制作。

图片来源
图一、图五　陈述　摄影
图二、图四　陈诗雅　制图
图三　陈述、刘卉、陈诗雅　制图

图二　柯尔克孜族压花毡毯"阿拉克依孜"尺寸图（单位：cm）

图三 柯尔克孜族压花毡毯"阿拉克依孜"工艺分析图

图四　柯尔克孜族压花毡毯"阿拉克依孜"设色分析图

图五　柯尔克孜族压花毡毯"阿拉克依孜"现场气氛图

柯尔克孜族芨芨草帘"切热莫切克"

图一 柯尔克孜族芨芨草帘"切热莫切克"主图

"切热莫切克"是汉语译音，柯尔克孜语是芨芨草帘的意思。

芨芨草是一种高大多年生的密丛禾草，直立且坚硬，须根粗壮，根系强大，入土深达80—150厘米，耐盐碱耐旱，在盐碱沙地土壤中及低洼的河床湖边河岸均可生长。芨芨草生长速度较快，骆驼、牛喜食之，冬季叶败但其枯枝保存良好，因而可供大牲畜冬春储备草料。其草丛也是冬、春季牲畜喜于避风卧息的地方。芨芨草生长在地下水位较高的地段，分布较广，高原高寒草甸及荒漠区等都有分布。

制作芨芨草帘首先要选用生长成熟的芨芨草茎，粗壮笔直粗细均匀的茎为上佳。依据预想的使用面积作长短修剪及数量准备，之后用已分类染色的毛线依据事先设计好的图样沿茎缠绕。由于图形多呈几何连续形状，在缠绕毛线时依据设色的面积形状特点进行排序。根据纹样色彩重复规律，在茎部所属区段缠绕相同颜色毛线，再将缠绕好毛线的芨芨草茎横向排列组合，就可在排序所形成的面上获取完整的装饰图案。运用线的排列使其线性的材料转换为面，并依据缠绕在线材料上的彩色毛线表现面上的各种装饰图形，是其工艺制作程序显著的特点。芨芨草帘防潮、透气、轻便，携带时沿线材卷曲捆扎即可。

芨芨草帘是搭建毡帐时常用的材料。主要用于毡帐下部圆形的栅栏外围。由于内部有栅栏隔着，外部用毡裹着，直立的芨芨草茎利于保持围墙的平整并具有装饰性作用，使用中草帘不易磨损。由于取材方便、制作简便，柯尔克孜妇女基本都能从事芨芨草帘的加工制作。

芨芨草帘"切热莫切克"是利用自然环境中易获取的植物加工制作而成，它有较好的防潮、隔热等功能，方式美观大方。缠绕的多色毛线精心编结组成了多种装饰图案，该案例中由线到面的构成表现形式，从应用的角度看不失为一个成功的创意案例。

图片来源
图一、图六　陈述　摄影
图二、图五　黄慧君　制图
图三、图四、图七　陈诗雅　制图

图二　柯尔克孜族芨芨草帘"切热莫切克"选材示意图

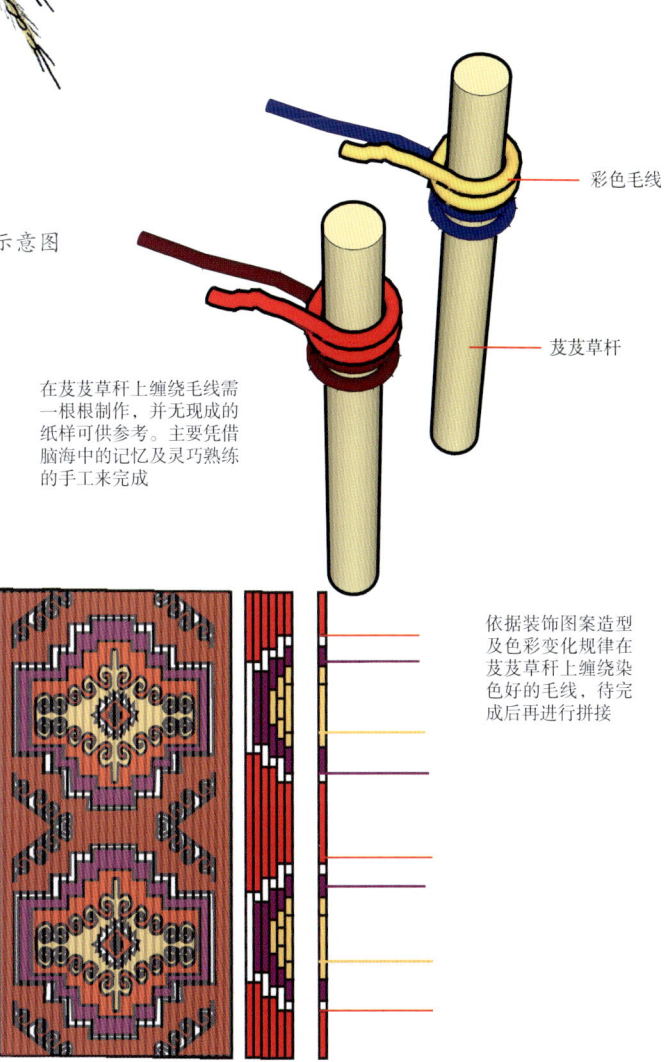

彩色毛线

芨芨草杆

在芨芨草秆上缠绕毛线需一根根制作，并无现成的纸样可供参考。主要凭借脑海中的记忆及灵巧熟练的手工来完成

依据装饰图案造型及色彩变化规律在芨芨草秆上缠绕染色好的毛线，待完成后再进行拼接

图三　柯尔克孜族芨芨草帘"切热莫切克"制作工序图1

第六章　柯尔克孜族传统手工艺

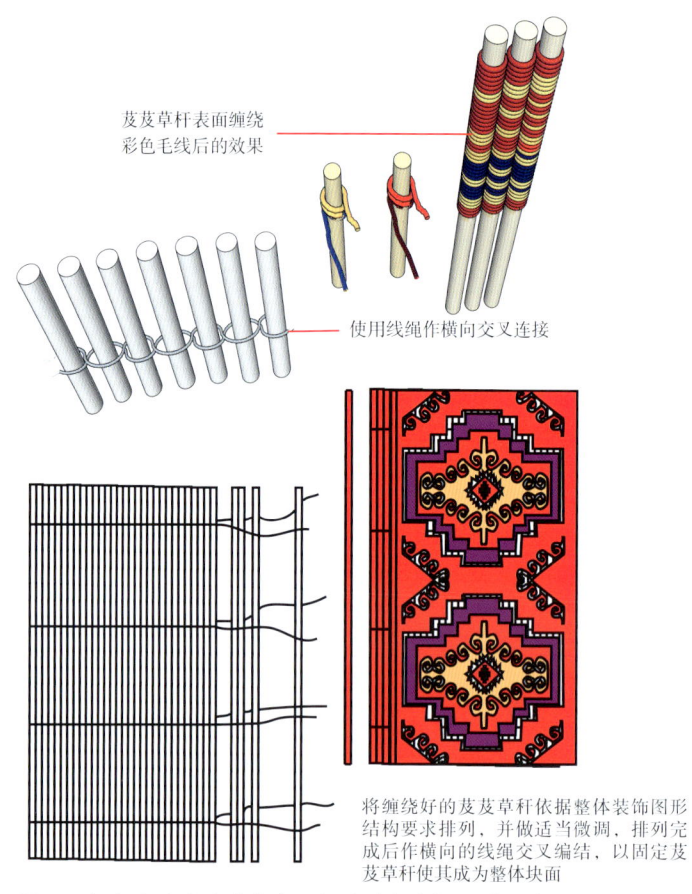

图四 柯尔克孜族芨芨草帘"切热莫切克"制作工序图2

每年9月秋季,是收获芨芨草的最佳季节,牧民外出用镰刀收割芨芨草

将收割的芨芨草置于阳光下晾晒干透

剥去芨芨草秆表面的干叶枯皮

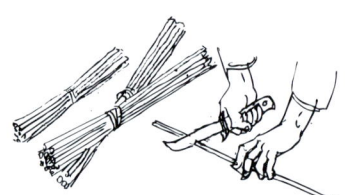

依据芨芨草秆的长度、曲直逐一修理,切除不需要的部分,并按长短归类

依据装饰图案造型及色彩特点使用染色毛线缠绕芨芨草秆

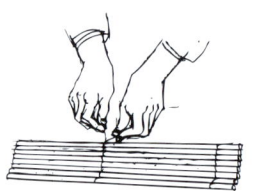

运用连续排列的方式拼接好图案,并横向使用线绳加以固定

图五 柯尔克孜族芨芨草帘"切热莫切克"制作行序图

图六　柯尔克孜族芨芨草帘"切热莫切克"图案造型分析图

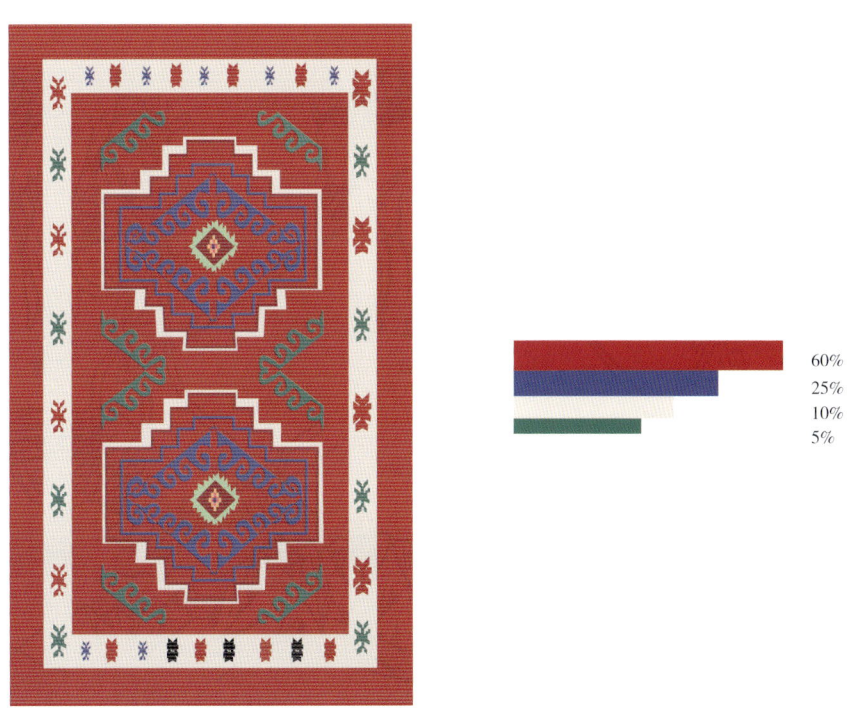

图七　柯尔克孜族芨芨草帘"切热莫切克"设色分析图

柯尔克孜族毛毡刺绣装饰门帘

图一　柯尔克孜族毛毡刺绣装饰门帘主图

毡房是柯尔克孜族牧民居住的场所，也是区分一户人家的主要标志，依据季节的不同，毡房都挂厚薄不同的门帘，夏季多挂芨芨草编制的薄门帘，利于室内空气流通，而秋、冬季则多悬挂毡制厚门帘，具有很明显的御寒保温功能。由于门帘是悬挂于门外的一块较独立的长方形织物，加之又是面朝东南方向，因此被视为毡房主要的部位，历来善于刺绣的柯尔克孜族妇女便将其视为毡房外观主要的装饰区域，同时也作为刺绣技艺的重要展示区，刻意重视。

毛毡制刺绣装饰门帘长1.8米，宽约0.9米，上部为同宽延长的毛毡连接于篷毡下的木骨架上，悬挂时可以灵活作上下、左右调整，特别是遇到重大的节日及婚礼庆典时，更注重毡房门帘的装饰，先选择厚实的绒布刺绣装饰于表面，而后缝制于毡面上即成。毛毡制刺绣装饰门帘里外两面都有装饰图案设计，从毡房室内可以看到门帘刺绣装饰与毡房内壁装饰整体相呼应、协调，共同营造愉悦、欢快的室内氛围。天气晴朗时，可将门帘向里卷起后缠绕毛编织带，系挂于背面的毡房木骨架上，既便于出入又利于空气流通。

毛毡刺绣装饰门帘是集制毡、刺绣、缝制于一体的综合性饰品，是毡房建筑的重要设施，集实用性功能及装饰性表现于一体，协调于柯尔克孜族社会传统的伦理观念。门帘结合使用便利及结构特点，全部采用系、挂、捆、绑等方法拆装，适宜于游牧搬迁的需要,是这类物品设计创意值得参考借鉴的案例之一。

图片来源

图一、图七　陈述　摄影

图二、图三　刘卉　制图

图四、图五　陈诗雅　制图

图六　刘卉、陈诗雅　制图

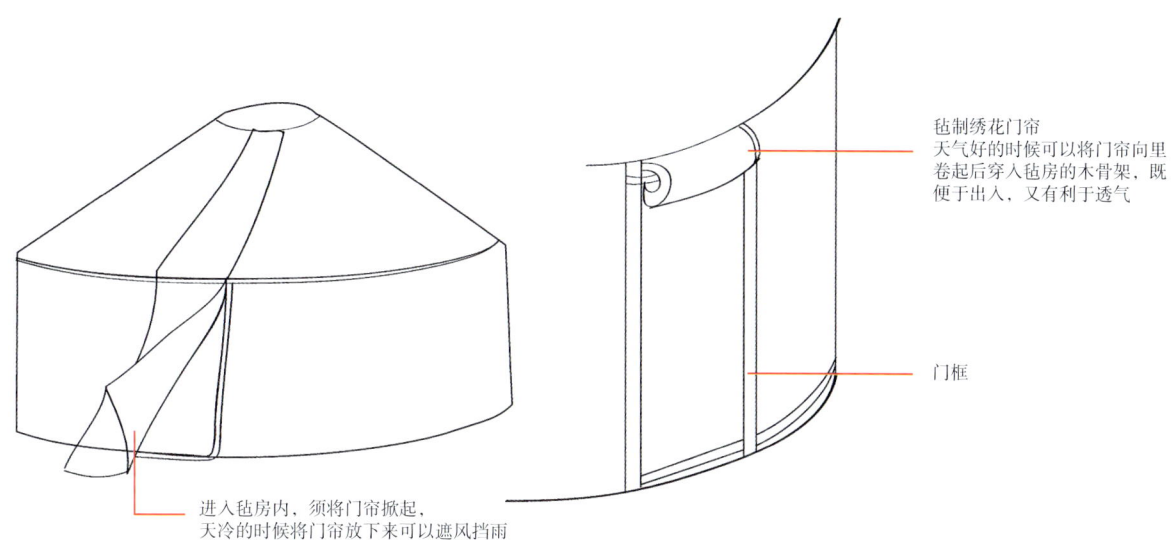

图二　柯尔克孜族毛毡刺绣装饰门帘操作示意图

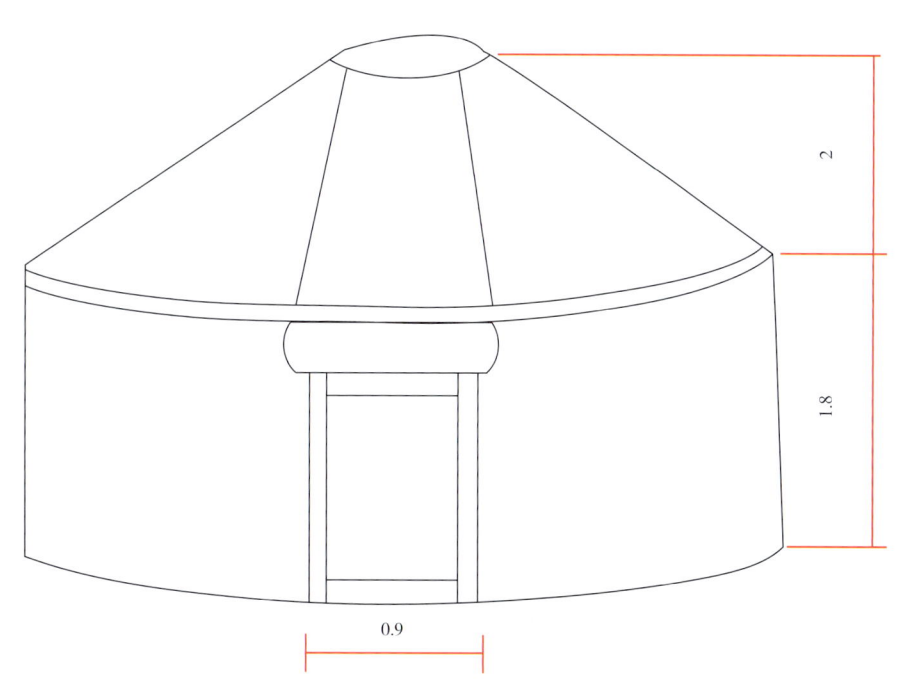

图三　柯尔克孜族毛毡刺绣装饰门帘尺寸图(单位:m)

图四　柯尔克孜族毛毡刺绣装饰门帘细节分析图

图五　柯尔克孜族毛毡刺绣装饰门帘设色分析图

柯尔克孜族篷毡围毡

图一　柯尔克孜族篷毡围毡主图

柯尔克孜族称毡房为"阿克围""勃孜围"，意指"白毡房""白房子"，白色的重要性体现在民间传统意识观念当中，白色寓意吉祥与幸福。毡房的建筑主材篷毡、围毡制作采用天然的白色纤维原料——羊毛。羊毛本身具有很好的吸湿性、弹性及保暖性。吸湿性有利于室内的湿度稳定，良好的弹性使其变形后能迅速恢复原状。羊毛不易燃烧，也不像合成纤维遇火熔融黏结，因此羊毛被视为较安全的纤维。羊毛制作的篷毡、围毡具有很好的耐磨性，是毡房围合材料的上选。

篷毡、围毡的制作过程及方法：将处理干净的白色羊毛堆放于芨芨草帘上，用红柳枝拍打羊毛使成絮状，均匀平铺于编帘上，喷洒热开水并将编帘卷起用毛绳绑好。人们一字排开跪爬在卷帘上，以手臂借全身之力"擀"制30分钟左右后解开并晾晒干，一张宽大的围毡就成形了。

篷毡、围毡是围在木格架与芨芨草帘上的最外层材料，使用毛绳带进行捆绑固定，围毡和篷毡的扎结处围一条50厘米宽的长补花毡条进行遮盖并起到装饰美化作用。

篷毡、围毡是游牧民族可移动居所使用的重要建筑围合材料，其柔性抗皱可折叠的特性便于施工、携带与搬运，制作的原料全部来自游牧所放养的羊群，制作材料供给充足。依据材料物性规律所采取的简化设计制作工序，有效地解决毡房围合主材的制作，使其具备耐磨、阻燃、保暖、隔热等特性，便于运输、搭建、拆解,可操作性强,对今天的这类工艺制作仍具有参考、借鉴的意义。

图片来源
图一　陈述　摄影
图二至图六　刘卉、陈诗雅　制图

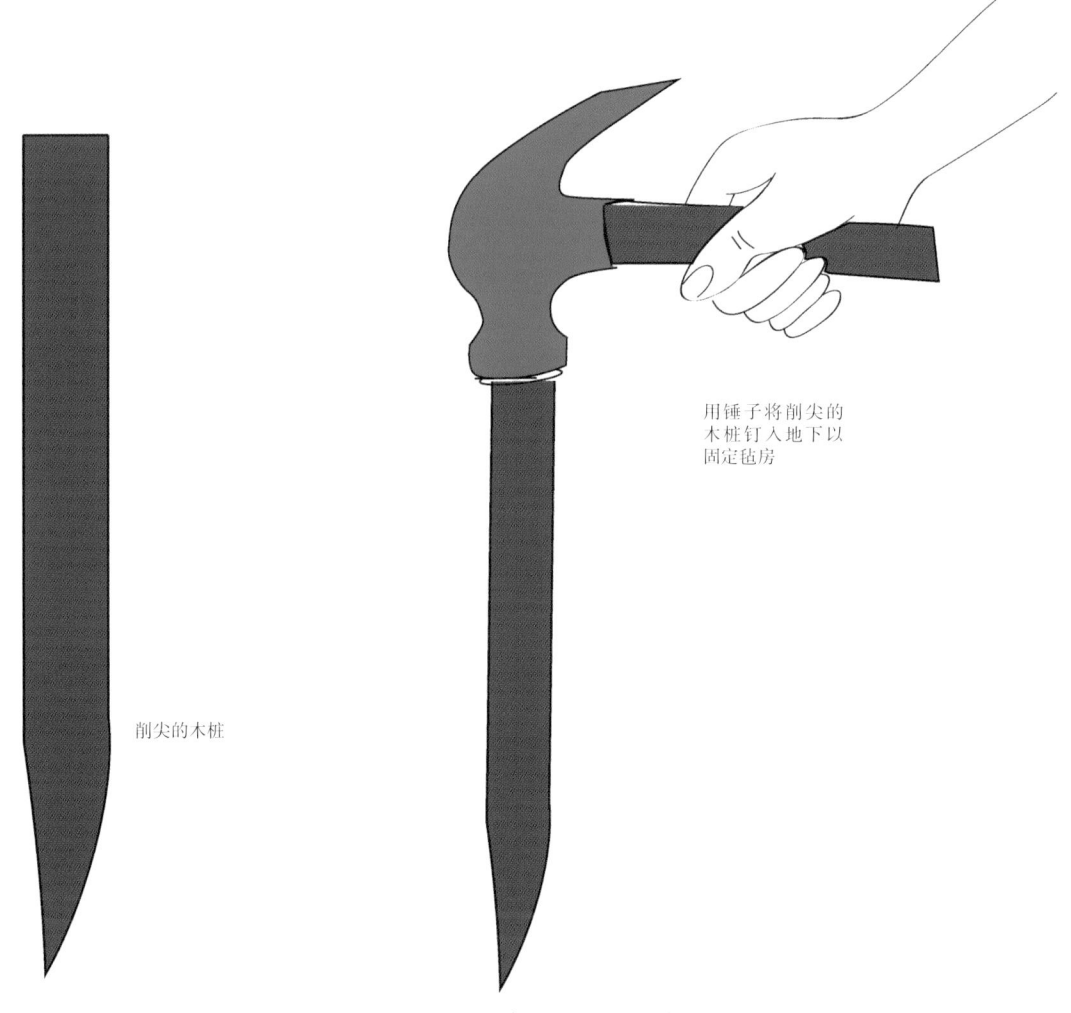

削尖的木桩

用锤子将削尖的木桩钉入地下以固定毡房

图二　柯尔克孜族蓬毡围毡工艺分析图1

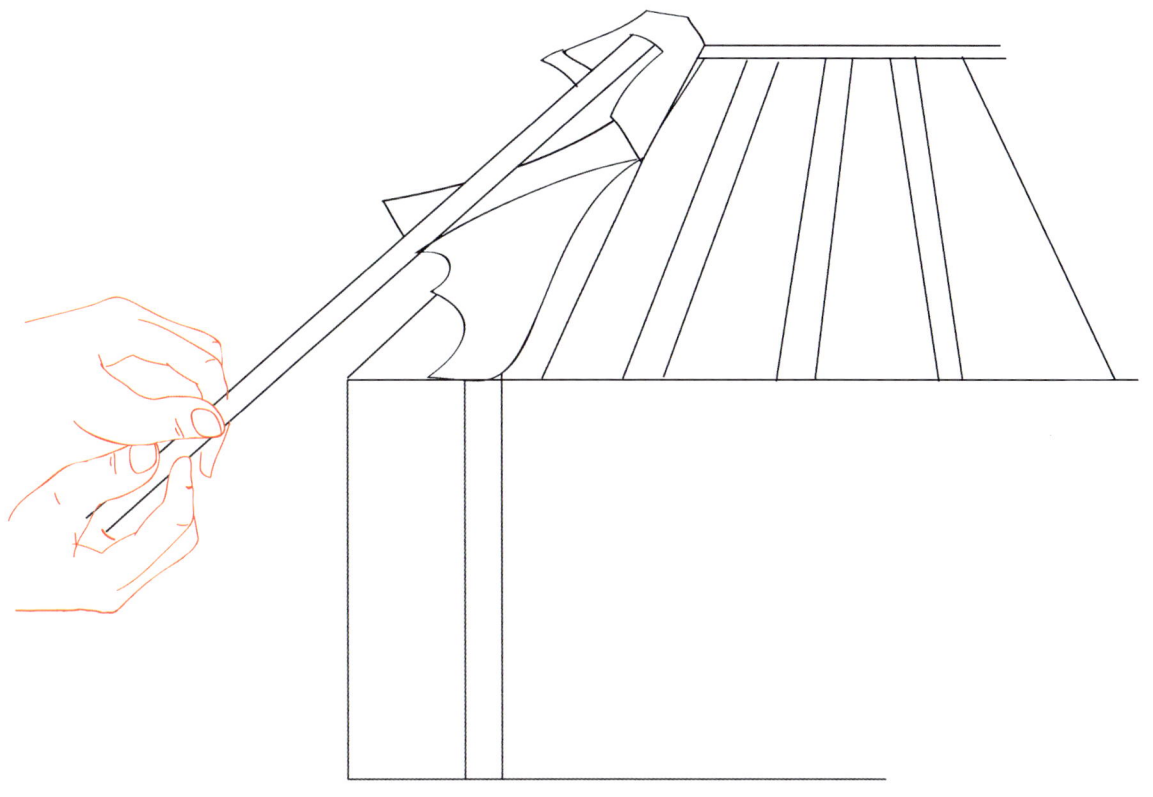

图三　柯尔克孜族篷毡围毡工艺分析图2

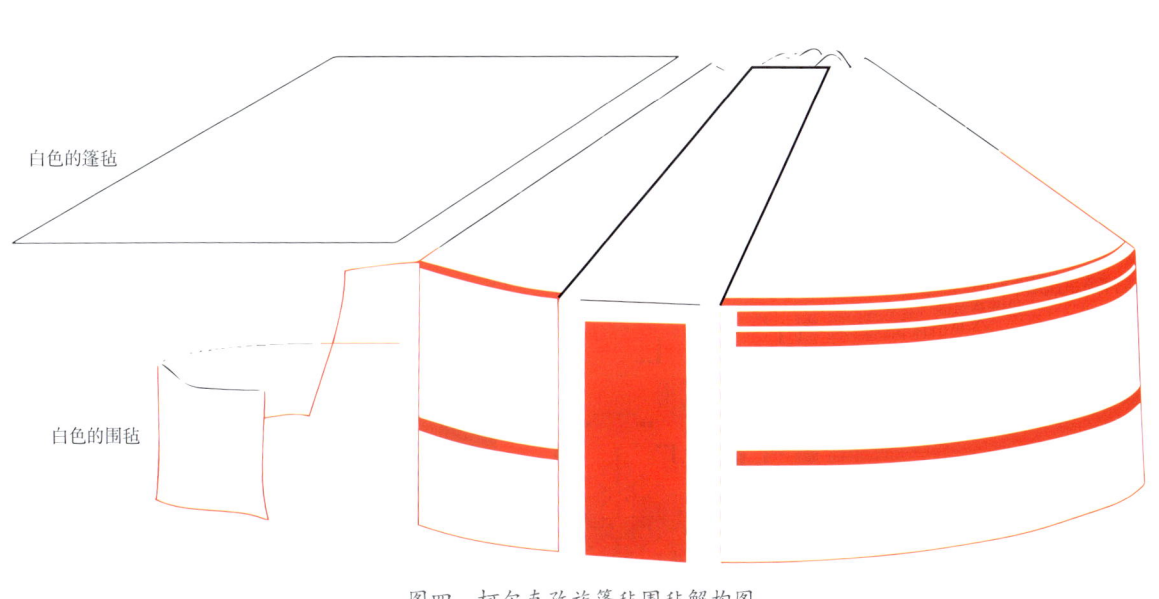

白色的篷毡

白色的围毡

图四　柯尔克孜族篷毡围毡解构图

篷毡 ——

围毡 ——

—— 补花毡条

图五　柯尔克孜族篷毡围毡细节分析图1

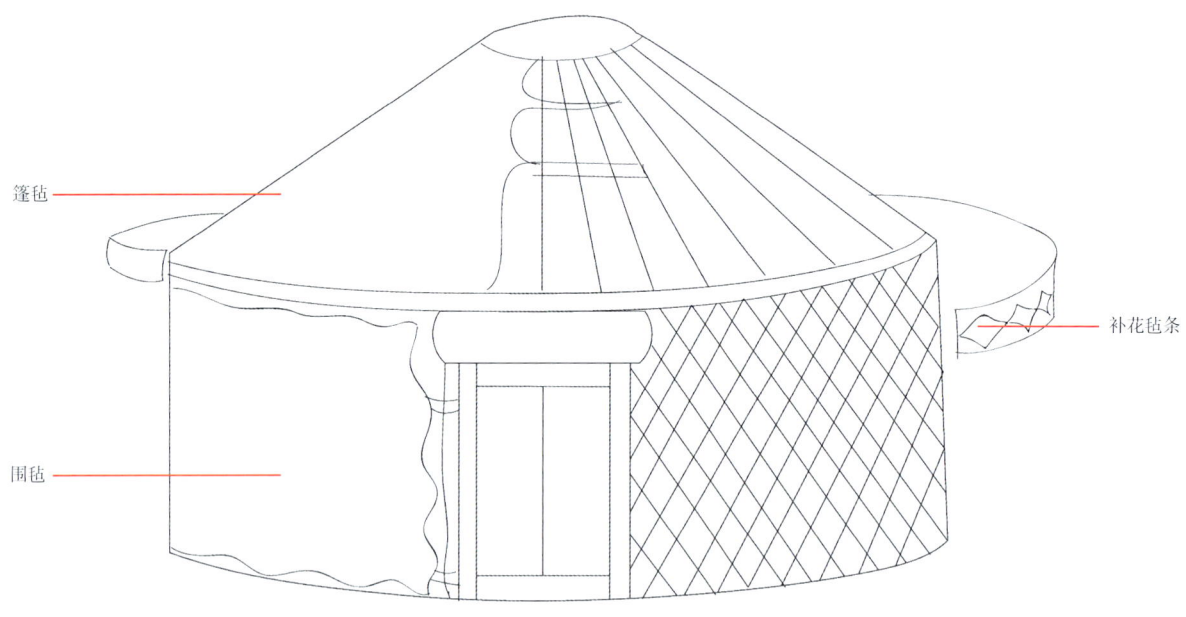

红色绑带 ——

红色绑带 ——
红色绑带 ——

红色绑带
固定木桩
主要起稳定作用
增强毡房的抗风能力

图六　柯尔克孜族篷毡围毡细节分析图2

柯尔克孜族图案艺术分析

图一 柯尔克孜族自然现象类图案

柯尔克孜族是具有悠久历史的游牧民族，逐水草迁徙的生活，使他们的足迹遍布蒙古高原、西伯利亚、中亚细亚和新疆，曾信仰过萨满教、佛教，18世纪前半叶也信仰伊斯兰教。由于伊斯兰教对偶像及动物描绘的禁忌，图案艺术中大量使用纹样；由于游牧迁徙、流动的生活特点，固定的清真寺极少，与定居的少数民族相比，宗教仪式表现得并不那么严格。所以在柯尔克孜图案艺术中，仍可看到传统人物、飞禽走兽和昆虫等形象，也保留了一些萨满教及佛教艺术中的人物、动物造型，形成了极富草原生活气息而又独具特色的装饰图案艺术。柯尔克孜族独具特色的民间图案内容丰富，种类繁多，分析其图案纹样的形态来源，大致可以概括为一下六类。

一、动物类

选择动物形象显然与柯尔克孜民族长期从事畜牧、狩猎生活有关。柯尔克孜先民曾以雪豹、牛、鹿形象作为图腾，或作为部落的标志，图案中多动物角纹、牲畜骨纹及动物蹄纹纹样。选择飞禽等作为图案与以鹰狩猎的生活传统密切关联，如山鹰，它是高山地区常见的一种猛禽，还是牧人驯养的对象，特别受到柯尔克孜族人的崇仰，因此，常常被描绘于图案之中。又如鱼寓意繁衍兴旺，丹顶鹤、白头鸟寓意长生不老，这些吉祥图案用作装饰，常见于花毡、编织物以及银饰物的镶刻中。

二、植物类

柯尔克孜人早期使用植物纹样较少，随着从游牧转入定居放牧，他们也从事一定的农业，图案中就出现大量的树木、花卉纹样，许多植物的枝、叶、蔓、果实等都是图案的描绘对象，植物纹样的选择与造型，也受到中原装饰文化的影响。

三、武器类

古代柯尔克孜人几乎全民皆兵、人人尚武，家家户户的毡房前都挂着刀枪剑戟等兵器。因此，他们对兵器有特殊的感情，绘形于图，作为饰物，借以激励民族自尊和自强。这些图案布局大都较为严谨、规整，颇有肃穆、森严之感，具有英武阳刚之气。有些兵器图案中还绘有牛、羊、鹿、羊角等纹样，象征着狩猎和丰收，室内帏幔中最为常见。

四、兵器工具类

这类图案大多以兵器和生产工具构成，如戈、矛、戟、刀、匕首、弓、箭等。柯尔克孜族的历史是一部战斗的历史，为了生存、独立、自由，他们要同凶猛野兽做斗争，要与侵略奴役压迫做斗争。因此，柯尔克孜族崇尚英雄，以图案方式表达对英雄的赞美、怀念和歌颂。

五、自然现象类

长期的高山草地生活培养了柯尔克孜族对大自然的敬畏和热爱，许多图案都源于自然现象。日月星辰、山川河流、云火雷电等都是图案描绘的对象。比较常见的群山图案往往以连续正反三角形纹样来表示，黑白相间；也用连续的三角纹样来表示悬崖峭壁，以示气势磅礴；或红绿相间，黑色、红色代表土地的颜色，白色代表雪山，绿色代表草地。也有以连续的三角纹样来表示悬崖峭壁或连绵的群山，多见于花毡、墙围的边角与枕头的顶端。

六、几何图形类

几何图案多以直线、曲线和弧线构成，常见的有方形、多边形及圆形等。几何图案变化丰富，简洁明了，最能激发出人们朴素的美感。以黑、白、红、蓝为主色调，尤喜红色。在色彩搭配上，往往会选择与饱和度

图二　柯尔克孜族植物类图案

较高的其他颜色穿插使用,色相对比强烈、明快而又匀称,给人刺激、兴奋、温暖的感觉。柯尔克孜人以编织、雕刻、彩绘、剪贴、刺绣、镶嵌、烤印、漆画、缝纳等不同的手法,将这些图案有规则地表现出来。表现形式上多样,主要以二方连续、四方连续,适合圆形、单独纹样,也采用图底互换的处理方法。

充满生命活力和生活情趣的装饰图案艺术表现令人赏心悦目、心旷神怡。柯尔克孜族的图案艺术造型简练、粗犷、大方,色彩鲜艳、明快、对比强烈,以黑、白、红、蓝为主要色调,在不同材质上进行装饰,涉及许多的生活用品,如手帕、头巾、壁围、马鞍、服装、乐器、家具等,充分体现高山草原游牧民族质朴的情感及对美好生活的祝愿。

图片来源

图一、图二　刘卉　摹绘
图三至图六　刘卉　制图

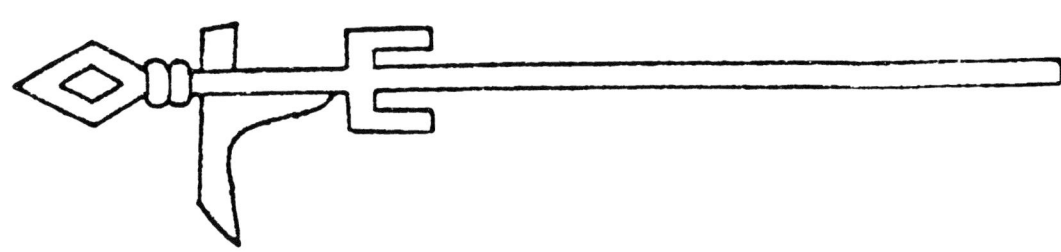
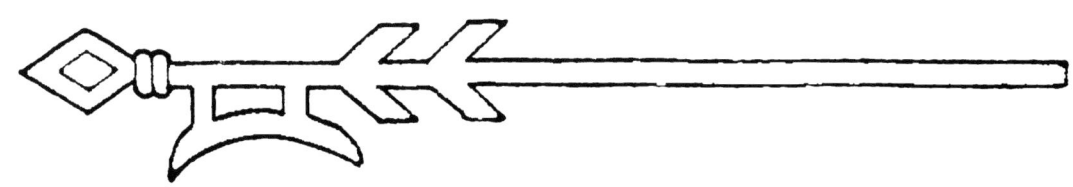

图三　柯尔克孜族兵器工具类图案

图四　柯尔克孜族几何类图案

图五　柯尔克孜族动物类图案

图六　柯尔克孜族武器类图案

柯尔克孜族绣花碗带

图一　柯尔克孜族绣花碗带主图

绣花碗带是柯尔克孜人饮食生活中常用的物品之一，其功能是将饮食用碗具以垂挂的方式进行陈列，节省空间，又便于碗具的取放，还方便分类收纳利于搬运。绣花碗带通常悬挂于毡房室内较为醒目处，以室内功能划分位于进门左侧的食物制作空间区域。呈带状结构的碗带收纳时可将碗具取出叠放包裹，碗带折叠打包，非常便于运输携带。因碗带为布类材料制作，柯尔克孜族妇女遂依据其构造，运用所擅长的刺绣，在碗带条状结构的表面进行装饰，使其成为观赏性与实用性并重的生活用品。

绣花碗带主要由三根垂直下来的毛绳悬托受力，从上到下依次等距离排列数个用于放碗的圆形布兜，沿口用柔软的布料包裹住圈绳，在布料表面刺绣有多种不同花卉图案，并在下沿边垂饰有丝穗。

绣花碗带是基于柯尔克孜族室内生活环境空间的日常用品设计制作，集美观与实用为一体，体现柯尔克孜族充满浪漫而富有情趣的生活观念，是一件值得关注并具民族生活情趣的设计。

图片来源
图一　陈述　摄影
图二至图四　谈晨　制图
图五　黄慧君　制图

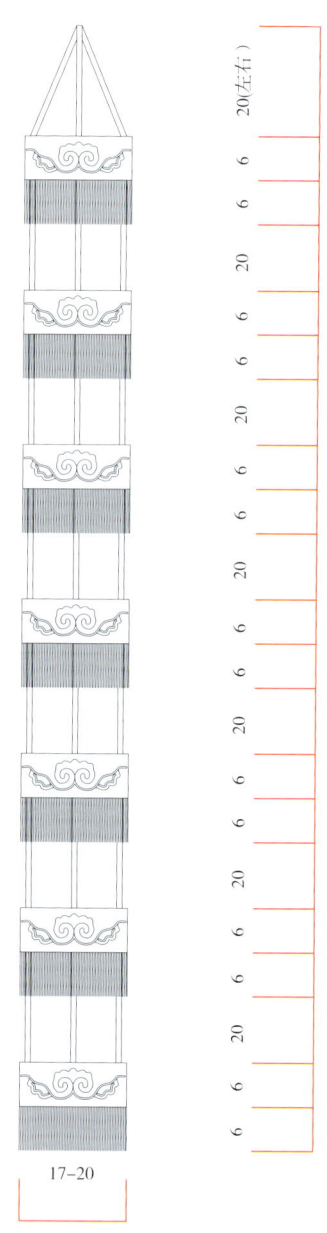

图二　柯尔克孜族绣花碗带尺寸图（单位：cm）

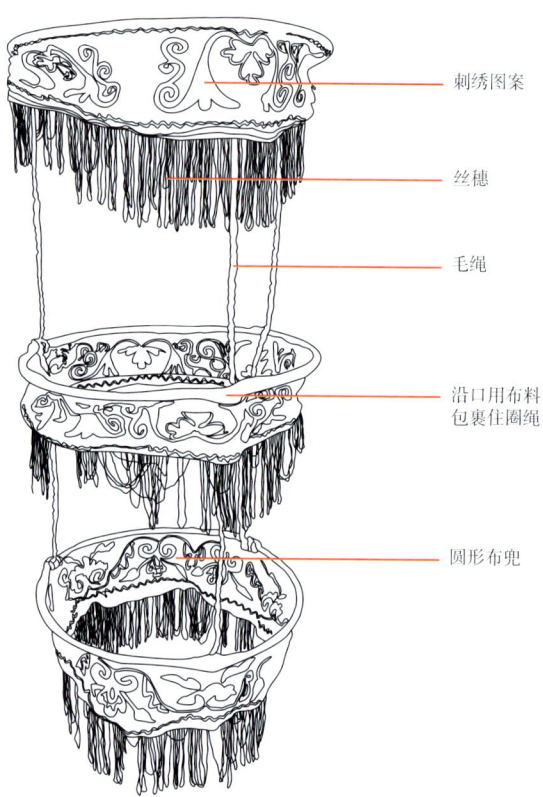

刺绣图案

丝穗

毛绳

沿口用布料包裹住圈绳

圆形布兜

图三　柯尔克孜族绣花碗带解构名称图

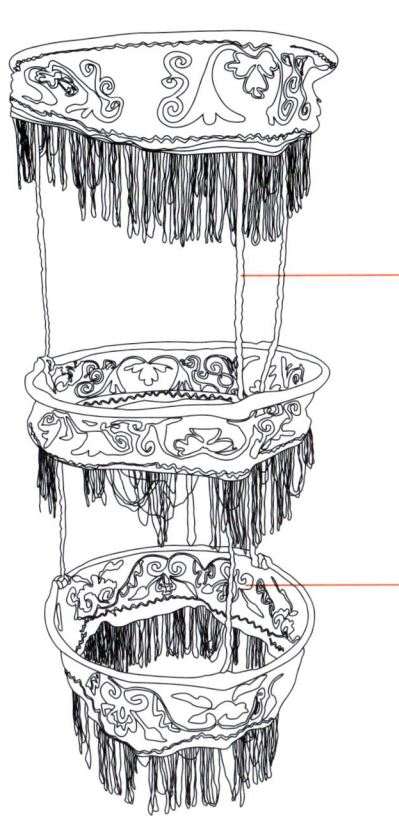

柯尔克孜人常对3、5、7、9等单数给予特别尊崇,单数寓意前景光明、通畅,双数则寓意不通、有难,故在碗带的数量上多使用3、5、7、9等吉祥与好运数字

从实用性来看,3个偏少,不利于发挥存储的功能且浪费材料;5—7个适中;7则最具实用性

图四　柯尔克孜族绣花碗带工艺分析图

图五　柯尔克孜族绣花碗带操作示意图

第六章　柯尔克孜族传统手工艺

柯尔克孜族"约尔麦克"

图一　柯尔克孜族约尔麦克主图

"约尔麦克"也称"帕拉孜"。"帕拉孜"为维吾尔语，柯尔克孜语称之为"约尔麦克"。"约尔麦克"是柯尔克孜族用羊毛线编织的毛布料。作为一种基础编织布料，其在以游牧生产生活为主的柯尔克孜族中应用非常广泛，柯尔克孜族家庭的妇女几乎都会制作"约尔麦克"。"约尔麦克"在编织初始就已设定好其主要的用途与功能，定好其长、宽尺度，进一步加工过程中尽量避免裁剪造成浪费。

"约尔麦克"制作首先需备好各种染色毛线，然后选择一较开阔的草地，在草地一头钉一木橛，另一头支起三根棍吊起可织用串纬线，把线依据图案的色彩有序地串在简易的编织机上，由一人操作编织。在柯尔克孜社会中，对妇女的聪颖、贤良认可主要源于其持家的能力，其中"约尔麦克"编织便是柯尔克孜族妇女必须掌握的基本技艺，因而这种技艺具有普遍的群众基础，并以家庭成员之间的纵向代际传承为主。

"约尔麦克"产生于柯尔克孜族游牧生活的实际需要，材料来源广泛，使用工具相对简单，加工方法简便易学。"约尔麦克"成品具有结实、耐用、美观的特点，是草原游牧生活理想的用品。

图片来源
图一、图五、图六　陈述　摄影
图二、图四　谈晨　制图
图三　谈晨、陈诗雅　制图

"约尔麦克"是柯尔克孜族用羊毛线编织的毛布料,作为一种基础编织布料,对以游牧生产生活为主的柯尔克孜族来说用处非常广泛,大到毡房织花带,小到褡裢、马鞍垫、毛袜等,尺寸依据制作的物品来设计

图二 柯尔克孜族约尔麦克尺寸图(单位:cm)

"约尔麦克"图案丰富多彩,多为几何图形的大小二方连续构成,二方连续构成多以一个主花边和两个小花边构成,边饰有多条直线和密布的点状纹,窄幅者一个单元、宽幅者多个单元反复延续

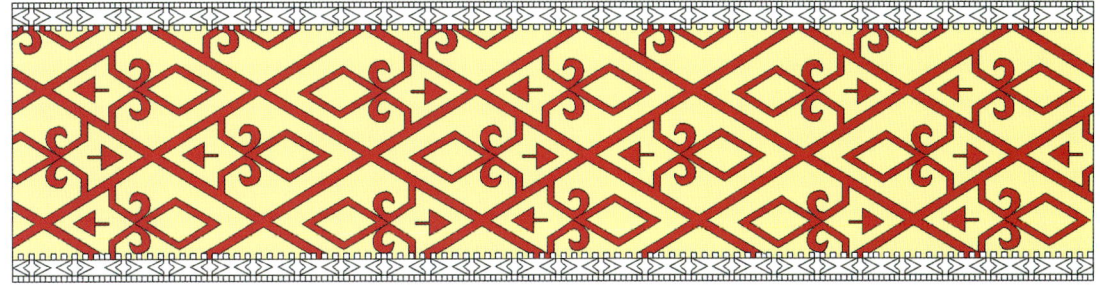

几何纹样多为三角、齿牙、菱形、方块、点、斜线以及回纹、万字纹、人字纹、钱纹、回旋纹、盘肠纹、波浪纹、大雁纹、鹰纹等。此"约尔麦克"菱格纹清晰明了。色彩朴素气氛热烈,是"约尔麦克"中的精品

图三 柯尔克孜族约尔麦克造型分析图

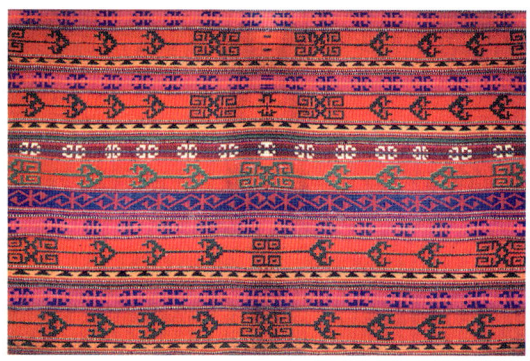

"约尔麦克"的色彩以对比色调为主，主色调为大红、深红、赭褐、深蓝、普蓝、中绿、中黄、淡黄和白色、黑色。由于配色有主次和大面积延续排列，色彩效果艳丽而明朗，对比中有协调

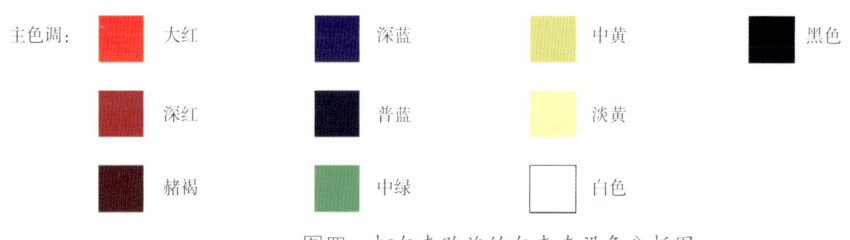

主色调：　　■ 大红　　■ 深蓝　　■ 中黄　　■ 黑色

　　　　　　■ 深红　　■ 普蓝　　■ 淡黄

　　　　　　■ 赭褐　　■ 中绿　　□ 白色

图四　柯尔克孜族约尔麦克设色分析图

选上好的羊毛，拍打松散后用手抓一团并连接在一根棍上以旋转的方式捻成毛线，然后染成各种颜色备用

选择一较开阔的草地，在草地一头钉一木橛

另一头支起三根棍吊起可织用串纬线，把线依据图彩有序串在简易的编织机上

由一人操作编织，一般由妇女来完成

织好的"约尔麦克"

图五　柯尔克孜族约尔麦克工艺分析图

铺毯

褡裢

毛袜

织花带

马鞍垫

图六 柯尔克孜族约尔麦克制作的生活用具图

图七 柯尔克孜族约尔麦克制作现场气氛图

第六章 柯尔克孜族传统手工艺

第七章 柯尔克孜族传统民俗和宗教

柯尔克孜族传统婚礼行序与用具设计及服饰特点

图一 柯尔克孜族婚礼仪式主图

婚礼乃人生大事。柯尔克孜一般实行族外婚和一夫一妻制，直系亲属五至七代内禁止通婚。1949年以前，柯尔克孜族盛行买卖婚姻，从订婚到结婚，男方要送给女方一定数量的牲畜作为聘礼。寡妇不能自由改嫁，哥哥死后，弟弟可以娶嫂子，也可以由婆家做主嫁给他人，但要索回聘礼。

柯尔克孜牧人很重视婚礼，仪式隆重也比较讲究。订婚时，男方牵着头上扎有洁白棉花的马匹驮着礼物前往女家，女方父母要拿出最好的食品招待。有的地区马头上的棉花由女方来扎，或向男方客人身上撒些面粉，表示新婚夫妇像白面那样洁净，并预祝两人生活富足。结婚一般举行三天，日期多选择在月底，主要在女方家进行。早晨母亲就要给女儿沐浴，并由母亲，嫂嫂等人为新娘梳妆打扮，母亲要将新娘头上的小辫子解开，表示姑娘的头饰已经结束，开始梳妆媳妇的头饰。母亲边梳边唱《哭嫁歌》，歌中表达母女的惜别之情，也有深深的祝福。新郎则在父母、亲友的陪同下，带着礼品前往新娘家。礼品包括两只羊，其中一只采用煮制的加工方法；另一只把五脏掏出后采用烤制的加工方法，还要带上数十头小牲畜。临近新娘家时，举行"叼羊"游戏，并借此机会将预先宰好的羊扔到新娘家门前。随后才被新娘家的女眷们热情迎入，新郎在伴郎的陪同下一起唱称颂爱情、称颂生活的歌，边唱边摇着女方送给的绣花手帕。

婚礼仪式前，女方的亲友群起将新郎新娘双双绑在门口，这时，新郎的父兄要向这些亲友赠送礼物，请求"释放"。婚礼正式开始，男方的一位长者用木棒将毡房天窗挑开，从天窗向外撒糖果、点心等，客人纷纷争抢，以示分享幸福。这个仪式也被称为"顶天窗"，表明婚礼所有筹备已就绪，对男方送的彩礼表示满意。接着，新娘的母亲要唱《送嫁歌》，还要举行"赛得河"，即让新婚夫妇背对背坐下，每人头上盖一块绸布，并用山羊肺拍打头部，以此驱邪，之后各自奔向两个不同的毡房，谁先进毡房预示着谁在今后的家庭生活中主事。聘阿訇主持典礼，念"尼卡"（结婚证词），给双方分吃蘸盐水的面饼，象征夫妻白头偕老，永不分离。

双方家长要举办传统的赛马、叼羊、摔跤等活动，以示祝贺。晚上，新娘来到嫂子家与新郎见面，这时毡房外挤满了宾客，人们奏起传统的民间乐器"库姆孜"，跳起欢快的舞，唱起喜庆的歌，直到深夜，当讨得礼物，放新郎进入洞房后，才尽兴离去。娘家举办的婚礼结束，新娘带着丰厚的嫁妆，随新郎回婆家。沿路每过一个牧村，都会受到热情款待和祝福。回到新郎家的数日内，

订婚时，男方要用一匹马驮着礼物前往女家，马头上要扎一朵洁白的棉花，以示订婚

早晨母亲就要给女儿沐浴，并由母亲、嫂嫂等人为新娘梳妆打扮，母亲要将新娘头上的小辫子解开，表示姑娘的头饰已经结束，开始要梳媳妇的头饰

婚礼仪式前，女方的亲友群起将新郎新娘双双绑在门口，这时，新郎的父兄则向这些亲友赠送礼物，请求"释放"

"顶天窗"，婚礼正式开始，由男方的一位长者用木棒将毡房天窗挑开，从天窗向外撒糖果、点心等，等客人争抢，意味着分享幸福

"赛得河"，新婚夫妇背对背下蹲，每人头上盖一块绸布，并用山羊肺拍打头部，以此驱邪

阿訇主持典礼，念"尼卡"（结婚证词），给双方分吃蘸盐水的面饼，象征夫妻白头偕老，永不分离

图二　柯尔克孜族婚礼平面行序分析图

一对新人还会不断受到亲友的邀请，参加各种娱乐活动，使他们处在长时间的新婚蜜月之中。

柯尔克孜族传统婚礼一般是在女方家举行后再回男方家，即传统婚姻中男方的"娶回"与女方的"嫁出"，接下来主要在男方家持续婚后的生活，其婚礼的行序中才有了《送嫁歌》及《哭嫁歌》，以表母女分离之情。婚礼中用以传情的手帕一般由娘家亲自刺绣，呈方形，婚礼上由男方拿出来作为舞蹈道具加以展示。

婚礼流程设计一定程度呈现柯尔克孜族对待生活的态度与观念，借婚礼的行序来说明婚姻在柯尔克孜族生活中的重要性。婚礼利于增进个体间的往来与交流并协调民族内部相互之间的关系，也成为增强家庭凝聚力及民族认同感的重要场合。

图片来源
图一　朱秋婷　制图
图二至图四　陈述、谈晨　制图
图五　谈晨　制图
图六、图七　陈述、黄慧君　制图

新郎

新娘

图三　柯尔克孜族婚礼服饰分析图1

新娘　　　　　　　新郎

图四　柯尔克孜族婚礼服饰分析图2

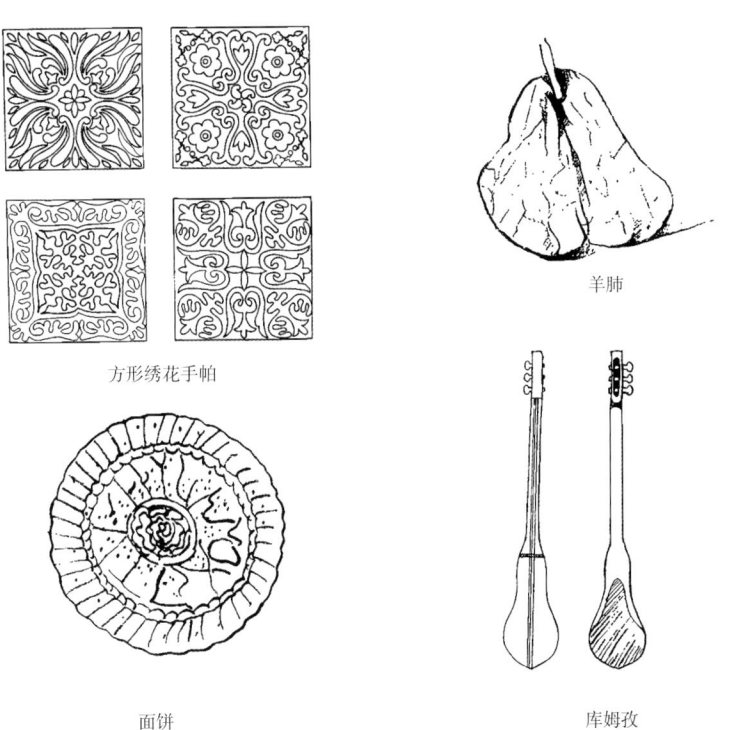

方形绣花手帕　　　　　　　羊肺

面饼　　　　　　　库姆孜

图五　柯尔克孜族婚礼礼俗道具分析图

图六　柯尔克孜族婚礼现场效果图1

图七　柯尔克孜族婚礼现场效果图2

柯尔克孜族肉孜节

图一 柯尔克孜族肉孜节主图

节庆活动是一个民族民间信仰伦理集中表现的节点。柯尔克孜节庆活动可分为两个层面，其一为柯尔克孜人在长期的生产、生活中所形成的各种节庆及宗教活动，其二是接受伊斯兰教后与伊斯兰教有关的节庆活动，肉孜节便是其中之一。"肉孜"为波斯语，意为"封斋"。肉孜节，又称开斋节，是柯尔克孜族信仰伊斯兰教之后接受的宗教节日。柯尔克孜人大多数信奉伊斯兰教，按照《古兰经》规定，成年穆斯林每年要守斋戒一个月。一个月以后开斋那一天开始欢度节日，为期三天。斋月在伊斯兰教历（回历）九月。柯尔克孜语称之为"热玛赞月"，封斋30天。

按照伊斯兰教的规定，斋戒期间，穆斯林每日黎明前和落日后才能进餐。白天要求禁止饮食，其间还要杜绝一切有悖社会伦理的不良行为。穆斯林每天做五次礼拜，日落后饮食也会多选择一些较有营养的食品。日出之后一整天不能吃东西和喝水。过去，男子13岁、女子9岁就要开始戒斋。吃开斋饭前还要喝一口凉水或盐水以示开斋，若能请到邻居朋友来家里一起吃开斋饭，则被认为是积了一个大德。斋月快要结束的最后几天晚上吃过开斋饭后，穆斯林们会来到清真寺的宣拜楼上做礼拜、诵经，也可在家进行。

伊斯兰教历十月被柯尔克孜族称为"沙瓦勒月"。十月初开斋，要举行隆重的节日活动。节日那天牧民在黎明便起床,全家男女进行大净(沐浴、净衣等),然后到礼拜寺或草坪进行"乃玛孜"(黎礼)。女性不能与男性一同到礼拜寺或其他场所举行"乃玛孜"。此节也被认为是纪念死者、悼念亡灵的节日。"乃玛孜"结束后便要到坟地去念经祈祷,然后返回家里宰羊并准备丰盛的食品,相互拜年,此间还要举行各种娱乐活动。

从斋月中旬开始,就有一些家境贫困的柯尔克孜族人或孩子三五成组,挨家挨户唱"贾热玛赞歌",赞颂户主的人格品行,并列举其祖先的功德,祝福户主家庭幸福、身体健康。主人听完赞歌要给予施舍。得到施舍的人则要再向主人表示感谢和祝福。

"肉孜节"是信仰伊斯兰教者的宗教节日,除严格履行伊斯兰教对节日的规定或戒律外,柯尔克孜族肉孜节也呈现出柯尔克孜族的生活特点。一些世俗化的倾向易于得到百姓的广泛认可与接受,成为节日中最具现实性意义的活动,活跃了节日气氛,展示了族群内部相互之间的关系,有益于民族间的文化认同与交往。

图片来源
图一 朱秋婷 摹绘
图二至图六 秦俭 制图

开斋当日牧民在黎明便起床,全家男女做大净(沐浴、净衣等)
图二 柯尔克孜族肉孜节行序分析图(净衣、洁身)

净衣洁身之后到草坪或者礼拜寺"乃玛孜"（黎礼），女性不可和男性一同参加

图三　柯尔克孜族肉孜节行序分析图（黎礼"乃玛孜"）

"乃玛孜"结束后返回家中宰羊，准备丰盛的食品，但是禁饮酒水

图四　柯尔克孜族肉孜节行序分析图（宰羊）

开斋日邀请亲朋好友到家中来做客

图五 柯尔克孜族肉孜节行序分析图（开斋日）

种羊角黑又亮，我们来到巴依家门口，山羊角弯又长，我们来到巴依家门口，正在梦乡中的大叔，愿你牲畜满圈，愿你全家平安。我们唱着贾热玛赞歌，来到你家门前，愿你来年生个儿子，像种羊一样强壮。斋月已经过去了15个夜晚，我骑着栗色的小马驹，带着一群年轻人，向你们全家祝福……

斋月中旬，一些家境贫困的人或孩子三五成组，挨家挨户唱《贾热玛赞歌》，主要是问候、赞扬主人。主人得到祝福和称赞后给予施舍

图六 柯尔克孜族肉孜节行序分析图（唱《贾热玛赞歌》）

柯尔克孜族萨满舞及道具设计

图一　柯尔克孜族萨满舞主图

萨满，黑龙江富裕县柯尔克孜族语称为"嘎玛""喀木"，意为"因兴奋而狂舞的人"。他们有与神鬼沟通的能力，通过跳神来往于天上和阴间。历史上柯尔克孜族有三次大的西迁，还有几次小的迁徙。现居住在黑龙江省富裕县的柯尔克孜族是雍正十一年（1733）迁至齐齐哈尔地域的吉尔吉斯人的后裔。前期以游牧为主，几十年后开始半定居生活，两百多年后，东迁的柯尔克孜族形成了小聚居、大分散的格局。2007年建立了黑龙江省垦区柯尔克孜民族村，也是黑龙江省人口最多的柯尔克孜民族村。2001年第五次全省人口普查柯尔克孜族为1436人。柯尔克孜族人口虽少，但保留了古代文化痕迹，现在已逐步形成了复合型文化，其文化结构中表现出很强的"拿来主义"，渗透着许多其他民族的文化成分。因相邻民族文化经长期的历史积淀，已渗透到柯尔克孜族的血液中，成为柯尔克孜族文化有机组成部分。

萨满教是原始宗教的一种晚期形式，它没有统一规范化的崇拜神。其宗教哲学基础为"万物有灵论"，相信万物皆有灵魂，万物可灭，灵魂永存。黑龙江富裕县柯尔克孜族一直保持着萨满教这一古老宗教。萨满巫师不受性别的限制，男女均可担任，社会地位和普通人无异。萨满教巫师在祭祀、驱邪、祛病等活动中舞蹈。舞蹈时巫师服装饰以兽骨、兽牙，所执抓鼓既是法器又是伴奏乐器，头戴鹿角帽、熊头帽或饰以雄鹰。萨满舞在祷词、咒语、吟唱和鼓声中进行，充满神秘色彩。黑龙江富裕县的柯尔克孜人认为萨满蛇神是柯尔克孜人固有的宗教信仰。因此1949年前，家家都用布剪出蛇形供在墙壁的神龛里。

第七章　柯尔克孜族传统民俗和宗教

萨满舞蹈的目的是求神佑护、驱鬼避邪、免除灾难。在舞蹈类型上，分为单人舞、双人舞、三人舞和群舞。萨满的舞蹈动作配以神器、服饰、道具等共同组成表意符号，具有强烈的象征意义。萨满跳舞时的用具主要有神鼓（温替恩）、鼓槌（格以信）、神帽（胡由科衣）、神裙（都西必替恩）、腰铃（哈俊）、铜镜（托力）等等。萨满舞的神鼓（温替恩）和跳舞的手鼓不一样。神鼓分为椭圆形、蛋卵形、正圆形三种类型。在民间，以椭圆形和蛋卵形的抓鼓较为常见。据资料记载："神鼓，普通圆形，纵八十二厘米，横五十厘米，一面包羊皮，中心一铜环，以一皮绳十字形结框上，上部

图二　柯尔克孜族萨满舞平面行序分析

缀铜钱八枚。"鼓槌（格以信）是用柳木或稠李子木制作而成，击鼓部分是扁平的，稍微上翘。用狍子腿部的短毛皮将击鼓的部分包上，用鱼鳔胶粘好，这样的鼓槌击发出来的声音柔和，又不易击坏鼓。神帽（胡由科衣）由很厚的黑熊皮制作，上面安装铁制的角，角上有由前向后并排的杈，并配有帽飘带。神裙（都西必替恩）用半尺宽的狼皮做腰带，用獾皮和各种布做成长至脚踝的条穗。所用皮条、布条要有间隔，要围过萨满腰以下部分。腰铃（哈俊）是集神鼓与腰铃于一身而演奏的一种乐器，所以腰铃必须用结实的厚皮革做成宽三四寸、长二尺左右的腰带，两头缝上窄皮条，便于系扎。铜镜（托力）规格有大有小，最大的直径一尺左右，最小的有二寸。铜镜后面有穿鼻儿，上面穿有皮条。跳萨满舞时，把最小的铜镜戴在里面，这是护心镜；外边戴大点的，背后挂最大的。此外，萨满还有神鞋、神袜、神手套等，均用兽皮制成，上面绣有各种爬

神帽

以厚重的黑熊皮制作，上面安装铁制的角。角上有由前向后的并排的钗，并配有帽飘带

神裙

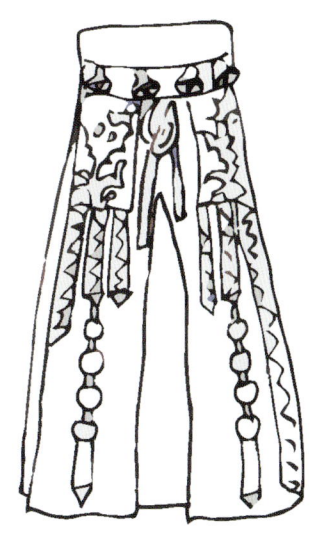

以半尺宽狼皮做腰带，獾皮和各种布做成长至脚踝的条穗制成。所用皮条、布条要有间隙，要围过萨满腰以下部分

图三　柯尔克孜族萨满舞服饰分析图

虫、小兽和禽类等动物图案。鼓在萨满舞中起着重要的作用，它是主要法器，又是跳神时的伴奏乐器。

柯尔克孜族的萨满在跳舞时不用鼓，而是用本民族乐器库姆孜、冬不拉等边弹奏边唱念经文，或是挥动短刀、鞭子作驱邪的舞蹈动作。历史上，柯尔克孜人最早信仰萨满教。由于当时生产力水平低下，人们在遇到疾病或自然灾害时只能祈求神灵的帮助，萨满就是他们与神灵沟通的渠道，萨满舞是神灵给予人们帮助或者指示的一种形式。萨满舞源于原始社会的渔猎生活，从现在萨满的服饰、道具和舞蹈动作中，可以看到古老的柯尔克孜人生活与图腾崇拜的痕迹。

黑龙江富裕县柯尔克孜人萨满舞主要目的是驱魔除鬼为人消灾求福，在节日或重大事件时祭祀祈祷。道具根据萨满舞蹈的需要进行设计，舞蹈中扭动的身体使挂于腰部的铜铃发出鸣声，跳神时手拿铜锣相互撞击发出有节奏的声响，舞蹈与响声交相辉映，烘托并渲染神秘的气氛及对超自然神力的膜拜与祈求。

图片来源
图一　秦俭、刘卉　制图
图二、图四、图五　陈述、秦俭　制图
图三　秦俭　制图
图六　陈述、刘卉　制图

以结实的厚皮革制成宽10～15cm、长65cm左右，两头缝窄皮条，系于腰间

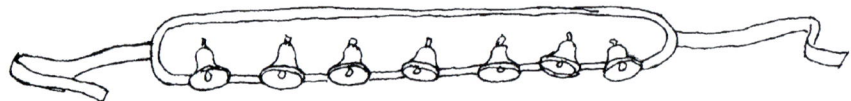

腰铃

铜镜

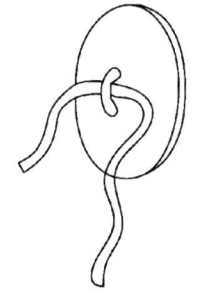

直径最大35cm（左右），最小7cm（左右）。后有穿鼻儿，上穿皮条。跳萨满舞时，最小的铜镜戴在里面，为护心镜，外面为大一号铜镜，背后挂最大铜镜

图四　柯尔克孜族萨满舞道具分析图1

铜锣

跳神时手拿铜锣相互撞击，烘托渲染气氛表达对超自然神力的膜拜与祈求

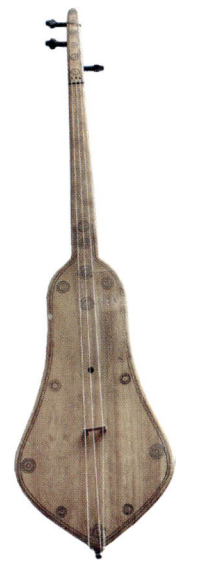 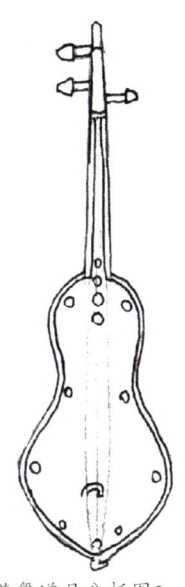

库姆孜

黑龙江富裕县柯尔克孜萨满跳舞时不用鼓，用本民族乐器库姆孜，边弹奏边唱念经文

图五　柯尔克孜族萨满舞道具分析图2

图六　柯尔克孜族萨满舞用器分析图

第七章　柯尔克孜族传统民俗和宗教

389

柯尔克孜族丧葬行序与器具

图一　柯尔克孜族丧葬行序与器具主图

丧葬是柯尔克孜族生活中的重大事项。丧葬习俗受时代、地域及宗教信仰的影响。

柯尔克孜族丧葬活动要按伊斯兰教习俗举行。人咽气前，通常会邀请一位伊玛目来轻声诵读《古兰经》经文，咽气后，则抽去死者的枕头，裹上白色纱布，另立毡房安放尸体，让死者头朝北、面朝西躺下。

依据柯尔克孜族丧葬期间的习俗礼仪，为了表示对逝者的哀悼，丧葬期间家属要呈现悲伤的情绪：40天内不能梳头、理发和刮脸；一周年内不能举行或参加娱乐活动，不能穿花色的或新衣服。如果一年内需要搬迁，逝者的幼子和妻子要扛着丧旗和死者的衣帽（女性死者的头巾和衣裙）走在队伍的前面。每过一户人家或阿寅勒时，死者的妻女要牵着死者生前骑乘的马匹，走在丧旗的后面唱"哀悼歌"，等到周年祭奠仪式时，家属才可以脱掉丧服，结束哀悼期。

对死者的祭奠仪式一般在死者去世后第三天、第七天、四十天、周年举行，仪式上逝者的妻女及亲属都要参加祭奠活动，妇女们要哭唱丧歌，歌声委婉哀伤，以表悲悼之情。丧葬期间服饰更有讲究，逝者的亲属们都要头戴丧巾，亲朋也都穿上严肃的着装，体现庄重感。家庭中男主人死后，妻子要穿戴黑色、蓝色或灰色的衣服，头披戴黑色、蓝色或灰色的发巾，并罩住面庞。在一年祭奠期，逝者妻子的面容不允许外人看见，在祭奠头40天内除不能梳头理发外还要在腰间绑扎白布带，年龄大的妇女头上还要戴上黑色的"艾利切克"（白色绸缎反复缠绕重叠制成的帽子），身着黑色袷袢。黑色在柯尔克孜观念中是与"白色"对立的，认为与死亡有着某种密切的关联，故将有亲属去世的人称为"有黑了、披黑了"。

柯尔克孜族丧葬行序中的服饰设计，体

现出这一特定情境下人们对亲人的哀悼之情。丧葬服饰的色彩寓意与象征方面与其他兄弟民族有许多共性，同时也因文化传统差异性而有一定的区别。通过对服饰中局部细节的变化来体现对逝者的思念，并营造庄重的气氛，也适于柯尔克孜族游牧的生产生活实际，为柯尔克孜族民众认可并接受。

图片来源
图一　陈述、黄慧君　制图
图二（1）至图五　谈晨　制图
图六　朱秋婷　摄影

丧葬活动要按伊斯兰教的习俗举行，当人断气前通常会邀请一位伊玛目诵读《古兰经》经文，断气后抽掉死者头下的枕头，把死者放平并裹上白色纱布，另立毡房安放，让死者头朝北、面朝西躺下

灵柩要抬到清真寺院内在阿訇或伊玛目主持下集体为死者默哀祈祷，举行送葬念经仪式

死者亲属用烧酒、点心、公鸡、奶油等上供，死者生前使用过的用具要作为随葬品入葬，晚上守灵，土葬后死者儿女要经常给死者烧纸、烧香、烧金银箔

在举行年祭仪式时，由于远道而来的客人较多，就会在举办年祭仪式的毡房的天窗外立一个神幡，死者为年事较高的人立白色的幡，中年早逝者立蓝色的，如果是年轻人或是因病故去者立红色的神幡

还要举行赛马、叼羊、摔跤等娱乐性活动，以此来取悦于亡灵

图二（1）　柯尔克孜族丧葬行序与器具平面行序分析图

如果一年内需要搬迁，逝者的幼子要抱着死者的衣帽（女性死者的头巾和衣裙）走在队伍的前面，当每过一户人家或阿寅勒时，死者的妻女要牵着死者生前的马匹，走在丧旗的后面唱"哀悼歌"，等到周年祭奠仪式时家属才可以脱掉丧服，结束哀悼期

祭奠仪式上逝者的妻女及亲属都来参加祭奠活动，妇女们要背对着哭唱丧歌，歌声委婉悲伤，以表哀悼之情

图二（2） 柯尔克孜族丧葬行序与器具平面行序分析图

阿訇身着白色衣服，腰间绑扎白色布带

男子身穿黑色、蓝色或灰色的衣服，腰间绑扎白布带

妻子要穿戴黑色、蓝色或灰色的衣服，头披戴黑色、蓝色或灰色的发巾，并罩住面庞，在祭奠一年当中逝者的妻子面容不允许让别人看见，在祭奠头40天内除不能梳头理发外还要在腰间绑扎白布带

图三 柯尔克孜族丧葬行序与器具礼俗服饰分析图

年祭仪式时，在毡房的天窗外立一个神幡，死者为年事较高的人立白色的幡，中年早逝者立蓝色的，如果是年轻人或是因病故去者立红色的神幡

墓前用木头或石块立碑，碑上写死者的姓名、出生和死亡年份

图四　柯尔克孜族丧葬行序与器具礼俗道具分析图

灵柩，上覆盖色彩鲜艳的毯子

死者亲属用烧酒、点心、公鸡、奶油等上供

冥币、冥纸

图五　柯尔克孜族丧葬行序与器具礼俗用器分析图

第七章　柯尔克孜族传统民俗和宗教

393

图六　柯尔克孜族丧葬行序与器具现场效果图

柯尔克孜族动物崇拜

狼　　　　　　　　　鹰

图一　柯尔克孜动物崇拜主图

长期以来的游牧、狩猎传统生活方式及习惯，柯尔克孜人的生活主要依赖于动物的皮、肉维持，自然就有了动物崇拜的习俗：既依赖又畏惧。在柯尔克孜人眼里，凶猛的野兽是力大无比的，被认为有某种神力的帮助。对这些动物的崇拜，是希冀通过崇拜以达到像凶猛动物一样被赋予力量与勇气，战胜所碰到的任何对手，以获取丰富的食物，借此得到动物神灵的佑护。

柯尔克孜族的动物崇拜常表现为图腾崇拜。古代柯尔克孜族就视狼为图腾，并赞称其为"青色鬃毛的勇士"，也常把古代的勇士喻为"青鬃狼勇士"。狼本身具有很强的环境适应能力，也有较强的攻击力与持久的耐力，柯尔克孜族崇拜具有神力的狼是祈求护佑。在日常生活中，他们常将狼的髀石、牙齿等钻眼穿绳挂在小孩及青少年脖子上当护身符，或者挂在婴儿的摇床上、横杠把手上避邪祈福。也有的把狼嘴割下后保存，当男孩出生后，将狼嘴唇泡软后撑开，让婴儿从狼嘴穿过，以示能得到狼神的关照，并且像狼一样勇敢有力。由于狼从来不跨过花绳，因此人们也有不跨花绳的禁忌，习语则将一些心术不正的人称作"跨花绳的人"。

鹰是柯尔克孜族用来捕猎的帮手，对猎鹰的崇拜古已有之。柯尔克孜族神话传说中的神鹰被称为"布达依克"，乃万禽之王。将鹰的皮连毛一起剥下后给小孩缝制衣服，或在婴儿的摇床把手上、衣领上缀饰鹰爪或鹰毛，寓意小孩长大之后就有鹰的胆识与魄力。孕妇难产时常将一只雄鹰架到毡房的门外，以示将企图迫害婴儿和孕妇的恶魔赶走。

柯尔克孜族动物崇拜与柯尔克孜民族长期的游牧、狩猎生活密切相关，是借助动物背后的神力以获得保佑与平安，同时也具有获取非凡能力的暗示，其中蕴含了民族共识性的文化观念，自然成为民族日常整体生活的一部分，正是这种富于文化承载的活动行序设计，用以激发起民族战胜困难的勇气。

图片来源
图一　陈述　制图　刘卉、陈述　摄影
图二至图四　陈述、刘卉、陈曦梓　制图
图五　刘卉、陈曦梓　制图

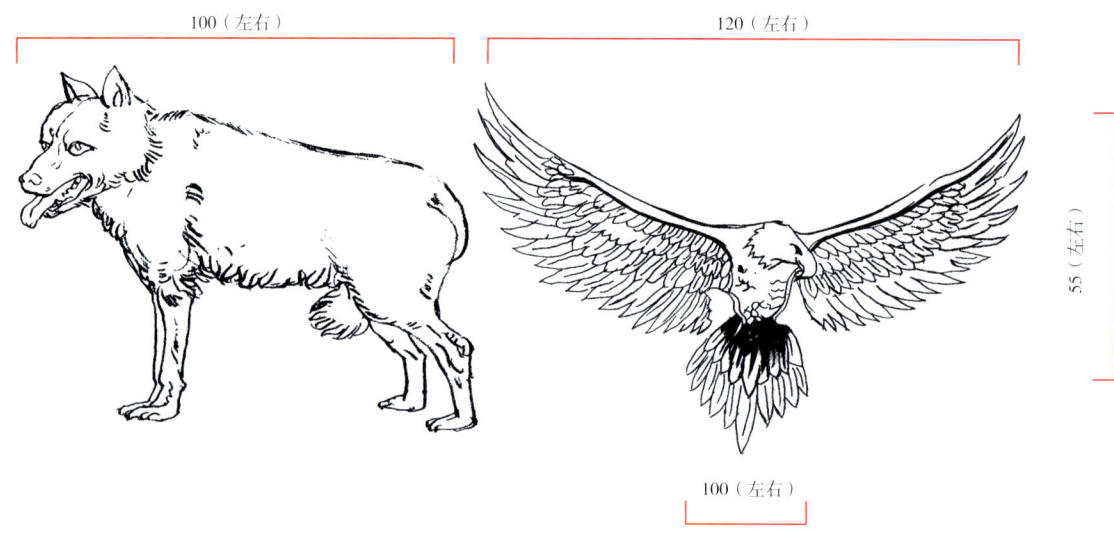

图二　柯尔克孜族动物崇拜尺寸图（单位：cm）

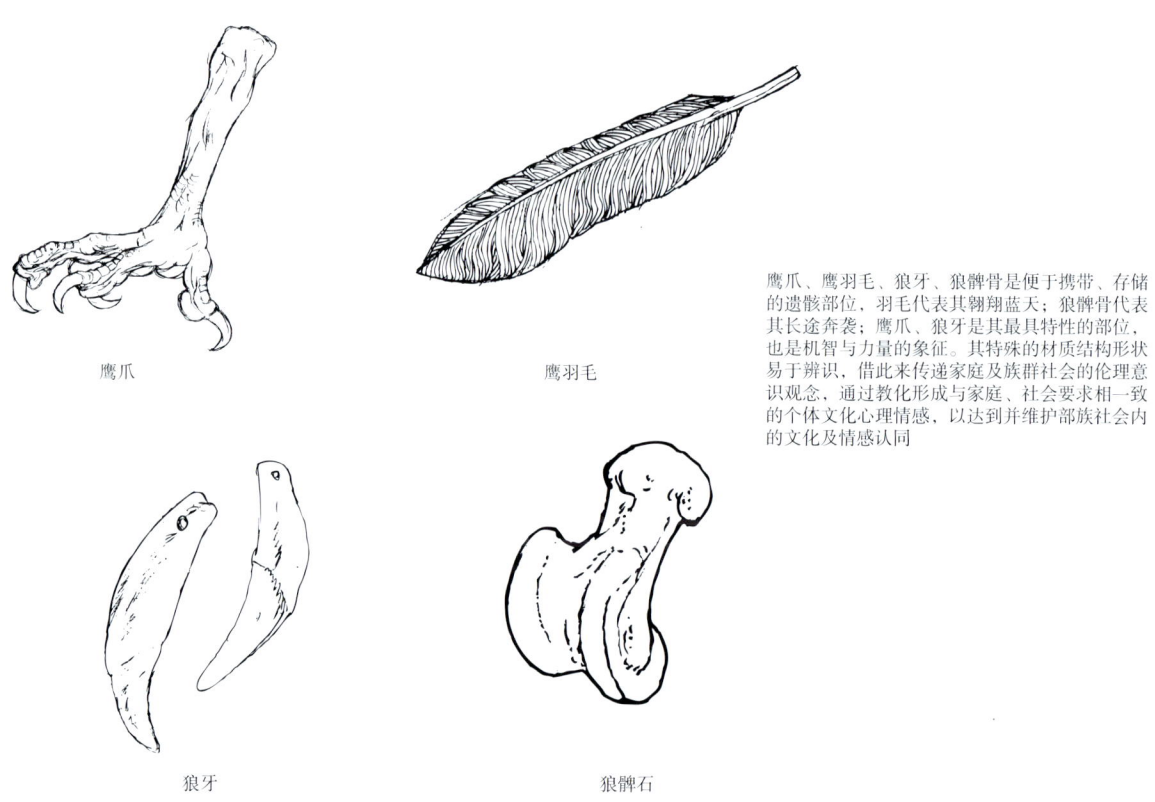

鹰爪、鹰羽毛、狼牙、狼髀骨是便于携带、存储的遗骸部位，羽毛代表其翱翔蓝天；狼髀骨代表其长途奔袭；鹰爪、狼牙是其最具特性的部位，也是机智与力量的象征。其特殊的材质结构形状易于辨识，借此来传递家庭及族群社会的伦理意识观念，通过教化形成与家庭、社会要求相一致的个体文化心理情感，以达到并维护部族社会内的文化及情感认同

图三　柯尔克孜族动物崇拜造型分析图

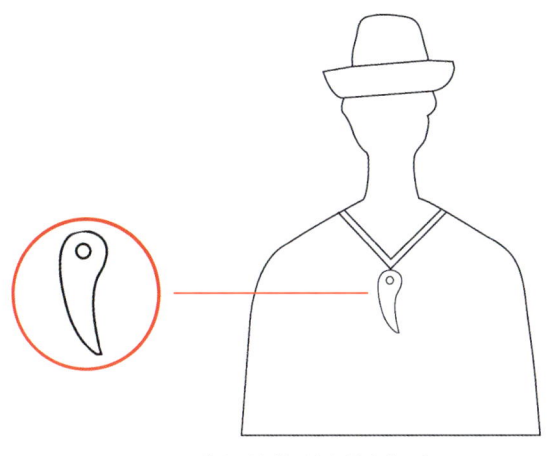
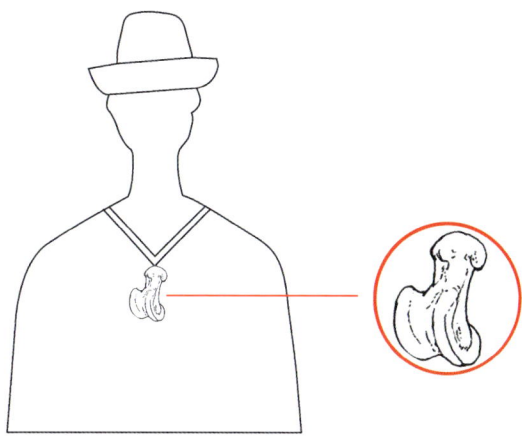

将狼牙齿钻眼穿绳挂在青少年的脖子上做护身符以保平安

将狼髀石钻眼穿绳挂在青少年的脖子上做护身符以勇敢面对困难

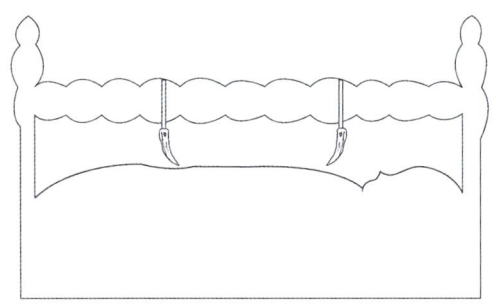
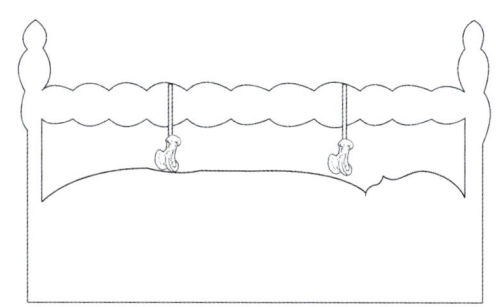

将狼牙挂在婴儿的摇床上、横杠把手上寓意辟邪祈福

将狼髀石挂在婴儿的摇床上、横杠把手上，祝孩子健康茁壮成长

图四 柯尔克孜族动物崇拜工艺分析图

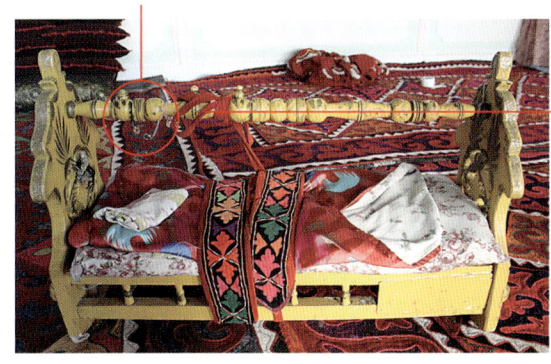

鹰爪悬挂位置

摇床圆木提手

将鹰爪悬挂在摇篮圆木提手柱上，便于婴儿躺着时经线观看，每当母亲晃动摇篮哼起歌谣时，悬挂在圆木柱上的鹰爪显得格外醒目，可见幼童在玩具的选择上也被寄予了父母的期望，在童年生活的记忆中烙下有关鹰的传说故事内容痕迹，借助"鹰"的文化观念来探寻生活的目标与意义，由"鹰"延伸出的精神价值取向伴随柯尔克孜族人一生

鹰爪皮，用串珠的方式进行连接

婴儿摇床提手上悬挂的鹰爪

图五 柯尔克孜族动物崇拜情境效果图

第七章 柯尔克孜族传统民俗和宗教

柯尔克孜族天地崇拜仪式行序及器具

图一　柯尔克孜族天地崇拜仪式行序及器具主图

由于社会历史、自然环境、经济政治等因素的影响，柯尔克孜族文化表现上呈现明显的变化与不同。由于柯尔克孜族分居不同地区，在社会历史的进程中与所邻的民族长期交往，民族内也呈现不同的文化特点。

黑龙江省富裕县的柯尔克孜族与西北的柯尔克孜族在文化表现上就存在很大的不同。

历史上，柯尔克孜族人以游牧为主导的社会经济形态，决定了其信仰与身临其境的客体自然的必然联系。由于游牧生产生活受到草场分布与季节变化等客观因素的直接影响，人们只能追逐、寻找以适应自然环境，自然因素强烈地作用于柯尔克孜族人的生命意识之中。体现在其宗教信仰上，即是对赐予衣食的天地神的自然崇拜。

1. 祭敖包，是对土地的推崇。"敖包"为蒙古语"土堆"的意思，实际是祭地神，包含对山川、河流、天地的崇拜。每年的阴历五月十六日都要祭敖包。共设石块堆成的敖包十三个，两边为六个小敖包，中间为一个大敖包，称为"十三太保"。每家都要杀猪宰羊，并带锅来到敖包前。人们在敖包上插上树枝，上挂马鬃、马尾等物；敖包四周摆上垫石，以备烧香；肉、酒、奶制品等供品置于四周。祭时由年龄大的人在前面领队，小辈则紧跟其后围绕敖包左转三圈，右转三圈。祭毕，将带来的猪羊肉煮熟后集体享用，吃不完的平分，其间还举行赛马、摔跤等竞技比赛，优胜者可获得猪、羊的心肝作为奖励。

2. 祭场院。场院是每年秋天贮存收获的地方，每年腊月初八柯尔克孜族要祭场院，祭时在场院中间置放盛有食物的碗，插三炷香，碗前置放一石磙子，全家人向石磙子跪拜，而后在场院四周向场院内滚石饼或馒头，寓意"年年有余"。

3. 祭北斗星，阳历十月二十五日为柯尔克孜族祭北斗星的日子。祭祀中使用荞麦捏成的若干小佛灯，并安上捻子添加黄油或豆油供放在桌上，置于院子内西南角，待星星出来之后就点燃小佛灯，由家主领小孩磕头，祭毕将荞麦面灯取回屋里煮食。

柯尔克孜族的崇拜与其特殊的生产、生活有密切的关联，其中也渗透着早期萨满教对自然神的崇拜，体现出柯尔克孜族"万物有灵"的自然崇拜思想。其中新疆塔城额敏县及黑龙江省富裕县的柯尔克孜族至今仍信奉藏传佛教，信仰呈现多元化倾向。

图片来源

图一、图四、图五　刘卉　制图
图二、图三　陈述、刘卉　制图

祭时在场院中间置放一个饭碗，在盛有食物的碗里插上三炷香，碗前置放一石磙子，全家人向石磙子跪拜

图二　柯尔克孜族天地崇拜仪式行序及器具工艺分析图1

祭祀中使用荞麦捏成若干小佛灯　　安上捻

添加黄油或豆油供放在桌上，置于院子内西南角　　待星星出来之后就点燃小佛灯　　祭毕将荞麦面灯取回屋里煮食

图三　柯尔克孜族天地崇拜仪式行序及器具工艺分析图2

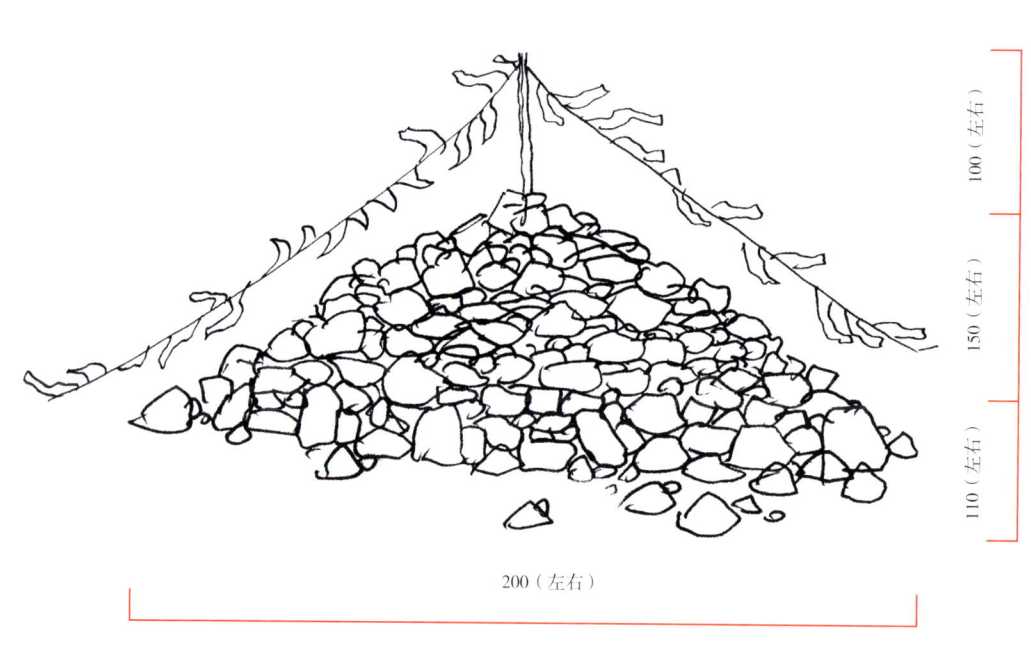

100（左右）
150（左右）
110（左右）
200（左右）

图四　柯尔克孜族天地崇拜仪式行序及器具尺寸图（单位：cm）

图五　柯尔克孜族天地崇拜仪式行序及器具情境效果图

柯尔克孜族植物崇拜行序及用具

图一　柯尔克孜族植物崇拜行序及用具主图

柯尔克孜族古老的萨满教观念认为，高大耸立的树与天最接近，是连接天界与人界的"通道"，故常选择在树旁举行祭天仪式。大树崇拜成为柯尔克孜族人的习俗。在北方柯尔克孜族所居住的毡房中，人们也常常用一根长木伸出毡房天窗外，以示祭天。

一个有两千年以上史书记载的民族，其发展必然经历过复杂的过程。从发祥地叶尼塞河上游地区及今天生活在新疆地区的柯尔克孜族，畜牧业始终是其生产生活的主要方式，无论是春夏与秋冬，因游牧需要迁徙于不同的草场，生于北方寒冷地带的青松翠柏，其顽强的生存力寓意着超凡的生命与神力。因此，柯尔克孜族将这些树木同部族的生命繁衍联系起来，暗示生命的顽强与奇迹。《玛纳斯》中就提到玛纳斯父亲因年老无子而感到痛苦时，便将自己的妻子绮依尔迪送到森林中独居并向上天祈祷，向神灵及树木祈祷，后如愿以偿生下了玛纳斯，因此玛纳斯亦被称为上天和树木之子。柯尔克孜英雄们盟誓时，以折断树枝来表达自己的决心和承诺。柯尔克孜语"麻扎"意为"圣地""圣徒墓"，主要指伊斯兰教显贵的陵墓。柯尔克孜族视为神性的地方、神圣之地如山峰、泉水、树木等都可称为麻扎，人们朝拜麻扎祈求平安、幸福、消灾避祸、治愈疾痛。在麻扎的树枝上绑布条祈求树神的保佑，在坟地上立起一根木桩，在上面绑上红、白、蓝、黄等布条，即是对树神祭祀古老仪式的传承。

据说树还有驱除鬼怪的功能，一种生长在戈壁滩上的植物沙棘，被认为具有降妖镇魔的神奇效力，凡是生长沙棘的地方，妖魔都不敢接近。在日常生活中柯尔克孜族习于把沙棘条挂在门框上或放置于室内祈福避祸。东北柯尔克孜族受厄鲁特蒙古族的影响，信奉喇嘛教，认为树木掌握着水源，每年的阴历四月十八日全村都举行祭树仪式，此时正是庄稼需要灌溉之时，祭树神也是借树神求雨。祭树时要选择森林中最壮的一棵大树为树神。若不见成效则举行人祭，每个人头上戴一顶草圈，准备水桶、水及舀子相互对泼，以感动龙王爷降下雨水。

植物崇拜源于柯尔克孜族原始的萨满教信仰，祈福避祸的愿望具体表现在世俗生活中特定的仪式行为当中，是人在现实环境中对理想愿望诉求的一种直观性行为；而仪式行序的设计本身就体现出民族个性化的情感表达方式。其祭拜活动中的仪式行序演示不仅满足了特殊社会环境下的民族文化心理，手段也充满了想象与创造，所面对的自然植物形象在特定的行序设计中具有了新的文化含义。以民众日常熟知的植物为尊崇对象，便于民众的认同与参与，体现了民族、宗教、世俗伦理与文化心理。

图片来源
图一至图五　刘卉、陈曦梓　制图

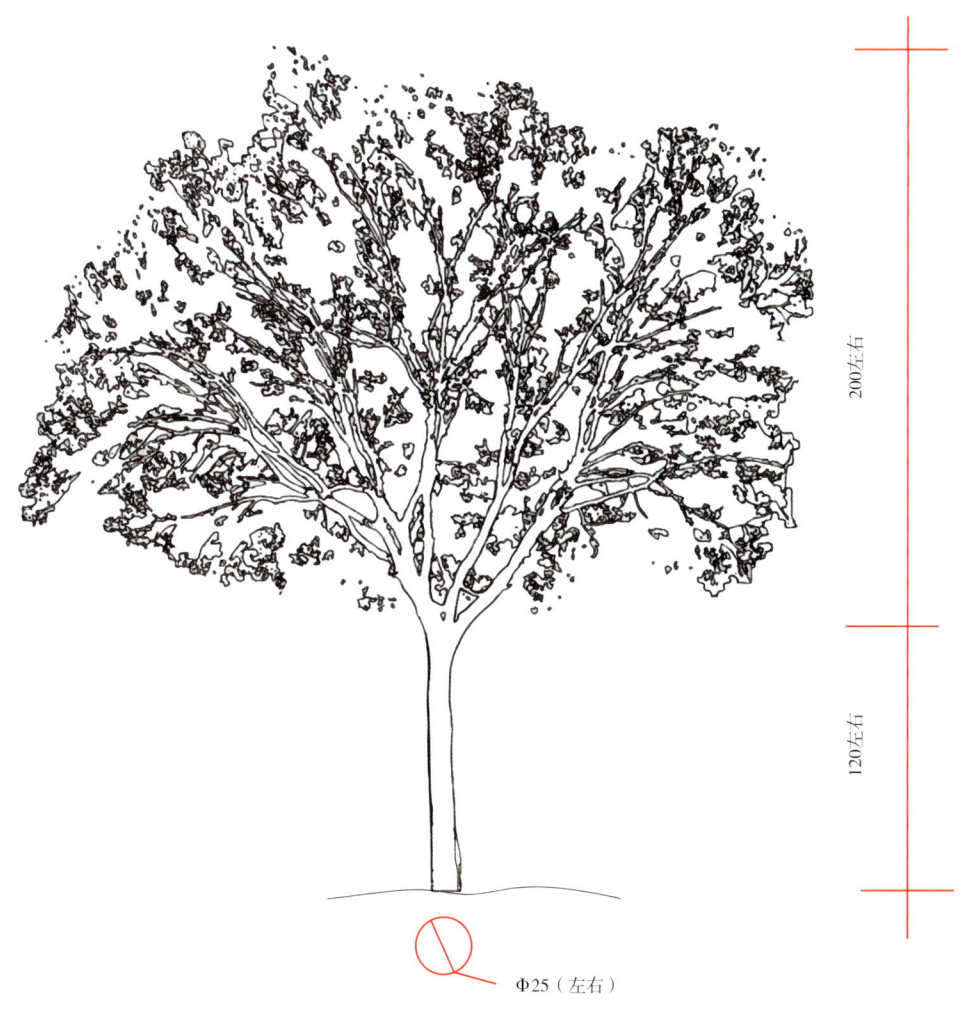

图二　柯尔克孜族植物崇拜行序及用具尺寸图（单位：cm）

树木

山峰

泉水

柯尔克孜族的神圣之地被称作麻扎，如山峰、泉水、树木等都可称为麻扎，人们朝拜麻扎以祈求平安、幸福，消灾避祸，治愈疾痛

图三　柯尔克孜族植物崇拜行序及用具造型分析图1

东北的柯尔克孜族在每年的阴历四月十八日全村举行祭树仪式活动，选出最为壮实的大树为树神，举行人祭时每人头上戴一顶草圈，准备水桶，相互对泼，以求风调雨顺

图四　柯尔克孜族植物崇拜行序及用具造型分析图2

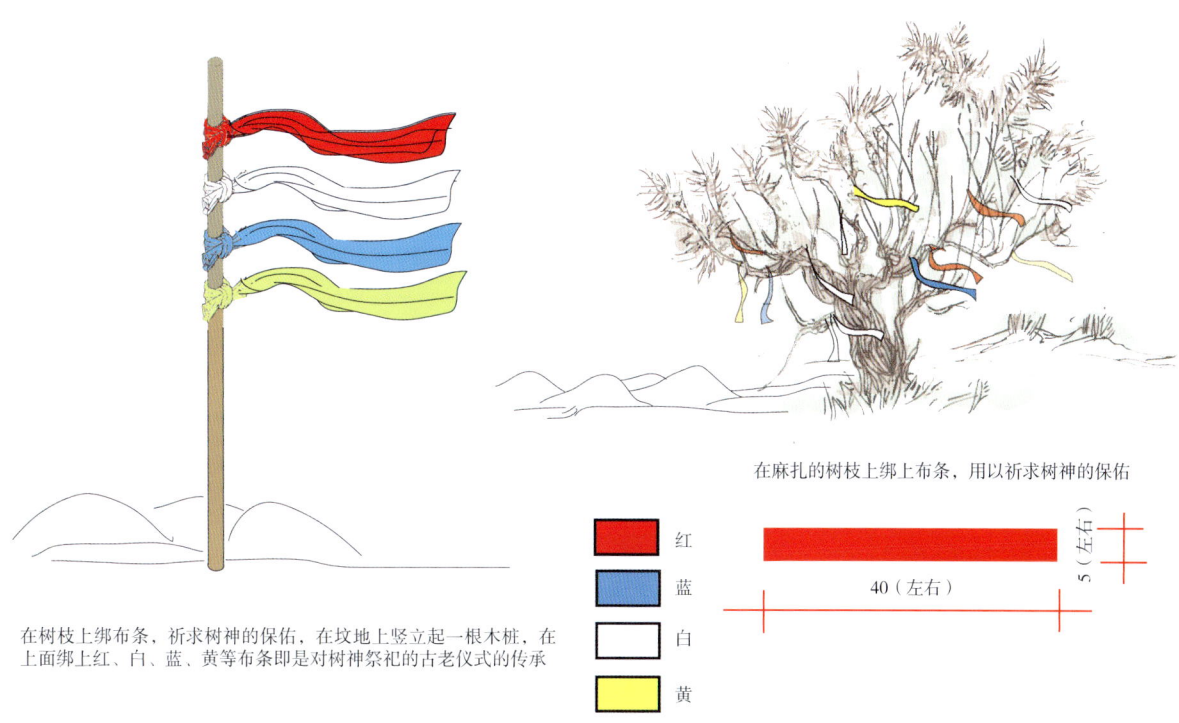

在麻扎的树枝上绑上布条,用以祈求树神的保佑

在树枝上绑布条,祈求树神的保佑,在坟地上竖立起一根木桩,在上面绑上红、白、蓝、黄等布条即是对树神祭祀的古老仪式的传承

■ 红
■ 蓝
□ 白
■ 黄

图五 柯尔克孜族植物崇拜行序及用具名称图(单位:cm)

柯尔克孜族祖先崇拜祭典行序及器具

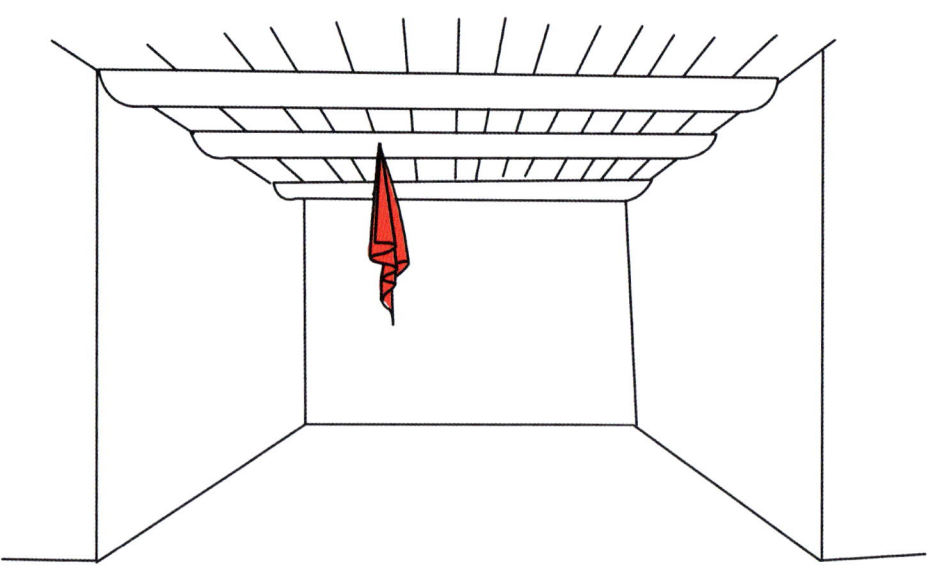

图一　柯尔克孜族祖先崇拜祭典行序及器具主图

柯尔克孜族祖先崇拜基于早期萨满教灵魂不灭的观念——死亡只限于肉体，灵魂仍然活着，跟平常的生活一样要衣、食、住、行……因此要为死者的灵魂准备日常食物及用品，对祖先的崇拜是为了让其灵魂永远关照子孙后代，永保平安。

柯尔克孜族实行土葬、火葬、树葬等，土葬时带有很多的殉葬品。对祖先的崇拜主要表现在对死者的祭典上。一般举办祭典时都要宰马、牛、羊等牲畜，准备食物祭典并招待客人，同时还要举办各种竞技游戏活动以安慰、取悦亡灵。东北柯尔克孜族的祭祖习俗是将祖神供于房内西南角上，用一拴着红布的前杆作为标志。这与柯尔克孜族早先的游牧狩猎生活密切相关。祭祖时，全家要给祖先磕头，长辈在先，晚辈在后，男先，女后，同时在红布上洒点奶子和酒。正月初一早晨，柯尔克孜族以姓氏为单位逐户拜年，进屋后首先要向房屋的西南角拜祖先，柯语称之为"吉雅其"，毕后再拜长辈。

祖先祭拜是柯尔克孜族日常生活中一项重要内容，也是日常世俗生活中维系家族成员关系的一条重要途径，它反映了柯尔克孜族传统的信仰观念。此仪式可以规范约束人们的行为以遵从先辈的愿望，将传统宗教伦理与现实世俗生活有机统一起来，具有多重隐性的复合文化意蕴。

图片来源
图一至图五　陈述、陈曦梓　制图

图二　柯尔克孜族祖先崇拜祭典行序及器具尺寸图（单位：cm）

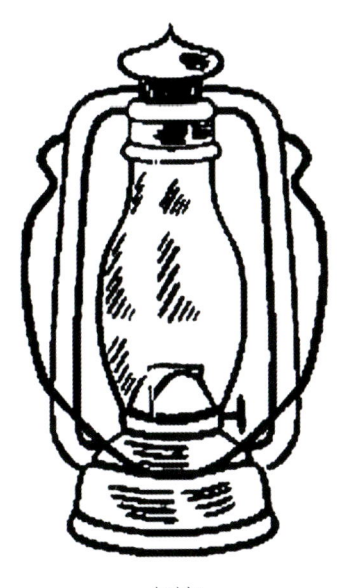

点油灯

马奶酒

柯尔克孜族认为人死后40天或最少4天之内，死者的灵魂会每天回到自己的住处以观自己后代的行为，为此人们每晚要在房内点上油灯，不让熄灭，并在点灯之前掀开毡房的门帘，在碗里盛满马奶置放在白色的毡子上以迎接死者的灵魂来临

图三　柯尔克孜族祖先崇拜祭典行序及器具造型分析图

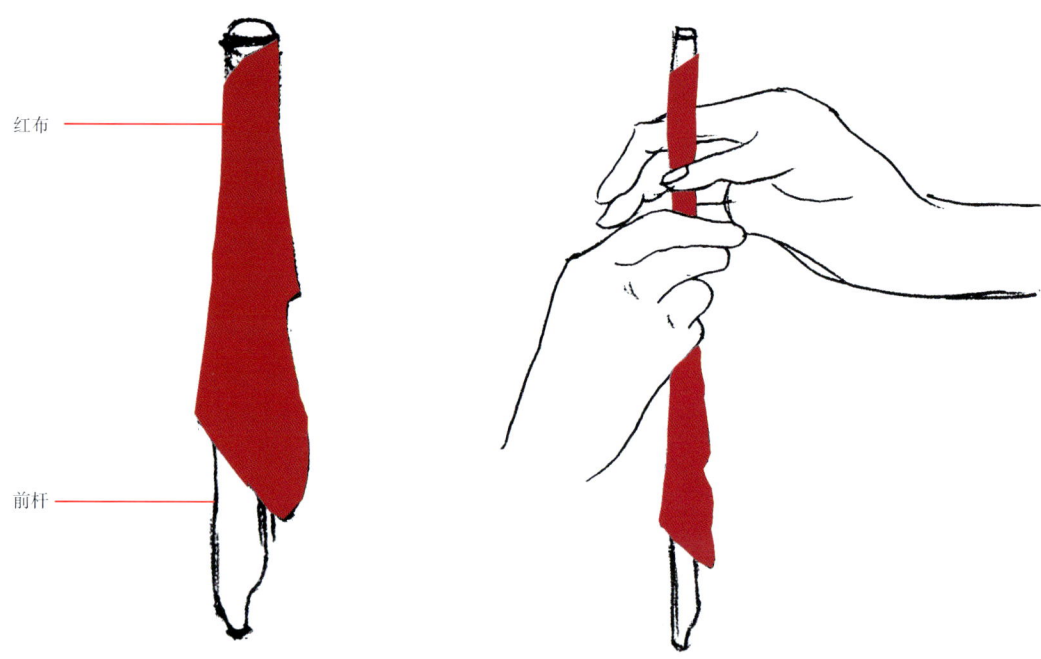

用一拴着红布的前杆作为标志,并将其别在房棚上,其前杆象征祖先的标志,每逢春节都要祭祖

两只手将红布的两个端口抓紧,贴着前杆用红布包裹住,在末尾处系结别在房棚上

图四 柯尔克孜族祖先崇拜祭典行序及器具工艺分析图

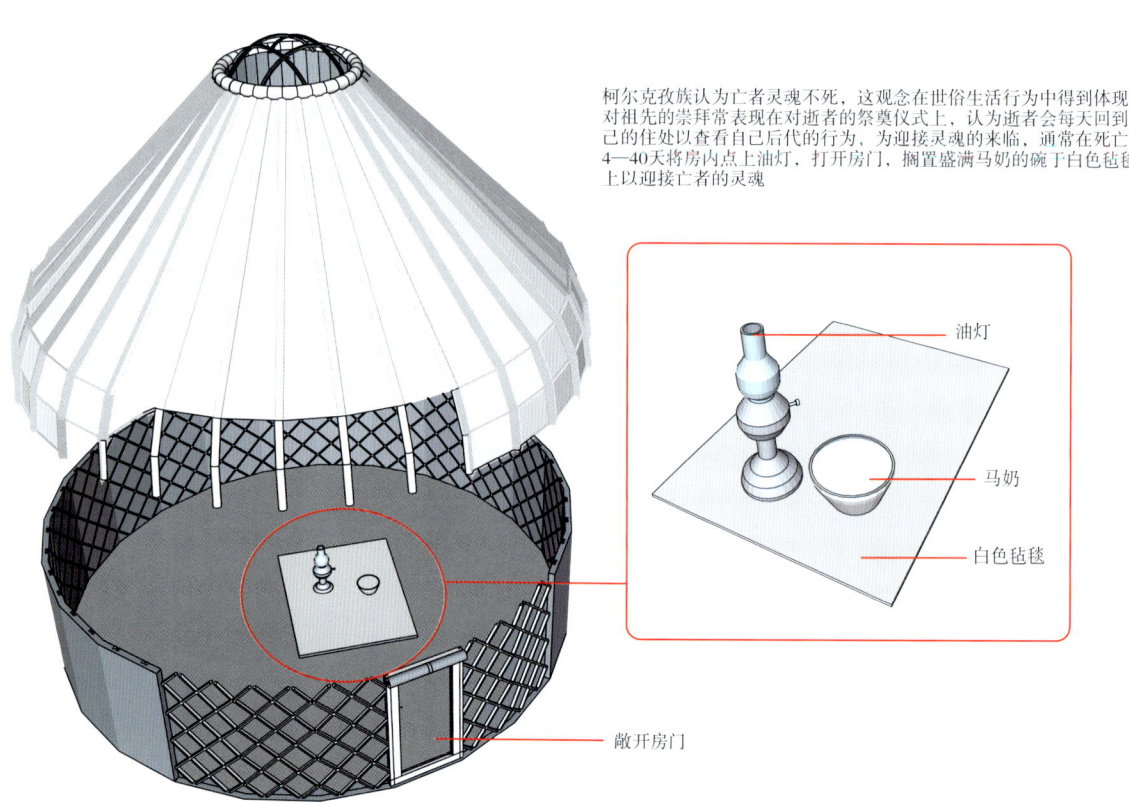

柯尔克孜族认为亡者灵魂不死,这观念在世俗生活行为中得到体现。对祖先的崇拜常表现在对逝者的祭奠仪式上,认为逝者会每天回到自己的住处以查看自己后代的行为,为迎接灵魂的来临,通常在死亡后4—40天将房内点上油灯,打开房门,搁置盛满马奶的碗于白色毡毯上以迎接亡者的灵魂

图五 柯尔克孜族祖先崇拜祭典行序及器具陈设效果图

图六　柯尔克孜族祖先崇拜祭典行序及器具祭奠仪式中的竞技游戏图·叼羊

声 明

本书编写时收入的个别图片,因条件所限,未能同相关著作权人取得联系,获得授权,敬请谅解。请相关著作权人及时与编者联系,以便奉上稿酬。谢谢!